MICHAELIS

DICIONÁRIO DE
EXPRESSÕES
IDIOMÁTICAS

inglês – português

MARK G. NASH
Mestre em Teoria da Comunicação pela
McGill University, Montreal, Canadá

WILLIANS RAMOS FERREIRA
Mestre em Linguística Aplicada e Estudos da
Linguagem pelo LAEL/PUC-SP

MICHAELIS

DICIONÁRIO DE
EXPRESSÕES IDIOMÁTICAS

inglês – português

NOVA ORTOGRAFIA conforme o
Acordo Ortográfico da LÍNGUA PORTUGUESA

Editora Melhoramentos

Nash, Mark G.
MICHAELIS : dicionário de expressões idiomáticas :
inglês-português / Mark G. Nash, Willians Ramos Ferreira.
– São Paulo : Editora Melhoramentos, 2010. –
(Dicionários MICHAELIS)

ISBN: 978-85-06-06466-5

1. Inglês – Expressões idiomáticas 2. Português – Dicionários –
Inglês 3. Português – Expressões idiomáticas I. Ferreira, Willians Ramos.
II. Título. III. Série.

CDD-469.31

Índices para catálogo sistemático:
1. Coloquialismos : Dicionários : Português-Inglês   469.31
2. Expressões idiomáticas : Dicionários : Português-Inglês   469.31

Obra conforme o Acordo Ortográfico da Língua Portuguesa

© 2007 Mark G. Nash e Willians Ramos Ferreira
© 2008, 2010 Editora Melhoramentos Ltda.
Todos os direitos reservados.

Design original da capa: Jean E. Udry

3.ª edição, agosto de 2016
ISBN: 978-85-06-06466-5
      978-85-06-07864-8

Atendimento ao consumidor:
Caixa Postal 11541 – CEP 05049-970
São Paulo – SP – Brasil
Tel.: (11) 3874-0880
sac@melhoramentos.com.br
www.editoramelhoramentos.com.br

Impresso no Brasil

SUMÁRIO

Introdução em português

    A quem se destina o dicionário?.. VII

    O que são expressões idiomáticas?... VII

    Como usar este dicionário VIII

Introdução em inglês

    Who is this dictionary for? IX

    What are idioms and idiomatic expressions? IX

    How to use this dictionary X

Verbetes de A a Z 1

A quem se destina o dicionário?

O dicionário destina-se a estudantes brasileiros de inglês, bem como àqueles que leem ou usam o inglês no seu ambiente de trabalho ou lazer. Estudantes e professores apreciarão a utilidade do dicionário, especialmente quando estiverem trabalhando com textos autênticos em inglês, como revistas, jornais, romances, letras de músicas, textos falados, roteiros de filmes e televisão, e diálogos. Este dicionário tem a intenção de auxiliar aqueles que precisam de definições claras de expressões idiomáticas que eles encontrarão na leitura ou ao ouvir falantes do inglês.

O que são expressões idiomáticas?

Expressões idiomáticas são parte do discurso cotidiano e tendem a dar um tom mais divertido e informal à nossa fala. Quando usamos palavras de maneira que o significado não pode ser inferido a partir dos seus elementos constituintes, nós estamos usando uma expressão idiomática. Por exemplo, quando dizemos, "my boss hits the roof", podemos até conhecer o significado das palavras "hit" e "roof", mas isso não nos ajuda a entender o significado da expressão "hit the roof" (ficar muito zangado). Expressões idiomáticas podem ser constituídas de apenas uma palavra, como "chicken" (covarde), "fox" (mulher atraente) ou "nut" (pessoa doida), ou de unidades lexicais maiores, como "have a cow" (ficar furioso) ou "drive someone up the wall" (perturbar ou deixar alguém louco). Muitas expressões idiomáticas constituídas de apenas uma palavra podem ser encontradas em um bom dicionário bilíngue, porém as expressões compostas de unidades lexicais maiores como "hit the roof", "paint the town red", "burn the midnight oil" e "make ends meet" geralmente não são encontradas em dicionários bilíngues. Este dicionário contém essas expressões idiomáticas maiores, compostas de verbo e substantivo, que são geralmente difíceis de serem encontradas em um dicionário convencional.

Neste dicionário, nós limitamos o conteúdo a fragmentos maiores de fala, como expressões idiomáticas compostas de verbo e substantivo, ditados populares e comparações (símiles) comuns. Este dicionário não inclui expressões compostas de verbo + preposição ou *phrasal verbs* (para esses casos, consulte o *Michaelis Dicionário de Phrasal Verbs*).

Como usar este dicionário

Nós buscamos manter a organização do dicionário o mais simples e fácil de usar. Você encontrará as expressões idiomáticas organizadas em ordem alfabética, usando a primeira palavra lexical da expressão. Na maioria dos casos, ela será um verbo. Por exemplo, a expressão "hit the road" é encontrada a partir da palavra "hit". As exceções são as expressões constituídas dos verbos *be, get, have, make* e *take,* que se encontram elencadas de acordo com a palavra lexical seguinte na expressão, a qual pode ser um substantivo, adjetivo ou advérbio. Por exemplo, a expressão "have a cow" encontra-se listada sob o verbete "cow". Sempre que necessário, nós fornecemos as variações comuns das expressões e as separamos dentro do cabeçalho de entrada. Por exemplo, a expressão "get one's way" é registrada com as duas variações: *get one's way / get one's own way*. Para cada expressão idiomática, há uma clara definição em português, e, quando possível, a expressão equivalente usada no Brasil. Nós incluímos um exemplo de uso de cada expressão idiomática em inglês seguido da tradução em português. Todos os exemplos refletem o uso típico de falantes nativos de inglês.

Informações essenciais sobre a expressão idiomática são registradas em forma abreviada:

Amer	inglês americano
Brit	inglês britânico
dit	ditado
form	formal
inf	informal
pop	popular
comp	comparação
vulg	vulgar

As expressões idiomáticas registradas como vulgar (*vulg*) devem ser usadas com cautela. Elas podem ofender algumas pessoas e, portanto, devem ser usadas com bom senso. Nós as incluímos neste dicionário porque elas são uma parte da língua inglesa que não pode ser ignorada.

Who is this dictionary for?

The dictionary is for Brazilian students of English and for those who read or use English in the course of their work or for pleasure. Students and teachers will find this dictionary especially useful when they work with authentic English texts, such as magazines, newspapers, novels, song lyrics, spoken texts, television and film screenplays and spoken dialogues. This dictionary is intended to help people who need clear definitions of the idiomatic expressions that they are likely to encounter reading English or listening to English speakers.

What are idioms and idiomatic expressions?

Idioms are part of everyday discourse and tend to give our speech a more colorful, informal character. When we use words in such a way that the meaning cannot be derived at from its constituent parts, we are using an idiom. For example, when we say, "my boss hits the roof", we may know the meaning of the words "hit" and "roof", but this doesn't help us to understand the meaning of the expression "hit the roof" (become very angry). Idioms may be single words like "chicken" (coward), "fox" (attractive woman) or "nut" (crazy person) or larger lexical chunks like "have a cow" (become angry) or "drive someone up the wall" (annoy or make someone crazy). Many single--word idioms can be found in a good bilingual dictionary, but the larger lexical chunks, like *hit the roof*, *paint the town red*, *burn the midnight oil* and *make ends meet*, are not often found in bilingual dictionaries. This dictionary contains these longer verb-noun idiomatic expressions, which are often difficult to find in a conventional dictionary.

In this dictionary, we have limited the content to larger fragments of speech, such as verb-noun idiomatic expressions, popular sayings and common similes. This dictionary does not include single-word idioms or phrasal verbs (for phrasal verbs, see *Michaelis Dicionário de Phrasal Verbs*).

How to use this dictionary

We have tried to keep the organization of the dictionary as simple and user-friendly as possible. You will find the idiomatic expressions organized in alphabetical order using the first lexical word in the expression. In most cases this is a verb. For example, the expression "hit the road" is found under "hit". The exceptions are expressions that use the verbs *be*, *get*, *have*, *make* and *take* which are listed according to the next lexical word in the expression, which may be a noun, adjective or adverb. For example, the expression "have a cow" is listed under "cow". We have provided common variations of the expressions where appropriate and separated them in the entry heading. For example, the expression "get one's way" is registered with the two variations: *get one's way / get one's own way*. For each idiomatic expression, there is a clear definition in Portuguese, and, whenever possible, the equivalent expression in Brazilian Portuguese. We include an example of the use of each idiomatic expression in English followed by a Portuguese translation. All the examples reflect typical usage by native speakers of English.

Essential information about the idiomatic expression is registered in abbreviated form:

Amer	inglês americano *(American English)*
Brit	inglês britânico *(British English)*
dit	ditado *(saying, proverb)*
form	formal *(formal)*
inf	informal *(informal)*
pop	popular *(popular)*
comp	comparação *(comparison, simile)*
vulg	vulgar *(vulgar)*

The idiomatic expressions marked vulgar (*vulg*) should be used with caution. These are idiomatic expressions that may offend someone and therefore should be used with good judgment. We have included them in this dictionary because they are a part of the English language that cannot be ignored.

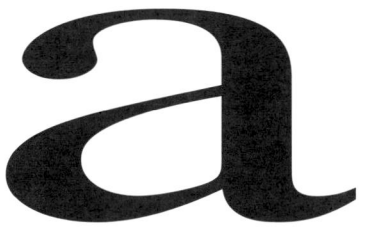

above: be / get above oneself comportar-se como se fosse superior ou mais importante que as outras pessoas, achar-se o tal. *You're just an employee around here. Don't get above yourself and start thinking you can tell me what to do.* / Você é apenas um empregado aqui. Não comece a se achar o tal e a pensar que você pode me dizer o que fazer.

above: be above someone's head ser difícil demais para alguém entender, estar acima do conhecimento ou entendimento de alguém. *Don't you think the book is a little above his head? After all he's only eleven.* / Você não acha que o livro está um pouco acima do entendimento dele? Afinal de contas, ele tem apenas onze anos.

absence: absence makes the heart grow fonder *dit* expressão usada para dizer que, quando se está longe da pessoa que ama, sente-se muito mais a falta dessa pessoa. Algo como: 'longe dos olhos, perto do coração'. *It's been three weeks since my girlfriend went to Paris, but it seems like ages. As they say, absence makes the heart grow fonder.* / Faz três semanas desde que a minha namorada foi para Paris, mas parece que faz anos. Como dizem, longe dos olhos, perto do coração.

accident: accidents will happen *dit* expressão usada para dizer que acidentes pequenos são inevitáveis e não há a necessidade de se preocupar. Algo como: 'acidentes acontecem'. *'I've just broken your glass.' 'Never mind. Accidents will happen.'* / 'Eu acabei de quebrar o seu copo.' 'Não esquenta. Acidentes acontecem.'

account: have an account to settle (with someone) ter contas a acertar (com alguém), vingar-se. *Meet me outside after school. I have an account to settle with you.* / Me espera lá fora depois da aula. Eu tenho umas contas para acertar com você.

account: take something into account levar algo em consideração. *Don't take into account what he says. He's an idiot.* / Não leve em consideração o que ele diz. Ele é um idiota.

accounting: there's no accounting for taste *dit* expressão usada para dizer que gosto é algo relativo e pessoal e não deve ser discutido com as outras pessoas. Algo como: 'gosto não se discute', 'gosto é gosto'. *'I just don't know what Alice sees in that dreadful guy'. 'As they say, there's no accounting for taste.'* / 'Eu simplesmente não sei o que a Alice viu naquele cara horrível.' 'Como dizem, gosto não se discute.'

ace: be within an ace of (doing something) estar ou chegar muito perto de (realizar algo), estar por um triz de (fazer algo). *Fred was within an ace of going out with Lucy before she found out that he was married.* / O Fred chegou muito perto de sair com a Lucy antes de ela descobrir que ele era casado.

ace: have all the aces estar no controle, ter vantagem, estar com a faca e o queijo na mão. *We're holding all the aces. Our product is better and cheaper than our competitors.* / Nós estamos com a faca e o queijo na mão. O nosso produto é melhor e mais barato do que o dos concorrentes.

ace: have an ace up one's sleeve ter vantagem para ser usada quando necessário, ter um trunfo, ter uma carta na manga. *The Japanese team has an ace up their sleeve. They have refused to announce the players that are going to play in the World Cup.* / A seleção japonesa tem uma carta na manga. Eles se recusaram a anunciar os jogadores que jogarão a Copa do Mundo.

acquaintance: make someone's acquaintance *form* ver pela primeira vez, conhecer alguém. *I made Sarah's acquaintance at a conference in London.* / Eu conheci a Sarah numa conferência em Londres.

act: act one's age agir ou comportar-se como adulto, parar de comportar-se como criança. *When is Susan going to start acting her age and get a job?* / Quando é que a Susan vai parar de se comportar como criança e arrumar um emprego?

act: act the fool fazer gracinhas, bancar o engraçadinho. *He always acts the fool in front of the girls.* / Ele sempre banca o engraçadinho na frente das garotas.

act: be / get in on the act participar de algo (geralmente por motivos interesseiros), entrar na onda. *Everyone is making money in the stock market. I want to get in on the act, too.* / Todo mundo está ganhando dinheiro na bolsa de valores. Eu quero entrar na onda também.

act: get one's act together *inf* agir de maneira adequada ou profissional, tomar jeito. *If David doesn't get his act together, he won't get anywhere in life.* / Se o David não tomar jeito, ele não vai chegar a lugar algum na vida.

actions: actions speak louder than words *dit* expressão usada para dizer que o importante não é falar sobre as intenções, mas sim agir sobre elas. Algo como: 'as ações falam mais alto do que as palavras', 'é mais fácil falar do que fazer'. *'The government has promised to direct funds for the construction of more public universities.' 'As they say, actions speak louder than words.'* / 'O governo prometeu direcionar fundos para a construção de mais universidades públicas.' 'Como dizem, é mais fácil falar do que fazer.'

add: add fuel to the fire fazer ou dizer algo que piora uma situação que já está difícil, botar lenha na fogueira. *She's angry enough. Don't add fuel to the fire!* / Ela já está brava. Não bote lenha na fogueira!

add: add insult to injury magoar ainda mais alguém que já está magoado, piorar as coisas. *Lucy left Doug for another man and then added insult to injury by asking him to leave the house.* / A Lucy trocou o Doug por outro cara e, para piorar as coisas, pediu que ele saísse de casa.

advantage: take advantage of something or someone 1 tirar proveito de alguma coisa. *He's doing alright at school, but he could take more advantage of his classes.* / Ele está indo bem na escola, mas poderia tirar mais proveito das aulas. **2** tirar vantagem de alguém, explorar

affair   3   apple

alguém. *You should see what he pays Mary. He's taking advantage of her.* / Você tem que ver o que ele paga para a Mary. Ele está explorando ela.

affair: have an affair (with someone) ter uma relação amorosa, ter um caso (com alguém). *Everyone knows that the boss is having an affair with his secretary.* / Todo mundo sabe que o chefe está tendo um caso com a secretária dele.

age: be under age ser menor de idade. *You can't buy alcoholic drinks if you're under age.* / Você não pode comprar bebidas alcoólicas se for menor de idade.

air: be in the air / be up in the air estar indefinido, estar no ar. *I'm not sure where we're going this summer. Our plans are still up in the air.* / Eu não sei para onde vamos neste verão. Nossos planos ainda estão indefinidos.

alive: be alive and kicking *inf* estar com saúde e disposição, estar firme e forte. *'How is your grandfather doing?' 'He's alive and kicking.'* / 'Como é que está o seu avô?' 'Ele está firme e forte.'

all-clear: get the all-clear (to do something) receber liberação, aprovação, aval etc., receber sinal verde (para fazer algo). *As soon as I get the all-clear to start the project, I'll give you a call.* / Assim que eu receber sinal verde para tocar o projeto, eu te ligo.

alley: be up one's alley / be right up one's alley *Amer inf* ser apropriado para alguém (atividade, emprego etc.). *I thought this new position would be right up your alley.* / Eu achei que este novo cargo seria bem apropriado para você.

allowances: make allowance for someone não criticar alguém com muito rigor devido à dificuldade de uma tarefa, serviço etc., levar em consideração, levar em conta. *Let's not make comments on her performance yet. We have to make allowance for her being so young and inexperienced.* / Não vamos fazer comentários sobre a atuação dela ainda. Temos que levar em conta que ela é muito jovem e inexperiente.

amends: make amends (to someone) (for something / for doing something) fazer algo para compensar, reparar um erro. *Maybe John is just trying to make amends for what he did to Susan in the past.* / Talvez o John esteja apenas tentando compensar o que ele fez para a Susan no passado.

amount: not amount to a hill of beans *Amer inf* não valer coisa alguma, nada. *When the company went bankrupt, the stockholders were left holding stocks that didn't amount to a hill of beans.* / Quando a empresa foi à falência, os acionistas ficaram com ações que não valiam nada.

answer: not take no for an answer não aceitar não como resposta. *Come on! Let's go out for a drink and I won't take no for an answer!* / Vamos lá! Vamos sair para beber alguma coisa e eu não vou aceitar não como resposta!

ants: have ants in one's pants *inf* ser incapaz de ficar quieto devido à ansiedade ou nervosismo, ter formiga no traseiro. *It looks as though Dave has ants in his pants. He can't sit still.* / Até parece que o Dave tem formiga no traseiro. Ele não para de se mexer.

apple: be the apple of someone's eye ser a pessoa favorita de alguém, ser a pupila dos olhos de alguém. *You'd better not mess with Isabel. She's the apple of the teacher's eye.* / É melhor você não mexer com a Isabel. Ela é a pupila dos olhos do professor.

argue: argue the toss *inf* continuar a discordar de uma decisão, geralmente quando já é tarde para mudá-la, discutir por bobeira. *There's no point arguing the toss now that the other team has won.* / Não adianta discutir por bobeira agora que o outro time já ganhou.

argument: have an argument (with someone) discutir, desentender-se (com alguém). *Wilson and Nora had an argument over money again.* / Wilson e Nora se desentenderam por causa de dinheiro novamente.

ask: ask for someone's hand *form* pedir alguém em casamento. *Jim took her out to a nice restaurant and then asked for her hand.* / O Jim a levou a um bom restaurante e então a pediu em casamento.

ask: ask for trouble / ask for it *inf* procurar encrenca (expressão geralmente usada nos tempos progressivos). *We all knew that Jack was asking for trouble when he asked Sally out.* / Nós todos sabíamos que o Jack estava procurando encrenca quando ele convidou a Sally para sair.

ass: get one's ass in gear *vulg* expressão geralmente usada na forma imperativa para pedir que alguém faça algo depressa ou termine algo. Algo como: 'mexa-se!', 'anda logo!'. *You'd better get your ass in gear or you will be late.* / É melhor você andar logo ou vai chegar atrasado.

ass: make an ass of oneself / make an ass out of oneself fazer papel de bobo. *Daniel made an ass out of himself at the party.* / O Daniel fez papel de bobo na festa.

attendance: take attendance fazer chamada. *When I arrived in class this morning, the teacher had already taken attendance.* / Quando eu cheguei na classe hoje de manhã, o professor já havia feito a chamada.

authority: have something on good authority saber algo de fonte segura. *I have it on good authority that the president is going to resign.* / Eu sei de fonte segura que o presidente vai renunciar.

ax: get the ax ser demitido, receber a conta (de empresa, loja etc.). *I was really surprised to find that Mr. Clifford had got the ax. He was one of our best managers.* / Eu fiquei realmente surpreso quando soube que Sr. Clifford havia sido demitido. Ele era um dos nossos melhores gerentes.

ax: have an ax to grind ter razões pessoais, geralmente egoístas, para estar envolvido em alguma coisa, ter segundas intenções. *I've always known that Jane had no ax to grind when she offered to join our team. She really wanted to help.* / Eu sempre soube que a Jane não tinha segundas intenções quando se ofereceu para entrar na equipe. Ela realmente queria ajudar.

babe: be a babe in the woods ser uma pessoa inocente, ingênua, não ter experiência. *I would never buy stocks without an expert's advice. I'm a babe in the woods when it comes to this kind of business.* / Eu nunca compraria ações sem conselhos de um especialista. Eu não tenho experiência com este tipo de negócio.

back: back someone into a corner / back onself into a corner colocar alguém ou a si próprio em situação muito difícil, encurralar alguém ou encurralar-se, entrar ou colocar alguém numa fria. *The school principal backed himself into a corner by promising to raise the teachers' salaries next month.* / O diretor da escola entrou numa fria ao prometer aumentar os salários dos professores no próximo mês.

back: be on someone's back *inf* criticar ou importunar alguém constantemente, pegar no pé de alguém. *Jason left his old job because his boss was always on his back.* / O Jason largou o antigo emprego porque o chefe sempre pegava no seu pé.

back: get off someone's back *inf* parar de importunar alguém, parar de pegar no pé de alguém. *When will your ex-husband get off your back and let you live in peace?* / Quando é que o seu ex-marido vai parar de pegar no seu pé e deixar você viver em paz?

back: get someone's back up mexer com os nervos de alguém, deixar alguém zangado. *Mark's comments on Shirley's presentation really got her back up.* / Os comentários do Mark a respeito da apresentação da Shirley realmente mexeram com os nervos dela.

back: have one's back to the wall estar em situação difícil ou sem saída, estar encurralado, estar num beco sem saída. *With the low price for beef and high production costs, cattle farmers have their backs to the wall.* / Com o baixo preço da carne e os altos custos de produção, os criadores de gado estão num beco sem saída.

back: take a back seat ter um papel secundário ou inferior, ser deixado em segundo plano. *Mary's needs always took a back seat in her marriage to Tom.* / As necessidades da Mary sempre tiveram um papel secundário no casamento dela com o Tom.

back-seat: be a back-seat driver 1 ser um passageiro que insiste em dizer ao motorista como dirigir. *I hate back-seat drivers.* / Eu odeio gente que insiste em dizer como devo dirigir. **2** ser alguém que quer estar no controle de algo cuja responsabilidade não é sua, ser palpiteiro. *I hate it when I'm working on a project and too many back-seat drivers gather around me.* / Eu odeio quando estou trabalhando num projeto e muitos palpiteiros se juntam ao meu redor.

bad: be bad news (for someone or something) *inf* ser ruim ou prejudicial (a alguém ou algo). *That guy is bad news for you, Martha.* / Aquele cara é prejudicial a você, Martha.

bad: be in a bad way 1 estar em situação difícil, estar mal das pernas. *The company was in a bad way after five years of mismanagement.* / A empresa estava mal das pernas depois de cinco anos de má administração. **2** estar muito doente, estar muito mal. *It's cancer and he's in a bad way.* / É câncer e ele está muito mal.

bad: be in bad shape 1 estar em má forma física, estar fora de forma (pessoa). *Peter is in bad shape for such a young guy.* / O Peter está fora de forma para alguém tão jovem. **2** estar em má condição, estar em estado precário, estar mal das pernas (empresa, negócio etc.). *The company is in bad shape now that we've lost our biggest client.* / A empresa está mal das pernas agora que nós perdemos o nosso maior cliente.

bad: be on bad terms with someone ter más relações, não se dar bem com alguém. *Michael is on bad terms with most of his teachers.* / O Michael não se dá bem com a maioria dos professores dele.

bad: have a bad hair day *Amer inf* ser um daqueles dias em que tudo dá errado. *I just broke a nail and now my cell phone doesn't work. I hope this isn't the beginning of a bad hair day!* / Eu acabei de quebrar uma unha e agora o meu celular não funciona. Eu espero que não seja o começo de um daqueles dias em que tudo dá errado.

bad: take the bad with the good aceitar os pontos negativos assim como os positivos de alguma coisa, aceitar as coisas boas e ruins. *You must take the bad with the good in this game. You can't win all the time.* / Você tem que aceitar as coisas boas e ruins nesse jogo. Você não pode ganhar sempre.

bag: be a bag of nerves *inf* estar ou ficar muito nervoso ou ansioso. *Brad is always a bag of nerves before he goes on stage.* / O Brad sempre fica muito nervoso antes de subir ao palco.

bag: be in the bag *inf* estar quase certo de acontecer, estar quase no papo. *With the best soccer players in the world, Brazil's victory seemed to be in the bag before the match against France.* / Com os melhores jogadores do mundo, a vitória do Brasil parecia estar no papo antes da partida contra a França.

bag: not be someone's bag não ser algo pelo qual alguém se interessa ou entende, não ser a praia de alguém, não ser o ponto forte de alguém. *Math has never been my bag.* / Matemática nunca foi o meu ponto forte.

bail: be out on bail estar em liberdade condicional (após pagamento de fiança). *Johnny's family hired a good lawyer and I hear he's out on bail now.* / A família do Johnny contratou um bom advogado e eu ouvi dizer que ele está em liberdade condicional agora.

balance: be in the balance encontrar-se em situação de incerteza, ter o futuro indefinido. *With the threat of more cuts, my position in the company is in the balance.* / Com a ameaça de mais cortes, o meu cargo na empresa está com o futuro indefinido.

bald: (be) as bald as a coot *comp* expressão usada para dizer que alguém é ou está totalmente careca, careca como um ovo. *Mr. Barret is as bald as a coot.* / O Sr. Barret é totalmente careca.

ball: be on the ball estar ligado ao que ocorre ao seu redor, ser eficiente, competente, ativo etc. *Who wouldn't like to work with Lucy? She's really on the ball.* / Quem não gostaria de trabalhar com a Lucy? Ela é realmente competente.

ball: get the ball rolling começar, dar início a algo, dar o pontapé inicial. *It looks as though everyone has arrived, so we can get the ball rolling.* / Parece que todos já chegaram, então podemos dar início.

ball: have a ball / have oneself a ball *inf* divertir-se muito, curtir muito. *The students had a ball at the party yesterday.* / Os estudantes se divertiram muito na festa ontem.

ball: the ball is in someone's court expressão usada para dizer que é a vez de alguém falar ou fazer alguma coisa. Algo como: 'é a vez de alguém falar ou fazer alguma coisa'. *I've already done what I could to save our marriage. The ball is in your court now.* / Eu já fiz o que podia para salvar o nosso casamento. É a sua vez de fazer alguma coisa agora.

balloon: when the balloon goes up *inf* quando um problema ou evento importante começar, quando algo der errado, quando o circo pegar fogo. *You'd better leave before they arrive. You don't want to be here when the balloon goes up, do you?* / É melhor você ir embora antes de eles chegarem. Você não vai querer estar aqui quando o circo pegar fogo, vai?

bang: bang the drum (for someone or something) falar com entusiasmo em favor de alguém ou algo, encher a bola de alguém ou algo. *Tim always bangs the drum for his boss.* / O Tim sempre enche a bola do chefe dele.

bang: get more bang for one's buck *Amer inf* valorizar o dinheiro de alguém na hora de uma compra. *You will get more bang for your buck if you buy the car with all the frills.* / Você vai valorizar o seu dinheiro se comprar o carro com todos os acessórios.

bare: bare one's soul contar a alguém os seus sentimentos mais profundos, abrir o coração para alguém. *Greg bared his soul and told Katie about his feelings for her.* / O Greg abriu o coração e contou a Katie sobre os seus sentimentos por ela.

bark: bark up the wrong tree estar enganado, bater na porta errada (expressão geralmente usada nos tempos progressivos). *If you think I'm going to lend you my car, you're barking up the wrong tree.* / Se você acha que eu vou te emprestar o meu carro, você está enganado.

barrel: be a barrel of laughs *inf* ser muito divertido ou engraçado. *Fred is a real barrel of laughs. Let's invite him to the party.* / Fred é muito engraçado. Vamos convidá-lo para a festa.

barrel: get / have someone over a barrel *inf* colocar alguém numa situação na qual a pessoa é forçada a fazer algo sem ter escolhas, colocar alguém em situação difícil. *After all he did for me, Jim had me over a barrel and I couldn't say no to him.* / Depois de tudo o que ele fez por mim, o Jim me colocou numa situação difícil e eu não pude dizer não a ele.

bars: be behind bars estar preso, estar na cadeia, estar atrás das grades. *Do you remember Harry Johnson? He's finally behind bars.* / Você se lembra do Harry Johnson? Ele está finalmente atrás das grades.

bash: have a bash at something / have a bash at doing something *Brit inf* tentar fazer algo. *Why don't you have a bash at fixing the computer yourself?* / Por que você mesmo não tenta consertar o computador?

basics: get back to basics voltar às origens, princípio, raiz, essência etc. *He gets back to basics on his latest CD and uses only accoustic instruments.* / Ele volta às origens no seu último CD e usa apenas instrumentos acústicos.

basket: be a basket case 1 ser um país, organização etc. cuja situação econômica está muito ruim. *Brazil's economy was a basket case a few years ago.* / A economia brasileira estava muito ruim há alguns anos. **2** ser uma pessoa que tem problemas para lidar com as coisas, ser pirado. *You'd better not ask John to do that job. He's an absolute basket case.* / É melhor você não pedir ao John para fazer esse serviço. Ele é completamente pirado.

bat: like a bat out of hell *comp* muito rápido, como um raio, a mil por hora. *I don't know where she went. She left like a bat out of hell early this morning and I haven't seen her since then.* / Eu não sei para onde ela foi. Ela saiu muito rápido hoje de manhã e eu não a vi desde então.

bat: not bat an eye / not bat an eyelid não pestanejar, não demonstrar preocupação, surpresa, medo etc. *He didn't bat an eyelid when the police burst into his house.* / Ele não pestanejou quando a polícia invadiu a casa dele.

bats: have bats in the belfry *inf* ser maluco ou excêntrico, não bater bem da bola. *If I were you, I wouldn't pay attention to what Peter says. He has bats in the belfry.* / Se eu fosse você, eu não prestaria atenção no que o Peter diz. Ele não bate bem da bola.

batten: batten down the hatches preparar-se para um período de dificuldade. *Employees of the private sector are battening down the hatches in expectation of more job cuts.* / Os trabalhadores do setor privado estão se preparando para um período de dificuldade na expectativa de mais cortes de empregos.

be-all: be the be-all and end-all (of something) ser a coisa ou pessoa mais importante, ser a única pessoa ou coisa que importa. *Sally knows that she is the be-all and end-all of Juan's existence.* / A Sally sabe que é a pessoa mais importante na vida do Juan.

beans: be full of beans estar cheio de energia, estar com a corda toda. *It'll be difficult to put the children to bed earlier today. They're full of beans.* / Vai ser difícil colocar as crianças para dormir mais cedo hoje. Elas estão com a corda toda.

bear: bear fruit surtir efeito, dar certo. *The effort to reduce crime in the neighborhood is not bearing fruit.* / O esforço para reduzir o crime na vizinhança não está surtindo efeito.

bear: bear one's cross sofrer com os problemas da vida, carregar sua cruz. *Don't complain about life! We all have our cross to bear.* / Não se queixe da vida! Todos nós temos a nossa cruz para carregar.

bear: bear someone or something in mind lembrar-se, ter em mente, não se esquecer de alguém ou algo. *You should always bear in mind that it was Kate who took care of you when you were ill.* / Você deve sempre ter em mente que foi a Kate quem cuidou de você enquanto você estava doente.

bear: bear something in mind levar algo em consideração. *A used car is cheaper, but bear in mind that you spend more on maintenance.* / Um carro usado é mais barato, mas leve em consideração que você gasta mais com manutenção.

bear: bear the brunt of something sofrer mais que as outras pessoas por consequência de um acidente, perda, má sorte etc., levar a pior. *Everyone* *was injuried in the car accident, but I bore the brunt of it because I was in the front seat.* / Todos se machucaram no acidente de carro, mas eu levei a pior porque estava no banco da frente.

bearings: get / take your bearings localizar-se, achar-se. *Although I've lived in this city for more than ten years, I still find it hard to get my bearings, especially around downtown.* / Embora more nesta cidade há mais de dez anos, eu ainda tenho dificuldade para me localizar, principalmente no centro da cidade.

beat: beat a path to someone's door tentar falar ou ver alguém de qualquer maneira, fazer fila para falar ou ver alguém. *Now that Jason is the new president of the company, everyone is beating a path to his door.* / Agora que o Jason é o novo presidente da empresa, todo mundo está fazendo fila para falar com ele.

beat: beat a retreat / beat a hasty retreat bater em retirada, cair fora, se mandar. *When Robert saw his ex-wife crossing the street, he beat a hasty retreat.* / Quando o Robert viu sua ex-mulher atravessando a rua, ele caiu fora.

beat: beat about / around the bush evitar dizer algo diretamente, ficar enrolando, rodear o assunto. *Stop beating about the bush and tell me who used my computer without permission.* / Pare de ficar enrolando e me diga quem usou meu computador sem permissão.

beat: beat it *inf* ir embora, cair fora. *Listen, guys, it's time to beat it. A police car has just turned round the corner.* / Olha, pessoal, é hora de cair fora. Uma viatura de polícia acabou de virar a esquina.

beat: beat one's brains out *inf* pensar incessantemente sobre alguma coisa, rachar o cérebro de tanto estudar ou pensar em algo, quebrar a cabeça. *You can't imagine how hard it was to write this report. I was beating my brains out the whole weekend.* / Você não imagina como foi difícil escrever este relatório. Eu fiquei quebrando a cabeça o final de semana inteiro.

beat: beat one's breast mostrar-se arrependido por alguma coisa, lamentar-se. *All you have to do is stop beating your breast and try to find yourself a new job.* / Tudo o que você tem a fazer é parar de se lamentar e tentar arranjar um novo emprego.

beat: beat someone hands down derrotar alguém facilmente, vencer alguém com o pé nas costas. *You know I can beat you hands down, don't you?* / Você sabe que eu posso derrotá-lo com o pé nas costas, não sabe?

beat: beat someone hollow derrotar alguém facilmente, vencer alguém com o pé nas costas. *We didn't think Tim was a good racer, but he proved us wrong and beat the other racers hollow.* / Nós não achávamos que o Tim era um bom piloto de corrida, mas ele nos provou o contrário e derrotou os outros pilotos facilmente.

beat: beat the clock terminar algo antes do tempo previsto, adiantar o serviço. *We beat the clock and finished painting the house before Friday.* / Nós adiantamos o serviço e terminamos a pintura da casa antes da sexta-feira.

beat: beat the daylights out of someone / beat the living daylights out of someone dar uma surra em alguém, dar um pau em alguém, detonar alguém. *Mike beat the living daylights out of the guy who was chasing his sister.* / O Mike deu uma surra no cara que estava seguindo a irmã dele.

beat: beat the rap *Amer inf* escapar de uma punição, sair numa boa. *I just* hope Paul doesn't beat the rap this time, but rather gets punished for what he did. / Eu só espero que o Paul não saia numa boa desta vez, mas que seja punido pelo que fez.

beat: can you beat it? / can you beat that? expressão geralmente usada na fala para demonstrar espanto, surpresa, irritação etc. Algo como: 'dá para acreditar?'. *Can you beat that? He's crashed the car again!* / Dá para acreditar? Ele bateu o carro de novo!

beat: if you can't beat them, join them *dit* expressão usada para dizer que, se não consegue vencer alguém, a melhor opção é aliar-se a ele ou ela. Algo como: 'se não pode vencê-los, junte-se a eles'. *It seems we'll have to put up with the new manager and his crazy ideas. As the saying goes, if you can't beat them, join them.* / Parece que teremos que aguentar o novo gerente e suas ideias malucas. Como diz o ditado, se não pode vencê-los, junte-se a eles.

beating: take a beating 1 sofrer danos por uso excessivo, ser ou estar maltratado, detonado. *Those jeeps really take a beating in the rally.* / Esses jipes são realmente detonados no rali. **2** perder muito dinheiro, tomar uma lavada. *I hear the company took a beating last year.* / Eu ouvi dizer que a empresa perdeu muito dinheiro o ano passado.

beats: it beats me (how, why…) *inf* expressão usada na fala para dizer que algo é incompreensível, inexplicável etc. Algo como: 'eu não entendo (como, por que…)'. *It beats me how he gets good grades at school. He misses so many classes.* / Eu não entendo como ele consegue tirar boas notas na escola. Ele falta tanto às aulas.

beauty: beauty is in the eye of the beholder *dit* expressão usada para dizer que a beleza é algo relativo e pessoal. Algo como: 'a beleza está nos olhos de quem vê'. *The fact that you don't like the paitings doesn't mean they are ugly. As they say, beauty is in the eye of the beholder.* / O fato de que você não gosta dos quadros não significa que eles são feios. É como dizem, a beleza está nos olhos de quem a vê.

beauty: beauty is only skin-deep *dit* expressão usada para dizer que a beleza é algo superficial e não deve ser usada como parâmetro para se comparar as pessoas. Algo como: 'a beleza é algo superficial'. *You shouldn't judge people by their appearances. As they say, beauty is only skin-deep.* / Você não deveria julgar as pessoas pela aparência. Como dizem, a beleza é algo superficial.

beauty: get one's beauty sleep ir para a cama cedo para acordar sentindo-se saudável e com boa aparência, ter uma boa noite de sono (expressão geralmente usada em tom irônico). *Look at the time! I'd better go to bed now or I won't get my beauty sleep.* / Olha a hora! É melhor eu ir para a cama agora ou não vou ter uma boa noite de sono.

beck: be at somebody's beck and call estar sempre a serviço de alguém, estar sempre à disposição de alguém. *Joe is always at his manager's beck and call.* / O Joe está sempre à disposição do gerente dele.

bed: be a bed of roses *inf* ser muito fácil, confortável, agradável etc., ser um mar de rosas. *The life of a rock star looks like fun, but I'll bet it isn't a bed of roses all the time.* / A vida de um astro do rock parece ser divertida, mas eu aposto que não é um mar de rosas todo o tempo.

bed: get out of bed on the wrong side *Brit* acordar de mau humor, levantar com o pé esquerdo. *'Why is Tony so irritable?' 'He certainly got out of bed on the wrong side today.'* / 'Por que o Tony está tão irritado?'

'Ele certamente levantou com o pé esquerdo hoje.'

bee: be the bee's knees ser uma pessoa ou coisa maravilhosa, ser ou achar-se o máximo (expressão geralmente usada em tom irônico). *Tom thinks he's the bee's knees.* / O Tom se acha o máximo.

bee: have a bee in one's bonnet (about something) pensar ou falar sobre algo a todo instante por acreditar que é muito importante, ser ou estar encucado com algo. *Clarice has a bee in her bonnet about the way Jacob got the money to buy the car.* / A Clarice está encucada com a forma como o Jacob conseguiu o dinheiro para comprar o carro.

beeline: make a beeline for someone or something mover-se diretamente em direção a alguém ou algo, ir direto para alguém ou algo. *As soon as she arrived, she made a beeline for the drinks.* / Assim que ela chegou, foi direto para as bebidas.

been: have been there before saber lidar com uma situação por experiência própria, já ter passado por algo antes. *I've lost my job, but I've been there before.* / Eu perdi o meu emprego, mas eu já passei por isso antes.

beg: beg the question (of something) fazer alguém querer perguntar algo que ainda não foi respondido, levar (alguém) a questionar algo. *The amount of money needed for the project begs the question of whether it is viable or not.* / A quantia de dinheiro necessária para o projeto nos leva a questionar se ele é viável ou não.

beg: I beg your pardon 1 *form* expressão usada para pedir desculpas por algo que acabou de dizer ou fazer. *Is this your seat? Oh, I beg your pardon!* / Este é o seu assento? Oh, me desculpe. **2** expressão usada para pedir que alguém repita o que disse porque não se conseguiu ouvir. Algo como: 'perdão'. *'My name's Lidia'. 'I beg your pardon? What did you say?'.* / 'Meu nome é Lidia'. 'Perdão? O que você disse?' **3** *Brit form* expressão usada para mostrar que você está zangado ou ofendido. Algo como: 'que desaforo!', 'como é que é?'. *I beg your pardon! Where on earth did you learn to speak to elderly people this way?* / Que desaforo! Onde foi que você aprendeu a falar com pessoas mais velhas dessa maneira?

beggars: beggars can't be choosers *dit* expressão usada para dizer que na falta de opções o melhor a fazer é aceitar o que se tem. Algo como: 'pé de pobre não tem tamanho'. *If I were you, I wouldn't think twice before accepting the job. As they say, beggars can't be choosers.* / Se eu fosse você, eu não pensaria duas vezes antes de aceitar o emprego. Como dizem, pé de pobre não tem tamanho.

believe: make believe (that...) fazer de conta (que...), fingir (que...). *She made believe that she hadn't heard the phone ring.* / Ela fez de conta que não tinha ouvido o telefone tocar.

believe: not believe one's eyes / not believe one's ears não acreditar no que vê ou ouve. *I can't believe my eyes! Isn't that Robert?* / Eu não acredito no que vejo! Aquele não é o Robert? *I couldn't believe my ears when they announced my name at the awards ceremony.* / Eu não podia acreditar no que ouvia quando eles anunciaram meu nome na cerimônia de premiação.

bellyful: have a bellyful of someone or something estar farto de, estar de saco cheio de alguém ou algo. *I've had a bellyful of Oliver. He doesn't stop bothering us.* / Eu estou de saco cheio do Oliver. Ele não para de nos importunar.

below: **be below par** estar abaixo do nível ou padrão de qualidade usual. *The food at the club has been below par since they changed chefs.* / A comida no clube está abaixo do nível de qualidade desde que eles trocaram os chefes de cozinha.

belt: **have something under one's belt** ter alguma experiência no currículo ou carreira, ter qualificação, ter bagagem profissional. *Silvester Stallone has a lot of action movies under his belt.* / O Silvester Stallone tem muita experiência com filmes de ação.

bend: **bend over backwards to do something** fazer um grande esforço para agradar, fazer o possível e o impossível. *Mrs. Greenbald bent over backwards to give her children a good education.* / A Sra. Greenbald fez o possível e o impossível para dar uma boa educação para os filhos.

bend: **bend someone's ear (about something)** falar muito com alguém sobre alguma coisa, estar ou ficar pendurado na orelha de alguém falando de alguma coisa, alugar alguém. *Elmo has been bending my ear for a week about his financial problems.* / O Elmo está me alugando, há uma semana, falando sobre os problemas financeiros dele.

bend: **bend the rules** *inf* abrir uma exceção. *Technically we can't let you play on the team until you're 18, but I think we can bend the rules in your case.* / Tecnicamente nós não podemos deixá-lo jogar no time até que você faça 18 anos, mas eu acho que nós podemos abrir uma exceção no seu caso.

bend: **bend the truth** dizer algo que não representa toda a verdade, distorcer a verdade. *I didn't exactly lie to her. I just bent the truth a little.* / Eu não menti para ela exatamente. Eu só distorci um pouco a verdade.

bent: **be bent on something / be bent on doing something** estar determinado ou decidido a fazer algo. *Norman is really bent on selling his house in the city and moving to the country.* / O Norman está realmente decidido a vender a casa dele na cidade e se mudar para o interior.

beside: **be beside the point** ser irrelevante, não ter importância, ser um outro assunto. *Whether the car is beautiful or not is beside the point. We simply don't have the money to buy a new car right now.* / Se o carro é bonito ou não é um outro assunto. Nós simplesmente não temos dinheiro para comprar um carro novo neste momento.

best: **get / have the best of both worlds** tirar vantagem dos dois lados de uma situação, unir o útil ao agradável. *As an actor he gets the best of both worlds. He gets paid to make films and has a lot of fun making them.* / Como ator ele une o útil ao agradável. Ele é pago para fazer filmes e se diverte fazendo-os.

bet: **bet one's bottom dollar (on something / that...)** *inf* expressão usada para certificar alguém de que algo é certo ou inevitável. Algo como: 'pode crer (que...)', 'pode apostar (que...)'. *You can bet your bottom dollar that Tim will ask you to lend him some money.* / Você pode apostar que o Tim vai lhe pedir algum dinheiro emprestado.

bet: **you bet** *inf* expressão usada para enfatizar que se aceita ou está de acordo com alguém ou algo. Algo como: 'pode crer', 'com certeza'. *'Would you like a beer now?' 'You bet'* / 'Você gostaria de uma cerveja agora?' 'Com certeza!'

better: **better late than never** *dit* expressão usada para dizer que é melhor fazer algo atrasado do que deixar de fazê-lo. Algo como: 'antes tarde do que nunca'. *'I'm sorry, I'm late. I got held up in a traffic jam.' 'Well, better late than never, I suppose'* / 'Desculpe-me pelo atraso. Eu fiquei preso no trânsito.' 'Bem, antes tarde do que nunca, eu suponho.'

better: better safe than sorry *dit* expressão usada para dizer que prevenir uma situação ou algo é melhor que tentar recuperá-lo ou consertá-lo. Algo como: 'é melhor prevenir do que remediar'. *We'd better take our coats in case the weather changes. As they say, better to be safe than sorry.* / É melhor levarmos nossos casacos caso o tempo mude. Como dizem, é melhor prevenir do que remediar.

better: it's better the devil you know than the devil you don't *dit* expressão usada para dizer que é melhor lidar com algo conhecido do que com aquilo que se desconhece, porque, nesse caso, pode ser muito pior. Algo como: 'é melhor o inimigo que você conhece do que aquele que você desconhece'. *'I don't like the idea of having Jimmy as our supervisor. The guy is a slave-driver!' 'Well, it's better the devil you know than the devil you don't.'* / 'Eu não gosto da ideia de ter o Jimmy como nosso supervisor. O cara é um explorador!' 'Bem, é melhor o inimigo que você conhece do que aquele que você desconhece.'

beyond: be beyond someone ser ou estar acima da capacidade de compreensão de alguém, ser difícil de entender. *Why Colin decided to marry Shadya is beyond me.* / Por que o Colin decidiu se casar com a Shadya é difícil de entender.

bide: bide one's time esperar pacientemente por uma boa oportunidade de fazer algo certo. *Catherine is just biding her time until she finds a better job.* / A Catherine está esperando pacientemente até encontrar um emprego melhor.

big: be / get too big for one's boots *inf* ser ou ficar muito orgulhoso, arrogante, presunçoso etc. *Patrick used to be a nice guy before he became manager, but now he's too big for his boots.* / O Patrick era um cara legal antes de se tornar gerente, mas agora ele ficou muito arrogante.

bigger: have bigger fish to fry *inf* ter coisas mais importantes, interessantes, úteis etc. para fazer. *I know you're busy and have bigger fish to fry, but I need to talk to you.* / Eu sei que você tem coisas mais importantes para fazer, mas eu preciso conversar com você.

bird: a bird in the hand is worth two in the bush *dit* expressão usada para dizer que é melhor contentar-se com o que tem do que arriscar conseguir algo supostamente melhor. Algo como: 'mais vale um pássaro na mão do que dois voando'. *I wouldn't leave the company without finding another job first. As they say, a bird in the hand is worth two in the bush.* / Eu não sairia da empresa antes de encontrar outro emprego primeiro. Como dizem, mais vale um pássaro na mão do que dois voando.

biscuit: take the biscuit expressão usada para expressar surpresa ou irritação com alguém ou algo. Algo como: 'essa é demais', 'aí já é demais', 'é o fim da picada'. *That really takes the biscuit! He didn't do anything while we were working hard and now he asks us to include his name on the project!* / É o fim da picada! Ele não fez nada enquanto nós trabalhávamos duro e agora ele nos pede para incluir o nome dele no projeto!

bite: bite off more than one can chew *inf* tentar fazer mais do que é capaz, subestimar as dificuldades, tentar abarcar o mundo com as pernas. *Donna bit off more than she could chew when she offered to take care of* *three kids while she was working from home.* / A Donna tentou fazer mais do que é capaz quando se ofereceu para tomar conta de três crianças enquanto trabalhava em casa.

bite: bite one's lip esforçar-se para não expressar as emoções negativas, controlar-se para não falar o que realmente pensa, engolir a seco. *When the manager said that the report wasn't good enough, Jennifer didn't agree but she bit her lip and said nothing.* / Quando o gerente disse que o relatório não estava muito bom, a Jennifer não concordou, mas engoliu a seco e não disse nada.

bite: bite one's nails / bite one's fingernails roer as unhas (por estar nervoso ou ansioso). *Before the teacher announced the test results, most of the students were biting their nails.* / Antes de o professor anunciar os resultados do teste, a maioria dos alunos estava roendo as unhas.

bite: bite one's tongue esforçar-se para não dizer algo negativo, controlar-se (para não falar o que realmente pensa). *I didn't agree with what Laura said, but I bit my tongue and said nothing.* / Eu não concordei com o que a Laura disse, mas eu me controlei e não disse nada.

bite: bite one's tongue off arrepender-se de ter dito algo (expressão geralmente precedida de *could*). Algo como: 'eu não devia ter dito nada'. *I could have bitten off my tongue when I made a comment about Diva's boyfriend.* / Eu não deveria ter dito nada quando fiz um comentário sobre o namorado da Diva.

bite: bite the bullet *inf* encarar uma situação, enfrentar um problema (de frente). *You'll have to bite the bullet and pay for the damage.* / Você terá que encarar a situação e pagar pelos danos.

bite: bite the dust 1 *inf* ser derrotado ou destruído, ir para o brejo. *The Wilsons' family business bit the dust.* / O negócio da família Wilson foi para o brejo. **2** *inf* morrer, bater as botas. *You can have all my money after I bite the dust, not before.* / Você pode ficar com todo o meu dinheiro depois que eu bater as botas, mas não antes.

bite: bite the hand that feeds you ser injusto ou desleal com aquele que o ajuda, pisar ou desprezar aquele que o acolhe, cuspir no prato que come. *Don't say bad things about the company where you work. You're biting the hand that feeds you.* / Não diga coisas ruins sobre a empresa onde você trabalha. Você está cuspindo no prato que come.

bite: get / have a bite to eat *inf* fazer uma refeição leve, tomar um lanche, fazer uma boquinha. *Do you think we'll be able to grab a bite before the meeting?* / Você acha que a gente vai conseguir fazer uma boquinha antes da reunião?

bite: have a (quick) bite *inf* fazer uma boquinha. *Why don't we have a quick bite on the way to the airport?* / Por que não fazemos uma boquinha no caminho para o aeroporto?

bitten: be bitten by something entusiasmar-se, empolgar-se com algo. *Dorothy was bitten by the desire to become a professional athlete.* / A Dorothy se empolgou com o desejo de se tornar uma atleta profissional.

bitten: once bitten, twice shy *dit* expressão usada para dizer que quem já se deu mal numa situação procura ser mais cuidadoso para que não ocorra novamente. Algo como: 'gato escaldado tem medo de água fria'. *After my first restaurant went bankrupt, I vowed never to open another again. As they say, once bitten, twice shy.* / Depois que o meu primeiro restaurante foi à falência, eu jurei nunca abrir outro no-

black **blood**

vamente. Como dizem, gato escaldado tem medo de água fria.

black: be the black sheep of the family ser a ovelha negra da família. *Mary is the black sheep of the family.* / A Mary é a ovelha negra da família.

blanket: be a wet blanket ser uma pessoa desanimada, ser um desmancha-prazeres. *Please don't invite Tony to the party. He's such a wet blanket.* / Por favor não convide o Tony para a festa. Ele é um desmancha-prazeres.

blaze: blaze a / the trail ser o primeiro a fazer algo importante ou interessante, abrir caminho. *By becoming the first woman to be president of the club, she blazed the trail for other women.* / Ao se tornar a primeira mulher a ser presidente do clube, ela abriu caminho para outras mulheres.

bleed: bleed someone dry extorquir todo o dinheiro, depenar alguém, deixar alguém sem nada. *After bleeding Donald dry, Shirley left him for a younger man.* / Depois de deixar o Donald sem nada, a Shirley o trocou por um homem mais novo.

blend: blend into the woodwork comportar-se ou agir sem chamar a atenção, desaparecer ou esconder-se. *Carl is very anti-social at parties. He blends into the woodwork just to avoid talking to people.* / O Carl é muito antissocial nas festas. Ele se esconde só para não conversar com as pessoas.

blind: be a blind alley ser uma ação que não traz nenhum resultado útil no final, ser uma perda de tempo, não dar em nada. *Our efforts to make the project work were a blind alley.* / Nossos esforços para fazer o projeto funcionar não deram em nada.

blind: blind someone with science confundir alguém deliberadamente com conhecimento científico (geralmente usando termos técnicos difíceis que as pessoas não entendem), usar um monte de termos técnicos com alguém. *The guy at the computer store blinded me with science and I ended up buying the most expensive computer in the store.* / O cara da loja de computadores usou um monte de termos técnicos comigo e eu acabei comprando o computador mais caro da loja.

blind: the blind leading the blind *dit* expressão usada para dizer que uma pessoa não tem conhecimento ou experiência para auxiliar outra pessoa. Algo como: 'um cego conduzindo o outro'. *Mario hardly knew how to paint when he accepted to teach Fred. As they say, the blind leading the blind.* / O Mario mal sabia pintar quando aceitou ensinar ao Fred. Como dizem, um cego conduzindo o outro.

blink: be on the blink *inf* estar com defeito, problema etc., estar funcionando mal (máquina). *Don't tell me the printer is on the blink again.* / Não me diga que a impressora está com defeito novamente.

block: have been around the block / have been around the block a few times 1 ter bastante experiência de vida. *Kevin's been around the block, so he's the right person to ask for advice.* / O Kevin tem bastante experiência de vida, então ele é a pessoa certa para se pedir conselho. **2** ter tido muitos parceiros sexuais. *Tom had been around the block a bit before he married Sally.* / O Tom havia tido muitas parceiras antes de se casar com a Sally.

blood: be after someone's blood *inf* estar à caça de alguém (geralmente por vingança), estar atrás de alguém, estar querendo pegar alguém. *Careful where you walk. I hear your ex-girlfriend's family is after your blood.* / Cuidado por onde anda. Fiquei sabendo que a família da sua ex-namorada está querendo te pegar.

blood: blood is thicker than water *dit* expressão usada para dizer que os laços familiares são mais importantes do que a relação com as outras pessoas. Algo como: 'a família é mais importante', 'a família vem em primeiro lugar'. *I'd go to the party, but I have a family dinner tonight. As they say, blood is thinker than water.* / Eu iria à festa, mas eu tenho um jantar em família hoje à noite. Como dizem, a família vem em primeiro lugar.

blood: have blood on one's hands ser responsável pela morte de alguém. *Few people knew that Adam had the blood of three innocent people on his hands.* / Poucas pessoas sabiam que o Adam era responsável pela morte de três pessoas inocentes.

blood: make someone's blood boil deixar alguém furioso, fazer o sangue de alguém ferver. *Just thinking of those two together makes my blood boil.* / Só de pensar naqueles dois juntos faz o meu sangue ferver.

blood: make someone's blood run cold / make someone's blood freeze fazer alguém sentir muito medo, fazer o sangue de alguém gelar. *Mike tells stories that make your blood run cold.* / O Mike conta histórias que fazem o sangue gelar.

blood: one's blood is up expressão usada para dizer que alguém está irritado ou agressivo. Algo como: 'alguém está com o sangue quente', 'alguém está nervoso, irritado etc.'. *Geoff is a very quiet man, but when his blood is up you wouldn't recognize him.* / O Geoff é um homem muito calmo, mas quando está com o sangue quente você não consegue reconhecê-lo.

blow: blow a fuse *inf* ficar furioso. *Don't tell Michelle anything. I'm sure she'll blow a fuse.* / Não conte nada para a Michelle. Eu tenho certeza de que ela vai ficar furiosa.

blow: blow hot and cold estar indeciso, não saber o que fazer. *We don't know whether Sally will move out of the apartment or not. She keeps blowing hot and cold.* / Nós não sabemos se a Sally vai se mudar do apartamento ou não. Ela está indecisa.

blow: blow one's chances / blow it desperdiçar uma oportunidade, acabar com as chances. *Peter had the opportunity to become rich when he worked for the bank, but he blew it.* / O Peter teve a oportunidade de ficar rico quando trabalhava para o banco, mas ele a desperdiçou.

blow: blow one's own horn / blow one's own trumpet gabar-se, gargantear-se, vangloriar-se. *You should stop blowing your own horn and appreciate other people's work.* / Você deveria parar de se vangloriar e apreciar o trabalho das outras pessoas.

blow: blow someone to kingdom come matar alguém (com bomba ou a tiro). *She looked him in the eye and said she'd blow him to kingdom come if he reached for the gun.* / Ela olhou nos olhos dele e disse que o mataria se ele tentasse pegar a arma.

blow: blow someone's cover *inf* descobrir ou revelar a real identidade de alguém, desmascarar alguém (geralmente um espião). *Don't worry. I won't blow your cover.* / Não se preocupe. Eu não vou desmascará-lo.

blow: blow someone's mind *inf* fazer alguém sentir muito prazer, ânimo etc., dar muita emoção a alguém. *The last scene in the movie blew my mind.* / A última cena do filme me emocionou muito.

blow: blow someone's stack / blow someone's top *inf* ficar muito irritado de repente, perder as estribeiras, perder a paciência. *William blew his stack when he found out that his brother had crashed his car.* / O William perdeu as estribeiras quando ficou sabendo que o irmão havia batido o carro dele.

blow: blow something to kingdom come detonar, explodir algo completamente. *The highway crew had to blow a boulder to kingdom come to put the road through here.* / A equipe de construção de estradas teve que detonar uma enorme pedra para poder passar a estrada por aqui.

blow: blow something to smithereens *inf* explodir algo completamente. *At the end of the film they blow the aliens' ship to smithereens.* / No final do filme eles explodem a nave dos alienígenas completamente.

blow: blow the whistle (on someone or something) *inf* denunciar, dedar, botar a boca no trombone. *Claire blew the whistle on her own boss when she found out that he was embezzling money from the company.* / A Claire denunciou o próprio chefe quando soube que ele estava desviando dinheiro da empresa.

blow: blow things out of all proportion / blow things out of proportion exagerar a importância das coisas, fazer tempestade num copo d'água. *As usual, the press is blowing this all out of proportion to sell more newspapers.* / Como de costume, a imprensa está fazendo tempestade num copo d'água para vender mais jornais.

blow: blow up in someone's face fracassar, ir para o brejo (geralmente um plano, projeto, situação etc.). *Everyone knew that Susan's new project was bound to blow up in her face.* / Todos sabiam que o novo projeto da Susan estava fadado a ir para o brejo.

blues: have / get the blues ser, estar ou ficar triste, depressivo, melancólico etc. *Bob has had the blues ever since Katie left him.* / O Bob está triste desde que a Katie o deixou.

board: take something on board *inf* aceitar (uma ideia, sugestão etc.), reconhecer (um problema, falha etc.). *Do you think they will take our proposals on board before making a decision?* / Você acha que eles levarão em consideração as nossas propostas antes de tomar uma decisão?

boat: be in the same boat estar nas mesmas condições difíceis que as outras pessoas, estar no mesmo barco. *None of us managed to save money. We're all in the same boat.* / Nenhum de nós conseguiu poupar dinheiro. Estamos todos no mesmo barco.

bob: Bob's your uncle expressão usada na fala para enfatizar a facilidade de algo acontecer ou para encerrar um assunto. Algo como: 'é batata', 'é bater e valer', 'não tem erro'. *To run off copies on this machine you just press this button and Bob's your uncle.* / Para tirar cópias nesta máquina você apenas aperta este botão e não tem erro.

boil: be on the boil estar em ritmo acelerado, estar a todo vapor. *Research on cloning is really on the boil nowadays.* / As pesquisas sobre clonagem estão realmente a todo vapor hoje em dia.

bolt: make a bolt for it / make a bolt for something tentar escapar ou chegar a algum lugar rapidamente, mandar-se, correr em direção a algo. *When the owner of the house arrived, the boys made a bolt for it.* / Quando o dono da casa chegou, os garotos se mandaram.

bone: have a bone to pick with someone *inf* ter reclamações a fazer contra alguém pessoalmente, ter contas a acertar com alguém. *I have a bone to pick with you. Why didn't you call me to let me know you were* *not going to show up for work?* / Eu tenho contas a acertar com você. Por que você não me ligou para me avisar que não ia aparecer no trabalho?

bones: make no bones about something / make no bones about doing something não hesitar em fazer algo, fazer algo sem temer as consequências, não fazer cerimônias. *Danny made no bones about telling his boss that he deserved a raise.* / O Danny não hesitou em dizer ao chefe que merecia um aumento.

boot: get the boot *inf* ser demitido, ser mandado embora do emprego. *You'd better get your act together or you'll end up getting the boot.* / É melhor você tomar jeito ou vai acabar sendo demitido.

booze: booze it up encher a cara (de bebida alcoólica), tomar todas. *Lorena boozed it up at the party last Saturday.* / A Lorena tomou todas na festa no sábado passado.

boozed: get boozed up ficar bêbado, ficar travado. *Vincent got boozed up at his brother's wedding party.* / O Vincent ficou travado na festa de casamento do irmão dele.

born: be born with a silver spoon in one's mouth *dit* expressão usada para dizer que alguém nasceu em família rica. Algo como: 'ter nascido em família rica', 'ter nascido em berço de ouro'. *Money has never been an issue for Mitch. He was born with a silver spoon in his mouth.* / Dinheiro nunca foi problema para o Mitch. Ele nasceu em berço de ouro.

born: not be born yesterday não ser ingênuo, ter experiência de vida, não ter nascido ontem. *You're not going to deceive Mary that easily. She wasn't born yesterday.* / Você não vai enganar a Mary tão facilmente. Ela não é ingênua.

born: there's one born every minute *dit* expressão usada para enfatizar que alguém é muito inocente ou ingênuo. Algo como: 'como tem trouxa nesse mundo'. *Do you really think they're going to pay you the money back? There's one born every minute!* / Você realmente acredita que eles vão te pagar? Como tem trouxa nesse mundo!

bothered: can't be bothered (to do something) *Brit inf* não estar disposto a fazer esforço (por algo), não dar a mínima (para algo). *Helen couldn't be bothered to explain her reasons for not coming to the meeting.* / A Helen não deu a mínima para explicar as razões de ela não ter vindo à reunião.

bottle: have the bottle (to do something) *Brit inf* ter ou mostrar coragem (para fazer algo). *Garry doesn't have the bottle to tell Cinthia the truth.* / O Garry não tem coragem de contar a verdade para a Cinthia.

bottom: get to the bottom of something buscar ou descobrir a verdadeira causa de algo, ir até o fundo de algo. *The school principal is determined to get to the bottom of the problem.* / O diretor da escola está determinado a descobrir a verdadeira causa do problema.

bottoms: bottoms up! expressão usada na fala convidando as pessoas presentes a beber tudo que há nos copos ou na garrafa. Algo como: 'à nossa!', 'vamos beber!', 'esvaziem os copos (ou a garrafa)!'. *Okay everyone. Bottoms up!* / É isso aí pessoal. Vamos beber!

boys: boys will be boys *dit* expressão usada para dizer que algo é típico e natural do comportamento de garotos. Algo como: 'garotos são garotos', 'meninos são assim mesmo'. *We can't complain about the noise our neighbors' kids make. Boys will be boys.* / Nós não podemos reclamar do barulho

brass: get down to brass tacks discutir o cerne da questão, ir direto ao que interessa. *Stop beating about the bush and get down to brass tacks.* / Pare de enrolar e vá direto ao que interessa.

bread: be someone's bread and butter ser o sustento, ganha-pão de alguém. *This work is my bread and butter.* / Este trabalho é o meu ganha-pão.

bread: take the bread out of someone's mouth privar alguém de seu meio de vida, tirar o sustento de alguém, tirar o pão da boca de alguém. *If they close the factory, they'll be taking the bread out of the poor workers' mouth.* / Se eles fecharem a fábrica, estarão tirando o pão da boca dos pobres trabalhadores.

breadline: be on the breadline estar na faixa ou linha de pobreza. *Most of the people in this region are on the breadline.* / A maioria das pessoas nessa região está na linha de pobreza.

break: be make or break for something *inf* expressão usada para dizer que uma situação chegou ao limite e deverá melhorar ou piorar de vez. Algo como: 'ser ou vai ou racha', 'ser tudo ou nada'. *It's make or break for Bert's new business this year.* / É ou vai ou racha para o novo negócio do Bert este ano.

break: break a leg *inf* expressão usada na fala para desejar boa sorte a alguém. Algo como: 'boa sorte'. *It's your final exam today, isnt't it? Break a leg!* / É o dia do seu exame final hoje, não é? Boa sorte!

break: break even não ganhar nem perder, ficar elas por elas (geralmente na área de negócios). *The company managed to break even.* / A empresa não lucrou, mas também não perdeu dinheiro.

break: break fresh ground / break new ground fazer uma descoberta, usar novos métodos, inovar. *The farmers are breaking new ground by dealing directly with the consumers.* / Os fazendeiros estão inovando ao negociar diretamente com os consumidores.

break: break loose soltar-se, libertar-se, livrar-se, escapar. *Susan broke loose from his embrace and ran off crying.* / A Susan se livrou do abraço dele e saiu correndo, chorando.

break: break one's back doing something / break one's back to do something *inf* trabalhar arduamente para conseguir algo, dar duro, se matar fazendo algo ou para fazer algo. *I had to break my back to pay for my studies.* / Eu tive que me matar para custear os meus estudos.

break: break one's neck (doing something / to do something) *inf* fazer muito esforço, dar duro, se matar (fazendo algo / para fazer algo). *You shouldn't break your neck to finish the work today.* / Você não deveria se matar para terminar o serviço hoje.

break: break one's word não cumprir o que prometeu, não cumprir a palavra, quebrar a palavra. *He has broken his word in the past, so why trust him now?* / Ele quebrou a palavra no passado, então por que acreditar nele agora?

break: break someone's heart fazer alguém sentir-se muito infeliz, ferir os sentimentos de alguém. *You'll break Kylie's heart by saying you don't want anything to do with her.* / Você vai ferir os sentimentos da Kylie ao dizer que não quer nada com ela.

break: break the ice tornar uma situação formal mais descontraída, quebrar o gelo. *Telling a joke can be a good way of breaking the ice before a meeting.* / Contar uma piada pode

break   20   **bring**

---

ser uma boa forma de quebrar o gelo antes de uma reunião.

break: break the news (to someone) ser o primeiro a dar uma notícia para alguém (geralmente notícia negativa). *Mary broke the news to Roger about his father's death.* / Mary foi quem deu a notícia para o Roger sobre o falecimento do seu pai.

break: break wind soltar gases, peidar. *Jessica wasn't ashamed to break wind in front of the teachers.* / A Jessica não teve vergonha de peidar na frente dos professores.

break: get / have a break ter sorte, ter uma oportunidade, ter uma chance. *John got better breaks than his brothers when he was young.* / O John teve melhores oportunidades do que seus irmãos quando era jovem.

break: make a break for it fugir ou escapar às pressas (geralmente da prisão). *Word has it that the convicts will try to make a break for it tomorrow.* / Estão dizendo por aí que os presos tentarão fugir da prisão amanhã.

break: make a break with someone romper, terminar (relacionamento, vínculo etc.) *Professor Harris made a break with his research team and started to develop his own methods.* / O professor Harris rompeu com a sua equipe de pesquisa e começou a desenvolver seus próprios métodos.

break: not break the bank *inf* não custar muito dinheiro, não deixar alguém mais pobre. *Can you lend me ten dollars? Come on. It won't break the bank.* / Você pode me emprestar dez dólares? Vamos lá. Isso não vai te deixar mais pobre.

break: take a break fazer um intervalo, fazer uma pausa, dar um tempo. *Let's take a break for some coffee, okay?* / Vamos fazer um intervalo para um café, tudo bem?

breath: take someone's breath away causar grande surpresa, emoção etc. em alguém, tirar o fôlego de alguém. *This new motorbike model will take your breath away.* / Este novo modelo de moto vai tirar o seu fôlego.

breathe: breathe down someone's neck *inf* vigiar alguém de perto (fazendo com que a pessoa sinta-se desconfortável), fungar no cangote de alguém. *How am I supposed to concentrate with my boss breathing down my neck the whole time?* / Como é que eu vou me concentrar com o meu chefe fungando no meu cangote o tempo inteiro?

breathe: not breathe a word (about / of something) (to someone) não dizer uma palavra (sobre algo) (a alguém). *I swear I won't breathe a word of this to anyone.* / Eu juro que não direi uma palavra disso a ninguém.

brick: be up against a brick wall ser ou ficar incapaz de fazer algo devido a alguma dificuldade, não poder prosseguir, encontrar um obstáculo. *Fred was doing well with the project, but he came up against a brick wall when the government cut all his fundings.* / O Fred estava indo bem com o projeto, mas não pôde prosseguir quando o governo cortou toda a sua verba.

bring: bring home the bacon ganhar o dinheiro para sustentar a casa, sustentar a família. *Morris brings home the bacon, so he feels he has the right to make the decisions at home.* / O Morris é quem sustenta a família, então ele acha que tem o direito de tomar as decisões em casa.

bring: bring it home (to someone) / bring something home (to someone) fazer compreender, fazer sentir, deixar claro, trazer para a realidade (de alguém). *Showing the students the* *documentary brought it home to them the way African children live.* / Mostrar aos estudantes o documentário trouxe para a realidade deles a forma como as crianças africanas vivem.

bring: bring out the best in someone fazer despertar ou aflorar as melhores qualidades em alguém. *Doing community service has brought out the best in Adam.* / Fazer serviços comunitários despertou as melhores qualidades no Adam.

bring: bring out the worst in someone fazer aflorar o que há de pior em alguém, transformar alguém na pior espécie de gente. *Norma is a sweet girl usually, but that boyfriend of hers manages to bring out the worst in her.* / A Norma é uma garota meiga normalmente, mas aquele namorado dela a transforma na pior espécie de gente.

bring: bring pressure to bear (on someone) (to do something) forçar ou tentar persuadir (alguém) (a fazer algo). *The teachers will have to bring pressure to bear on the principal to get the pay raise they want.* / Os professores terão que pressionar o diretor para conseguir o aumento de salário que eles querem.

bring: bring someone down a peg / bring someone down a peg or two *inf* mostrar a alguém que ele ou ela não é tão importante, inteligente, talentoso etc. quanto imagina, fazer alguém baixar um pouco a crista. *Chris didn't get the promotion like he thought he would. That should bring him down a peg or two.* / O Chris não conseguiu a promoção como ele achava que conseguiria. Isso deve fazê-lo baixar um pouco a crista.

bring: bring someone out of their shell *inf* tirar a timidez de alguém e torná-lo mais confiante. *Wendy is very good at bringing the shy students out of their shells.* / A Wendy é muito boa em tirar a timidez dos alunos e torná-los mais confiantes.

bring: bring someone to book (for something) *form* chamar alguém às contas, pedir explicações pela conduta de alguém, punir alguém (por algo). *When will the authorities bring Gregory to book for all the crimes he has committed?* / Quando as autoridades vão punir o Gregory por todos os crimes que ele cometeu?

bring: bring something alive tornar algo interessante, dar vida a algo. *I'm sure these games will bring your classes alive.* / Tenho certeza de que esses jogos darão vida às suas aulas.

bring: bring something to its knees prejudicar o funcionamento de um país, organização, grupo etc., a ponto de paralisá-lo completamente. *The financial demands of the war brought the country to its knees.* / As demandas financeiras da guerra prejudicaram o funcionamento do país a ponto de paralisá-lo completamente.

bring: bring something to life tornar algo mais atraente, bonito, interessante etc., dar vida a algo. *Some nice curtains and a colorful rug would bring this living room to life.* / Algumas cortinas bonitas e um tapete colorido dariam vida a esta sala de estar.

bring: bring the curtain down on something encerrar, pôr fim a algo. *The board of directors decided to bring the curtain down on one of the oldest TV series.* / A comissão de diretores decidiu pôr fim a uma das séries mais antigas da TV.

bring: bring the house down *inf* fazer as pessoas rirem muito ou fazê-las aplaudir uma apresentação ou show, fazer o maior sucesso com algo. *The students' theater group brought the house down with their performance.* / O grupo de teatro dos alunos fez o maior sucesso com a apresentação.

bring: bring to mind (someone or something) fazer lembrar, trazer (alguém ou algo) à mente. *Seeing this photo brings to mind the old gang from university.* / Ver essa foto me faz lembrar da turma antiga da universidade.

bring: bring up the rear chegar em último lugar. *As they approached the finish line, it looked like the Kenyan runner was bringing up the rear.* / Assim que eles se aproximaram da linha de chegada, parecia que o corredor queniano chegaria em último lugar.

broke: if it ain't broke, don't fix it *dit* expressão usada para dizer que se algo está satisfatório, ou ao menos funcionando, isso não deve ser mudado. Algo como: 'em time que está ganhando não se mexe'. *Don't bother to make changes to the way people work here in the office. If it ain't broke, don't fix it.* / Não se preocupe em fazer mudanças na forma como as pessoas trabalham aqui no escritório. Em time que está ganhando não se mexe.

brush: have a brush with someone or something ter passagem ou problemas (geralmente com a polícia, autoridades etc.). *Tim had a brush with the police when he was young.* / O Tim teve problemas com a polícia quando era jovem.

budge: not budge an inch não mudar ou alterar posição ou decisão nem um pouco, não arredar o pé. *I've asked him to reconsider his decision, but he won't budge an inch.* / Eu pedi que ele reconsiderasse a decisão, mas ele não arreda o pé.

bug: be bitten by the (travel, technology etc.) bug *inf* ter um interesse ou entusiasmo repentino por alguma coisa, ficar apaixonado por algo, ser picado pelo bichinho (da viagem, tecnologia etc.). *She was bitten by the Internet bug and can't stay away from her computer anymore.* / Ela foi picada pelo bichinho da internet e não consegue mais ficar longe do seu computador.

build: build castles in the air ter planos ou esperanças improváveis de se tornarem realidade, sonhar planos impossíveis. *Michael thinks he's going to make millions on the Internet. Well, he's always building castles in the air.* / O Michael pensa que vai ganhar milhões com a internet. Ora, ele está sempre sonhando planos impossíveis.

build: build up someone's hopes alimentar as esperanças de alguém. *The magazine editor liked her first story, which really built up her hopes of becoming a writer.* / O editor da revista gostou da primeira história dela, o que realmente alimentou suas esperanças de se tornar uma escritora.

built: be built like a brick shithouse *vulg* ser uma pessoa ou algo muito grande, forte, sólido etc., ser um brutamontes (pessoa). *Are you sure you want to fight the guy? He's built like a brick shithouse.* / Você tem certeza de que quer brigar com esse cara? Ele é um brutamontes.

bull: take the bull by the horns *inf* lidar com uma situação difícil ou perigosa de maneira corajosa, encarar o problema de frente. *Take the bull by the horns and ask your boss why you never get promoted.* / Encare o problema de frente e pergunte ao seu chefe por que você nunca é promovido.

bum: be on the bum *inf* estar desocupado, à toa, sem trabalhar. *Clarice has been on the bum since she got fired last year.* / A Clarice está à toa desde que foi demitida no ano passado.

bun: have a bun in the oven *inf* estar grávida. *Did you hear that Lucy has a bun in the oven?* / Você ficou sabendo que a Lucy está grávida?

bundle   23   business

bundle: be a bundle of nerves *inf* ser ou estar muito nervoso ou ansioso. *I was a bundle of nerves the first time I went out with her.* / Eu estava muito nervoso na primeira vez que saí com ela.

burn: burn one's bridges (with someone or something) tomar uma atitude que impede um relacionamento futuro, tornar impossível uma mudança de planos, queimar-se ou queimar o filme com alguém ou algo. *You'll be burning the bridges if you break the contract with them. You'll never work with them again.* / Você estará queimando o filme se quebrar o contrato com eles. Você nunca poderá trabalhar com eles novamente.

burn: burn the candle at both ends trabalhar demais e ficar muito cansado, esgotar-se. *Michael has burned the candle at both ends at work. He is exhausted.* / O Michael esgotou-se no trabalho. Ele está exausto.

burn: burn the midnight oil trabalhar ou estudar até tarde da noite, passar a noite em claro, trabalhando ou estudando. *Sarah burned the midnight oil studying for the final exams.* / A Sarah passou a noite em claro estudando para os exames finais.

burst: burst a blood vessel *inf* ficar muito irritado e nervoso, ter um ataque. *Donald will burst a blood vessel if I tell him about this!* / O Donald vai ter um ataque se eu contar a ele sobre isso!

burst: burst someone's bubble pôr fim à felicidade ou esperanças de alguém, cortar o barato de alguém. *I'm sorry to burst your bubble, but that's not a real Rolex!* / Desculpe cortar o seu barato, mas esse não é um autêntico Rolex!

bursting: be bursting to do something *inf* querer muito fazer algo, estar louco para fazer algo. *I'm bursting to tell my friends that I finally passed my driving test.* / Estou louco para contar para os meus amigos que eu finalmente passei no teste de direção.

bury: bury the hatchet fazer as pazes, reconcilhar-se. *Lary and Rita have finally buried the hatchet.* / O Lary e a Rita finalmente fizeram as pazes.

business: be in business / be back in business estar operando normalmente, estar de volta à ativa. *As soon as the computers are fixed we'll be back in business.* / Assim que os computadores forem consertados nós estaremos operando normalmente.

business: be none of someone's business *inf* não ser da conta de alguém. *'Who are you going out with?' 'That's none of your business!'* / 'Com quem você está saindo?' 'Isso não é da sua conta!'

business: business is business *dit* expressão usada para dizer que assuntos financeiros ou comerciais são assuntos importantes e não devem ser influenciados por amizade. Algo como: 'negócios são negócios', 'amigos amigos, negócios à parte'. *I'm sorry but I can't let you go home earlier. We're very busy and business is business after all.* / Sinto muito mas não posso liberá-lo para ir para casa mais cedo. Nós estamos bastante ocupados e negócios são negócios, afinal de contas.

business: get down to business começar a discutir ou fazer algo seriamente (geralmente após um bate-papo informal), ir ao que interessa. *Well, it's time to get down to business, don't you think?* / Bem, é hora de ir ao que interessa, vocês não acham?

business: get down to business começar a trabalhar, arregaçar as mangas, pôr mãos à obra. *It's almost 9 o'clock, so we'd better get down to business.* / Já são quase nove horas, então é melhor começarmos a trabalhar.

business: have no business doing something / have no business to do something não ter o direito de fazer algo. *Michelle has no business telling me who I should go out with.* / A Michelle não tem o direito de me dizer com quem eu devo sair. *You have no business to do that to Joan.* / Você não tem o direito de fazer isso com a Joan.

business: make it one's business (to do something) propor-se a (fazer algo), chamar para si a responsabilidade (de fazer algo), fazer questão de (fazer algo). *I made it my business to check if the kids were really doing their homework.* / Eu fiz questão de checar se as crianças estavam realmente fazendo a lição de casa.

business: not be in the business of doing something não estar acostumado a fazer algo, não ser chegado em fazer algo. *I've never been in the business of gossiping about other people's lives.* / Eu nunca fui chegado em fofocar sobre a vida das outras pessoas.

bust: bust a gut (doing something) / bust a gut (to do something) *inf* fazer um enorme esforço, matar-se (fazendo ou para fazer algo). *You shouldn't bust a gut trying to keep the office tidy if you know that the other workers don't give a damn.* / Você não deveria se matar tentando manter o escritório organizado se você sabe que os outros funcionários não dão a mínima.

butcher: have / take a butcher's *Brit inf* olhar, dar uma olhada em algo. *Quick! Come over here and have a butcher's at this!* / Rápido! Venha até aqui e dê uma olhada nisso!

butt: be the butt of something ser uma pessoa que sempre é ridicularizada, culpada, vítima de piada etc. *Janice was always the butt of all kinds of jokes in the classroom.* / A Janice sempre era vítima de todos os tipos de piada na sala de aula.

butterflies: get / have butterflies (in one's stomach) *inf* ficar muito nervoso antes de fazer algo, sentir um frio na barriga. *I always get butterflies in my stomach before speaking in public.* / Eu sempre sinto um frio na barriga antes de falar em público.

button: not have all one's buttons *inf* não ter juízo, ser meio maluco, sofrer da bola. *I don't think the bus driver has all his buttons. He's talking to himself.* / O motorista de ônibus é meio maluco. Ele está falando sozinho.

buy: buy a pig in a poke comprar ou pagar por algo sem antes ter visto ou examinado com cuidado, comprar algo no escuro. *Make sure that the product has been properly tested before you buy it. You don't want to buy a pig in a poke, do you?* / Certifique-se de que o produto foi corretamente testado antes de comprá-lo. Você não quer comprar algo no escuro, quer?

buy: buy something for a song *inf* comprar algo por um preço muito barato, comprar algo a preço de banana. *Ronald bought the house for a song and today it's worth a fortune.* / O Ronald comprou a casa a preço de banana e hoje ela vale uma fortuna.

buy: buy the farm *Amer inf* morrer, bater as botas. *Mr. Brown's children should come and see him before he buys the farm.* / Os filhos do Sr. Brown deveriam vir vê-lo antes que ele bata as botas.

buy: buy time *inf* postergar algo inevitável, ganhar tempo. *The lawyers are* *asking for a retrial to buy more time to develop their defense.* / Os advogados estão solicitando um novo julgamento para ganhar tempo e elaborar a defesa deles.

buzzed: get buzzed *inf* sentir o efeito de álcool ou droga, ficar doidão, piradão etc. *You'll get buzzed if you smoke that.* / Você vai ficar doidão se fumar isso.

cahoots: be in cahoots with someone estar junto ou envolvido com alguém geralmente em algo secreto ou ilegal, estar em conluio com alguém. *I've heard that he's in cahoots with the mafia.* / Eu fiquei sabendo que ele está envolvido com a máfia.

cake: be a piece of cake ser muito fácil, ser moleza, ser mamão com açúcar. *The math test was a piece of cake.* / O teste de matemática foi moleza.

cake: have one's cake and eat it / have one's cake and eat it too levar vantagem de todos os lados. *Diana wants to work part time and earn good money. She can't have her cake and eat it too.* / A Diana quer trabalhar meio período e ganhar um bom dinheiro. Ela não pode levar vantagem de todos os lados.

cake: take the cake ser muito intrigante, surpreendente, espantoso; ser fora do comum. *'It's the third time Tim's failed the exam!' 'That really takes the cake!'* / 'É a terceira vez que o Tim é reprovado no exame!' 'Isso é realmente fora do comum!'

call: call a spade a spade falar aberta e diretamente (geralmente sobre algo desagradável), ser franco. *Let's call a spade a spade. He's a terrible father and a lousy husband.* / Vamos ser francos. Ele é um pai horrível e um péssimo marido.

call: call it a day expressão usada para dizer que o expediente está encerrado. Algo como: 'chega por hoje', 'por hoje é só'. *Let's call it a day! It's after eight and I'm dead tired.* / Chega por hoje! Já passou das oito e estou morto de cansaço.

call: call it quits *inf* terminar um impasse ou discussão, fazer as pazes. *You and Jenny have been fighting for weeks now. Isn't it time to call it quits?* / Você e a Jenny estão brigando há semanas. Não é hora de fazer as pazes?

call: call someone names insultar alguém com nomes desagradáveis, xingar alguém. *I won't have the kids calling each other names in my house.* / Eu não vou tolerar as crianças xingando umas às outras na minha casa.

call: call someone's bluff desafiar alguém a cumprir sua ameaça (quando se acredita que a pessoa está blefando), pagar para ver. *The company threatened to reduce staff and the union called their bluff.* / A empresa ameaçou reduzir o número de funcionários e o sindicato a desafiou a cumprir sua ameaça.

call: call something into question levar algo a ser questionado ou discutido, colocar algo em xeque. *The two recent plane crashes call into question the effectiveness of the air traffic* *control system.* / Os dois acidentes aéreos recentes colocam em xeque a eficiência do sistema de controle de tráfego aéreo.

call: call the shots / call the tune *inf* estar no controle, dar as ordens, mandar, dar as cartas. *Just do what I say. I call the shots around here.* / Simplesmente faça o que eu digo. Sou eu que mando aqui.

call: call to mind (someone or something) fazer lembrar (alguém ou algo), trazer à mente. *Their new CD calls to mind the psychodelic music of the early 70's.* / O novo CD deles faz lembrar a música psicodélica do início dos anos 1970.

can: be in the can estar definido, estar garantido, estar no papo. *Quit worrying about the game. I keep telling you, it's in the can.* / Pare de se preocupar com o jogo. Eu estou lhe dizendo, ele está no papo.

cap: if the cap fits, wear it *Brit dit* expressão geralmente usada após o questionamento de uma crítica ou comentário. Algo como: 'se a carapuça serve, use-a'. *I never said you were a liar, but if the cap fits, wear it.* / Eu nunca disse que você era um mentiroso, mas se a carapuça serve, use-a.

card: have a card up one's sleeve ter algo escondido, ter algo de reserva, ter um trunfo na manga, ter uma carta na manga. *Don't worry about the case. Our lawyers have a card up their sleeve.* / Não se preocupe com o caso. Nossos advogados têm um trunfo na manga.

care: couldn't care less não dar a mínima importância. *I didn't get the job, but I couldn't care less. I didn't want to work as a cashier anyway.* / Eu não consegui o emprego, mas eu não dou a mínima. Eu não queria mesmo trabalhar como caixa.

care: not have a care in the world não ter nenhuma preocupação ou ansiedade. *Paul just spends money and has fun as though he doesn't have a care in the world.* / O Paul só gasta dinheiro e se diverte como se não tivesse nenhuma preocupação.

cares: who cares? *inf* expressão usada para dizer que ninguém se importa com algo ou com alguma situação. Algo como: 'quem se importa?', 'e daí?'. *'There's going to be a free concert in the park today.' 'Who cares? I hate classical music.'* / 'Haverá um concerto de graça no parque hoje.' 'E daí? Eu odeio música clássica.'

carried: bet / get carried away exagerar, empolgar-se. *You can order anything you want on the menu, but don't get too carried away.* / Você pode pedir qualquer coisa que está no cardápio, mas não se empolgue demais.

carry: carry a torch for someone ser apaixonado por alguém (geralmente com sentimento não correspondido). *Jenny has been carrying a torch for Bob since they were sweethearts at school together.* / A Jenny é apaixonada pelo Bob desde que eles eram namorados na escola onde estudavam juntos.

carry: carry the can (for someone or something) *inf* assumir a responsabilidade ou culpa de algo (por alguém ou algo). *They lost the championship and the team captain carried the can for the team.* / Eles perderam o campeonato e o capitão do time assumiu a culpa pela equipe.

carry: carry weight (with someone) ser importante e influente, ter peso (para alguém). *Linda's opinions don't carry much weight with her superiors.* / As opiniões da Linda não têm muito peso com os superiores dela.

carved: be carved in stone ser irrevogável, ser definitivo (regras, decisões, planos etc.). *The rules are* *carved in stone and anyone who disobeys them will be thrown out of the school.* / As normas são irrevogáveis e qualquer um que desobedecê-las será expulso da escola. *We're thinking of going to New York on our holidays, but it's not carved in stone.* / Nós estamos pensando em ir para Nova York nas nossas férias, mas isto não é definitivo.

case: be / get on someone's case *inf* criticar alguém o tempo todo, pegar no pé de alguém. *I wouldn't get on your case so much if you just got better grades at school.* / Eu não pegaria tanto no seu pé se você tirasse notas melhores na escola.

case: get off someone's case *inf* parar de criticar alguém, parar de pegar no pé de alguém. *I've already told you I'll have the job done by Friday. Why don't you just get off my case?/* Eu já te disse que vou terminar o trabalho até sexta-feira. Por que você não para de pegar no meu pé?

cash: cash in your chips 1 *Amer* encerrar o jogo e trocar as fichas por dinheiro (geralmente em um cassino). *I cashed in my chips and left the casino at midnight.* / Eu encerrei o jogo, troquei as fichas por dinheiro e deixei o cassino à meia-noite. **2** encerrar uma atividade e sair do ramo (geralmente uma atividade comercial). *With high fuel prices and cheap fares, a lot of small airlines are cashing in their chips.* / Com o alto preço do combustível e passagens baratas, muitas pequenas empresas aéreas estão encerrando as atividades e saindo do ramo. **3** *inf* morrer, bater as botas. *Poor Sue. Her husband cashed in his chips and left her with three kids to raise.* / Coitada da Sue. O marido dela bateu as botas e a deixou com três filhos para criar.

cast: cast one's net wide considerar tudo numa pesquisa ou busca. *We weren't sure where we wanted to live, so we cast our net wide and even looked at houses outside the city.* / Nós não tínhamos certeza de onde queríamos morar, então nós consideramos tudo e até mesmo olhamos casas fora da cidade.

cast: cast pearls before swine *dit* expressão usada para dizer que não se deve oferecer algo valioso ou fino para alguém que não dá o devido valor. Algo como: 'dar ou lançar pérolas aos porcos'. *The hotel uses beautiful china dinnerware, which is the same as to cast pearls before swine when you consider the caliber of the people who stay there.* / O hotel usa louça de jantar fina, o que é o mesmo que dar pérolas aos porcos quando se considera o perfil das pessoas que se hospedam lá.

cat: has the cat got one's tongue? expressão usada na fala para perguntar porque uma pessoa está calada ou não responde. Algo como 'o gato comeu sua língua?' *Well? Are you going to tell us what happened or has the cat got your tongue?* / E então? Você vai nos contar o que aconteceu ou o gato comeu sua língua?

cat: when the cat's away the mice will play *dit* expressão usada para dizer que as pessoas divertem-se e ficam mais à vontade quando o superior ou a pessoa que toma conta delas está longe. Algo como: 'quando o gato está longe os ratos fazem à festa'. *Michael's wife is out of town for the week and when the cat's away, the mice will play.* / A mulher do Michael ficará fora da cidade por uma semana, e quando o gato está longe os ratos fazem a festa.

catch: catch hell / catch shit *vulg* levar uma bronca, ouvir um monte. *If I don't get home by 11 o'clock, I'll really catch hell.* / Se eu não chegar em casa até as 11 horas, eu realmente vou ouvir um monte.

catch: catch one's breath 1 perder o fôlego (geralmente quando assustado ou maravilhado). *I caught my breath when I saw the bill for the house repairs.* / Eu perdi o fôlego quando vi a conta da reforma da casa. **2** *Amer* recuperar o fôlego. *Let's stop for a minute and catch our breath before we go on.* / Vamos parar por um minuto e recuperar o fôlego antes de continuar.

catch: catch some Z's *Amer inf* dormir, tirar uma soneca. *Don't worry. We can catch some Z's at the hotel before the meeting.* / Não se preocupe. Nós podemos tirar uma soneca no hotel antes da reunião.

catch: catch someone in the act (of doing something) pegar alguém em flagrante, pegar alguém no ato. *He was thrown out of university after he was caught in the act of cheating on his exams.* / Ele foi expulso da universidade depois de ter sido pego em flagrante colando nos exames.

catch: catch someone napping pegar alguém de surpresa ou despreparado e tirar vantagem, pegar alguém desprevenido. *We caught our competitors napping and introduced our product before they did.* / Nós pegamos nossos concorrentes desprevenidos e lançamos nosso produto antes que eles o fizessem.

catch: catch someone off balance pegar alguém desprevenido, de surpresa, despreparado etc., pegar alguém de calças curtas (uma notícia, pergunta etc.). *The reporter's question really caught the president off balance.* / A pergunta do repórter realmente pegou o presidente desprevenido.

catch: catch someone off guard pegar alguém desprevenido, de surpresa, despreparado etc., pegar alguém de calças curtas (uma notícia, pergunta etc.). *Laura hadn't expected to be asked about her personal life in the interview. It really caught her off guard and she didn't quite know how to respond.* / A Laura não esperava ter que responder perguntas sobre a vida pessoal dela na entrevista. Isso realmente a pegou desprevenida e ela não soube bem como responder.

catch: catch someone red-handed (doing something) pegar em flagrante, pegar alguém no ato, pegar alguém com a boca na botija (fazendo algo). *The police caught him red-handed robbing the safe.* / A polícia o pegou com a boca na botija, roubando o cofre.

catch: catch someone with their pants down *inf* pegar alguém desprevenido, pegar alguém de calças curtas. *If I'd known you were coming, I would have prepared something. I'm afraid you've caught me with my pants down.* / Se eu soubesse que você estava vindo, eu teria preparado alguma coisa. Acho que você me pegou de calças curtas.

catch: catch someone's eye chamar a atenção de alguém, atrair a atenção de alguém. *The blond girl at the reception really caught my eye. Do you know her name?* / A garota loira na recepção realmente chamou minha atenção. Você sabe o nome dela?

catch: catch someone's fancy *inf* agradar alguém, chamar a atenção de alguém. *She's very beautiful. I'm sure she'll catch Bernard's fancy.* / Ela é muito bonita. Eu tenho certeza de que ela vai chamar a atenção do Bernard.

catch: catch the drift / catch someone's drift entender, pegar, sacar etc. o que alguém quer dizer. *My French is not very good, but I caught the drift of what he said.* / O meu francês não é tão bom, mas eu saquei o que ele disse.

caught: be / get caught in the crossfire ficar preso no meio de uma briga, estar ou ficar no meio de um fogo cruzado (expressão geralmente usada na passiva). *I didn't want to get involved in Howard and Sue's problems, but somehow I was caught in the crossfire and had to mediate between them.* / Eu não queria me envolver nos problemas do Howard e da Sue, mas de alguma forma eu fiquei no meio de um fogo cruzado e tive que controlá-los.

caught: be caught between a rock and a hard place estar numa situação de difícil escolha, estar entre a cruz e a caldeirinha, estar entre a cruz e a espada. *The operation will probably kill him, but if we don't operate, he'll die. I'm afraid he's caught between a rock and a hard place.* / A operação provavelmente o levará à morte, mas, se nós não o operarmos, ele morrerá. Receio que ele esteja entre a cruz e a espada.

cause: cause a stir causar agitação, interesse, emoção, comoção etc., dar o que falar. *Her new novel is causing quite a stir in literary circles.* / O novo romance dela está realmente dando o que falar nos círculos literários.

chafing: be chafing at the bit estar muito impaciente ou ansioso. *The engineering team is chafing at the bit to start the new project.* / A equipe de engenharia está muito ansiosa para começar o novo projeto.

chalk: chalk something up to experience *Amer* aprender com a experiência (geralmente algo negativo). *So your first marriage didn't work out. Just chalk it up to experience and do better next time.* / Então o seu primeiro casamento não deu certo. Aprenda com a experiência e acerte da próxima vez.

champing: be champing at the bit estar muito impaciente ou ansioso. *You're all champing at the bit, but you'll have to wait a little more until we can announce the winner.* / Vocês estão todos muito ansiosos, mas terão que esperar um pouco mais até que possamos anunciar os vencedores.

chance: chance your arm *Brit* arriscar(-se) (geralmente quando se tem poucas chances de obter sucesso). *Chance your arm and try the entrance exams to Cambridge. You've got nothing to lose.* / Arrisque e tente fazer o vestibular para a Universidade de Cambridge. Você não tem nada a perder.

chance: take a chance (on something) fazer algo sem a certeza do resultado, arriscar o palpite de algo. *'What are you doing here?' 'I was in the neighborhood and I took a chance you were home.'* / 'O que você está fazendo aqui?' 'Eu estava na vizinhança e arrisquei o palpite de que você estava em casa.' *We took a chance the stock market would continue strong and we put our savings into stocks.* / Nós arriscamos o palpite que o mercado de ações continuaria forte e convertemos nossas economias em ações.

chances: take one's chances aproveitar todas as oportunidades que surgem. *You should take your chances. You never know if such a job will land at your door again.* / Você deve aproveitar todas as oportunidades que surgem. Você nunca sabe se um emprego desses vai bater à sua porta novamente.

change: change one's mind mudar de ideia. *I've changed my mind. I don't want the salad after all.* / Eu mudei de ideia. Não quero mais a salada.

change: change one's tune *inf* mudar de opinião, atitude, posicionamento etc. *He used to be a socialist, but he changed his tune when he started working with us.* / Ele era socialista, mas mudou de posicionamento quando começou a trabalhar conosco.

change: change one's ways comportar-se ou viver de maneira diferente, tomar jeito, entrar na linha. *The boss said I had better change my ways or he'll fire me.* / O chefe disse que é melhor eu tomar jeito ou ele vai me despedir. *You haven't been a good father up to now, but it's not too late to change your ways.* / Você não tem sido um bom pai até agora, mas não é tarde para entrar na linha.

change: change the subject mudar de assunto. *Can we change the subject? I'm tired of talking about sports.* / Podemos mudar de assunto? Estou cansado de falar sobre esportes.

charge: be in charge (of something) estar ou ficar encarregado (de algo), ser responsável (por algo). *Mr. Robinson is in charge of payments. You'll have to talk to him about your invoice.* / O Sr. Robinson é responsável pelos pagamentos. Você terá que falar com ele sobre a sua fatura.

charge: charge the earth *inf* cobrar muito dinheiro por algo, cobrar os olhos da cara por algo. *They're charging the earth for the food and drinks.* / Eles estão cobrando os olhos da cara pela comida e pelas bebidas.

charge: get a charge out of something *Amer inf* divertir-se com algo, curtir algo. *George gets a charge out of car racing.* / O George curte corrida de carros.

charge: take charge (of something) assumir o controle ou comando (de algo). *After her father died, Linda took charge of the family business.* / Depois que o pai dela faleceu, a Linda assumiu o controle dos negócios da família.

charity: charity begins at home *dit* expressão usada para dizer que um gesto de caridade deve ser praticado na família antes de se estender às outras pessoas. Algo como: 'a caridade começa em casa'. *I don't know why Henry doesn't give his brother a job. After all, charity begins at home.* / Eu não sei por que o Henry não dá um emprego para o irmão dele. Afinal de contas, a caridade começa em casa.

chase: chase one's (own) tail / chase one's own tail estar ou ficar bastante ocupado com algo sem atingir objetivo algum, ficar atrás de uma coisa e de outra e não conseguir fazer algo. *I've been chasing my tail all day and I haven't done half the things I was supposed to do.* / Eu fiquei atrás de uma coisa e de outra o dia inteiro e não consegui fazer metade do que tinha que fazer.

chest: get something off your chest contar algo que está incomodando, desabafar, botar para fora. *If you have something you want to get off your chest, now's the time. We're all listening.* / Se você quiser desabafar, agora é a hora. Estamos todos ouvindo.

chew: chew the fat / chew the rag *inf* conversar, bater papo. *I'd love to stay longer and chew the fat with you guys, but I've got to get back to the office.* / Eu adoraria ficar mais e bater papo com vocês, pessoal, mas eu tenho que voltar para o escritório.

chill: chill someone to the bone / chill someone to the marrow meter medo em alguém. *Chris likes horror films. You know, the ones that really chill you to the bone.* / A Chris gosta de filmes de terror. Sabe, aqueles que realmente te metem medo.

chin: take something on the chin *inf* aceitar uma situação difícil ou desagradável sem reclamar, lidar com algo numa boa. *We were all worried about Thomas when he lost his job, but he just took it on the chin and started looking for a new job right away.* / Nós todos ficamos preocupados com o Thomas quando ele perdeu o emprego, mas ele lidou com a situação numa boa e começou a procurar um novo emprego imediatamente.

chip: be a chip off the old block *inf* ser igual ao pai ou à mãe (em aparência ou personalidade), ser a cara de alguém. *Look at this photo of Michael with his father. He's a chip off the old block.* / Olhe esta foto do Michael com o pai dele. Ele é a cara do pai.

chip: have a chip on one's shoulder *inf* ter ressentimentos sobre algo que aconteceu no passado, guardar rancor de algo. *He was teased a lot about being short when he was a kid and to this day he has a chip on his shoulder about it.* / Ele costumava ser zombado por ser de baixa estatura quando era garoto e até hoje ele guarda rancor disso.

chips: when the chips are down quando a situação ficar crítica, quando a festa acabar. *When the chips are down and exams start you're going to wish you had studied more this semester.* / Quando a situação ficar crítica e os exames começarem, você vai desejar que tivesse estudado mais este semestre.

chomping: be chomping at the bit *inf* estar muito impaciente ou ansioso. *The players were chomping at the bit before the match.* / Os jogadores estavam muito ansiosos antes da partida.

chop: get the chop *Brit inf* ser demitido, ser cortado (da empresa). *'Why so gloomy?' 'I think I'll get the chop for what I did in the meeting.'* / 'Por que tanta tristeza?' 'Eu acho que vou ser demitido pelo que fiz na reunião.'

circles: go round in circles repetir os mesmos argumentos sem avançar a discussão, andar em círculo. *There's no point in continuing this argument. We're just going round in circles.* / Não faz sentido continuar essa discussão. Nós só estamos andando em círculo.

class: be in a class of one's own / be in a class by oneself ser muito melhor que outros do mesmo tipo ou da mesma categoria. *The new Mercedes Benz sedans are in a class of their own.* / Os novos sedans da Mercedes Benz são muito melhores que os outros da categoria. *Their watches may be expensive, but when you look at the quality they're in a class by themselves.* / Os relógios deles podem ser caros, mas, quando você olha a qualidade, eles são muito melhores que os outros do mesmo tipo.

claw: claw one's way conseguir algo através de muito trabalho e/ou determinação. *It took a few years, but I managed to claw my way out of debt.* / Levou alguns anos, mas eu consegui me livrar das dívidas com muito trabalho e determinação.

claws: get one's claws into someone agarrar alguém para casar ou para um relacionamento duradouro, colocar as garras em alguém. *Douglas is rich and there are dozens of women who'd like to get their claws into him.* / O Douglas é rico e há dezenas de mulheres que gostariam de colocar as garras nele.

clean: clean up one's act *inf* começar a se comportar de maneira adequada, tomar jeito, entrar na linha. *Jenny gave him an ultimatum. Either he cleans up his act or she'll leave him.* / A Jenny deu-lhe um ultimato. Ou ele toma jeito, ou ela o deixará.

clean: make a clean break separar-se ou desvincular-se de alguém ou algo completamente, começar vida nova. *She suffered in her marriage for years until she found the courage to make a clean break and leave him.* / Ela sofreu no casamento por anos até encontrar coragem para começar vida nova e deixá-lo.

clean: make a clean sweep (of someone or something) 1 *inf* livrar-

-se de alguém ou algo indesejável. *The government should make a clean sweep of all the ministers involved in corruption scandals.* / O governo deveria se livrar de todos os ministros envolvidos em escândalos de corrupção. **2** ganhar todos os prêmios possíveis. *My classroom soccer side made a clean sweep of all the medals in the school championship.* / O time de futebol da minha classe ganhou todas as medalhas no campeonato da escola.

cleaners: take someone to the cleaners 1 *inf* tirar todo o dinheiro de alguém, depenar alguém. *It was one of the most talked about divorce cases in Hollywood. His ex-wife took him to the cleaners and left him penniless.* / Foi um dos casos de divórcios mais falados de Hollywood. A ex-mulher dele o depenou e o deixou sem um centavo. **2** derrotar alguém completamente, dar a maior lavada em alguém. *The Brazilian team took the Canadian team to the cleaners.* / O time brasileiro deu a maior lavada no time canadense.

clear: be clear sailing *inf* ser tranquilo, moleza etc., ser um mar de rosas. *I thought life was going to be much harder at university, but it was pretty clear sailing for the most part.* / Eu achei que a vida seria muito mais difícil na universidade, mas foi um mar de rosas a maior parte do tempo.

clear: be in the clear 1 estar fora de perigo. *The doctor said he's in the clear now.* / O médico disse que ele está fora de perigo agora. **2** estar livre de suspeitas, estar limpo. *Don't worry. If your name hasn't come up in the investigation, it's because you're in the clear.* / Não se preocupe. Se o seu nome não apareceu na investigação é porque você está limpo.

clear: clear one's name provar a inocência de alguém, limpar o nome de alguém. *He was accused of corruption, but the investigation cleared his name.* / Ele foi acusado de corrupção, mas a investigação provou sua inocência.

clear: clear the air conversar francamente para acabar com o clima de discórdia, desentendimento, dúvida, medo etc., aliviar a tensão. *I'm sorry if I offended anyone, but I just wanted to clear the air and let you know how I felt about it.* / Sinto muito se ofendi alguém, mas eu só queria aliviar a tensão e contar-lhes como eu me sentia.

clear: clear the way (for something) remover os obstáculos que impedem o avanço de algo, abrir caminho (para algo). *The fall of the Berlin wall cleared the way for German re-integration.* / A queda do muro de Berlim abriu caminho para a reintegração da Alemanha.

climb: climb on the bandwagon fazer o que as outras pessoas estão fazendo (geralmente porque é moda), entrar na onda, ir no embalo. *Even some industry leaders are climbing on the bandwagon and supporting environmental causes.* / Até mesmo alguns líderes industriais estão entrando na onda e apoiando causas ambientalistas.

climbing: be climbing the walls *inf* estar completamente entediado. *It rained all weekend and the kids were climbing the walls.* / Choveu o final de semana inteiro e as crianças estão completamente entediadas.

clip: clip someone's wings colocar limites nas ações de alguém, cortar as asinhas de alguém. *Janet started giving orders like she owned the place, so I had to clip her wings.* / A Janet começou a dar ordens como se fosse dona do pedaço, então eu tive que cortar as asinhas dela.

close: be close to home ser relacionado a alguém, ter a ver com alguém, mexer com alguém. *I think David* *became defensive because the things that I said were close to home.* / Eu acho que o David ficou na defensiva porque as coisas que eu disse têm a ver com ele.

close: be close to someone's heart ser muito amado, querido, estimado etc. por alguém. *I've known Gina since she was a baby. She's always been close to my heart.* / Eu conheço a Gina desde que ela era um bebê. Ela sempre foi muito querida por mim.

close: close a deal fechar um negócio. *We closed a deal with a French company which will supply us with engine parts.* / Nós fechamos negócio com uma empresa francesa que nos fornecerá peças de motor.

close: close but no cigar *Amer dit* expressão usada para dizer que o desempenho de alguém não foi bom o suficiente. Algo como: 'passou perto, mas não foi o suficiente'. *'Did I pass the test?' 'Close, but no cigar.'* / 'Eu passei no teste?' 'Passou perto, mas não foi o suficiente.'

close: close one's ears to something recusar-se a ouvir alguém ou algo, ignorar o que alguém diz. *Paula has closed her ears to all of our protests and she's going to marry him anyway.* / A Paula recusa-se a ouvir todos os nossos protestos e vai se casar com ele mesmo assim.

close: close one's eyes (to something) fingir não ver (algo), fechar os olhos (para algo). *Some of the students were cheating on the test, but professor Harris closed his eyes to it.* / Alguns alunos estavam colando no teste, mas o professor Harris fingiu não ver.

close: close one's mind (to something) recusar-se a pensar, considerar, aceitar etc. algo. *Ron has closed his mind to the idea of hiring a manager from outside the company.* / O Ron se recusou a pensar na ideia de contratar um gerente de fora da empresa.

close: close the book (on something / on doing something) desistir de fazer algo (geralmente por não mais acreditar no seu sucesso), encerrar o assunto com relação a algo. *Manchester United's board of directors has closed the book on hiring a new striker.* / A diretoria do Manchester United encerrou o assunto com relação a contratar um novo atacante.

close: close the door on something recusar-se a considerar uma ideia, plano etc., recusar-se a pensar em algo. *Fred has closed the door on the idea of moving to Europe.* / O Fred se recusa a pensar na ideia de se mudar para a Europa.

close: close the stable door after the horse has bolted expressão usada para dizer que não adianta tomar providências contra algo após o acontecimento. Algo como: 'agora não adianta mais'. *We offered Jeff more money to stay on the team, but by that time he had already accepted an offer to play in Italy, so it was closing the door after the horse had bolted.* / Nós oferecemos ao Jeff mais dinheiro para ficar no time, mas ele já havia aceito uma proposta para jogar na Itália, então era tarde demais.

clue: not have a clue 1 *inf* não saber algo, não ter a mínima ideia de algo. *'Where is Mary?' 'I haven't a clue. I haven't seen her all morning.'* / 'Onde está a Mary?' 'Não tenho a mínima ideia. Não a vi a manhã toda.' **2** *inf* ser muito ignorante, burro etc. *Dave will never pass the history test. He hasn't got a clue.* / O Dave nunca vai passar em história. Ele é muito burro.

clutch: clutch at straws tentar encontrar a solução para um problema a todo custo, ser um ato de desespero. *The German team is losing 6 to 1. Changing the goalie at this point* *is clutching at straws.* / O time alemão está perdendo de 6 a 1. Trocar o goleiro a esta altura é um ato de desespero.

coast: the coast is clear expressão usada para dizer que não há ninguém olhando. Algo como: 'tudo limpo', 'a barra está limpa'. *'Can I come out now?' 'Yes, the coast is clear.'* / 'Posso sair agora?' 'Sim, a barra está limpa.'

cold: be cold enough to freeze the balls off a brass monkeys *inf* estar muito frio. *It was cold enough to freeze the balls off a brass monkeys yesterday.* / Estava muito frio ontem.

cold: get cold feet *inf* desistir de fazer algo na última hora por medo ou ansiedade, amarelar, dar para trás. *I was going to marry Martha, but at the last minute I got cold feet.* / Eu ia me casar com a Martha, mas na última hora eu dei para trás.

cold: get the cold shoulder ser evitado, ser tratado com desprezo, ser deixado de lado. *Did I do something wrong? Everyone is giving me the cold shoulder!* / Eu fiz alguma coisa errada? Todo mundo está me desprezando!

collect: collect one's wits acalmar-se e começar a pensar direito. *Take a minute to collect your wits before you answer the question.* / Tire um minuto para se acalmar e pensar direito antes de responder a pergunta.

come: come alive ficar ou tornar-se interessante, emocionante, animado, entusiasmado etc. *The party came alive after Betty arrived.* / A festa ficou animada depois que a Betty chegou.

come: come apart at the seams *inf* acabar, ruir, fracassar, desmanchar-se etc. *Our relationship was beginning to come apart at the seams.* / O nosso relacionamento estava começando a acabar.

come: come clean (with someone) (about something) *inf* contar a verdade, abrir o jogo (com alguém) (sobre algo). *Sean came clean with me and told me he had used the car without permission.* / O Sean abriu o jogo comigo e disse que havia usado o carro sem permissão.

come: come down on someone like a ton of bricks *inf* criticar alguém severamente, dar a maior bronca em alguém (por ter feito algo de errado), comer o fígado de alguém. *The manager came down on her like a ton of bricks for arriving late to the meeting.* / O gerente deu a maior bronca nela por ter chegado atrasada para a reunião.

come: come hell or high water expressão usada para dizer o quanto alguém está determinado a fazer algo. Algo como: 'não importa como', 'a qualquer custo'. *I'm going to climb that mountain, come hell or high water!* / Eu vou escalar aquela montanha a qualquer custo! *Come hell or high water, I will have my revenge.* / Não importa como, eu vou ter minha vingança!

come: come in handy ser útil, vir em boa hora. *Pack a raincoat. It may come in handy while you're in Paris.* / Leve uma capa de chuva na mala. Ela pode ser útil enquanto você estiver em Paris.

come: come into one's own mostrar o seu valor ou utilidade, ser ou ficar reconhecido. *He came into his own as a writer after his third novel.* / Ele ficou reconhecido como escritor depois do seu terceiro romance.

come: come into operation começar a funcionar (plano, regra etc.), entrar em vigor. *When did the trade agreement come into operation?* / Quando o acordo comercial entrou em vigor?

come: come into play começar a funcionar, ter efeito, entrar em cena, entrar em jogo. *A lot of technical issues come into play when you design a new car.* / Muitas questões técnicas entram em cena quando você projeta um carro novo.

come: come naturally (to someone) ser algo muito fácil para alguém, ser algo muito natural para alguém (habilidade). *Music comes naturally to Christine. She plays four instruments.* / A música é algo muito natural para a Christine. Ela toca quatro instrumentos.

come: come of age tornar-se maior de idade. *Harry has come of age and can drive a car now.* / O Harry se tornou maior de idade e pode dirigir um carro agora.

come: come out of one's shell *inf* deixar de ser tímido e ficar mais confiante, deixar a timidez de lado. *She comes out of her shell after she gets to know the person a little better.* / Ela deixa a timidez de lado depois que conhece a pessoa um pouco melhor.

come: come out of the closet *inf* revelar ou assumir a homossexualidade, sair do armário *It's common these days for public men to come out of the closet.* / É comum, hoje em dia, os homens públicos assumirem a homossexualidade.

come: come out on top *inf* sair-se bem, vencer, sair por cima. *The corruption scandal brought down half the ministers, but the president managed to come out on top.* / O escândalo de corrupção derrubou metade dos ministros, mas o presidente conseguiu sair por cima.

come: come rain or shine expressão geralmente usada para reforçar a decisão de se fazer algo. Algo como: 'aconteça ou que acontecer', 'faça chuva ou faça sol'. *I'll be there, come rain or shine.* / Eu estarei lá, faça chuva ou faça sol.

come: come straight from the heart ser sincero, ser de coração. *She gave a short farewell speech, but it came straight from the heart.* / Ela deu um pequeno discurso de despedida, mas foi de coração.

come: come to blows (over something) trocar socos, sair no tapa, sair na mão (por causa de algo). *The two guys almost came to blows over the bill.* / Os dois caras quase saíram na mão por causa da conta.

come: come to mind lembrar-se ou pensar em algo de repente ou sem esforço, vir à mente, vir à cabeça. *I'm trying to think of a good name for the baby, but nothing comes to mind right now.* / Eu estou tentando pensar em um bom nome para o bebê, mas nada me vem à cabeça neste momento.

come: come to terms with something aceitar uma situação, um fato etc. (geralmente desagradável ou difícil). *Norm hasn't yet come to terms with the fact that he is poor now.* / O Norm ainda não aceitou o fato de que ele é pobre agora.

come: come under the hammer ser leiloado, ser levado a leilão. *We bought the painting when it came under the hammer in New York.* / Nós compramos o quadro quando ele foi levado a leilão em Nova York.

come: come unglued *Amer inf* ficar descontrolado (emocionalmente). *Look, there's no need to come unglued just because you didn't win the game!* / Olha, não há necessidade de ficar descontrolado só porque você não venceu o jogo!

come: come up against a brick wall ser ou ficar incapaz de fazer algo devido a alguma dificuldade, não poder prosseguir, encontrar um obstáculo. *Peter came up against a brick wall and couldn't go on with the project.* / O Peter encontrou um

come: **come what may** expressão geralmente usada para reforçar um posicionamento ou decisão. Algo como: 'aconteça o que acontecer', 'venha o que vier'. *Come what may, I'll always be by your side.* / Aconteça o que acontecer, eu estarei sempre ao seu lado.

obstáculo e não pôde prosseguir com o projeto.

come: **come within an ace of (doing something)** estar muito perto de (fazer algo), estar por um triz de (fazer algo). *Tim came within an ace of winning the game.* / O Tim esteve muito perto de vencer o jogo.

comes: **take something as it comes** *inf* lidar ou aceitar algo da maneira que se apresenta (sem se preocupar antecipadamente). *At my age I just take each day as it comes.* / Na minha idade eu aceito cada dia como ele se apresenta.

coming: **be coming up roses** *inf* estar progredindo, estar mil maravilhas. *Norman had a hard time at first, but everything's coming up roses now that he found a good job.* / O Norman passou por um período difícil no começo, mas tudo está mil maravilhas agora que ele conseguiu um bom emprego.

compare: **compare apples and oranges** comparar coisas que são totalmente diferentes ou que não podem ser comparadas. *You're not going to compare those cheap Japanese economy cars to a Mercedes Benz, are you? You're comparing apples and oranges.* / Você não vai comparar aqueles carros japoneses econômicos e baratos com um Mercedes Benz, vai? Você está comparando coisas totalmente diferentes.

compare: **compare notes (on something) (with someone)** trocar ideias (sobre algo) (com alguém). *We spent the evening comparing notes on how to raise kids.* / Nós passamos a noite trocando ideias sobre como educar os filhos.

cook: **cook someone's goose** *inf* arruinar as chances de alguém, estragar os planos de alguém. *Joseph realized that his goose was cooked when his fiancée saw him with another woman in the car.* / O Joseph percebeu que as suas chances estavam arruinadas quando sua noiva o viu com outra mulher no carro.

cook: **cook the books** *inf* alterar os valores financeiros (geralmente para sonegar impostos), fazer caixa dois. *The investigation revealed that the company had been cooking the books for years to hide profits.* / A investigação revelou que a empresa estava fazendo caixa dois há anos para ocultar os rendimentos.

cooks: **too many cooks spoil the broth** *dit* expressão usada para dizer que quando um número excessivo de pessoas está envolvido em uma tarefa, o resultado não é bom. Algo como: 'muita gente só atrapalha'. *I don't think we need any more advice on how to run the business. Too many cooks spoil the broth.* / Eu não acho que precisamos de mais conselhos sobre como administrar os negócios. Muita gente só atrapalha.

cool: **cool one's heels** *inf* esperar. *I can't leave before five o'clock, so you'll have to cool your heels a little.* / Eu não posso sair antes das cinco horas, então você terá que esperar um pouco.

cop: **cop a buzz** *inf* sentir o efeito de álcool ou droga, ficar doidão, piradão etc. *Did you cop a buzz off that joint?* / Você ficou doidão com o baseado?

corner: **corner the market** assumir o controle do comércio de algum produto de forma a poder estabelecer as regras de preço e condições de venda, monopolizar o mercado. *The Chileans have pretty much cornered the market when it comes to inexpensive wines.* / Os chilenos monopolizaram o mercado em se tratando de vinhos baratos.

cost: cost an arm and a leg *inf* custar muito caro, custar os olhos da cara. *I just hope it's a good stereo. It cost me an arm and a leg.* / Eu só espero que seja um bom aparelho de som. Ele me custou os olhos da cara.

cost: cost the earth *inf* custar muito caro, custar uma fortuna. *Our trip to France cost the earth, but it was worth it.* / Nossa viagem para a França custou uma fortuna, mas valeu a pena.

count: count one's blessings valorizar o que se tem, dar graças a Deus pelo que se tem. *Sure I'd like to have more money, but I have to count my blessings.* / Claro que eu gostaria de ter mais dinheiro, mas eu tenho que dar graças a Deus pelo que tenho.

count: count one's chickens before they're hatched contar com algo antes de acontecer, precipitar-se (expressão geralmente usada na negativa). *I'm pretty sure I'll get the job, but I don't want to count my chickens before they're hatched.* / Eu tenho certeza de que vou conseguir o emprego, mas não quero me precipitar.

cover: cover one's ass *Amer vulg* tomar providências para não ser criticado no futuro, tirar o cu da reta. *Jeff has prepared an excuse just to cover his ass in case his boss finds out he left work early.* / O Jeff preparou uma desculpa só para tirar o cu da reta, caso o chefe dele descubra que ele saiu mais cedo do trabalho.

cover: cover one's tracks tomar cuidado para não deixar sinal em algo feito secreta ou ilegalmente, apagar os rastros. *If you don't cover your tracks, your boyfriend will soon find out that you've been cheating on him.* / Se você não apagar os rastros, seu namorado logo vai ficar sabendo que você está traindo ele.

cow: have a cow *Amer inf* ter um ataque, chilique, troço etc. *If I tell my wife where I've been, she'll have a cow.* / Se eu contar para a minha mulher onde estive, ela vai ter um troço.

crack: crack a joke contar uma piada. *He cracked a few jokes just to lighten the atmosphere in the meeting.* / Ele contou umas piadas só para animar o ambiente na reunião.

crack: crack the whip usar de autoridade ou poder para fazer as pessoas trabalharem duro. *Mary isn't afraid to crack the whip with her employees.* / A Mary não tem receio de usar da autoridade para fazer os funcionários trabalharem duro.

crack: have a crack at something tentar fazer algo, experimentar algo, aventurar-se em algo. *I had a crack at car racing when I was younger, but I wasn't very good at it.* / Eu me aventurei em corrida de carros quando era mais jovem, mas eu não era muito bom nisso.

cracked: not be all something or someone is cracked up to be não ser tão bom quanto as pessoas esperam ou dizem. *The movie is good, but it's not all it's cracked up to be.* / O filme é bom, mas não tanto quanto as pessoas dizem.

cracking: get cracking (on / with something) *inf* começar a fazer algo rapidamente, mandar bala, mandar brasa (em algo). *Let's stop chatting and get cracking with the work.* / Vamos parar de bater papo e mandar bala no serviço.

cramp: cramp somebody's style *inf* impedir alguém de fazer algo livremente, impedir alguém de viver da maneira que deseja, ser um empecilho na vida de alguém. *His new wife is* *quite a bore. She has really cramped David's style.* / A nova mulher dele é um porre. Ela realmente é um empecilho na vida do David.

crash: crash and burn *Amer* fracassar completamente, ir por água abaixo. *Many of the new software companies crashed and burned during the recession.* / Muitas das novas empresas de software foram por água abaixo durante a recessão.

crawl: crawl out of the woodwork *inf* aparecer de repente para dar opinião ou tirar vantagem de algo, surgir do nada (expressão geralmente usada em tom de desaprovação). *After Henry became rich he suddenly found himself with a lot of needy relatives crawling out of the woodwork.* / Depois que o Henry ficou rico, ele de repente se viu com uma porção de parentes necessitados surgindo do nada.

create: create a scene fazer escândalo, dar vexame. *Honey, don't create a scene in front of the guests.* / Querida, não faça escândalo na frente dos convidados.

create: create a stir causar agitação, interesse, emoção, comoção etc., dar o que falar. *Barbara caused quite a stir with her comments at the awards ceremony.* / A Barbara causou a maior comoção com os seus comentários na cerimônia de premiação.

creek: be up the creek without a paddle *inf* estar em apuros, estar ferrado. *If the boss catches you doing that, you'll be up the creek without a paddle.* / Se o chefe te pegar fazendo isso, você vai estar ferrado.

crock: be a crock of shit *vulg* ser uma mentira das grossas. *Dylan said he had to work overtime yesterday? That's a crock of shit! I saw him at the bar as I left the office.* / O Dylan disse que tinha que fazer hora extra ontem? Essa é mentira das grossas! Eu o vi no bar assim que saí do escritório.

cross: cross one's mind passar pela cabeça de alguém (expressão geralmente usada na negativa). *Funny, it never crossed my mind she'd quit her job.* / Engraçado, nunca passou pela minha cabeça que ela deixaria o emprego.

cross: cross the Rubicon tomar uma decisão sem volta. *Today the president crossed the Rubicon when he announced his decision to invade Iraq.* / Hoje o presidente tomou uma decisão sem volta quando anunciou sua decisão de invadir o Iraque.

cross: have a cross to bear / have a heavy cross to bear sofrer as penúrias da vida, ser ou ter uma cruz para carregar. *Divorced, three kids and unemployed. Now that's a heavy cross to bear.* / Divorciado, com três filhos e desempregado. Isso é que é uma cruz para carregar.

cross: we'll cross that bridge when we come to it *dit* expressão usada para dizer que algo será resolvido ou tratado quando a situação surgir, sem antes se preocupar; tratar de algo no momento certo. *I haven't thought about how I'll explain that to my wife, but we'll cross that bridge when we come to it.* / Eu ainda não pensei como vou explicar isso para a minha mulher, mas nós vamos tratar disso no momento certo.

crossroads: be at a crossroads encontrar-se num dilema, estar numa encruzilhada. *We're at a crossroads, we either rent our house or put it on the market.* / Nós estamos numa encruzilhada, ou alugamos a nossa casa ou a colocamos à venda.

crunch: when it comes to the crunch no momento de tomar uma decisão, na hora 'h'. *They had threatened to go to war, but when it came to the crunch they backed down.* / Eles haviam ameaçado entrar em guerra, mas na hora 'h' eles recuaram.

crying: it's no use crying over spilt milk *dit* expressão usada para dizer que é tarde demais para fazer algo. Algo como: 'não adianta chorar sobre o leite derramado'. *I lost my favorite hat on the bus, but it's no use crying over spilt milk.* / Eu perdi o meu chapéu favorito no ônibus, mas não adianta chorar sobre o leite derramado.

cup: not be someone's cup of tea *inf* não ser o tipo de pessoa ou coisa que alguém gosta, não fazer o tipo ou estilo de alguém, não ser a praia de alguém. *Martin isn't my cup of tea.* / O Martin não faz o meu tipo. *I don't really like soccer. It's not my cup of tea.* / Eu não gosto muito de futebol. Não é a minha praia.

curiosity: curiosity killed the cat *dit* expressão usada para dizer que alguém está fazendo perguntas demais (geralmente quando não se quer responder). Algo como: 'a curiosidade mata'. *My goodness, you ask a lot of questions! As they say, curiosity killed the cat.* / Meu Deus, você faz perguntas demais! Como dizem, a curiosidade mata.

curtains: be curtains for someone or something *inf* ser o fim para alguém ou algo. *The doctor told Barry to remove the tumor or it's curtains for him.* / O médico disse ao Barry que removesse o tumor ou seria o fim dele.

cushion: cushion the blow fazer algo parecer menos ruim, amenizar o impacto de algo desagradável. *He tried to cushion the blow when he gave her the bad news.* / Ele tentou amenizar o impacto ao dar as más notícias a ela.

cut: be cut from the same cloth ser igual, ter as mesmas semelhanças, ter as mesmas qualidades ou defeitos que alguém. *Tom's father wasn't an honest man, but let's not assume Tom is cut from the same cloth.* / O pai do Tom não era um homem honesto, mas não vamos presumir que o Tom seja igual.

cut: be cut out for something ter talento para algo, ter nascido para fazer algo. *Silvia should give up on the idea of becoming a cook. She simply isn't cut out for this kind of work.* / A Silvia deveria desistir da ideia de se tornar uma cozinheira. Ela simplesmente não nasceu para esse tipo de trabalho.

cut: cut a dash impressionar as pessoas pela aparência ou comportamento elegante, chamar a atenção. *Karen was absolutely charming at the party and really cut a dash.* / A Karen estava extremamente elegante na festa e realmente chamou a atenção.

cut: cut a fine figure destacar-se, causar uma boa impressão. *You won't cut a very fine figure wearing that old suit to the theater.* / Você não vai causar uma boa impressão vestindo esse terno surrado para ir ao teatro.

cut: cut a sorry / cut a poor figure não ter uma boa aparência. *I'm afraid Dave cuts a sorry figure compared to his brother.* / Tenho que dizer que o Dave não tem uma boa aparência comparado ao irmão dele.

cut: cut corners fazer algo de maneira mais fácil, barata, rápida etc. para economizar, cortar gastos, deixar de investir. *Safety equipment is one area in which car manufactures simply can't cut corners.* / Equipamentos de segurança são uma área na qual os fabricantes de automóveis simplesmente não podem deixar de investir.

cut: cut loose *Amer inf* comportar-se sem inibições, divertir-se, soltar-se. *The party really got going after midnight when everyone cut loose and started dancing around the pool.* / A festa realmente ficou boa depois da meia-noite, quando todo mundo se soltou e começou a dançar ao redor da piscina.

cut: cut no ice with someone não impressionar, convencer, influenciar etc. alguém. *His alibi cut no ice with the juri.* / O álibi dele não convenceu o júri.

cut: cut off one's nose to spite one's face prejudicar a si mesmo, dar um tiro no próprio pé. *Talk about cutting off your nose to spite your face! She ruined her ex-husband's business just to hurt him and now he doesn't have the money to pay the alimony!* / Isso é que é dar um tiro no próprio pé! Ela arruinou os negócios do ex-marido apenas para magoá-lo e agora ele não tem dinheiro para pagar a pensão alimentícia.

cut: cut one's teeth on something aprender ou ganhar experiência com algo. *A lot of the Formula One drivers cut their teeth driving go-carts in their youth.* / Muitos pilotos de Fórmula 1 ganham experiência dirigindo *kart* na juventude.

cut: cut someone dead ignorar alguém, fingir não ter visto alguém. *He just cut me dead at the meeting.* / Ele simplesmente fingiu que não me viu na reunião.

cut: cut someone down to size mostrar a uma pessoa que ela não é tão importante quanto pensa ser, colocar alguém no seu devido lugar. *Who does Josh think he is, giving orders to everyone? Someone should cut him down to size.* / Quem o Josh pensa que é, dando ordens para todo mundo? Alguém deveria colocá-lo no seu devido lugar.

cut: cut someone short interromper a fala de alguém, cortar alguém (quando está falando). *He started giving me a bunch of excuses, but I cut him short and demanded the truth.* / Ele começou a me dar um monte de desculpas, mas eu o cortei e exigi a verdade.

cut: cut someone some slack *Amer inf* facilitar as coisas para alguém, dar uma colher de chá para alguém, quebrar o galho de alguém. *You're a good student, so I'll cut you some slack this time. The next time you hand in a paper late I won't accept it.* / Você é um bom aluno, então eu vou quebrar o seu galho. A próxima vez que você entregar um trabalho atrasado eu não vou aceitá-lo.

cut: cut someone to the quick magoar ou ofender alguém profundamente. *What James said about Chris really cut her to the quick.* / O que o James disse sobre a Chris realmente a magoou profundamente.

cut: cut something short terminar algo antes do tempo previsto, encurtar algo. *We had to cut our trip short because we ran out of money.* / Nós tivemos que encurtar nossa viagem porque ficamos sem dinheiro.

cut: cut something to the bone reduzir ou cortar algo ao máximo (gastos, orçamento etc.). *We'll have to cut expenses to the bone if we want to see any profit.* / Nós teremos que cortar as despesas ao máximo se quisermos ver algum lucro.

cut: cut the crap expressão usada para pedir que alguém pare de enrolar o assunto. Algo como: 'para de enrolar', 'corta o papo-furado'. *I told her to cut the crap and tell me what really happened.* / Eu disse a ela para cortar o papo-furado e me contar o que realmente aconteceu.

cut: cut the ground from under someone's feet estragar, sabotar etc. os planos ou ideia de alguém repentinamente, desconsertar alguém. *He cut the ground from under my feet when he said that all my reports hadn't been submitted on time.* / Ele me desconsertou quando disse que todos os meus relatórios não tinham sido entregues na data certa.

cut: cut the mustard corresponder às expectativas, satisfazer as exigências. *Don't buy that brand of coffee anymore. It doesn't cut the mustard.* / Não compre mais dessa marca de café. Ela não corresponde às espectativas. *If you can't cut the mustard in this company, you're fired.* / Se você não satisfizer as exigências nesta empresa, você está demitido.

cut: cut to the chase dizer o que precisa ser dito, ir direto ao ponto. *Look, I'll cut to the chase. The directors didn't like your performance in the meeting.* / Olha, eu vou direto ao ponto. Os diretores não gostaram do seu desempenho na reunião.

cut: cut your coat according to your cloth *dit* expressão usada para dizer que uma pessoa deve fazer apenas aquilo que o dinheiro dela permite. Algo como: 'gastar apenas aquilo que tem', 'não dar um passo maior que a perna'. *Sure we wanted to go to Europe on our holidays, but you have to cut your coat according to your cloth.* / Claro que nós queríamos ir para a Europa nas férias, mas não podemos dar um passo maior que a perna.

cut: to cut a long story short expressão usada quando se quer ir direto ao ponto central de um assunto. Algo como: 'para resumir', 'para encurtar a história'. *So, to cut a long story short, I couldn't finish the report because my computer crashed.* / Então, para resumir, eu não pude terminar o relatório porque o meu computador pifou.

d

dab hand at something / be a dab hand at doing something ser muito bom, ser craque, ser fera em fazer algo. *Ben's a dab hand at fixing electronics.* / O Ben é craque em consertar aparelhos eletrônicos.

daggers: be at daggers drawn (with someone) *form* estar preparado para brigar ou discutir (com alguém), estranhar-se com alguém. *Mitch and Lucas have been at daggers drawn since the last meeting, when they had an argument.* / O Mitch e o Lucas estão se estranhando desde a última reunião, quando eles tiveram uma discussão.

damn: damn it /damn it all *inf* expressão usada na fala para manifestar raiva a alguém ou algo. Algo como: 'que droga', 'que saco', 'maldição'. *Damn it! I've burned the meal again!* / Que droga! Eu deixei queimar a comida de novo!

dance: dance to someone's tune fazer tudo o que alguém manda ou quer. *Now that Richard has been promoted head of the department, we will have to dance to his tune.* / Agora que o Richard foi promovido a chefe do departamento, nós teremos que fazer tudo o que ele quer.

dark: be in the dark (about something) não estar informado, estar boiando com relação a algo. *I'm totally in the dark about the new project.* / Eu estou totalmente boiando com relação ao novo projeto.

darn: darn it! *inf* expressão usada na fala para manifestar raiva a alguém ou algo. Algo como: 'que droga', 'que saco', 'maldição'. *Darn it! The computer's crashed again!* Maldição! O computador pifou de novo.

dash: make a dash for it / make a dash for something tentar escapar ou chegar a algum lugar rapidamente, se mandar, correr em direção a algo. *I'll just make a dash for the bathroom and I'll be right back.* / Eu só vou correr até o banheiro e já volto.

date: be out of date ser ou estar ultrapassado. *The version of the software you're using is out of date.* / A versão do software que você está usando está ultrapassada.

date: be up to date (with something) ser ou estar atualizado, estar ou ficar por dentro (de algo). *Talk to Ruth if you want to be up to date with the latest gossip in town.* / Converse com a Ruth se você quiser ficar por dentro das últimas fofocas da cidade.

day: make someone's day *inf* tornar alguém muito feliz. *It was very thoughtful of you to pay aunt Greta*

day   44   **die**

a visit. It made her day. / Foi muito bem pensado da sua parte fazer uma visita para a tia Greta. Isso a deixou muito feliz.

day: not be someone's day ser um dia em que tudo dá errado na vida de alguém, não ser o dia de alguém. *Everything seems to be going wrong. It's not my day today.* / Parece que está tudo dando errado. Hoje não é o meu dia.

dead: be dead in the water não ter mais chance de sucesso, estar fracassado, falido etc. (pessoa ou plano). *Without sponsorship the poetry festival will be dead in the water.* / Sem patrocínio o festival de poesia estará fracassado.

dead: be dead meat estar em apuros, estar frito, estar morto. *When he finds out about this, you're dead meat!* / Quando ele ficar sabendo disso, você estará morto!

dead: be dead set against something / be dead set against doing something ser totalmente contra algo ou a fazer algo. *The public is dead set against the new tax.* / O público está totalmente contra o novo imposto. *Tom is dead set against signing the contract.* / O Tom está totalmente contra a assinatura do contrato.

dead: be dead to the world *inf* estar em sono profundo. *The children played all day. That's why they were dead to the world before dinner.* / As crianças brincaram o dia inteiro. É por isso que elas estavam em sono profundo antes do jantar.

dead: get someone dead to rights pegar alguém em flagrante, pegar alguém no ato, pegar alguém com a boca na botija. *The police got Mr. Lee dead to rights trying to sell stolen goods.* / A polícia pegou o Sr. Lee em flagrante tentando vender mercadorias roubadas.

dead: one wouldn't be seen dead (doing something) /one wouldn't be caught dead (doing something) alguém não faria algo nem morto, alguém não faria algo nem a pau. *I wouldn't be seen dead wearing a suit like that.* / Eu não usaria um terno desse nem morto. *Karen wouldn't be caught dead going out with James.* / A Karen não sairia com o James nem a pau.

deep: be in deep water *inf* estar em apuros, estar encrencado. *Henry is in deep water at work.* / O Henry está encrencado no serviço.

dent: make a dent into something *inf* reduzir, diminuir algo, abrir um rombo no orçamento. *I didn't expect to pay so many taxes to open my own business. It surely made a considerable dent to my already limited budget.* / Eu não esperava pagar tantos impostos para abrir o meu próprio negócio. Isso com certeza diminuiu o meu orçamento, que já estava limitado.

depth: be out of one's depth *inf* estar numa situação acima dos conhecimentos, da experiência, da habilidade etc. de alguém, estar fora da alçada de alguém. *I tried to fix the washing machine, but it was out of my depth.* / Eu tentei consertar a máquina de lavar, mas isso está acima das minhas habilidades.

designs: have designs on someone or something estar a fim, estar de olho em alguém ou algo. *I think Megg has designs on you, John.* / Eu acho que a Megg está a fim de você, John.

dice: dice with death agir de maneira irresponsável, brincar com a morte. *Some racing drivers really dice with death.* / Alguns pilotos de corrida realmente brincam com a morte.

die: die with one's boots on morrer em plena atividade profissional, morrer em ação. *My grandfather died* *with his boots on at the age of 68.* / O meu avô morreu em plena atividade profissional, aos 68 anos.

die: the die is cast *dit* expressão usada para dizer que uma decisão está tomada e não há como voltar atrás. Algo como: 'a sorte está lançada'. *If you leave now, you can't come back. The die is cast.* / Se você for embora, não poderá mais voltar. A sorte está lançada.

different: be a different ball game / be a whole different ball game ser uma situação totalmente diferente ou nova, ser uma outra história, ser um outro papo. *Tom used to chat with every one in the office, but now that he's manager, it's a whole different ball game.* / O Tom costumava bater papo com todo mundo no escritório, mas, agora que é gerente, a situação é totalmente diferente.

dig: dig (oneself) into a hole colocar-se em uma situação difícil e sem saída, afundar-se (em dívidas). *He's digging himself into a hole by borrowing money to pay his old debts.* / Ele está se afundando cada vez mais ao pegar dinheiro emprestado para pagar as dívidas antigas.

dig: dig one's own grave colocar-se em uma situação difícil e sem saída, cavar a própria cova. *You shouldn't buy a new car if you don't have the money to pay it. You'll be digging your own grave.* / Você não deveria comprar um carro novo se não tem dinheiro para pagá-lo. Você estará cavando a própria cova.

dim: take a dim view of someone or something não gostar ou concordar com alguém, não ver alguém ou algo com bons olhos. *The critics usually take a dim view of his films.* / Os críticos normalmente não veem com bons olhos os filmes dele.

dime: be a dime a dozen *Amer inf* ser muito barato ou comum. *Used cars are a dime a dozen.* / Carros usados são muito baratos. *There were really few good restaurants in town, now they're a dime a dozen.* / Havia realmente poucos restaurantes na cidade, agora eles são muito comuns.

dire: be in dire straits estar em situação difícil (geralmente sem dinheiro). *Francis has been in dire straits since he lost his job.* / O Francis está em situação difícil desde que perdeu o emprego.

dirty: be a dirty word (to someone) ser algo ofensivo, ser uma palavra proibida (para alguém). *If I were you, I wouldn't invite Harry to go with you. Church is a dirty word to him.* / Se eu fosse você, não convidaria o Harry para ir com você. Igreja é uma palavra proibida para ele.

dirty: give someone a dirty look dar a alguém um olhar de desaprovação, olhar para alguém com cara feia. *When her mother gave her the dirty look, she realized she was in trouble.* / Quando a mãe a olhou com cara feia, ela percebeu que estava encrencada.

disappear: disappear into thin air desaparecer (misteriosamente ou repentinamente). *Betty left her bag on the table for a second and it simply disappeared into thin air.* / A Betty deixou a bolsa dela sobre a mesa por um segundo e a bolsa simplesmente desapareceu.

dish: dish the dirt (on someone) contar coisas desagradáveis sobre alguém, fofocar sobre a vida de alguém, meter o pau em alguém. *Janice is always dishing the dirt on her husband's family.* / A Janice está sempre metendo o pau na família do marido dela.

dive: take a dive piorar, despencar (vendas, juros, preços, lucros etc.). *Sales have taken a dive lately.* / As vendas despencaram ultimamente.

do: do a bunk *inf* escapar ou fugir de algum lugar (geralmente depois de ter feito algo errado), escafeder-se. *She took all the money and did a bunk.* / Ela pegou todo o dinheiro e se escafedeu.

do: do a disappearing act desaparecer, sumir. *Tim always does a disappearing act when it's his turn to do the dishes.* / O Tim sempre some quando é a sua vez de lavar a louça.

do: do a roaring trade *inf* fazer o maior sucesso (em um negócio, vendas etc.). *Luke's shop has been doing a roaring trade.* / A loja do Luke está fazendo o maior sucesso.

do: do a runner *Brit inf* escapar, fugir, desaparecer etc. de um lugar (geralmente depois de ter feito algo errado). *The boys did a runner when they saw the shop owner arriving.* / Os garotos desapareceram quando viram o dono da loja chegando.

do: do as one pleases fazer o que quer, fazer o que achar melhor. *That's just my suggestion, but you can do as you please.* / Essa é apenas a minha sugestão, mas você pode fazer o que achar melhor.

do: do one's bit fazer a sua parte, dar a sua contribuição. *If we want to win this game, everyone will have to do their bit.* / Se nós quisermos ganhar esse jogo, todo mundo terá que fazer a sua parte.

do: do one's damnedest *inf* fazer o máximo esforço. *She did her damnedest to make him angry, but he just ignored her.* / Ela fez o máximo esforço para deixá-lo zangado, mas ele simplesmente a ignorou.

do: do one's own thing *inf* fazer o que gosta sem se preocupar com a opinião dos outros, fazer o que dá na telha. *Martha is very independent and she likes to do her own thing.* / A Martha é muito independente e gosta de fazer o que dá na telha.

do: do one's utmost (to do something) esforçar-se o máximo (para fazer algo). *Patty did her utmost to make us feel at home.* / A Patty esforçou-se o máximo para nos fazer sentir em casa.

do: do someone a good turn dar uma ajuda, fazer um grande favor a alguém. *Parker did me a good turn when he gave me this job.* / O Parker me fez um grande favor quando me deu este emprego.

do: do someone the world of good fazer muito bem para alguém, cair maravilhosamente bem para alguém. *A nice hot meal will do you the world of good right now.* / Uma boa refeição quente vai lhe fazer muito bem neste momento.

do: do someone's dirty work fazer o trabalho sujo de / para alguém. *It's Damion who always does the boss's dirty work.* / É o Damion quem sempre faz o serviço sujo para o chefe.

do: do the dirty on someone entregar alguém, trair alguém. *It was Sandra who did the dirty on Thomas by telling his father about the car accident.* / Foi a Sandra quem entregou o Thomas, contando para o pai dele sobre o acidente com o carro.

do: do the honors prestar um ato cerimonial, fazer as honras. *The mayor was there to do the honors and cut the ribbon to inaugurate the new school.* / O prefeito estava lá para fazer as honras e cortar a fita para inaugurar a nova escola.

do: do the job ser o suficiente, bastar, dar conta do recado. *'What can we use to light the fire?' 'Here, this old newspaper should do the job.'* / 'O que podemos usar para acender o fogo?' 'Aqui, este jornal velho deve ser o suficiente.'

do: do the rounds 1 visitar lugares ou pessoas um após o outro, ir de porta em porta, fazer ronda. *Dr. Brown is doing the rounds in the maternity ward at the moment.* / O Dr. Brown está fazendo a ronda na ala da maternidade neste momento. *If you want to find a job, you have to do the rounds.* / Se você quer arrumar um emprego, você deve ir de porta em porta. **2** circular (geralmente um boato, notícia, piada etc.). *This is the joke that is doing the rounds on the Internet at the moment.* / Essa é uma piada que anda circulando pela internet no momento.

do: do the trick resolver o problema, ser o suficiente, bastar, dar conta do recado. *I had a terrible headache, but those aspirins really did the trick.* / Eu estava com uma dor de cabeça terrível, mas aquelas aspirinas resolveram o problema.

do: do well for oneself dar-se bem na vida, tornar-se rico, prosperar. *Ben did quite well for himself selling computers.* / O Ben se deu bem na vida vendendo computadores.

do: have something to do with someone or something ter alguma relação com alguém ou algo, ter alguma coisa a ver com alguém ou algo. *I have nothing to do with your business.* / Eu não tenho nada a ver com os seus negócios. *What does Ruth have to do with Maurice?* / Qual a relação entre a Ruth e o Maurice?

do: make do (with something) improvisar, virar-se (com algo). *If you don't have milk, we'll have to make do with water.* / Se você não tem leite, teremos que improvisar com água. *You'll have to make do with the money you have.* / Você vai ter que se virar com o dinheiro que tem.

do: one can / could do without something expressão usada para dizer que alguém dispensa ou pode passar sem algo (críticas, reclamações, comentários etc.). *I could do without your unwanted suggestions.* / Eu dispenso suas sugestões indesejadas. *I can't do without my car.* / Eu não passo sem o meu carro.

do: one could do with something expressão usada para dizer que alguém gostaria ou precisa de algo. Algo como: 'bem que alguém gostaria de algo', 'algo cairia bem', 'alguém está precisando de algo'. *I could do with some ice-cold beer now.* / Bem que eu gostaria de uma cerveja bem gelada agora. *The door could do with some oil.* / A porta está precisando de um pouco de óleo.

do: that will do expressão usada para dizer que alguém passou dos limites. Algo como: 'agora chega!', 'basta!'. *That'll do! You've said too much already.* / Agora chega! Você já falou demais.

doctor: be just what the doctor ordered expressão usada para dizer que algo é exatamente o que alguém quer ou precisa (geralmente usada em tom humorístico). Algo como: 'isso é o mesmo que oferecer banana para macaco'. *You're asking me if I'd like a slice of pizza? That's just what the doctor ordered!* / Você está me perguntando se eu gostaria de um pedaço de pizza? Isso é o mesmo que oferecer banana para macaco!

dog: be a dog's life ser uma vida desgraçada, ser uma vida de cachorro. *It's a dog's life having to work seven days a week.* / É uma vida de cachorro ter que trabalhar sete dias por semana.

dog: be in the doghouse estar em maus lençóis. *When your wife finds out that you've spent the whole day drinking, you'll be in the doghouse.* / Quando a sua mulher descobrir que você passou o dia inteiro bebendo, você estará em maus lençóis.

dog: every dog has his / its day *dit* expressão usada para dizer que algo finalmente aconteceu, deu resultado etc. Algo como: 'todo mundo tem o seu dia de glória'. *Our team finally won a match against the school's best soccer team. As they say, every dog has its day.* / Nosso time finalmente ganhou uma partida contra o melhor time da escola. Como dizem, todo mundo tem o seu dia de glória.

doldrums: be in the doldrums estar ou ficar na maior calmaria. *Our neighbors were in the doldrums for the whole weekend. That's not typical of them.* / Os nossos vizinhos ficaram na maior calmaria o final de semana inteiro. Isso não é típico deles.

done: be done for *inf* estar em sérios apuros, estar frito. *We're going to be done for if sales don't pick up.* / Nós estaremos fritos se as vendas não melhorarem.

done: be over and done with estar completamente terminado, concluído etc. *We're glad now that the road work is over and done with.* / Estamos contentes agora que a obra na rua está completamente concluída.

dot: dot the I's and cross the T's prestar atenção aos detalhes, ser cuidadoso ao fazer ou falar algo. *If you want to work with Caroline, you'll have to dot the I's and cross the T's all the time. She's very demanding.* / Se você quiser trabalhar com a Caroline, você vai ter que prestar atenção aos detalhes a todo instante. Ela é muito exigente.

double-edged: be a double-edged sword ser algo que traz vantagens e desvantagens, ser uma faca de dois gumes. *Changing careers can be a double-edged sword. You learn new things, but may take a pay cut.* / Trocar de carreira pode ser uma faca de dois gumes. Você aprende coisas novas, porém pode ter o salário diminuído.

down: be down and out estar sem emprego e sem lugar para morar, estar ou ir parar na rua da amargura. *John was down and out after the company he worked for went bankrupt.* / John foi parar na rua da amargura depois que a firma para a qual ele trabalhava foi à falência.

down: have something down pat *Amer inf* memorizar algo, saber algo de cor. *I've been practicing for two weeks and I have the song down pat.* / Eu estou praticando há duas semanas e sei a música de cor.

drag: drag one's feet / drag one's heels fazer algo muito lentamente ou atrasar algo por desinteresse ou falta de vontade, enrolar, fazer hora. *Get to work and stop dragging your feet.* / Faça o seu trabalho e pare de enrolar.

drag: drag oneself by one's own bootstraps *inf* melhorar a condição de vida sozinho, sem a ajuda de outras pessoas; levantar-se na vida sozinho. *Kevin dragged himself by his own bootstraps and today he's a multi-millionaire.* / O Kevin se levantou na vida sozinho e hoje é um multimilionário.

drama: make a drama out of something exagerar a importância de algo, fazer um drama por causa de algo. *Don't make a drama out of it. It's just a small bug.* / Não faça um drama por causa disso. É só um pequeno inseto.

draw: draw a blank 1 não encontrar o que procura, não chegar a lugar algum. *I've searched everywhere for the book but drew a blank.* / Eu procurei em todo lugar pelo livro, mas não o encontrei. **2** ficar sem palavras, dar um branco. *I drew a blank when the interviewer asked the first question.* / Me deu um branco quando o entrevistador me fez a primeira pergunta.

draw: draw straws (for something) tirar a sorte, sortear alguém para fazer algo. *Okay, so let's draw straws for who is going to do the dishes today.* / Tudo bem, então vamos sortear alguém para lavar a louça hoje.

draw: draw the line (at something or doing something) mostrar a alguém os limites (de aceitação de algo), recusar-se a fazer ou aceitar algo. *His children were not obeying him anymore, so he had to draw the line.* / Os filhos dele não o obedeciam, então ele teve que lhes mostrar os limites. *I'll work nights, but I draw the line at working on Saturdays.* / Eu posso até trabalhar à noite, mas me recuso a trabalhar aos sábados.

dressed: be dressed to kill estar usando roupas provocantes, estar usando roupas realmente sensuais (mulher). *Meg is dressed to kill today.* / A Meg está usando roupas realmente sensuais hoje.

dressed: be dressed up to the nines estar muito bem vestido, estar vestido nos trinques (geralmente mulher). *Jane was dressed up to the nines at the party.* / A Jane estava muito bem vestida na festa.

drift: get someone's drift entender em linhas gerais o que alguém disse ou escreveu, entender, sacar, pegar etc. o que alguém quer dizer. *My Spanish is not that good, but I got his drift.* / Meu espanhol não é tão bom, mas eu saquei o que ele quis dizer.

drink: drink someone under the table beber mais do que alguém sem ficar tão bêbado quanto a pessoa, ser difícil de acompanhar na bebida. *When Robert was younger, he could drink anyone under the table.* / Quando o Robert era mais jovem, ele era difícil de acompanhar na bebida.

drive: drive a hard bargain ser implacável nos negócios, ser duro para negociar. *Be careful when doing business with Sally. She always drives a hard bargain.* / Tome cuidado ao fazer negócio com a Sally. Ela é dura para negociar.

drive: drive someone crazy *inf* deixar alguém louco, doido, furioso etc. *The kids drive me crazy sometimes.* / As crianças me deixam furioso às vezes.

drive: drive someone insane *inf* deixar alguém louco, doido, furioso etc. *That music is driving me insane.* / Essa música está me deixando louco.

drive: drive someone out of their mind / drive someone out of their wits *inf* deixar alguém louco, doido, furioso etc. *The noise my neighbors make is driving me out of my mind.* / O barulho que os meus vizinhos fazem está me deixando louco. *The kind of music they listen to can drive anyone out of their wits.* / O tipo de música que eles ouvem pode deixar qualquer um doido.

drive: drive someone round the bend *inf* enlouquecer alguém, deixar alguém maluco de raiva. *Helen drove her father round the bend by taking his car without permission.* / A Helen deixou o pai dela louco de raiva ao pegar o carro dele sem permissão.

drive: drive someone up the wall *inf* enlouquecer, irritar alguém. *That noise is driving me up the wall!* / Esse barulho está me enlouquecendo!

drive: drive under the influence dirigir sob o efeito de álcool ou drogas, dirigir bêbado. *Driving under the influence is a serious offence.* / Dirigir bêbado é um crime grave.

driver's: be in the driver's seat estar no comando, controle, à frente etc. de algo. *I could take part in the project, depending on who is going to be in the driver's seat.* / Eu poderia participar do projeto, dependendo de quem estará no comando.

driving: what someone is driving at o que alguém está querendo dizer ou insinuar, aonde alguém está querendo chegar. *What exactly are you driving at? I don't get it.* / Aonde exatamente você está querendo chegar? Eu não estou entendendo.

drop: drop a bombshell anunciar algo inesperado e geralmente desagradável, contar ou soltar uma bomba. *We were totally shocked when they dropped a bombshell and said they were getting divorced.* / Nós ficamos totalmente chocados quando eles soltaram a bomba e disseram que estavam se divorciando.

drop: drop a hint / drop someone a hint sugerir algo a alguém de maneira sutil ou indireta, dar uma dica ou indireta para alguém. *Sally dropped me a hint about which restaurant she would like to go to.* / A Sally me deu uma dica sobre qual restaurante ela gostaria de ir.

drop: drop into someone's lap chegar às mãos de alguém facilmente, sem esforço algum; cair do céu para alguém. *The money just dropped into his lap. It seems a rich uncle left him millions.* / A grana simplesmente caiu do céu para ele. Parece que um tio rico deixou milhões para ele.

drop: drop names citar nomes de pessoas famosas ou importantes (geralmente para impressionar as pessoas). *Jeremy is a real snob. He's always dropping names.* / O Jeremy é um verdadeiro esnobe. Ele está sempre citando nomes de pessoas famosas.

drop: drop someone a line escrever um pequeno recado, mensagem ou aviso para alguém. *Why don't you drop her a line to let her know you're okay?* / Por que você não escreve uma mensagem para ela para avisá-la que você está bem?

drop: drop someone in it deixar alguém em situação embaraçosa, queimar o filme de alguém. *Lucas really dropped me in it when he told Susan that I didn't like her parents.* / O Lucas realmente queimou o meu filme quando disse a Susan que eu não gostava dos pais dela.

drop: drop something in someone's lap *inf* cair na responsabilidade de alguém fazer algo (geralmente contra a vontade da pessoa), sobrar para alguém fazer algo. *I didn't want to organize the party, but it just dropped in my lap and I couldn't get out of it.* / Eu não queria organizar a festa, mas sobrou para mim e eu não tive como escapar.

drown: drown one's sorrows *inf* afogar as mágoas na bebida (expressão geralmente usada em tom humorístico). *Let's go and drown our sorrows at the bar.* / Vamos lá no bar afogar as mágoas.

dumps: be down in the dumps *inf* estar muito triste, estar na fossa. *If I were you, I wouldn't tease her, she's really down in the dumps.* / Se eu fosse você, eu não mexeria com ela, ela está realmente na fossa.

dying: be dying for something / be dying to do something *inf* estar louco por algo, estar morrendo de vontade de fazer algo. *I'm dying for a drink.* / Eu estou louco por uma bebida. *The kids are dying to go to the beach.* / As crianças estão morrendo de vontade de ir à praia.

e

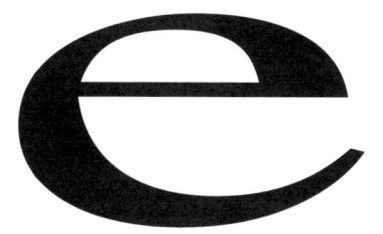

eager: be an eager beaver *inf* ser uma pessoa entusiasmada, empolgada (geralmente com o trabalho). *We are lucky to have Sarah working with us. She's a real eager beaver.* / Nós temos sorte de ter a Sarah trabalhando conosco. Ela é uma pessoa realmente entusiasmada.

ear: be out on one's ear *inf* ter que deixar o emprego, a casa etc. (geralmente por ter feito algo errado). *Unless Mary changes the way she treats the customers, she'll be out on her ear in no time.* / A menos que a Mary mude a maneira de tratar os clientes, ela terá que deixar o emprego em breve.

ear: have an ear for something ter bom ouvido para algo. *My youngest son has an ear for music.* / Meu filho mais novo tem bom ouvido para a música.

early: have an early night dormir cedo. *I'm going to stay home and have an early night. I'm tired.* / Eu vou ficar em casa e dormir cedo. Estou cansado.

early: the early bird catches the worm *dit* expressão usada para dizer que aquele que acorda cedo e começa a trabalhar tem mais chances de sucesso. Algo como: 'Deus ajuda quem cedo madruga'. *My grand--father always said that the early bird catches the worm!* / O meu avô sempre dizia que Deus ajuda quem cedo madruga!

earn: earn a crust / earn one's crust *Brit inf* ganhar dinheiro suficiente para sobreviver, ganhar a vida. *My grandfather used to earn his crust by selling books.* / O meu avô ganhava a vida vendendo livros.

earn: earn one's keep valer a pena, pagar-se. *This new car we've bought earns its keep as we use it every day and it's really economical.* / Este novo carro que compramos vale a pena porque nós o usamos todos os dias e ele é realmente econômico.

ears: be all ears estar totalmente disposto a ouvir alguém, ser todo ouvidos. *Okay, tell me what happened. I'm all ears.* / Tudo bem, me diga o que aconteceu. Eu sou todo ouvidos.

earshot: be out of earshot (of someone or something) estar longe demais para ouvir ou ser ouvido. *'Are you sure we can talk?' 'Sure, we're out of earshot of anyone.'* / 'Você tem certeza de que podemos conversar?' 'Claro, nós estamos longe demais para sermos ouvidos por alguém.'

earshot: be within earshot (of someone or something) estar perto o suficiente para ouvir ou ser ouvido.

Stop yelling, kids. Let's call Janet when she's within earshot. / Parem de gritar, crianças. Vamos chamar a Janet quando ela estiver perto o suficiente para ouvir.

easier: easier said than done *dit* expressão usada para dizer que é mais fácil sugerir o que deve ser feito do que realmente fazê-lo. Algo como: 'é mais fácil falar do que fazer'. *'If you really want a pay raise, you'll have to talk to your boss.' 'Easier said than done.'* / 'Se você realmente quer um aumento de salário, terá que conversar com o seu chefe.' 'É mais fácil falar do que fazer.'

easy: be easy game ser vítima fácil, ser presa fácil. *Tourists carrying expensive digital cameras are easy game for thieves.* / Turistas carregando câmeras digitais caras são presas fáceis para os ladrões.

easy: be on easy street estar bem de vida (com dinheiro e sem preocupação), estar numa boa. *I hear Simon is on easy street now that he's been promoted.* / Ouvi dizer que o Simon está numa boa agora que foi promovido.

easy: easy come, easy go *dit* expressão usada para dizer que algo que foi obtido muito fácil ou rapidamente pode ser perdido ou gasto da mesma maneira. Algo como: 'o que vem fácil, vai fácil'. *Henry inherited a fortune when his father died a few years ago, but he's already wasted all the money. As they say, easy come, easy go.* / O Henry herdou uma fortuna quando o pai dele faleceu há alguns anos. Mas ele já gastou todo o dinheiro. Como dizem, o que vem fácil, vai fácil.

easy: easy does it *inf* expressão usada na fala para pedir que alguém faça algo com calma. Algo como: 'vai com calma', 'com jeito vai'. *Easy does it! Just turn it a little to the right so it'll go through the door.* / Vá com calma! Só vire-a um pouco para a direita para ela passar pela porta.

easy: have an easy time of it *Brit inf* estar ou ficar numa situação bem favorável, estar ou ficar numa boa. *I've never had an easy time of it at college. I've always been very busy.* / Eu nunca fiquei numa boa na faculdade. Eu sempre estive muito ocupado.

easy: take it easy / take things easy *inf* relaxar e evitar trabalhar muito ou fazer muita coisa, pegar leve. *Take it easy, Ben! There's no need to hurry.* / Pega leve, Ben! Não há necessidade de se apressar.

eat: eat crow / eat humble pie admitir que estava errado em algo que fez ou falou, retirar o que disse, engolir as próprias palavras. *You'll have to eat crow if she wins the competition.* / Você vai ter que retirar o que disse se ela ganhar a competição.

eat: eat one's heart out expressão usada em tom humorístico para enaltecer as qualidades de alguém, comparando-o com alguém famoso ou importante. Algo como: 'morra de inveja...'. *Look at the way he sings. Eat your heart out, Pavarotti!* / Veja a forma como ele canta. Morra de inveja, Pavarotti!

eat: eat one's words admitir que errou quando disse algo, engolir as (próprias) palavras. *You're saying that I won't get the job, but you'll all eat your words.* / Vocês estão dizendo que eu não vou conseguir o emprego, mas vocês vão engolir suas palavras.

eat: eat someone alive criticar ou punir alguém por algo que cometeu, comer alguém vivo. *If your sister catches you wearing her favorite t-shirt without permission, she'll eat you alive.* / Se a sua irmã te pegar usando a camiseta favorita dela sem permissão, ela vai te comer vivo.

eat: eat someone out of house and home *inf* comer toda a comida que alguém tem, esvaziar a despensa de alguém (expressão geralmente usada em tom humorístico). *Josephine almost ate us out of house and home when she came to stay with us for a few days.* / A Josephine quase esvaziou nossa despensa quando veio ficar conosco por alguns dias.

eating: have someone eating out of one's hand ter total domínio sobre alguém para fazer o que quiser, ter uma pessoa comendo na mão de alguém. *Miriam has her boyfriend eating out of her hand.* / A Miriam tem total domínio sobre o namorado dela.

eating: what's eating someone expressão usada para perguntar o que está atormentando ou preocupando alguém. Algo como: 'qual é o problema (com alguém)?'. *You look so sad today. What's eating you?* / Você parece tão triste hoje. Qual é o problema?

edge: be on edge estar nervoso, preocupado, ansioso etc. *I can't help being on edge before an interview.* / Eu não consigo deixar de ficar nervoso antes de uma entrevista.

edge: have an edge on someone or something ser ligeiramente melhor, mais rápido do que alguém ou algo. *David's project is very good, but I think Robert's has an edge on it.* / O projeto do David é muito bom, mas eu acho que o do Robert é ligeiramente melhor.

edge: take the edge off something amenizar, tornar algo menos desagradável, forte etc. *There's nothing like a whiskey to take the edge off a hard day of work.* / Nada como um uísque para amenizar um dia duro de trabalho.

egg: have egg on one's face *inf* parecer palhaço, ser feito de palhaço. *Jimmie didn't expect to have egg on his face when he accepted the part in the film.* / O Jimmie não esperava ser feito de palhaço quando aceitou o papel no filme.

eight: be behind the eight ball *inf* estar em apuros, estar ferrado, estar numa sinuca (de bico). *When your father finds out that you crashed his car, you'll be behind the eight ball.* / Quando seu pai descobrir que você bateu o carro dele, você estará em apuros.

element: be in one's element estar fazendo o que gosta, sentir-se à vontade no que está fazendo, estar em casa. *Bernard is finally in his element now that he's working for a computer company.* / O Bernard está finalmente fazendo o que gosta agora que ele está trabalhando para uma empresa de computadores.

element: be out of one's element não estar à vontade no que está fazendo, sentir-se um peixe fora d'água. *It's high time I looked for another job. I'm just out of my element working as a sales representative.* / Já passou da hora de eu procurar um outro emprego. Eu estou simplesmente me sentindo um peixe fora d'água trabalhando como representante de vendas.

end: the end justifies the means *dit* expressão usada para dizer que métodos injustos ou ilícitos de fazer algo são aceitáveis se o resultado da ação for bom ou positivo. Algo como: 'os fins justificam os meios'. *The directors have decided to fire one third of staff to save the company. They believe that the end justifies the means.* / Os diretores decidiram demitir um terço dos funcionários para salvar a empresa. Eles acreditam que os fins justificam os meios.

ends: make ends meet / make both ends meet ganhar dinheiro suficiente para pagar as despesas pessoais, bancar as despesas. *It's been difficult* to make ends meet now that Sally is not working. / Está difícil bancar as despesas agora que a Sally não está trabalhando.

enough: enough is enough *dit* expressão usada para dizer que algo não pode continuar. Algo como: 'há limite para tudo'. *Sorry but enough is enough! It's the third time you've interrupted me to ask the same question.* / Desculpe, mas há limite para tudo! É a terceira vez que você me interrompe para fazer a mesma pergunta.

enough: have had enough (of someone or something) / have had enough (of doing something) estar cansado, farto, de saco cheio de alguém, algo ou de fazer algo. *I've had enough of your friends drinking and eating in our place every night.* / Eu estou de saco cheio dos seus amigos bebendo e comendo na nossa casa toda noite. *I've had enough of taking messages for you. You should buy an answering machine.* / Eu estou farto de anotar recados para você. Você deveria comprar uma secretária eletrônica.

enter: enter someone's head passar pela cabeça de alguém. *It's never entered my head that she could ask for a divorce.* / Nunca me passou pela cabeça que ela poderia pedir o divórcio.

even: be / get even with someone *inf* vingar-se, acertar as contas com alguém, pagar alguém com a mesma moeda. *Sooner or later I'll get even with Nancy.* / Mais cedo ou mais tarde eu vou acertar as contas com a Nancy.

even: be even *inf* não dever dinheiro ou favor, estar quites com alguém. *Let me pay for the beer and we're even.* / Deixe-me pagar pela cerveja e estamos quites.

even: even the score *inf* acertar as contas, dar o troco em alguém. *Laura has cheated on Paul and he promised to even the score.* / A Laura traiu o Paul e ele prometeu dar o troco.

even: have an even chance (of doing something) ter as mesmas chances de fazer algo. *All competitors have an even chance of winning.* / Todos os competidores têm as mesmas chances de ganhar.

exception: make an exception abrir uma exceção. *They made an exception and allowed us to see the prisioners.* / Eles abriram uma exceção e nos deixaram ver os prisioneiros.

exhibition: make an exhibition of oneself expor-se demais, dar escândalo, dar vexame. *If you had stayed calm, you wouldn't have made an exhibition of yourself.* / Se você tivesse ficado calmo, não teria dado vexame.

eye: an eye for an eye and a tooth for a tooth *dit* expressão usada para dizer que uma pessoa que trata mal outras pessoas deveria receber o mesmo tratamento. Algo como: 'olho por olho e dente por dente'. *You didn't expect me to treat your brother well after what he did, did you? From now on, it's an eye for an eye and a tooth for a tooth.* / Você não esperava que eu fosse tratar bem o seu irmão depois do que ele fez, não é mesmo? A partir de agora, é olho por olho e dente por dente.

eye: be one in the eye for someone or something ser merecido, ser benfeito para alguém ou algo. *Wilson's defeat was one in the eye for his coach who had despised all the other athletes.* / A derrota do Wilson foi merecida para o treinador dele, que havia desprezado todos os outros atletas.

eye: have an eye for something ser bom para escolher algo, ter um bom olho para alguma coisa. *I don't have*

eye *a good eye for used cars.* / Eu não sou bom para escolher carros usados.

eye: what the eye doesn't see the heart doesn't grieve over *dit* expressão usada para dizer que, se uma pessoa não tem conhecimento de algo que ela normalmente desaprovaria, ela não pode sentir-se prejudicada, magoada etc. Algo como: 'o que os olhos não veem o coração não sente'. *I took my sister's digital camera to the beach without her knowing it. As they say, what the eye doesn't see the heart doesn't grieve over.* / Eu levei a câmera digital da minha irmã para a praia sem ela saber. Como dizem, o que os olhos não veem o coração não sente.

eyes: be up to one's eyes in something / be up to one's eyeballs in something estar totalmente comprometido, metido, enrolado, atolado etc. em algo, estar com algo até o pescoço. *My brother is up to his eyeballs in debt.* / Meu irmão está com dívidas até o pescoço.

eyes: make eyes at someone atrair alguém com um olhar sexy, paquerar alguém. *Josh is always making eyes at the secretaries.* / O Josh está sempre paquerando as secretárias.

eyes: not take one's eyes off someone or something não tirar os olhos de alguém ou algo. *Veronica couldn't take her eyes off Mike at the party last night.* / A Veronica não conseguia tirar os olhos do Mike na festa ontem à noite.

eyes: one's eyes are bigger than one's stomach expressão usada para dizer que alguém é muito guloso ao pegar mais comida do que pode comer. Algo como: 'ter os olhos maiores do que a barriga'. *I told you not to take so much food, but your eyes are bigger than your stomach!* / Eu te disse para não pegar tanta comida, mas você tem os olhos maiores do que a barriga!

eyes: only have eyes for someone estar interessado ou apaixonado somente por uma pessoa, só ter olhos para uma pessoa. *Jessica wants to go out with Phillip, but he only has eyes for Susan.* / A Jessica quer sair com o Phillip, mas ele só tem olhos para a Susan.

f

face: be in one's face *inf* ser agressivo, provocativo etc. *I thought this new band's performance was rather in your face.* / Eu achei o show dessa nova banda bastante agressivo.

face: face the music *inf* aceitar as dificuldades, críticas e os resultados negativos que as próprias palavras ou ações de alguém causaram, aguentar as consequências. *You got yourself into this mess. Now you have to face the music!* / Você entrou nessa enrascada. Agora você tem que aguentar as consequências!

face: have the face to do something ter a coragem, ter a cara de pau de fazer algo. *How did Rita have the face to argue with the teacher?* / Como a Rita teve a cara de pau de discutir com o professor?

face: one's face falls ficar desapontado, triste etc. de repente. *When I told him that he hadn't passed the exams, his face fell.* / Quando eu disse que ele não havia passado nos exames, ele ficou desapontado.

face: take someone or something at face value aceitar alguém ou alguma coisa à primeira vista, aceitar ou acatar de cara alguém ou algo. *You should learn not to take everything people say at face value.* / Você deveria aprender a não acatar de cara tudo o que as pessoas dizem.

face: what's his / her face? expressão usada para se referir a alguém cujo nome não se lembra. Algo como: 'qual é mesmo o nome dele / dela?'. *Is Arthur still working for, what's his face?* / O Arthur ainda está trabalhando para o, como é mesmo o nome dele?

faces: make faces (at someone) *inf* fazer caretas (para alguém). *Mommy, Billy is making faces at me again!* / Mamãe, o Billy está fazendo caretas para mim de novo!

facts: the facts speak for themselves *dit* expressão usada para dizer que não há a necessidade de se explicar algo, porque a informação disponível por si só prova a sua autenticidade. Algo como: 'os fatos falam por si só'. *We don't need to tell them that they're wasting money. The facts speak for themselves.* / Nós não precisamos dizer a eles que estão desperdiçando dinheiro. Os fatos falam por si só.

fade: fade into the woodwork comportar-se ou agir sem chamar a atenção, desaparecer ou esconder-se. *Emily is an extremely talented designer, but she prefers to fade into the woodwork.* / A Emily é uma desenhista extremamente talentosa, mas ela prefere agir sem chamar a atenção. *Chris didn't have a thing to say in the meeting, so he tried to fade into the* *woodwork.* / O Chris não tinha nada a dizer na reunião, então ele tentou se esconder.

faintest: not have the faintest idea não ter a menor ideia, não ter a mínima noção de algo. *'Who is going to take us to the airport?' 'I don't have the faintest idea.'* / 'Quem vai nos levar ao aeroporto?' 'Eu não tenho a menor ideia.'

fair: all is fair in love and war dit expressão usada para dizer que as regras normais de comportamento não se aplicam em situações como amor ou guerra. Algo como: 'no amor e na guerra tudo é válido'. *'Aren't you ashamed of asking David out, Valery?' 'Well, all is fair in love and war.'* / 'Você não tem vergonha de pedir para sair com o David, Valery?' 'Bem, no amor e na guerra tudo é válido.'

fair: be fair expressão usada na fala para pedir a alguém que seja compreensivo e sensato na avaliação de uma situação. Algo como: 'seja coerente', 'fala sério'. *Be fair! You arrived five minutes ago and you already want to leave.* / Fala sério! Você chegou há cinco minutos e já quer ir embora.

fall: fall about laughing / fall about with laughter rir muito, morrer de rir. *Whenever I see this film, I fall about laughing.* / Toda vez que assisto a esse filme, eu morro de rir.

fall: fall apart at the seams *inf* acabar, ruir, fracassar, desmanchar-se etc. *Their marriage fell apart at the seams.* / O casamento deles fracassou.

fall: fall flat não surtir o efeito desejado, não ter a menor graça (piada, história, conto, anedota etc.). *John's jokes fell completely flat.* / As piadas do John não tiveram a menor graça.

fall: fall flat on one's face fracassar totalmente, ser um desastre total. *My presentation is tomorrow. I just hope I don't fall flat on my face.* / A minha apresentação é amanhã. Eu só espero não ser um desastre total.

fall: fall from grace perder o apoio das pessoas. *The prime minister fell from grace for agreeing on entering the war.* / O primeiro-ministro perdeu o apoio das pessoas ao concordar em entrar na guerra.

fall: fall head over heels in love (with someone) ficar completamente apaixonado (por alguém). *Sarah fell head over heels in love with Ben.* / A Sarah ficou completamente apaixonada pelo Ben.

fall: fall into someone's hands / fall into the hands of someone ser capturado por alguém, cair nas mãos de alguém. *These files mustn't fall into the hands of the wrong people.* / Esses arquivos não podem cair nas mãos das pessoas erradas.

fall: fall into someone's lap *inf* ser obtido sem esforço algum, cair do céu. *Pat's new job just fell into her lap.* / O novo emprego da Pat simplesmente caiu do céu.

fall: fall into the trap of something / fall into the trap of doing something cair na armadilha de algo ou de fazer algo. *Don't fall into the trap of spending more than you earn.* / Não caia na armadilha de gastar mais do que você ganha.

fall: fall on deaf ears ser ignorado, não ser notado (uma pergunta, um pedido etc.). *The teachers' request for better working conditions fell on deaf ears.* / O pedido dos professores por melhores condições de trabalho foi ignorado.

fall: fall on hard times ficar pobre, entrar numa crise financeira. *Janice fell on hard times after her husband died.* / A Janice entrou numa crise financeira depois que o marido dela faleceu.

fall: fall on one's feet *inf* ter sorte ao encontrar um bom emprego, moradia etc. (geralmente quando a situação anterior não era favorável), tirar a sorte grande. *Jeff really fell on his feet this time. He's been invited to work for an excellent company in Australia.* / O Jeff realmente tirou a sorte grande desta vez. Ele foi convidado a trabalhar para uma excelente empresa na Austrália.

fall: fall over oneself to do something *inf* esforçar-se o máximo para fazer algo (geralmente para agradar alguém), dar a maior bandeira. *Katie's falling over herself trying to assist the new manager.* / A Katie está dando a maior bandeira tentando auxiliar o novo gerente.

fall: fall prey to something *form* ser vítima de algo. *Many citizens have fallen prey to the violence of the big city.* / Muitos cidadãos foram vítimas da violência da cidade grande.

fall: fall short of something não atingir o objetivo que se espera. *Ben's performance in the company has fallen short of what we expected of him.* / O desempenho do Ben na empresa não atingiu o objetivo que esperávamos dele.

fall: fall to pieces 1 ficar velho e acabado, cair aos pedaços (carro, máquina etc.). *Helen's car is falling to pieces.* / O carro da Helen está caindo aos pedaços. **2** parar de funcionar, fechar, ir para o brejo. *John's company fell to pieces.* / A empresa do John foi para o brejo.

fall: fall wide of the mark estar longe do número, quantia ou resposta correta. *The students' responses fell wide of the mark.* / As respostas dos alunos estavam longe da resposta correta.

false: make a false start / make a false move tentar começar algo sem sucesso, fazer uma tentativa frustrada, dar um passo em falso, vacilar, dar bobeira. *After making a few false starts, Zoe's company finally succeeded.* / Depois de fazer algumas tentativas frustradas, a empresa da Zoe finalmente obteve sucesso. *You'd better be careful now. If you make one false move, you'll be fired.* / É melhor você tomar cuidado agora. Se vacilar, vai ser demitido.

familiar: have a familiar ring (about something / to it) ser, parecer ou soar familiar. *'Didn't you think his speech had a familiar ring?' 'That's right. He gave exactly the same speech last year.'* / 'Você não achou o discurso dele familiar?' 'É verdade. Ele fez exatamente o mesmo discurso no ano passado.'

fancy: fancy one's chances pensar erroneamente que obterá sucesso, estar muito confiante de que algo dará certo, confiar demais no próprio taco. *Sally usually fancies her chances when it comes to final exams.* / A Sally normalmente confia demais no próprio taco quando se trata de exames finais.

fancy: take a fancy to someone or something *Brit* começar a gostar de alguém ou algo, ir com a cara de alguém ou algo. *After two years living in Brazil, Roger has finally taken a fancy to soccer.* / Depois de dois anos vivendo no Brasil, o Roger finalmente começou a gostar de futebol.

fancy: take someone's fancy *inf* agradar ou atrair alguém. *That painting on the wall really took my fancy.* / Aquele quadro na parede realmente me agradou.

far: be a far cry from something ser muito diferente de alguma coisa, estar longe de ser algo, não ter nem comparação com algo. *Our new house is a far cry from the one we used to own in the country.* / Nossa nova casa não tem nem comparação com a casa que possuíamos no interior.

far: be far gone *inf* estar muito bêbado, doente, cansado etc. *After ten cans of beer Mandy was too far gone to drive.* / Depois de dez latinhas de cerveja, a Mandy estava muito bêbada para dirigir.

far: so far, so good *dit* expressão usada para dizer que até o momento está tudo em ordem. Algo como: 'até aqui, tudo bem.' *'How is your French course going?' 'So far, so good.'* / 'Como está indo o seu curso de francês?' 'Até aqui, tudo bem.'

far: take something too far deixar algo passar além dos limites, ir longe demais. *We were late on a payment and the bank seized the car, which I felt was taking things a bit too far.* / Nós atrasamos um pagamento e o banco tomou o carro, o que eu achei ir longe demais.

fast: be a fast worker *inf* ser uma pessoa que não perde tempo para ganhar vantagem em relação aos outros, ser ligeiro, ser esperto. *Julian is a fast worker! He's just been hired and he's already having lunch with the managers.* / O Julian é esperto! Ele acabou de ser contratado e já está almoçando com os gerentes.

fast: be fast on the draw *inf* ser rápido para entender ou reagir a alguma coisa, ser rápido no gatilho, ser ligeiro. *James is really fast on the draw. As soon as he knew that Simon was selling his car, he made an offer.* / O James é realmente rápido no gatilho. Assim que ele soube que o Simon estava vendendo o carro, ele fez uma oferta.

fast: be in the fast lane estar vivendo um estilo de vida agitado e cheio de emoção (geralmente associado à vida de celebridades, altos executivos etc.), estar levando uma vida de celebridade. *You remember Andrew? He's in the fast lane these days, working for a big Hollywood film producer.* / Você se lembra do Andrew? Ele está levando uma vida de celebridade, trabalhando para um grande produtor de filmes de Hollywood.

fast: make a fast buck *inf* ganhar dinheiro rápido ou facilmente, levantar uma grana rapidamente. *A lot of investors are just looking to make a quick buck.* / Muitos investidores estão apenas procurando ganhar dinheiro rápido.

fat: be a fat cat *inf* ser uma pessoa que ganha muito dinheiro (geralmente em comparação a pessoas que não ganham muito), ser um ricaço. *Charlie is a fat cat who doesn't even know what it is like to live on such a small salary like ours.* / O Charlie é um cara ricaço que não sabe nem mesmo o que é viver com um salário tão baixo como o nosso.

faux: make a faux pas expressão proveniente do francês. Algo como 'cometer uma gafe', 'dar um fora', 'pisar na bola'. *I'd be really embarrasssed if I made such a faux pas in public.* / Eu ficaria realmente envergonhado se cometesse uma gafe dessas em público.

feast: feast one's eyes (on someone or something) olhar algo com prazer, maravilhar-se com a visão de alguém ou algo. *Feast your eyes on this new MP3 player I bought.* / Olha só esse novo tocador de MP3 que eu comprei. *Mary feasted her eyes on the lovely dress on the shop window.* / A Mary maravilhou-se com o lindo vestido na vitrine da loja.

feather: be a feather in one's cap ser motivo de orgulho para alguém. *It's a feather in her cap to compete with the best gymnasts in the world.* / É motivo de orgulho para ela competir com as melhores ginastas do mundo.

feather: feather one's own nest ficar rico (geralmente ao gastar consigo mesmo o dinheiro que seria gasto com outras coisas). *Henry feathered his own nest when he got involved with charity work.* / O Henry ficou rico quando se envolveu com trabalhos em instituições de caridade.

feathers: the feathers will fly *inf* expressão usada para dizer que algo causará raiva, perturbação etc. Algo como: 'o bicho vai pegar'. *The feathers will fly when Barry finds out that his car was damaged.* / O bicho vai pegar quando o Barry descobrir que o carro dele foi danificado.

fed: be fed up to the back teeth with someone or something não ter mais paciência com alguém ou algo, estar de saco cheio de alguém ou algo. *I'm fed up to the back teeth with this music. Can you turn it off?* / Eu estou de saco cheio dessa música. Dá para desligar o som?

feel: feel hard done by sentir-se injustiçado. *Doug got the blame for losing the contract. He feels hard done by since he wasn't the one who did the negotiations.* / O Doug levou a culpa por perder o contrato. Ele se sente injustiçado, uma vez que não foi ele quem fez as negociações.

feel: feel it in one's bones *inf* perceber, sentir, suspeitar de algo sem realmente saber o porquê, ter uma sensação de alguma coisa. *I feel it in my bones that we're going to win this game.* / Eu tenho a sensação de que vamos vencer este jogo.

feel: feel like a fish out of water *comp* sentir-se fora de ambiente, sentir-se um peixe fora d'água. *I feel like a fish out of water in these ceremonies.* / Eu me sinto um peixe fora d'água nessas cerimônias.

feel: feel like a million bucks / dollars *inf comp* sentir-se maravilhosamente bem. *I feel like a million dollars today.* / Eu me sinto maravilhosamente bem hoje.

feel: feel like something / feel like doing something sentir ou estar com vontade de (fazer) algo, estar a fim de (fazer) algo. *I feel like a pizza. What about you?* / Estou a fim de uma pizza. E você? *I don't feel like going out tonight.* / Eu não estou com vontade de sair hoje à noite.

feel: feel one's age perceber que está ficando velho, sentir o peso da idade. *Steve doesn't want to join the basketball team. I think he's beginning to feel his age.* / O Steve não quer entrar para o time de basquete. Eu acho que ele está começando a sentir o peso da idade.

feel: feel one's way 1 mover-se cuidadosamente (num quarto escuro). *We entered the dark room feeling our way.* / Nós entramos no quarto escuro movendo-nos cuidadosamente. **2** ser cuidadoso ao fazer algo por não conhecer bem ou estar apenas no início de algo, tentar sentir o ambiente, tentar encaixar-se, tentar achar-se. *I've just started my teaching career so I'm still feeling my way.* / Eu acabei de começar minha carreira de professor, portanto, ainda estou tentando me achar.

feel: feel out of things / feel out of it não se sentir parte de um grupo, sentir-se sem ambiente (em uma festa, grupo, conversa etc.). *I'm feeling a bit out of things at work.* / Eu estou me sentindo um pouco sem ambiente no trabalho.

feel: feel sorry for oneself *inf* sentir-se triste por acreditar que foi tratado de forma injusta, sentir-se injustiçado. *Jenny wasn't invited to the party, so she spent the evening at home feeling sorry for herself.* / A Jenny não foi convidada para a festa, então ficou em casa, triste e sentindo-se injustiçada.

feel: feel sorry for someone ter dó de alguém, ficar com pena de alguém. *I felt sorry for the young guy, so I*

feel: feel the draught *inf* sofrer financeiramente por causa de mudanças econômicas, sociais ou políticas, sentir o baque. *Because of the country's economic crisis, our company is feeling the draught.* / Por causa da crise econômica do país, a nossa empresa está sentido o baque.

feel: feel the pinch *inf* sentir dificuldade financeira, sentir no bolso. *We're feeling the pinch now that our salary has been cut back.* / Nós estamos sentindo no bolso agora que o nosso salário diminuiu.

feel: get the feel of something *inf* familiarizar-se com algo, acostumar-se com algo, pegar a manha de algo. *As soon as you get the feel of the job, you'll be fine.* / Assim que você pegar a manha do trabalho, vai se sair bem.

feel: have a feel for something *inf* ter entendimento de alguma coisa, ser bom para fazer algo, ser bom para sacar algo. *The new manager has a feel for what the employees think.* / O novo gerente é bom para sacar o que os funcionários pensam.

feet: be under someone's feet estar atrapalhando ou importunando alguém, estar no pé de alguém. *How am I supposed to cook dinner with these kids under my feet?* / Como é que eu vou fazer o jantar com todas essas crianças no meu pé?

feet: have one's feet on the ground / have one's both feet on the ground ter uma atitude sensata e realista com relação à vida, ter os (dois) pés no chão. *I don't dream of big plans for the future. I try to keep my feet on the ground.* / Eu não sonho com grandes planos para o futuro. Eu tento manter os pés no chão.

fetch: fetch and carry (for someone) estar sempre fazendo favores para alguém, servir de escravo para alguém. *You should stop fetching and carrying for him. He's not even your boss.* / Você deveria parar de servir de escravo para ele. Ele nem é o seu chefe.

few: have had a few too many ter bebido demais, ter ficado de porre, ter bebido umas e outras. *Don't take into consideration what she is saying. She'd had a few too many.* / Não leve em consideração o que ela está dizendo. Ela bebeu demais.

fiddle: fiddle while Rome burns não fazer nada quando se deveria estar agindo numa situação séria ou perigosa, fingir que não está acontecendo nada. *With the horrible state the school is in, it looks as though the principal is fiddling while Rome burns.* / Com o estado horrível em que a escola está, parece que o diretor está fingindo que não está acontecendo nada.

field: have a field day deleitar-se, morrer de satisfação. *The photographers had a field day when the actress appeared on the beach with her new boyfriend.* / Os fotógrafos se deleitaram quando a atriz apareceu na praia com o novo namorado.

fifth: be a fifth wheel *inf* acompanhar duas pessoas que estão namorando, segurar vela. *Thanks, but I don't think I want to join you and Bob for dinner tonight and be a fifth wheel.* / Obrigado, mas acho que não vou querer ficar com você e o Bob para o jantar hoje à noite e segurar vela.

fight: fight a losing battle perder tempo ao tentar fazer algo ou convencer alguém, entrar numa batalha perdida. *You're fighting a losing battle trying to convince Fred to go back to* *school.* / Você está entrando numa batalha perdida ao tentar convencer o Fred a voltar para a escola.

fight: fight fire with fire usar os mesmos métodos do oponente para atacá-lo, usar fogo contra fogo. *We'll have to fight fire with fire if we really want to win this game.* / Nós teremos que usar fogo contra fogo se realmente quisermos ganhar esse jogo.

fight: fight it out resolver uma questão de uma vez por todas, lutar até as últimas consequências. *The union won't take a pay cut and they're prepared to fight it out.* / O sindicato recusa-se a aceitar uma redução de salários e está preparado para lutar até as últimas consequências.

fight: fight one's own battles ser capaz de vencer uma disputa ou conseguir algo sozinho, sem a ajuda de outros; dar conta do recado sozinho. *I'm not going to offer Mike any help. He's old enough to fight his own battles.* / Eu não vou oferecer ajuda alguma ao Mike. Ele é maduro o suficiente para dar conta do recado sozinho.

fight: fight tooth and nail (for something or someone) lutar com muita determinação, lutar com unhas e dentes (por alguém ou algo). *Mrs. Carlton would fight tooth and nail to get what her children wanted.* / A Sra. Carlton lutaria com unhas e dentes para conseguir o que seus filhos queriam.

figures: that figures / it figures *inf* expressão usada na fala para dizer que algo parece óbvio ou lógico. Algo como: 'é de entender', 'já era de esperar'. *'Did you hear that Dave and Gloria are getting divorced?' 'That figures. They've never really got on well together.'* / 'Você ficou sabendo que o Dave e a Gloria estão se separando?' 'Já era de esperar. Eles nunca se deram muito bem juntos.'

fill: fill someone's boots / fill someone's shoes fazer satisfatoriamente o trabalho de alguém que está ausente, preencher a vaga ou o lugar de alguém. *Who do you think could fill Mr. Walkins' shoes when he retires?* / Quem você acha que poderia preencher a vaga do Sr. Walkins quando ele se aposentar?

fill: have had one's fill of someone or something estar de saco cheio de alguém ou algo. *I've had my fill of this kind of music. Can we put another CD on?* / Eu já estou de saco cheio desse tipo de música. Podemos colocar outro CD para tocar?

find: find fault (with someone or something) encontrar falhas ou erros nas outras pessoas ou em algo (geralmente para poder criticar). *Why are you always trying to find fault with Kylie?* / Por que você está sempre tentando encontrar falhas na Kylie?

find: find one's bearings localizar-se, achar-se. *I'll need a map to find my bearings.* / Eu vou precisar de um mapa para me localizar. *It took me quite a while to find my bearings on the first day of work.* / Levei um bom tempo para me achar no primeiro dia de trabalho.

find: find one's feet *inf* adaptar-se (a um novo ambiente, emprego, lugar etc.). *I'm new in the company, so I'm still trying to find my feet.* / Eu sou novo na empresa, então ainda estou tentando me adaptar.

find: take someone as one finds them aceitar alguém como é. *Sean is a little temperamental sometimes, but he has a heart of gold and we expect you to take him as you find him.* / O Sean é um pouco temperamental às vezes, mas tem um coração de ouro e nós esperamos que você o aceite como ele é.

finders: finders keepers, losers weepers *dit* expressão usada geralmente por crianças para dizer que, se alguém encontra algo, ele tem o direito de guardá-lo para si. Algo como: 'achado não é roubado, quem perdeu é relaxado.' *'Hey! That's my chocolate bar you're eating!' 'I found it on the sofa. Finders keepers, losers weepers!'* / 'Epa! Esse chocolate que você está comendo é meu!' 'Eu o achei no sofá. Achado não é roubado, quem perdeu é relaxado!'

fine: have something down to a fine art *inf* aprender a fazer algo com perfeição devido à experiência, estar craque, ser mestre em fazer algo, ter desenvolvido uma arte de fazer algo. *Lucy has controlling undisciplined students down to a fine art.* / A Lucy é mestre em controlar alunos indisciplinados.

finger: get one's finger out *inf* começar a fazer alguma coisa, mexer-se. *It's about time you got your finger out and helped us with the work.* / Já está na hora de você se mexer e nos ajudar com o serviço.

finger: have a finger in every pie *inf* estar envolvido em tudo o que acontece. *My grandfather liked to have a finger in every pie.* / O meu avô gostava de estar envolvido em tudo o que acontecia.

fingers: be all fingers and thumbs ser incapaz de segurar algo sem deixar cair ou danificar, ser todo desajeitado. *If I were you, I wouldn't let Paddy hold the plates. He's all fingers and thumbs.* / Se eu fosse você, não deixaria o Paddy segurar os pratos. Ele é todo desajeitado.

fingers: get one's fingers burned sofrer as consequências de uma ação mal planejada, levar prejuízo (geralmente nos negócios). *Liam got his fingers burned when he decided to start a business with his brother-in-law.* / O Liam levou prejuízo quando decidiu abrir um negócio com o cunhado dele.

fingers: have one's fingers crossed esperar que algo aconteça ou seja bem-sucedido, torcer por alguém ou para que algo aconteça. *My interview is tomorrow. I have my fingers crossed.* / A minha entrevista é amanhã. Eu torço para que dê tudo certo.

fingers: have one's fingers in the till *Brit inf* roubar (geralmente quantias pequenas de dinheiro de uma loja, comércio etc. onde se trabalha). *Clarice was fired because they found out she'd had her fingers in the till at the shop where she worked.* / A Clarice foi demitida porque eles descobriram que ela havia roubado da loja onde trabalhava.

fingers: have sticky fingers *inf* ter o hábito de roubar, ter o hábito de passar a mão no que encontra. *You'd better be careful with your wallet. Some of Charlie's friends have very sticky fingers.* / É melhor você tomar cuidado com sua carteira. Alguns amigos do Charlie têm o hábito de passar a mão no que encontram.

fingertips: have something at one's fingertips estar totalmente familiarizado e ter todos os dados ou informações sobre algo. *Wayne had all the company sales figures at his fingertips.* / O Wayne estava totalmente familiarizado com os dados sobre as vendas da empresa.

fire: be under fire 1 estar sendo atacado. *The soldiers were under fire again last week.* / Os soldados foram atacados novamente na semana passada. **2** estar sendo criticado, estar sob chumbo grosso. *The president is under fire over the new economic policy.* / O presidente está sendo criticado por causa da nova política econômica.

fire: fire questions, insults etc. at someone fazer muitas perguntas, comentários, insultos etc. contra alguém. *The reporters fired questions at the president.* / Os repórteres fizeram muitas perguntas ao presidente.

firing: be on the firing line estar exposto a críticas, estar na linha de fogo. *The workers are on strike again and the new management is on the firing line.* / Os trabalhadores estão em greve novamente e a nova administração está na linha de fogo.

firm: take a firm line (on / against something) tomar uma atitude firme, ter pulso firme (com relação a algo). *Government is taking a firm line on the problem of violence in schools.* / O governo está tomando uma atitude firme com relação ao problema da violência nas escolas.

first: be on a first come, first served basis *dit* expressão usada para dizer que algo será feito por ordem de chegada. *The cars will be washed on a first come, first served basis.* / Os carros serão lavados por ordem de chegada.

first: get to first base *Amer inf* completar com sucesso a primeira etapa de uma tarefa, plano, empreendimento etc., passar pela primeira fase. *I passed the job interview, but half the candidates didn't get to first base.* / Eu passei na entrevista para o emprego, mas metade dos candidatos não passou pela primeira fase.

first: get to the first base (with someone or something) completar a primeira fase de algo, dar os primeiros passos (num relacionamento). *We haven't talked about marriage yet. We've only gotten to the first base with our relationship.* / Nós não conversamos sobre casamento ainda. Apenas demos o primeiro passo no relacionamento.

first: have first call (on someone or something) ter prioridade (com alguém ou em algo). *My family will always have first call on my plans.* / Minha família sempre terá prioridade nos meus planos.

first: make first base (with someone or something) completar a primeira fase de algo, dar os primeiros passos (num relacionamento). *We haven't made first base with the project yet, but we can see it's going to be successful.* / Nós não completamos a primeira fase do projeto ainda, mas podemos ver que dará tudo certo.

first: make the first move tomar a iniciativa, dar o primeiro passo. *Women are no longer waiting for men to make the first move in a relationship these days.* / As mulheres não estão mais esperando o homem tomar a iniciativa num relacionamento hoje em dia.

first: there's a first time for everything *dit* expressão usada para dizer que se algo ainda não aconteceu, um dia poderá acontecer. Algo como: 'sempre há uma primeira vez para tudo'. *'I can't believe this. I've never gotten such a bad grade.' 'Well, there's a first time for everything.'* / 'Não posso acreditar. Eu nunca tirei uma nota tão ruim assim.' 'Bem, sempre há uma primeira vez para tudo.'

fish: fish for compliments induzir alguém a dizer coisas boas sobre si, tentar arrancar elogios de alguém. *'Why is Martin always asking us if he has done a good job?' 'He's just fishing for compliments.'* / 'Por que o Martin está sempre nos perguntando se ele fez um bom trabalho?' 'Ele está apenas tentando nos arrancar elogios.'

fish: fish or cut bait *Amer inf* tomar uma decisão, parar de enrolar. *The situation in the office has come to chaos. It's time for the manager to fish or cut bait.* / A situação no escritório chegou ao caos. É hora de o gerente tomar uma decisão.

fish: have other fish to fry *inf* ter coisas mais importantes, interessantes, úteis etc. para fazer. *'Mario didn't seem very interested in going to the* *beach with us.' 'I guess he has other fish to fry.'* / 'O Mario não pareceu muito interessado em ir à praia conosco.' 'Eu acho que ele tem coisas mais importantes para fazer.'

fit: (be) as fit as a fiddle *comp* estar muito bem de saúde. *Look at Karen. She's as fit as a fiddle.* / Olhe para Karen. Ela está muito bem de saúde.

fit: fit like a glove *comp* ser do tamanho perfeito, ter um caimento perfeito (roupa). *I'm sure this dress will fit you like a glove.* / Eu tenho certeza de que este vestido terá um caimento perfeito em você.

fit: fit the bill *inf* ser apropriado para um devido propósito, encaixar-se perfeitamente, dar certinho. *We want someone who is clever for this job and I think Susie will fit the bill.* / Nós queremos alguém que seja esperto para este emprego e eu acho que a Susie vai se encaixar perfeitamente.

fit: have/throw a fit *inf* ficar muito nervoso ou zangado, ter um ataque. *My mother will have a fit when she finds out that I've broken her favorite bowl.* / A minha mãe vai ter um ataque quando souber que eu quebrei a tigela favorita dela.

fix: be / get in a fix estar ou entrar numa situação difícil, estar ou entrar numa fria. *I'm in a real fix and I need your help.* / Eu estou numa verdadeira fria e preciso da sua ajuda.

fixed: how are you, he etc. fixed (for something) expressão usada para perguntar o quanto de algo uma pessoa tem ou como estão os planos de alguém com relação a algo. Algo como: 'quanto você, ele etc. tem de...' ou 'como estão os planos para...?'. *How are we fixed for food and drinks for the party?* / O quanto nós temos de comida e bebidas para a festa? *How are we fixed for Friday?* / Como estão os nossos planos para sexta-feira?

flak: get / take the flak (for something) *inf* receber duras críticas (por algo). *Tania always gets the flak for anything that goes wrong in the office.* / A Tania sempre recebe duras críticas por qualquer coisa que sai errado no escritório.

flap: be in a flap / get into a flap *inf* ficar muito ansioso, nervoso, preocupado etc. *Henry always gets into a flap when he has to speak in public.* / O Henry sempre fica muito nervoso quando tem que falar em público.

flash: be a flash in the pan *inf* ser uma moda ou onda passageira. *So many of these pop bands are just a flash in the pan.* / Muitas dessas bandas pop são apenas uma moda passageira.

flash: flash someone a smile, a look etc. sorrir, olhar para alguém rapidamente. *She flashed me a smile and got off the bus.* / Ela sorriu para mim rapidamente e desceu do ônibus.

flat: (be) as flat as a pancake *comp* ser totalmente plano. *The state of North Dakota in the U.S. is as flat as a pancake.* / O Estado de Dakota do Norte, nos Estados Unidos, é totalmente plano.

flat: be flat broke estar sem dinheiro, estar duro. *I can't go out tonight. I'm flat broke.* / Eu não posso sair hoje à noite. Estou duro.

flesh: make one's flesh creep / make one's flesh crawl meter medo em alguém, fazer alguém arrepiar de medo. *The way the man looked at us made our flesh creep.* / A maneira como o homem olhou para nós fez-nos arrepiar de medo.

flies: there are no flies on someone *inf* expressão usada para dizer que alguém não pode ser enganado facilmente, não pode ser feito de bobo, tonto etc. *You'd better think of another* *excuse. There are no flies on Albert.* / É melhor você pensar em outra desculpa. O Albert não é bobo.

flight: take flight ir embora rapidamente, bater em retirada. *When the burglars saw the neighbor's car arriving, they took flight.* / Quando os ladrões viram o carro do vizinho chegando, eles bateram em retirada.

fling: have a fling 1 *inf* curtir o momento (sem preocupação com outras coisas). *Before returning to Britain, I decided to have a fling and go to Rio for two weeks.* / Antes de retornar para a Inglaterra, eu decidi curtir o momento e ir para o Rio por duas semanas. **2** *inf* ter um caso com alguém. *Tod had a fling with Laura two years ago.* / O Tod teve um caso com a Laura há dois anos.

flip: flip (someone) the bird *Amer inf* insultar alguém mostrando o dedo médio em riste, mostrar o dedo para alguém. *I asked him to move his car a bit and the guy flipped me the bird.* / Eu pedi para ele afastar o carro um pouco e o cara me mostrou o dedo.

flip: flip one's lid 1 *inf* ficar muito bravo, ficar louco de raiva. *I'm sure she'll flip her lid when she sees all this mess.* / Eu tenho certeza de que ela vai ficar louca de raiva quando vir essa bagunça. **2** *inf* ficar mentalmente perturbado, ficar louco. *Glen is in a psychiatric hospital. Apparently, he's flipped his lid.* / O Glen está num hospital psiquiátrico. Parece que ele ficou louco.

float: float on air estar muito feliz, estar ou sentir-se nas nuvens. *Erik is walking on air because he got a promotion at work.* / O Erik está nas nuvens porque recebeu uma promoção no trabalho.

flog: flog a dead horse *Brit inf* desperdiçar esforço tentando fazer algo que não é mais possível, esforçar-se à toa. *To be honest, I think you're flogging a dead horse trying to teach Allan how to drive.* / Para ser honesto, eu acho que você está se esforçando à toa tentando ensinar o Allan a dirigir.

flood: flood the market lançar grandes quantidades de um produto (geralmente a preço baixo), inundar o mercado. *The Chinese have flooded the market with cheap electronics.* / Os chineses inundaram o mercado com aparelhos eletrônicos baratos.

floor: take the floor 1 apresentar-se para falar (em um debate, discurso etc.). *When I finished my speech, Alice took the floor.* / Depois que eu terminei o meu discurso, a Alice apresentou-se para falar. **2** começar a dançar. *As soon as the music started, they took the floor.* / Assim que a música começou, eles começaram a dançar.

fly: fly high ser bem-sucedido, dar-se bem, dar certo. *Kevin's new business is flying high.* / O novo negócio do Kevin está dando certo.

fly: fly into a rage / fly into a temper *inf* ficar muito irritado repentinamente, ficar louco de raiva. *He flew into a rage when the reporter asked him a question.* / Ele ficou muito irritado quando o repórter lhe fez uma pergunta.

fly: fly off the handle *inf* ficar muito irritado repentinamente, ficar louco de raiva. *Tracey used to fly off the handle whenever people asked her why she was still single.* / A Tracey costumava ficar louca de raiva quando as pessoas perguntavam por que ela ainda estava solteira.

fly: fly the coop *Amer inf* escapar, ir embora de algum lugar. *Bridget has always lived at home with her parents, but she can't wait to fly the coop and have her own place.* / A Bridget sempre morou com os pais, mas ela não vê a hora de ir embora e ter a própria casa.

fly: fly the nest *inf* sair de casa dos pais e ir morar em outro lugar. *Sam can't wait to fly the nest.* / O Sam não vê a hora de sair da casa dos pais e ir morar em outro lugar.

flyer: get off to a flyer começar muito bem, começar com o pé direito (um negócio, projeto etc.). *Amanda's career as a writer got off to a flyer.* / A carreira de escritora da Amanda começou muito bem.

flying: get off to a flying start começar muito bem, começar com o pé direito (um negócio, projeto etc.). *Jasmin's new business got off to a flying start.* / O novo negócio da Jasmin começou com o pé direito.

foam: foam at the mouth *inf* ficar extremamente irritado, ficar louco de raiva, espumar de raiva. *Gina foamed at the mouth when she saw her boyfriend with another woman.* / A Gina espumou de raiva quando viu o namorado dela com outra mulher.

foggiest: not have the foggiest / not have the foggiest idea não ter a mínima ideia, noção, pista etc. *'Do you know where Jacob lives?' 'I don't have the foggiest.'* / 'Você sabe onde o Jacob mora?' 'Eu não tenho a mínima ideia.'

follow: follow in someone's footsteps fazer as mesmas coisas que alguém faz (geralmente os pais ou alguém da família), seguir os passos de alguém. *Emily followed in her mother's footsteps and became an actress.* / A Emily seguiu os passos da mãe e se tornou uma atriz.

follow: follow one's nose 1 seguir o sentido olfativo, ir pelo cheiro. *The kids followed their noses and found a man selling hot dog on the beach.* / As crianças foram pelo cheiro e encontraram um homem vendendo cachorro-quente na praia. **2** ir direto. *The post office is two blocks ahead. Just follow your nose.* / O correio fica a dois quarteirões à frente. É só ir direto. **3** agir de acordo com o que parece certo em vez de seguir regras, seguir os próprios instintos. *I've never paid attention to market trends. I prefer to follow my nose.* / Eu nunca prestei atenção às tendências do mercado. Prefiro seguir meus próprios instintos.

follow: follow suit agir ou comportar-se da mesma maneira que uma pessoa acabou de fazer, seguir o exemplo de alguém. *Our competitors have improved their advertisements and I think we should follow suit.* / Nossos concorrentes melhoraram os seus anúncios e eu acho que nós deveríamos seguir o exemplo.

follow: follow the crowd fazer o mesmo que as outras pessoas estão fazendo, entrar ou ir na onda das outras pessoas. *He's not very independent. He just follows the crowd.* / Ele não é muito independente. Apenas vai na onda das outras pessoas.

fool: (there's) no fool like an old fool *dit* expressão usada para dizer que uma pessoa mais velha que comporta-se de maneira tola parece ainda mais tola do que uma pessoa mais nova que se comporta da mesma maneira. Algo como: 'um velho fazendo papel de bobo é ridículo'. *Now he dies his hair and goes to discos. There's no fool like an old fool.* / Agora ele tinge o cabelo e vai a discotecas. Um velho fazendo papel de bobo é ridículo.

fool: a fool and his money are soon parted *dit* expressão usada para dizer que uma pessoa tola geralmente gasta ou perde seu dinheiro rapidamente. Algo como: 'o tolo logo perde sua fortuna'. *'Graham's parents left him a fortune, but he doesn't have a penny now.' 'As they say, a fool and his money are soon parted.'* / 'Os pais do

Graham deixaram uma fortuna para ele, mas ele não tem um centavo agora.' 'Como dizem, o tolo logo perde sua fortuna.'

fool: make a fool of someone passar-se por ridículo, fazer papel de bobo, pagar mico. *I don't want to make a fool of myself this time, so I won't drink too much.* / Eu não quero pagar mico dessa vez, então não vou beber demais.

fooled: you could have fooled me *inf* expressão usada na fala para expressar surpresa com uma declaração, anúncio etc. Algo como: 'eu estou surpreso', 'não brinca'. *'Tracey is a terrific tennis player' 'You could have fooled me. I just beat her in a match!'* / 'A Tracey é uma ótima jodagora de tênis.' 'Não brinca. Eu acabei de vencê-la numa partida!'

fools: fools rush in where angels fear to tread *dit* expressão usada para dizer que as pessoas com pouca ou nenhuma experiência tentam fazer coisas que as pessoas experientes não arriscariam fazer. Algo como: 'o tolo se aventura onde o sábio não se arrisca'. *Inexperienced investors often lose a fortune investing in this kind of thing. As they say, fools rush in where angels fear to tread.* / Investidores inexperientes muitas vezes perdem uma fortuna investindo nesse tipo de coisa. Como dizem, o tolo se aventura onde o sábio não se arrisca.

foot: foot the bill (for something) ficar responsável de pagar por algo, arcar com as despesas de algo (geralmente uma quantia alta em dinheiro). *The club owner will have to foot the bill for the damage done to the cars in the parking lot.* / O dono do clube terá que arcar com o prejuízo causado aos carros no estacionamento.

foot: get a foot in the door começar a atuar ou ganhar reconhecimento na profissão, empresa, instituição etc. *If I could just get a foot in the door in that company, I'd be happy.* / Se ao menos eu pudesse começar a atuar naquela empresa, eu estaria feliz.

foot: have one foot in the grave *inf* estar muito velho ou doente para fazer algo, estar com um pé na cova (expressão geralmente usada em tom humorístico). *I know you kids think I have a foot in the grave and all, but I still can beat you in tennis.* / Eu sei que vocês, jovens, pensam que eu estou com um pé na cova, mas eu ainda posso vencê-los no jogo de tênis.

foot: have one's foot in both camps *inf* estar envolvido com dois grupos rivais, estar dividido entre dois polos. *Allan has a foot in both camps. He works for a Jewish company and goes to a Muslim temple.* / O Allan está dividido entre dois polos. Ele trabalha para uma empresa judia e frequenta um templo muçulmano.

fray: fray around the edges ruir, desmoronar, perder força etc. *At the end of the season, the fans' support for the coach was fraying around the edges.* / No final da temporada, o apoio dos fãs ao treinador estava perdendo força.

free: (be) as free as a bird *comp* ser ou estar totalmente livre. *You can do whatever you like. You're free as a bird now.* / Você pode fazer o que quiser agora. Está totalmente livre.

fresh: (be) as fresh as a daisy *comp* ser ou estar muito limpo, arrumado, asseado etc. *Melinda is always as fresh as a daisy.* / A Melinda está sempre muito limpa e arrumada.

fresh: get fresh with someone *inf* mostrar interesse sexual por alguém de maneira rude, dar em cima de alguém. *Are you trying to get fresh with me?* / Você está tentando dar em cima de mim?

friend: a friend in need is a friend indeed *dit* expressão usada para dizer que uma pessoa que acolhe ou ajuda outra num momento de dificuldade pode ser considerada um verdadeiro amigo. Algo como: 'é nas horas difíceis que se conhecem os amigos'. *When I most needed it, Sam was the only person who offered help. As they say, a friend in need is a friend indeed.* / Quando eu mais precisei, o Sam foi o único a oferecer ajuda. Como dizem, é nas horas difíceis que se conhecem os amigos.

frighten: frighten the living daylights out of someone assustar alguém impiedosamente, quase matar alguém de susto, dar o maior susto em alguém. *He entered the living room suddenly and frightened the living daylights out of his wife.* / Ele entrou na sala de repente e quase matou a mulher dele de susto.

fritz: be on the fritz *inf* estar com defeito, problema etc., estar pifado. *Our TV set is on the fritz again.* / O nosso aparelho de TV está com defeito novamente.

full: be full of beans estar cheio de energia, saúde, disposição etc. *The kids are always full of beans.* / As crianças estão sempre cheias de energia.

full: be full of hot air falar sem agir, estar de papo-furado. *John says he's going to open his own consulting business, but I think he's full of hot air.* / O John diz que vai abrir sua própria empresa de consultoria, mas eu acho que ele está de papo-furado.

full: be full of oneself sentir-se superior às outras pessoas, ser ou estar cheio de si. *Fiona is full of herself just because she got a promotion at work.* / A Fiona está cheia de si só porque conseguiu uma promoção no trabalho.

full: be full of shit *vulg* ser uma pessoa mentirosa. *Don't believe anything he says. He's full of shit.* / Não acredite em nada do que ele falar. Ele é uma pessoa mentirosa.

fun: make fun of someone or something fazer piada, tirar sarro, tirar barato da cara de alguém ou de algo. *Are you going to let them make fun of you?* / Você vai deixá-los tirar barato da sua cara?

fuss: make a fuss about nothing agir de forma exagerada à toa, fazer muito barulho por nada. *Why did she have to make a fuss about nothing? It was only a joke.* / Por que ela teve que fazer tanto barulho por nada? Era só uma brincadeira.

fuss: make a fuss over someone or something dar muita atenção a alguém ou algo, fazer a maior cerimônia para receber alguém. *My mother would always make a fuss over our guests.* / Minha mãe sempre fazia a maior cerimônia para receber os nossos convidados.

gather: gather one's wits acalmar-se e começar a pensar direito, recompor-se. *It took Martha a few minutes to gather her wits after she heard the news.* / Levou alguns minutos para a Martha se recompor depois que ela ouviu as notícias.

give: give (someone) an inch and they'll take a mile / give (someone) an inch and they'll take a yard *dit* expressão usada para dizer que, se algo é cedido a alguém, a pessoa sempre se aproveitará da situação e irá querer mais. Algo como: 'você dá a mão e eles querem o braço' ou 'se você dá a mão, eles querem o braço'. *You know how kids are. Give them an inch and they'll take a mile.* / Você sabe como são as crianças. Você dá a mão e elas querem o braço.

give: give (someone) the bird *Amer inf* insultar alguém mostrando o dedo médio em riste, mostrar o dedo para alguém. *Whenever she sees Greg, she gives him the bird.* / Toda vez que ela vê o Greg, ela mostra o dedo para ele.

give: give a big hand to someone *inf* dar uma salva de palmas para alguém. *Ladies and gentlemen, let's give a big hand to the winner, James Shalton.* / Senhoras e senhores, vamos dar uma salva de palmas para o campeão, James Shalton.

give: give it a rest *inf* expressão usada na fala para pedir que alguém pare de fazer ou falar sobre algo. Algo como: 'dá um tempo', 'deixa para lá', 'pare com isso'. *Give it a rest, will you! I've already said I'm sorry for forgetting your birthday.* / Pare com isso, vá! Eu já disse que sinto muito por ter esquecido o seu aniversário.

give: give it one's best shot dar o melhor de si, esforçar-se ao máximo. *I'm not sure if I'm prepared for this job, but I'll give it my best shot.* / Eu não tenho certeza se estou preparado para esse serviço, mas eu vou dar o melhor de mim.

give: give me a break expressão usada na fala para pedir que alguém pare de importunar. Algo como: 'dá um tempo', 'me deixe em paz'. *Give me a break! I've had enough of your jokes!* / Dá um tempo! Eu já estou cheio das suas piadas!

give: give me five expressão usada na fala acompanhada de um movimento na qual as palmas das mãos de duas pessoas se tocam para cumprimentar ou celebrar algo. Algo como: 'toca aqui', 'bate aqui', 'valeu'. *Give me five! We're the best!* / Toca aqui! Nós somos os melhores!

give: give one's love to someone mandar um beijo ou abraço para al-

give

guém. *Give my love to Sally if you see her.* / Mande um abraço para a Sally se você a vir.

give: give rise to something *form* dar origem a algo, suscitar algo. *Their research on snake venom gave rise to a new class of analgesic drugs.* / A pesquisa deles com veneno de cobra deu origem a uma nova classe de drogas analgésicas.

give: give someone a bell *inf* telefonar para alguém, bater um fio para alguém. *Why don't you give Tina a bell and ask her if she can give you a ride to work tomorrow?* / Por que você não bate um fio para a Tina e pergunta se ela pode te dar uma carona para o serviço amanhã?

give: give someone a break dar uma chance a alguém, não ser tão duro ao julgar alguém. *Give John a break. After all, it's only been a week since he started working here.* / Dê uma chance ao John. Afinal de contas, faz apenas uma semana que ele começou a trabalhar aqui.

give: give someone a bum steer *Amer inf* dar a alguém informação incorreta, dar a alguém uma dica errada. *Berry gave me the bum steer and I couldn't find the disco.* / O Berry me deu a dica errada e eu não consegui encontrar a danceteria.

give: give someone a bumpy ride tornar as coisas difíceis para alguém, dificultar a vida de alguém. *The high rate of inflation has given the shop owners a bumpy ride.* / A alta taxa de inflação tem tornado as coisas difíceis para os comerciantes.

give: give someone a buzz *inf* telefonar, dar uma ligada, bater um fio para alguém. *I'll give Thomas a buzz and invite him to the party.* / Eu vou bater um fio para o Thomas e convidá-lo para a festa.

give: give someone a hand (with something) ajudar alguém, dar uma mão para alguém (em ou com algo). *Can you give me a hand with these math exercises?* / Você pode me dar uma mão com esses exercícios de matemática?

give: give someone a hard time *inf* dificultar a vida de alguém, infernizar a vida de alguém. *You're always giving Fred a hard time. You really don't like him, do you?* / Você está sempre infernizando a vida do Fred. Você realmente não gosta dele, não é mesmo?

give: give someone a pasting 1 *Brit inf* ganhar ou vencer alguém com ampla vantagem, golear alguém, massacrar alguém, dar uma lavada em alguém. *Brazil gave Costa Rica a pasting in the World Cup.* / O Brasil goleou a Costa Rica na Copa do Mundo. **2** *Brit inf* criticar alguém severamente, dar uma bronca em alguém. *The boss will give you a pasting when he sees this.* / O chefe vai te dar uma bronca quando ele vir isso.

give: give someone a pep talk *inf* dar um discurso de incentivo. *The boss gave us a pep talk about how hard work leads to a promotion in this company.* / O chefe nos deu um discurso de incentivo sobre como o trabalho árduo leva a uma promoção nesta empresa.

give: give someone a piece of one's mind repreender alguém severamente, dizer o que pensa ou acha de alguém, falar um monte para alguém. *The supervisor had been treating me unfairly, so I went into his office and gave him a piece of my mind.* / O supervisor estava me tratando mal, então eu fui até o escritório dele e lhe disse o que eu achava dele.

give: give someone a ring telefonar, dar uma ligada, bater um fio para alguém. *Why don't you give him a ring and invite him?* / Por que você não dá uma ligada para ele e o convida?

give: give someone a roasting *inf* criticar alguém, dar uma dura em alguém. *Adam's father gave him a roasting in front of everyone.* / O pai do Adam deu uma dura nele na frente de todo mundo.

give: give someone a shout **1** dizer, avisar, dar um toque etc. para alguém. *If you want a hand, just give me a shout.* / Se você quiser ajuda, é só me dar um toque. **2** *inf* ligar para alguém pelo telefone. *I'll give you a shout as soon as I get to the office.* / Eu vou ligar para você assim que chegar ao escritório.

give: give someone a snow job *Amer inf* tentar enganar alguém. *Can't you see the salesman is giving you a snow job?* / Você não percebe que o vendedor está tentando te enganar?

give: give someone a taste of their own medicine dar a alguém o mesmo tratamento rude, frio, ríspido etc. que recebeu desta pessoa, dar o troco em alguém, fazer provar do próprio veneno. *Vera was so rude to us. I think we should give her a taste of her own medicine.* / A Vera foi tão rude conosco. Eu acho que deveríamos fazê-la provar do próprio veneno.

give: give someone a tinkle *inf* telefonar, dar uma ligada, bater um fio para alguém. *Give us a tinkle as soon as you get home, okay?* / Dê uma ligada para nós assim que você chegar em casa, tudo bem?

give: give someone half a chance (to do something) dar a alguém a oportunidade ou chance (de fazer algo). *If you gave me half a chance to explain, you'd learn that it wasn't my fault.* / Se você me desse a chance de explicar, saberia que não foi minha culpa.

give: give someone hell **1** *inf* dificultar a vida de alguém. *The new tax laws are giving our accountants hell at the moment.* / As novas leis tributárias estão dificultando a vida dos nossos contadores no momento. **2** *inf* punir alguém verbalmente, dar a maior bronca em alguém. *The boss gave us hell for leaving early on Friday.* / O chefe nos deu a maior bronca por termos saído cedo na sexta-feira.

give: give someone one's word prometer, dar a palavra de alguém. *I'll have your order ready by five o'clock. I give you my word.* / Eu estarei com o seu pedido pronto até as cinco horas. Eu te dou a minha palavra.

give: give someone or something a wide berth evitar contato ou aproximação, evitar consumir algo, dar um chega pra lá em alguém ou algo. *I'd give him a wide berth if I were you. He's not the most honest guy I know.* / Eu daria um chega pra lá nele se fosse você. Ele não é o cara mais honesto que eu conheço.

give: give someone or something the okay *inf* dar a liberação, aprovação, aval etc. a alguém ou algo. *The mayor gave the okay for the jazz festival.* / O prefeito deu a liberação para o festival de jazz.

give: give someone or something the once-over **1** *inf* olhar ou examinar rapidamente, dar uma olhada em alguém ou algo. *Can you give this report the once-over before I submit it?* / Você pode dar uma olhada neste relatório antes de eu despachá-lo? **2** *inf* dar uma limpada, organizada, arrumada etc. rápida em algo. *The soldiers gave the barracks the once-over before the inspection.* / Os soldados deram uma organizada rápida nos dormitórios antes da inspeção.

give: give someone or something up for lost **1** desistir de procurar por alguém ou algo. *Oh, there are my reading glasses! I'd given them up for lost.* / Oh, aí estão os meus óculos de leitura! Eu havia desistido de procurá-los. **2** dar ou ter alguém

give

como perdido, desaparecido, morto etc. *The authorities have given the climbers up for lost and are calling off the search.* / As autoridades deram os alpinistas como mortos e estão cancelando a busca.

give: give someone the all-clear (to do something) dar a alguém a liberação, aprovação, aval etc., dar a alguém sinal verde (para fazer algo). *Do you really think they'll give us the all-clear to use the car?* / Você realmente acha que eles nos darão sinal verde para usar o carro?

give: give someone the benefit of the doubt aceitar a hipótese de que alguém está certo ou é inocente porque não se tem prova do contrário, dar a alguém o benefício da dúvida. *We have to give him the benefit of the doubt until some concrete evidence comes up.* / Nós temos que dar a ele o benefício da dúvida até que alguma evidência concreta apareça.

give: give someone the boot *inf* demitir, mandar alguém embora do emprego. *Veronica always arrived late for work, so they gave her the boot.* / A Veronica sempre chegava atrasada no serviço, então eles a demitiram.

give: give someone the bum's rush *Amer* **1** *inf* ordenar ou usar a força para fazer alguém deixar um lugar, ser arrastado para fora de algum lugar. *Marvin was given the bum's rush out of the bar.* / O Marvin foi arrastado para fora do bar. **2** *inf* demitir ou livrar-se de alguém indesejável. *The manager didn't like him and gave him the bum's rush.* / O gerente não gostava dele e o demitiu.

give: give someone the cold shoulder evitar alguém, deixar alguém de lado, tratar alguém com desprezo. *Anna gave Thomas the cold shoulder at her birthday party.* / A Anna deixou o Thomas de lado na festa de aniversário dela.

give: give someone the elbow *Brit inf* terminar o relacionamento, namoro etc. com alguém, dar um fora em alguém. *Patrick is so sad because Brenda gave him the elbow.* / O Patrick está triste assim porque a Brenda deu um fora nele.

give: give someone the low-down (on someone or something) *inf* dar todas as informações, dar todos os detalhes (sobre alguém ou algo). *I'll give you the low-down on the new manager before you meet him.* / Eu vou lhe dar todas as informações sobre o novo gerente antes de você se encontrar com ele.

give: give someone the heave-ho / give someone the old heave-ho 1 *inf* terminar o relacionamento, namoro etc. com alguém. *I heard Sandra gave Robert the heave-ho.* / Eu soube que a Sandra terminou o namoro com o Robert. **2** *inf* demitir, mandar alguém embora do emprego. *The company gave poor Tom the old heave-ho when he lost the contract with the Japanese.* / A empresa demitiu o coitado do Tom quando ele perdeu o contrato com os japoneses.

give: give someone the push 1 *Brit inf* demitir, mandar alguém embora do emprego. *If you're late once more, the boss will give you the push.* / Se você chegar atrasado mais uma vez, o chefe vai te mandar embora. **2** *Brit inf* terminar o relacionamento com alguém, terminar o namoro com alguém. *Karen finally decided to give Robert the push.* / A Karen finalmente decidiu terminar o namoro com o Robert.

give: give someone the runaround 1 *inf* evitar contar toda a verdade, enrolar alguém. *I want to know where you were last night, and don't give me the runaround!* / Eu quero saber onde você estava ontem à noite, e não me enrole! **2** *inf* fazer alguém ir de um lado para o outro à toa em busca de informação ou serviço, fazer alguém de bobo. *I've already spoken to five different people and each one says it's not their problem. I won't be given the runaround this time. Just who do I have to speak to get the computer serviced under warranty?* / Eu já falei com cinco pessoas diferentes e todas dizem que não é problema delas. Eu não vou ser feito de bobo desta vez. Com quem eu tenho que falar para que consertem o computador na garantia?

give: give someone the sack *inf* demitir alguém. *The boss will give you the sack if you keep coming in late.* / O chefe vai te demitir se você continuar chegando atrasado.

give: give someone the shaft *Amer inf* levar vantagem em cima de alguém, passar alguém para trás. *He gave his own brother the shaft and ended up with the family farm.* / Ele passou seu próprio irmão para trás e acabou ficando com a fazenda da família.

give: give someone the shirt off one's back *inf* ser muito generoso com as pessoas, dar tudo o que tem para ajudar alguém. *Laura would give you the shirt off her back if you asked her to.* / A Laura lhe daria tudo o que tem para ajudá-lo se você pedisse a ela.

give: give someone the silent treatment *inf* recusar a falar ou dar atenção a alguém por estar bravo com a pessoa, dar um gelo em alguém. *I don't know what I've done to make her mad, but Francine has been giving me the silent treatment.* / Eu não sei o que fiz para deixá-la com raiva, mas a Francine está me dando um gelo.

give: give someone the slip conseguir escapar ou fugir de alguém. *We tried to follow them, but they gave us the slip.* / Nós tentamos segui-los, mas eles conseguiram escapar.

give: give someone the third degree *inf* fazer alguém passar por um interrogatório, fazer um interrogatório com alguém. *I don't want to give you the third degree. I just want to know where you went last night.* / Eu não quero fazer um interrogatório. Só quero saber aonde você foi ontem à noite.

give: give someone the willies *inf* fazer alguém sentir medo, dar arrepios em alguém. *Snakes give me the willies.* / Cobras me dão arrepios.

give: give someone their marching orders *Brit* **1** *inf* demitir alguém, mandar alguém embora do serviço. *The company gave Heather her marching orders.* / A empresa demitiu a Heather. **2** *inf* terminar o relacionamento com alguém, mandar alguém ir embora. *If your wife finds out about this, she'll give you your marching orders!* / Se a sua mulher ficar sabendo disso, ela vai te mandar embora.

give: give someone their walking papers *Amer inf* demitir alguém. *We had to give Morris his walking papers after what happened.* / Nós tivemos que demitir o Morris depois do que aconteceu.

give: give something a facelift melhorar a aparência de algo (escritório, sala etc.), dar uma melhorada em algo. *I think we should give this room a facelift. It's too dark.* / Eu acho que deveríamos melhorar a aparência desta sala. Ela é muito escura.

give: give something a miss *inf* deixar de fazer ou assistir algo, faltar em algo. *I'll have to give my Italian class a miss tomorrow.* / Eu vou ter que faltar na minha aula de italiano amanhã.

give: give something a shot *inf* tentar fazer algo. *You'd be great as Romeo in the play. Why don't you give it a shot?* / Você seria ótimo interpretando o papel de Romeu na peça. Por que você não tenta?

give: give something a whirl *inf* experimentar algo. *I'd like to give parachuting a whirl. It looks like a lot of fun.* / Eu gostaria de experimentar paraquedismo. Parece ser divertido.

give: give something the nod *inf* dar liberação, permissão, aval etc. para algo, dar sinal verde para algo. *I can't give this project the nod until I know more about it.* / Eu não posso dar sinal verde para o projeto até que eu saiba mais sobre ele.

give: give the show away *inf* deixar escapar um segredo ao falar demais, estragar a surpresa. *We're planning a surprise birthday party for Marsha, so try to act natural and don't give the show away.* / Nós estamos planejando uma festa de aniversário para a Marsha, então tente agir naturalmente e não estrague a surpresa.

give: give voice to something *form* expressar voz de algo (geralmente em público). *Some of the members of the party have given voice to their dissatisfaction with the president's decisions.* / Alguns membros do partido expressaram voz de insatisfação com as decisões do presidente.

give: not give a damn (about someone or something) não dar a mínima importância (para alguém ou algo). *He doesn't give a damn whether we're happy or not. He only cares about his money.* / Ele não dá a mínima importância se estamos felizes ou não. Ele só se preocupa com o dinheiro dele.

give: not give a hoot / not give two hoots *inf* não se importar, não ligar nem um pouco, não dar a mínima. *I don't give a hoot who won the championship. I don't follow soccer.* / Eu não me importo com quem venceu o campeonato. Eu não acompanho futebol. *'Can I invite Mary to the party?' 'I couldn't give two hoots who you invite.'* / 'Posso convidar a Mary para a festa?' 'Eu não dou a mínima para quem você convida.'

give: not give a shit (about someone or something) *vulg* não dar a mínima importância (para alguém ou algo). *I don't give a shit about what they think.* / Eu não dou a mínima importância para o que eles pensam.

give: not give a stuff *Brit inf* não dar a mínima importância (para alguém ou algo). *I don't give a stuff what he says.* / Eu não dou a mínima importância para o que ele diz.

give: not give a toss (about someone or something) *Brit inf* não dar a mínima (importância), não ligar a mínima (para alguém ou algo). *I don't give a toss about who will win the cup! I hate soccer.* / Eu não dou a mínima para quem vai ganhar a copa! Eu odeio futebol.

give: not give someone the time of day recusar-se a cumprimentar ou falar com alguém, não dar a mínima atenção a alguém. *After what he did, I wouldn't give him the time of day!* / Depois do que ele fez, eu não daria a mínima atenção a ele!

give: not give up the day job *inf* expressão geralmente usada na forma imperativa e em tom humorístico para dizer a uma pessoa que ela deve continuar fazendo o que sabe ou o que está acostumada a fazer, em vez de aventurar-se a fazer algo com que não está familiarizada e acabar se dando mal. Algo como: 'não vá se aventurar e fazer aquilo que não conhece.' *'Maybe I should go to Hollywood and be an actress.' 'Don't give up on the day job.'* / 'Talvez eu devesse ir para Hollywood e virar uma atriz.' 'Não vá se aventurar e fazer aquilo que não conhece.'

give: oneself airs agir ou comportar-se como se fosse superior às outras pessoas, bancar o importante, achar-se o máximo. *Have you noticed* *how Tony always gives himself airs in front of the class?* / Você já notou como o Tony banca o importante na frente da classe?

give: would give one's right arm for something *inf* desejar muito alguma coisa, dar tudo por alguma coisa. *I'd give my right arm for a cigarette right now.* / Eu daria tudo por um cigarro agora.

go: go a bit too far exagerar, passar dos limites. *Don't you think you've gone a bit too far inviting all your classmates to dinner?* / Você não acha que passou dos limites convidando todos os seus colegas de classe para jantar?

go: go a long way back conhecer alguém ou algo há muito tempo. *Oh, Judy and I go a long way back. We went to high school together.* / Oh, a Judy e eu nos conhecemos há muito tempo. Nós estudamos juntos no ensino médio.

go: go about one's business estar ocupado com os afazeres do dia a dia, tomar conta dos seus afazeres. *Jack likes to sit on the park bench and watch the people go about their business.* / O Jack gosta de sentar no banco do parque e ver as pessoas tomando conta dos seus afazeres.

go: go above someone's head 1 ser difícil demais para entender, estar acima do conhecimento de alguém. *I attended the lecture, but most of what Professor Clark said went above my head.* / Eu assisti à palestra, mas a maioria das coisas que o professor Clark disse estava acima do meu conhecimento. **2** procurar uma pessoa com mais autoridade para resolver um problema, passar por cima de alguém. *The salesman wouldn't fix the radio under warranty, so I went above his head and spoke directly to the store manager.* / O vendedor não queria consertar o rádio que estava na garantia, então eu passei por cima dele e falei diretamente com o gerente da loja.

go: go all the way (with someone) *inf* fazer sexo com alguém, chegar aos finalmentes. *It was our first date, so we didn't go all the way.* / Era o nosso primeiro encontro, então nós não chegamos aos finalmentes.

go: go along for the ride *inf* acompanhar um grupo por curiosidade, mas não participar das atividades dele, ir de carona. *Paul isn't interested in the student theater, he's just going along for the ride to meet girls.* / O Paul não está interessado no teatro dos estudantes, ele só está indo de carona para conhecer as garotas.

go: go ape shit *Amer vulg* ficar muito zangado, ficar puto da vida. *Dad went ape shit when I got home late last night.* / O meu pai ficou puto da vida quando eu cheguei em casa tarde ontem à noite.

go: go as far as to do something chegar ao ponto de fazer algo, ter a coragem de fazer algo. *I don't think Jessica would go as far as to make up the whole story.* / Eu não acho que a Jessica chegaria ao ponto de inventar essa história toda.

go: go at something or someone hammer and tongs 1 brigar ou discutir vigorosamente e em voz alta, soltar os cachorros em cima de alguém. *Jeffrey went at his secretary hammer and tongs for losing his agenda.* / O Jeffrey soltou os cachorros em cima da secretária dele por ela ter perdido sua agenda. **2** fazer algo com muita energia e entusiasmo, pegar algo para valer, mandar bala em algo. *'Have you finished the report?' 'No, but I'm going at it hammer and tongs. It'll be ready by five.'* / 'Você terminou o relatório?' 'Não, mas eu estou mandando bala. Ele estará pronto antes das cinco.'

go: go back on one's word não cumprir o que prometeu, quebrar a palavra de alguém. *You promised you would be there. You're not going to go back on your word, are you?* / Você prometeu que estaria lá. Você não vai quebrar sua palavra, vai?

go: go back to basics voltar ao princípio, raiz, essência etc. de algo. *I think the project is getting too complicated. Perhaps we should go back to basics.* / Eu acho que o projeto está ficando muito complicado. Talvez nós deveríamos voltar à essência dele.

go: go back to square one voltar ao ponto inicial, voltar à estaca zero (de uma tarefa, projeto, empreendimento etc.). *The engineers went back to square one and completely redesigned the transmission.* / Os engenheiros voltaram à estaca zero e redesenharam o câmbio completamente.

go: go back to the drawing board voltar para a mesa de projetos, voltar à estaca zero. *Well, if they don't accept this new version, we'll have to go back to the drawing board.* / Bem, se eles não aceitarem esta nova versão, teremos que voltar à estaca zero.

go: go ballistic *Amer inf* ficar muito zangado, ficar puto da vida. *The boss will go ballistic when he sees this!* / O chefe vai ficar puto da vida quando vir isso!

go: go bananas 1 *inf* ficar louco, pirado etc. *I must be going bananas! I've put my glasses in the fridge!* / Eu devo estar ficando louco! Coloquei os meus óculos dentro da geladeira! **2** *inf* ficar muito zangado, louco de raiva etc. *If you don't hand in your coursebook on time, the teacher will go bananas!* / Se você não entregar o seu trabalho no prazo, o professor vai ficar louco de raiva!

go: go bar hopping *Amer inf* sair para beber de bar em bar a noite toda. *We went out bar hopping last night and got home after four in the morning.* / Nós saímos para beber de bar em bar ontem à noite e voltamos para casa depois das quatro da manhã.

go: go belly up falir, fracassar, ir para o espaço (empresa, plano, projeto etc.). *John left the company just before it went belly up.* / O John deixou a empresa pouco antes de ela falir.

go: go bust falir, quebrar (empresa). *Jack's company went bust last year.* / A empresa do Jack faliu o ano passado.

go: go cap in hand (to someone) *Brit inf* implorar humildemente por algo, humilhar-se para pedir algo (a alguém). *Whenever he ran out of money he'd go cap in hand to his father.* / Toda vez que ele ficava sem dinheiro, humilhava-se para pedir ao pai.

go: go down in history entrar para a história, ser lembrado. *Pele went down in history as the greatest soccer player of all time.* / O Pelé entrou para a história como o maior jogador de futebol de todos os tempos.

go: go down the drain *inf* fracassar, desmoronar, falir etc., ir por água abaixo (geralmente um negócio, projeto, plano etc.). *If you don't invest more in the business, it'll soon go down the drain.* / Se você não investir mais no negócio, ele logo irá por água abaixo.

go: go down the pan *Brit inf* ser um desperdício, ser (dinheiro, tempo etc.) jogado fora. *You spent three hundred dollars on a pair of sandals? Now that's money that went down the pan!* / Você gastou trezentos dólares num par de sandálias? Isso é que é dinheiro jogado fora!

go: go down the plughole *inf* fracassar, desmoronar, falir etc., ir por água abaixo (geralmente um negócio, projeto, plano etc.). *It was sad to see my family's business go down the* *plughole but there was nothing I could do.* / Foi triste ver o negócio da minha família ir por água abaixo, mas não havia nada que eu pudesse fazer.

go: go down the tube / go down the tubes *inf* fracassar, ir por água abaixo. *If you ask me, education in this country is going down the tubes!* / Se quer saber minha opinião, a educação neste país está indo por água abaixo!

go: go Dutch (with someone) *inf* dividir a conta em uma refeição, cinema, viagem etc., rachar as despesas. *Carl and Joanna always go Dutch when they go out together.* / O Carl e a Joanna sempre racham as despesas quando saem juntos.

go: go easy on someone *inf* não ser muito rígido, agressivo, severo etc. com alguém, pegar leve com alguém (geralmente quando a pessoa fez algo de errado). *Go easy on Nicholas, he didn't mean to hit you.* / Pega leve com o Nicholas, ele não teve a intenção de acertá-lo.

go: go easy on something não fazer uso de algo em demasia, ir devagar com algo, pegar leve com algo. *Go easy on the mayonnaise.* / Vá devagar com a maionese.

go: go far obter sucesso, dar-se bem, ir longe. *Paul is an excellent singer. I'm sure he'll go far.* / O Paul é um excelente cantor. Eu tenho certeza de que vai longe.

go: go flying *Brit inf* cair, tomar um tombo (geralmente quando não se vê algo que está embaixo dos pés). *You'd better take away these toys or people will go flying when they arrive.* / É melhor você guardar esses brinquedos ou as pessoas vão levar um tombo quando elas chegarem.

go: go for a spin *inf* dar uma volta de carro, moto etc. *Nice car! Can I go for a spin in it?* / Belo carro! Posso dar uma volta nele?

go: go for broke *inf* arriscar tudo por algo, ir para o tudo ou nada. *Dave decided to go for broke and invested all his money in cattle.* / O Dave decidiu ir para o tudo ou nada e investiu todo seu dinheiro em gado.

go: go for the jugular atacar agressivamente o ponto mais fraco de alguém numa discussão, entrar de sola. *Tom went for the jugular and demanded that the sales manager explain the loss of revenue.* / O Tom entrou de sola e exigiu que o gerente de vendas explicasse a perda dos lucros.

go: go from bad to worse piorar ainda mais (situação ou estado), ir de mal a pior. *I'm afraid his condition has gone from bad to worse and they'll have to operate on him.* / Eu receio que a condição dele está indo de mal a pior e eles terão que operá-lo.

go: go from rags to riches *inf* enriquecer repentinamente, ficar rico da noite para o dia. *She went from rags to riches after her first film.* / Ela ficou rica da noite para o dia depois de seu primeiro filme.

go: go hand in hand (with something) estar associado, ligado, vinculado, relacionado etc. a algo. *Research has shown that alcohol abuse goes hand in hand with depression.* / Pesquisas têm mostrado que o consumo excessivo de álcool está associado à depressão.

go: go hat in hand (to someone) *Amer inf* implorar humildemente por algo, humilhar-se para pedir algo (a alguém). *I'm broke, but she's totally wrong if she thinks that I'll go hat in hand to her.* / Eu estou duro, mas ela está totalmente enganada se pensa que eu vou me humilhar para pedir dinheiro a ela.

go: go haywire funcionar de maneira estranha ou fora de controle (aparelho eletrônico, máquina etc.), dar pau. *The* computer network has gone haywire again and I can't log on. / O sistema de rede deu pau novamente e eu não consigo acessá-lo.

go: go in one ear and out the other *inf* ser imediatamente esquecido ou ignorado (uma informação, conselho, ordem etc.), entrar por um ouvido e sair pelo outro. *Her mother does give her some good pieces of advice, but it just goes in one ear and out the other.* / A mãe dela realmente lhe dá bons conselhos, mas eles simplesmente entram por um ouvido e saem pelo outro.

go: go into one's shell *inf* ficar tímido e calado, retrair-se. *Roberta always goes into her shell at those fancy parties.* / A Roberta sempre se retrai nessas festas chiques.

go: go it alone *inf* fazer algo sem a ajuda ou apoio de outras pessoas, fazer algo sozinho (geralmente algo difícil). *Nancy decided to go it alone and open her own restaurant.* / A Nancy decidiu abrir o próprio restaurante sozinha.

go: go jump in the lake *inf* expressão usada para pedir que alguém vá embora ou pare de importunar. Algo como: 'vai ver se estou na esquina', 'vá pentear macacos'. *If Raymond calls again just tell him to go jump in the lake. I don't want to talk to him.* / Se o Raymond ligar novamente, simplesmente mande-o pentear macacos. Eu não quero falar com ele.

go: go native assimilar a cultura e adotar os costumes do local (geralmente de forma exagerada). *We met a funny Frenchman in Tahiti who had gone native and was living in a bamboo hut on the beach.* / Nós encontramos um francês engraçado, no Taiti, que havia assimilado a cultura e adotado os costumes do local e estava morando numa cabana feita de bambu, na praia.

go: go off at half cock / go off half-cocked começar algo sem o devido preparo ou conhecimento, precipitar-se. *Now before you go off at half cock and demand a refund for the watch, let the salesman explain how it works.* / Antes que você se precipite e exija um reembolso pelo relógio, deixe o vendedor explicar como ele funciona. *Don't go off half-cocked during the meeting. Think about what you're going to say first.* / Não se precipite durante a reunião. Pense no que vai dizer primeiro.

go: go off on a tangent 1 esquecer-se do assunto e começar a falar sobre outra coisa, distrair-se. *Sorry, I went off on a tangent there. What were we talking about?* / Desculpem, eu me distraí. Sobre o que estávamos falando mesmo? **2** mudar completamente de assunto, sair pela tangente. *Emily went off on a tangent when I asked her about the money for the rent.* / A Emily saiu pela tangente quando eu perguntei a ela sobre o dinheiro do aluguel.

go: go off the deep end *inf* ficar muito zangado, bravo, irritado etc. *Whenever people talk about his past, he goes off the deep end.* / Toda vez que as pessoas falam sobre o passado dele, ele fica muito irritado.

go: go off with a bang ser um sucesso, estrondo, arraso etc. *Our first performance went off with a bang.* / Nossa primeira apresentação foi um sucesso.

go: go on a binge *inf* consumir bebida alcoólica excessivamente, sair para beber e tomar todas. *What a terrible hangover! I went on a binge last night.* / Que ressaca terrível! Eu saí para beber e tomei todas ontem à noite.

go: go on a blind date expressão usada para descrever um encontro entre duas pessoas que nunca se viram antes, geralmente planejado por amigos, na esperança de que do encontro resulte um possível relacionamento amoroso. Algo como: 'ir a um encontro às escuras'. *I would never go on a blind date.* / Eu nunca iria a um encontro às escuras.

go: go on a pub-crawl *Brit inf* ir de bar em bar para beber a noite toda, sair para beber. *You look awful! Did you go on a pub-crawl last night?* / Sua aparência está horrível! Você saiu para beber ontem à noite?

go: go on a rampage sair correndo pelas ruas causando arruaça aos carros, lojas etc., fazer quebra-quebra, fazer um arrastão. *The strikers went on a rampage and destroyed the factory.* / Os grevistas fizeram quebra-quebra e destruíram a fábrica.

go: go on record declarar algo publicamente (geralmente para a mídia). *Would you be willing to go on record with those accusations against the ministers?* / Você estaria disposto a declarar publicamente as acusações contra os ministros?

go: go on the warpath *inf* ficar furioso, querer brigar. *Don't tell the boss about it or he'll go on the warpath!* / Não conte ao chefe sobre isso ou ele vai ficar furioso!

go: go out like a light *inf* adormecer e entrar em sono profundo, apagar. *I lay down to rest a minute and I went out like a light.* / Eu me deitei para descansar um minuto e apaguei.

go: go out of one's mind *inf* ficar louco, enlouquecer. *Stop asking me so many questions. I'm going out of my mind!* / Pare de me fazer tantas perguntas. Eu estou enlouquecendo!

go: go out of one's way (to do something) fazer qualquer coisa, não medir esforços (para fazer algo). *Francine goes out of her way to please her customers.* / A Francine não mede esforços para agradar seus fregueses.

go: go out on a limb *inf* arriscar-se, expor-se a um risco. *The police suspect the bank manager was in on the robbery, but they don't want to go out on a limb and arrest him.* / A polícia suspeita que o gerente do banco estava envolvido no roubo, mas eles não querem se arriscar e prendê-lo.

go: go out the window desaparecer. *The chance for lasting peace went out the window when talks broke down between both sides.* / A chance de paz duradoura desapareceu quando as negociações fracassaram entre os dois lados.

go: go over something with a fine-tooth comb analisar ou investigar algo meticulosamente, analisar algo com um pente-fino. *Don't worry! Our lawyers will go over the contract with a fine-tooth comb.* / Não se preocupe! Os nossos advogados analisarão o contrato com um pente-fino.

go: go over the top *inf* exagerar, pegar pesado. *The teacher gave him a week of detention just for talking in class. She went a little over the top, don't you think?* / A professora deu a ele uma semana de suspensão apenas por falar em sala de aula. Ela pegou pesado, você não acha?

go: go overboard ficar muito entusiasmado com alguém ou algo, empolgar-se. *Sam went overboard and invited more than 200 people to the wedding.* / O Sam se empolgou e convidou mais de 200 pessoas para o casamento.

go: go pear-shaped *Brit inf* dar errado, ficar difícil ou desagradável. *Things started to go pear-shaped when Jack lost his job and his wife left him.* / As coisas começaram a dar errado quando o Jack perdeu o emprego e a sua mulher o deixou.

go: go places *inf* se dar bem na vida, ir longe. *That Heather is a smart girl. I'm sure she'll go places.* / A Heather é uma garota esperta. Eu tenho certeza de que ela vai longe.

go: go postal *Amer inf* ficar transtornado com uma situação e agir agressivamente, perder as estribeiras. *I just asked the guy to get out of my seat, but he went postal and started screaming at me.* / Eu só pedi para o cara se retirar do meu assento, mas ele perdeu as estribeiras e começou a gritar comigo.

go: go soft in the head *inf* ficar louco, doido, bobo etc. *I must be going soft in the head. I can't remember where I parked the car!* / Eu devo estar ficando louco. Eu não me lembro onde estacionei o carro!

go: go the extra mile (for someone or something) fazer um esforço a mais para ajudar alguém ou algo, fazer um esforço extra. *Not many people are prepared to go the extra mile to reduce pollution.* / Nem todas as pessoas estão preparadas para fazer um esforço extra para reduzir a poluição.

go: go the whole hog *inf* fazer algo completamente ou até o fim, caprichar, não deixar nada a desejar. *I went into the store to buy a DVD player, but I ended up going the whole hog and buying a home theater.* / Eu entrei na loja para comprar um tocador de DVD, mas eu acabei caprichando e comprando um *home theater*.

go: go the whole nine yards *Amer inf* fazer algo completamente ou até o fim, caprichar, não deixar nada a desejar. *'How was the birthday party?' 'They really went the whole nine yards. There was an orchestra and a magnificent dinner.'* / 'Como foi a festa de aniversário?' 'Eles realmente capricharam. Havia uma orquestra e o jantar estava magnífico.'

go: go through a bad patch *inf* passar por um momento difícil, passar por maus bocados. *Hank went through a bad patch when he lost his job.* / O Hank passou por maus bocados quando perdeu o emprego.

go: go through the motions (of doing something) fazer algo por obrigação e não por prazer ou vontade, apenas cumprir um dever ou obrigação. *I hate my job. I'm just going through the motions until I find something better.* / Eu detesto o meu trabalho. Só estou cumprindo minhas obrigações até arranjar algo melhor.

go: go through the roof 1 *inf* ficar furioso. *Dad went through the roof when he saw the damage to the car.* / Meu pai ficou furioso quando viu o estrago no carro. **2** *inf* aumentar muito (preço). *Hotel prices go through the roof during the summer holidays.* / As diárias em hotéis aumentam muito durante as férias de verão.

go: go to great lengths (to do something) esforçar-se muito, fazer todo o possível (para fazer algo). *Joan and Peter went to great lengths to make our stay in Toronto very pleasant.* / A Joan e o Peter fizeram todo o possível para tornar a nossa estadia em Toronto muito agradável.

go: go to hell in a handbasket *Amer inf* fracassar, piorar, degradar-se (uma empresa, organização, país etc.), ir para o brejo. *Strikes, inflation, crime. I'm telling you, this country is going to hell in a handbasket!* / Greves, inflação, crime. Eu estou lhe dizendo, este país está indo para o brejo.

go: go to hell *inf* expressão usada para pedir que alguém pare de importunar. Algo como: 'vá para o inferno', 'pare de encher o saco'. *If John calls again, tell him to go to hell. I don't want to talk to him.* / Se o John ligar novamente, diga a ele que vá para o inferno. Eu não quero falar com ele.

go: go to one's head 1 deixar bêbado, subir para a cabeça de alguém. *The wine went to her head and she began singing in the restaurant.* / O vinho subiu para a cabeça dela e ela começou a cantar no restaurante. **2** fazer alguém se sentir demasiadamente orgulhoso, subir à cabeça. *Your work is excellent, but don't let it go to your head.* / O seu trabalho é excelente, mas não o deixe subir à cabeça.

go: go to pieces 1 *inf* ficar muito magoado, ficar arrasado. *She went to pieces because everyone at work forgot her birthday.* / Ela ficou arrasada porque todo mundo no trabalho esqueceu o aniversário dela. **2** *inf* não conseguir voltar à vida normal após passar por uma tragédia, ficar passado. *Ben went to pieces after his son committed suicide.* / O Ben ficou passado depois que o filho dele cometeu suicídio.

go: go to pot *inf* ficar em mau estado por falta de cuidados, falir, arruinar-se. *This used to be a nice park, but lately it has gone to pot.* / Este costumava ser um bom parque, mas ultimamente ele está arruinado.

go: go to seed *inf* deteriorar-se, estragar-se, acabar-se etc. (geralmente por falta de cuidados). *The downtown area has really gone to seed.* / O centro da cidade realmente se deteriorou.

go: go to the dogs *Brit* fracassar, piorar, degradar-se (uma empresa, organização, país etc.), ir para o brejo. *When the conservatives got in power the country went to the dogs.* / Quando os conservadores chegaram ao poder, o país foi para o brejo.

go: go to the ends of the earth (to do something) *inf* fazer enorme esforço, fazer o possível e o impossível (para fazer algo). *Mrs. Brown went to the ends of the world to educate her children.* / A Sra. Brown fez o possível e o impossível para educar os filhos.

go: go to town (on / over something) *inf* caprichar (em algo). *Mary really went to town on the food for the party.* / A Mary realmente caprichou na comida para a festa.

go: go to waste 1 não ser aproveitado, ser desperdiçado. *He doesn't do anything these days. It's a shame to see all that talent going to waste.* / Ele não faz nada hoje em dia. É uma pena ver tanto talento sendo desperdiçado. **2** ir para o lixo. *Eat the rest of the lasagna or it'll go to waste.* / Coma o restante da lasanha ou ela vai para o lixo.

go: go too far exagerar, ir longe demais. *Now these kids have gone too far! I'll talk to their parents right away!* / Agora esses moleques passaram dos limites! Eu vou falar com os pais deles agora mesmo!

go: go under the hammer ser vendido em leilão, ir a leilão. *His art collection is going under the hammer next week.* / A coleção de arte dele vai a leilão na próxima semana.

go: go under the knife submeter-se a uma cirurgia, fazer cirurgia, entrar na faca. *It's just a small tumor. George goes under the knife tomorrow to remove it.* / É apenas um pequeno tumor. O George vai fazer uma cirurgia amanhã para removê-lo.

go: go up in smoke 1 *inf* destruir-se com fogo, incendiar-se. *The hotel went up in smoke.* / O hotel se incendiou. **2** *inf* ser destruído, dar em nada, fracassar (plano, projeto etc.). *Vern's plan to buy a house went up in smoke when he lost his job.* / O plano do Vern de comprar uma casa deu em nada quando ele perdeu o emprego.

go: go with the crowd fazer o mesmo que as outras pessoas estão fazendo, entrar ou ir na onda das outras pessoas. *Is this what you really want, or are you just going with the crowd?* / Isso é realmente o que você quer ou você está apenas entrando na onda das outras pessoas?

go: go with the flow fazer o mesmo que as outras pessoas estão fazendo, entrar ou ir na onda das outras pessoas. *Whenever I go to a party and people start drinking, I just go with the flow.* / Toda vez que eu vou a uma festa e as pessoas começam a beber, eu simplesmente entro na onda.

go: go wrong errar, dar errado. *The cake didn't rise. You must have gone wrong somewhere.* / O bolo não cresceu. Você deve ter errado em alguma coisa.

go: make a go of something *inf* fazer sucesso com algo. *Chris is trying to make a go of his new restaurant.* / O Chris está tentando fazer sucesso com o novo restaurante dele.

go: not go far não durar muito, não ser o suficiente. *This food won't go far for the number of people we have to dinner tonight.* / Esta comida não vai ser suficiente para o número de pessoas que temos para o jantar hoje à noite.

goes: it goes without saying (that...) / that goes without saying expressão usada para reforçar a ideia de que algo é óbvio. Algo como: 'é óbvio (que...)', 'não precisa nem dizer (que...)'. *'Judy is very competent, isn't she?' 'Yes, that goes without saying.'* / 'A Judy é muito competente, não é?' 'Sim, isso é óbvio.'

good: be good news (for someone or something) *inf* ser bom, beneficiar ou ajudar (alguém ou algo). *The new drug will be good news for people with cancer.* / A nova droga irá beneficiar as pessoas com câncer.

good: be good with one's hands ser hábil com as mãos, ser bom em fazer ou consertar coisas com as mãos. *Carl can fix anything. He's very good with his hands.* / O Carl consegue consertar qualquer coisa. Ele é muito hábil com as mãos.

good: be in good shape 1 estar em boa forma física, estar em forma (pessoa). *Bob is in pretty good shape for his age.* / O Bob está em plena forma pela idade dele. **2** estar em boa condição, estar em bom estado. *The car is in good shape and the price is good too.* / O carro está em bom estado e o preço está bom também.

good: be on good terms with someone ter boas relações, dar-se bem com alguém. *Paul is on good terms with all his neighbors.* / O Paul se dá bem com todos os vizinhos dele.

good: be onto a good thing estar fazendo uma boa coisa, estar fazendo a coisa certa. *I think you're onto a good thing with the idea of moving to the country.* / Eu acho que você está fazendo a coisa certa com a ideia de se mudar para o interior.

good: have a good time divertir-se. *Did you have a good time at the party?* / Você se divertiu na festa?

good: have a good word to say about someone or something ter boas coisas a dizer de alguém ou algo, falar bem de alguém ou algo. *George never has a good word to say about his mother-in-law.* / O George nunca fala bem da sogra dele.

good: make good something pagar ou honrar (dívida, promessa, compromisso etc.). *I have a few debts with friends that I intend to make good.* / Eu tenho algumas dívidas com amigos que eu pretendo pagar. *Dad made good his promise and he's taking us to Disneyland.* / Meu pai honrou sua promessa e vai nos levar para a Disneylândia.

good: one good turn deserves another *dit* expressão usada para dizer que devemos retribuir um favor ou boa ação da mesma maneira. Algo como: 'toda boa ação merece retribuição'. *Let me take you out for lunch for all your help. As they say, one good turn deserves another.* / Deixe-me levá-la para almoçar por toda a sua ajuda. Como dizem, toda boa ação merece retribuição.

good: take something in good part aceitar algo desagradável sem reclamar, aceitar algo numa boa. *I asked Jan to work late tonight and she took it in good part.* / Eu pedi a Jan para trabalhar até mais tarde hoje à noite e ela aceitou numa boa.

grab: grab a bite to eat *inf* fazer uma refeição leve, tomar um lanche, fazer uma boquinha. *Why don't we grab a bite to eat now?* / Por que não fazemos uma boquinha agora?

grease: grease the wheels *Amer inf* facilitar, acelerar ou ajudar um processo (geralmente na política ou negócios). *If they didn't grease the wheels a little, their product would take years for approval through government channels.* / Se eles não acelerassem o processo um pouco, levaria anos para o produto deles ser aprovado pelos canais governamentais.

grin: grin and bear it *inf* aceitar algo desagradável sem reclamar, aceitar numa boa. *If the customer says that the service is awful, you just have to grin and bear it.* / Se o freguês disser que o atendimento é péssimo, você simplesmente tem que aceitar numa boa.

grip: get a grip (on oneself) fazer um esforço para controlar os próprios sentimentos, controlar-se (geralmente numa situação difícil). *Dean, you must get a grip on yourself. Everybody is looking at us.* / Dean, você tem que se controlar. Todo mundo está olhando para nós.

h

hair: (have) the hair of the dog that bit you expressão usada para se referir ao ato de tomar bebida alcoólica para curar a própria ressaca. Algo como: 'é assim que se cura ressaca'. *Bad hangover? Try a beer first thing in the morning. You know, hair of the dog that bit you.* / Tá de ressaca? Toma uma cerveja logo cedo. Como dizem, é assim que se cura ressaca.

hair: get in someone's hair incomodar ou atrapalhar alguém (geralmente quando alguém está ocupado). *Hold my calls. I'm trying to finish this report and I don't want anyone getting in my hair.* / Controle as ligações para mim. Estou tentando terminar este relatório e não quero ninguém me atrapalhando.

hair: make someone's hair curl chocar alguém, fazer arrepiar os cabelos. *Josh told the boss's wife one of those dirty jokes. You know, the kind that make your hair curl.* / O Josh contou uma daquelas piadas sujas para a mulher do chefe. Sabe, aquelas piadas de arrepiar os cabelos.

half: have half a mind to do something estar pensando, planejando etc. fazer algo. *I have half a mind to quit my job and go back to college.* / Eu estou pensando em largar o emprego e voltar para a faculdade.

ham: ham it up fazer gracinhas (geralmente na frente da câmera). *I wish the kids wouldn't ham it up every time I try to take their picture.* / Como seria bom se as crianças não fizessem gracinhas toda vez que tento tirar uma foto delas.

hammer: be at someone or something hammer and tongs 1 estar furioso com alguém ou algo. *Jeffrey has been at his secretary hammer and tongs all week for losing his agenda.* / O Jeffrey está furioso com a secretária dele a semana toda por ter perdido a agenda dele. **2** estar fazendo algo com muita energia e entusiasmo, estar mandando bala em algo. *'Have you finished the sales report?' 'No, but I'm at it hammer and tongs. It'll be ready by the end of the day.'* / 'Você já terminou o relatório de vendas?' 'Não, mas estou mandando bala. Ele vai estar pronto até o final do dia.'

hand: (do something) with one hand tied behind one's back fazer algo com facilidade ou sem esforço, fazer algo com o pé nas costas. *I could beat her at tennis with one hand tied behind my back.* / Eu poderia vencê-la no jogo de tênis com o pé nas costas.

hand: get out of hand ficar fora de controle. *The situation is getting out of hand.* / A situação está ficando fora de controle.

hand: hand something to someone on a plate / hand something to someone on a silver platter dar algo (emprego, dinheiro) a alguém sem que a pessoa tenha que fazer o mínimo esforço para obtê-lo, dar algo de mão beijada para alguém. *Colin didn't earn a penny of his money. His father handed it all to him on a plate.* / O Colin não trabalhou por um centavo do dinheiro que ele tem. O pai dele lhe deu tudo de mão beijada. *Don't expect to be handed a good job on a silver platter just because you have an MBA.* / Não espere conseguir um bom emprego de mão beijada só porque você tem um diploma de MBA.

hand: have one's hand in the till roubar dinheiro aos poucos de loja ou empresa (geralmente alguém em cargo de confiança), passar a mão no dinheiro da empresa ou loja. *The biggest problem for shop owners is finding employees you can trust. They often have their hands in the till without the owner ever finding out.* / O maior problema para os donos de lojas é encontrar empregados em quem se pode confiar. Eles geralmente passam a mão no dinheiro da loja sem que o dono descubra alguma coisa.

hand: have to hand it to someone ter que admitir que admira o trabalho ou desempenho de alguém (geralmente quando não acreditava em tal sucesso), ter que dar a mão à palmatória. *I'll admit I wasn't in favor of giving Joan the position of sales manager, but I have to hand it to her, she's done an excellent job so far.* / Eu tenho que admitir que não era a favor de dar o cargo de gerente de vendas para a Joan, mas tenho que dar a mão à palmatória, ela tem feito um excelente trabalho até agora.

handle: have / get a handle on something familiarizar-se com uma tarefa, atividade etc., entender algo, pegar a manha de algo. *It always takes a few weeks to get a handle on things when you start a new job.* / Geralmente leva algumas semanas para pegar a manha das coisas quando se começa em um novo emprego.

hands: be in good hands estar sob os cuidados de alguém muito competente, estar em boas mãos. *He is one of the best cardiologists in the country. Don't worry, you're in good hands.* / Ele é o melhor cardiologista do país. Não se preocupe, você está em boas mãos.

hands: get one's hands dirty sujar as mãos com trabalho físico. *You don't think James takes care of his own garden, do you? He isn't the type to get his hands dirty.* / Você não acha que o James é quem cuida do jardim dele, acha? Ele não é do tipo que suja as mãos com trabalho físico.

hands: get one's hands on something obter, conseguir algo (geralmente algo difícil ou necessário). *It was hard, but I finally got my hands on a ticket for the Rolling Stones' show.* / Foi difícil, mas finalmente consegui uma entrada para o show dos Rolling Stones.

hands: have one's hands full estar muito ocupado. *I can't talk to you right now. Can't you see I have my hands full?* / Eu não posso falar com você agora. Você não vê que eu estou muito ocupado?

hands: many hands make light work *dit* expressão usada para dizer que quanto mais pessoas estiverem ajudando, mais fácil será o serviço. Algo como: 'quanto mais pessoas ajudando, mais fácil o serviço'. *Why don't we ask the kids to help us decorate the Christmas tree? Many hands make light work.* / Por que não pedimos para as crianças nos ajudar a enfeitar a árvore de Natal? Quanto mais pessoas ajudando, mais fácil o serviço.

hands: take someone or something off someone's hands assumir a responsabilidade de cuidar de alguém ou algo para outra pessoa descansar ou ficar com menos trabalho. *If you need me to take the kids off your hands for a while so you can rest, just let me know.* / Se você quiser que eu cuide das crianças por um tempo para você descansar, é só me avisar.

hang: get the hang of something *inf* aprender ou entender algo rapidamente, pegar a manha de algo. *You'll just love skiing once you get the hang of it.* / Você simplesmente vai adorar esquiar assim que pegar a manha.

hang: hang a right / hang a left *Amer* virar à direita / virar à esquerda. *The post office? Go straight two blocks, then hang a right at the lights.* / O correio? Siga em frente por três quarteirões, então vire à direita no semáforo.

hang: hang by a hair / hang by a thread estar numa situação precária, estar por um fio. *Frank is hanging by a hair. The doctors don't know if he'll live or not.* / O Frank está por um fio. Os médicos não sabem se ele vai viver ou não. *Your job is hanging by a thread. I wouldn't do anything to make the boss angry if I were you.* / O seu emprego está por um fio. Eu não faria nada que desagradasse ao chefe se fosse você.

hang: hang in the balance estar indefinido, incerto etc., estar no ar. *The future of the company still hangs in the balance.* / O futuro da empresa ainda está indefinido.

hang: hang in there *inf* expressão usada na fala para incentivar alguém a persistir com algo. Algo como: 'aguente firme'. *I know things are tough at work, but hang in there a little longer. I'm sure things will get better.* / Eu sei que as coisas estão difíceis no

trabalho, mas aguente firme mais um pouco. Tenho certeza de que as coisas vão melhorar.

hang: hang loose *Amer inf* ficar calmo, ficar frio. *Hang loose and wait for her to call you for the next date.* / Fique calmo e espere ela ligar para marcar o próximo encontro.

hang: hang on to someone's every words escutar com muita atenção o que alguém diz. *I think he's in love with you, the way he hangs on your words like that.* / Eu acho que ele está apaixonado por você, pela forma como ele escuta com atenção o que você diz.

hang: hang over someone's head preocupar alguém, pesar na consciência. *Don't quit your job on my account. I don't want that hanging over my head.* / Não deixe o seu emprego por mim. Eu não quero isso pesando na minha consciência.

hang: hang tough *Amer inf* ser determinado, ser persistente e não mudar de ideia, aguentar firme. *Nowadays people think it's easier to divorce than hang tough and try to make their marriages work.* / Hoje em dia as pessoas acham mais fácil divorciar-se do que aguentar firme e tentar fazer o casamento dar certo.

hang: hang up one's boots *Brit* aposentar-se de um esporte (por idade), pendurar as chuteiras. *He decided to hang up his boots after the World Cup finals.* / Ele decidiu pendurar as chuteiras depois dos jogos finais da Copa do Mundo.

happy: (be) as happy as the day is long / (be) as happy as a clam *comp* estar muito feliz. *Tom is as happy as the day is long now that he's retired.* / O Tom está muito feliz agora que ele se aposentou. *Sarah is as happy as a clam because she got second place in the marathon.* / A

Sarah está muito feliz por ter chegado em segundo lugar na maratona.

hard: (be) as hard as nails *comp* ser muito insensível ou antipático. *You should see the way George treats his employees. He's as hard as nails with them.* / Você deveria ver a forma como o George trata os funcionários dele. Ele é muito antipático.

hard: (do something) the hard way escolher o caminho mais difícil para fazer algo. *Peter always does things the hard way. I told him not to park so far from the hotel. Now he has to carry the suitcases five blocks.* / O Peter sempre escolhe o caminho mais difícil. Eu falei para ele não estacionar tão longe do hotel. Agora ele tem que carregar as malas por cinco quarteirões.

hard: be hard at it estar trabalhando duro, estar dando duro. *I couldn't come home for lunch today. I was hard at it at the office all day.* / Eu não pude ir almoçar em casa hoje. Eu estava dando duro no escritório o dia todo.

hard: be hard done by sentir-se injustiçado. *It's Jeff's fault and I'm the one who gets punished. I tell you, I've been hard done by.* / A culpa é do Jeff e eu que levo a bronca. Vou te contar, eu me sinto injustiçado.

hard: be hard on someone tratar, criticar ou punir alguém severamente, ser duro com alguém. *The teachers were very hard on the students who didn't perform up to standard.* / Os professores foram muito duros com os alunos que não tiveram um bom desempenho. *Don't be so hard on yourself. It's not your fault it didn't work.* / Não seja tão duro consigo mesmo. Não é sua culpa que não deu certo.

hard: be hard up for something ter pouco de algo, estar sem algo. *I'm afraid I'm hard up for whiskey, but I can offer you a glass of wine.* / Acho que estou sem uísque, mas posso lhe oferecer uma taça de vinho.

hard: be hard up ter pouco dinheiro, estar duro. *I can lend you some money if you're hard up this month.* / Eu posso lhe emprestar algum dinheiro se você estiver duro este mês.

hard: have no hard feelings não sentir animosidade depois de uma briga ou disputa, não guardar rancor, não guardar mágoas. *John cut me from the soccer team, but I don't have any hard feelings.* / O John me tirou do time de futebol, mas eu não guardo mágoas.

hard: take something hard ficar triste, magoado, sentido etc. com algo. *So you didn't get the promotion? Don't take it so hard. There will be other opportunities.* / E daí que você não conseguiu a promoção? Não fique magoado com isso. Haverá outras oportunidades.

hat: take one's hat off to someone admirar alguém (por algo bem feito), tirar o chapéu para alguém. *I have to take my hat off to the police. They handled the case exceptionally well.* / Eu tenho que tirar o chapéu para a polícia. Eles lidaram com o caso excepcionalmente bem.

hate: hate someone's guts *inf* odiar alguém. For *God's sake, don't invite Frank to the party. I hate his guts!* / Pelo amor de Deus, não convide o Frank para a festa. Eu odeio esse cara.

haul: haul ass *Amer vulg* andar depressa. *We'd better haul ass if we're going to make it to the movies on time.* / É melhor andarmos depressa se quisermos chegar ao cinema a tempo.

have: have it in for someone *inf* querer prejudicar ou dificultar a vida de alguém (geralmente de maneira vingativa). *The boss has it in for me* and I don't know why. I've never done anything to him. / O chefe quer dificultar a minha vida e eu não sei o porquê. Eu nunca fiz nada para ele.

have: have it in one (to do something) ter a habilidade ou coragem para fazer algo. *Mark won the talent contest. I didn't think he had it in him!* / O Mark venceu o concurso de talentos. Eu não achava que ele tinha a habilidade para tanto.

have: have it out with someone ter uma discussão com alguém a fim de resolver um conflito ou desentendimento, colocar as cartas na mesa. *I finally had it out with my father-in-law and we've managed to come to an agreement.* / Eu finalmente coloquei as cartas na mesa com o meu sogro e conseguimos chegar a um entendimento.

hay: make hay while the sun shines dit expressão usada para dizer que se deve aproveitar uma oportunidade enquanto as condições favoráveis prevalecem. Algo como: 'aproveitar o bom momento'. *You just closed a big deal for the company and the boss is in a good mood. Now is your chance to ask for a raise. Make hay while the sun shines.* / Você acabou de fechar um grande negócio para a empresa e o chefe está de bom humor. Agora é a sua chance de pedir um aumento. Aproveite o bom momento.

head: be head over heels in love (with someone) ser ou estar completamente apaixonado (por alguém). *Sarah is head over heels in love with Michael.* / A Sarah está completamente apaixonada pelo Michael.

head: be in over one's head estar envolvido em algo acima de suas habilidades ou conhecimentos, estar se metendo em algo que não conhece. *Inspector Morris is handling the murder case, but I think he's in over his head and will need some help from the FBI.* / O detetive Morris está cuidando do caso de assassinato, mas eu acho que ele está se metendo em algo que não conhece e precisará de ajuda do FBI.

head: get one's head round something Brit entender algo (geralmente com dificuldade). *We're studying black holes in physics class, but I have to admit I'm having trouble getting my head round it.* / Estamos estudando sobre os buracos negros na aula de física, mas eu tenho que admitir que estou tendo problemas para entender isso.

head: get something into someone's head / get something into someone's thick head fazer alguém entender, colocar algo na cabeça de alguém. *I don't want to see you again. Can't you get that into your thick head?* / Eu não quero mais ver você. Não dá para colocar isso na sua cabeça?

head: have a good head on one's shoulders ser uma pessoa sensata, ter juízo e bom senso, ter uma cabeça boa. *Laura can manage the store for us. She has a good head on her shoulders.* / A Laura pode administrar a loja para nós. Ela tem uma cabeça boa.

head: have one's head in the clouds não ser realista, sonhar. *Norma's printing business didn't work because she had her head in the clouds. She thought the orders would just appear like magic.* / A gráfica da Norma não deu certo porque ela não era realista. Ela achava que os pedidos iriam aparecer como num passe de mágica.

head: have one's head screwed on right / have one's head screwed on the right way inf ser uma pessoa sensata, ter juízo e bom senso, ter a cabeça no lugar. *When he quit his job and went to live on his sailboat, we all started wondering if he had his head screwed on right.* / Quando ele se demitiu do emprego e foi morar no seu

head: head the bill ser a atração principal (de um evento), encabeçar a lista de atrações. *And heading the bill tonight we have James Blunt, ladies and gentlement.* / E encabeçando a lista de atrações hoje à noite nós temos James Blunt, senhoras e senhores!

head: make head or tail of something entender ou compreender algo (expressão geralmente usada na negativa). *I read the report, but I couldn't make head or tail of it.* / Eu li o relatório, mas não entendi nada.

head: take it into one's head to do something decidir (geralmente repentinamente), meter na cabeça, cismar de fazer algo. *John's taken it into his head to learn how to ski at seventy-five.* / O John cismou de aprender a esquiar aos setenta e cinco anos de idade.

heads: heads will roll expressão usada para dizer que alguém será demitido ou punido (geralmente por algo errado que foi feito). Algo como: 'cabeças vão rolar'. *If the sales projections are wrong again, you can be sure some heads will roll in our department.* / Se as projeções de vendas estiverem erradas novamente, você pode ter certeza de que cabeças vão rolar no nosso departamento.

headway: make headway progredir, avançar (geralmente com dificuldade). *I've been working on this report all morning, but I haven't made much headway so far.* / Estou trabalhando neste relatório a manhã toda, mas não progredi muito até agora.

hear: not hear oneself think não conseguir se concentrar ou pensar por causa do barulho. *Would you turn that music down? I can't hear myself think!* / Daria para abaixar essa música? Eu não consigo me concentrar!

heard: you could have heard a pin drop expressão usada para dizer que não se ouvia barulho algum. *When the jury returned to their seats with their verdict, you could have heard a pin drop.* / Quando o júri voltou aos assentos com o veredicto, não se ouvia barulho algum.

heart: have a heart expressão usada para pedir que alguém tenha compaixão. Algo como: 'tenha misericórdia', 'tenha dó'. *Why do I have to work this weekend? Have a heart, Bob. I need a few days of rest!* / Por que eu tenho que trabalhar neste final de semana? Tenha dó, Bob. Eu preciso de alguns dias de descanso!

heart: have a heart of gold ser bondoso (geralmente quando não é tão aparente), ter um coração de ouro. *Aunt Ruth may be a bit crabby at times, but she has a heart of gold.* / A tia Ruth pode ser um pouco ranzinza às vezes, mas ela tem um coração de ouro.

heart: have a heart of stone ser insensível com as outras pessoas, ter um coração de pedra. *The boss didn't give me the afternoon off to visit my mother in hospital. He's got a heart of stone.* / O chefe não me deu a folga à tarde para visitar minha mãe no hospital. Ele tem um coração de pedra.

heart: have one's heart set on something / have one's heart set on doing something *inf* desejar muito algo, desejar muito fazer algo. *Jenny has her heart set on a new car.* / A Jenny deseja muito um carro novo. *He has his heart set on running in the marathon.* / Ele deseja muito correr a maratona.

heart: not have the heart to do something não aceitar fazer algo prejudicial a alguém ou a um animal, não ter coragem de fazer algo. *Sue's husband was cheating on her, but I didn't have the heart to tell her.* / O

heart

marido da Sue estava sendo infiel, mas eu não tive coragem de contar para ela.

heart: one's heart bleeds for someone expressão usada para expressar simpatia por alguém (geralmente usada em tom irônico), estar morrendo de pena de alguém. *'The government has decided to reduce judges' holidays from ninety days to sixty days.' 'My heart bleeds for them. I only get two weeks a year!'* / 'O governo decidiu reduzir as férias dos juízes de noventa para sessenta dias.' 'Estou morrendo de pena deles. Eu só tenho duas semanas por ano!'

heart: one's heart goes out to someone expressão usada para expressar solidariedade por alguém em situação difícil. Algo como: 'morrer de pena de alguém', 'é de cortar o coração'. *Poor woman, working two jobs to raise her four kids. My heart goes out to her.* / Pobre mulher, trabalhando em dois empregos para criar os quatro filhos. É de cortar o coração.

heart: one's heart is in the right place expressão usada para dizer que alguém é sincero nas intenções (geralmente quando não é evidente), ter boas intenções. *Michael didn't mean to offend you by offering you money. His heart was in the right place.* / O Michael não queria ofendê-lo ao lhe oferecer dinheiro. Ele tinha boas intenções.

heart: one's heart is not in it expressão usada para dizer que alguém não tem convicção ou interesse no que faz. *I agreed to supervise the project, but my heart really wasn't in it.* / Eu concordei em supervisionar o projeto, mas não me interessei muito por ele.

heart: take something to heart ser ofendido ou magoado (por crítica), levar crítica pelo lado pessoal. *I know Donald didn't agree with your suggestions, but don't take his criticisms to heart. He's just doing his job.* / Eu sei que o Donald não concordou com as suas sugestões, mas não leve as críticas dele pelo lado pessoal. Ele está apenas fazendo o trabalho dele.

heck: (do something) for the heck of it *inf* fazer algo sem motivo, fazer algo por esporte ou farra. *He doesn't need the money. He robs banks just for the heck of it.* / Ele não precisa de dinheiro. Ele rouba bancos só por farra.

hell: (do something) for the hell of it / (do something) just for the hell of it *inf* fazer algo sem motivo, fazer algo por esporte ou farra. *The kids broke the car windows for the hell of it.* / Os garotos quebraram os vidros do carro por farra.

hell: all hell breaks loose *inf* ser um pandemônio, ser uma histeria generalizada, ser uma loucura só. *When they announced the winner, all hell broke loose.* / Quando eles anunciaram o ganhador, foi uma loucura só.

hell: what the hell 1 *inf* expressão usada quando se reconsidera, corrige ou melhora uma posição tomada. Algo como: 'é mesmo, não?', 'por que não?'. *'Why don't you give her a call and ask her out?' 'What the hell! I think I will.'* / 'Por que você não telefona para ela e a convida para sair?' 'É mesmo, não? Acho que vou fazer isso.' **2** *inf* expressão usada para expressar surpresa. Algo como: 'que diabos'. *What the hell do you think you're doing with that knife?* / Que diabos você pensa que está fazendo com essa faca?

hell: when hell freezes over *inf* expressão usada para enfatizar que algo nunca acontecerá. Algo como: 'quando a galinha criar dentes'. *Do you know when she will admit that she is wrong? When hell freezes over!* / Sabe quando ela vai admitir que está errada? Quando a galinha criar dentes!

hell-bent: be hell-bent on something / be hell-bent on doing something *inf* ser ou estar totalmente determinado a fazer algo. *Now he's hell-bent on learning to fly. He's even selling his house to buy a plane.* / Agora ele está totalmente determinado a aprender a voar. Ele está até mesmo vendendo a casa para comprar um avião.

helm: take over the helm / take the helm assumir o controle (de uma empresa, projeto, equipe etc.). *When Chris retires, one of his children will take over the helm and run the company.* / Quando o Chris se aposentar, um de seus filhos vai assumir o controle e administrar a empresa. *I'll be in New York all week, but John will take the helm while I'm away.* / Eu estarei em Nova York a semana toda, mas o John vai assumir o controle enquanto eu estiver fora.

here: here's to someone or something expressão usada no momento em que se oferece um brinde a alguém ou algo. Algo como: 'um brinde a...'. *Gentlemen, here's to closing the contract with the Russians!* / Cavalheiros, um brinde ao fechamento de contrato com os russos!

hesitates: he who hesitates is lost *dit* expressão usada para dizer que quem hesita pode perder uma boa oportunidade. *I'm telling you, now is the time to introduce our product in Europe before our competitors do. He who hesitates is lost.* / Estou lhe dizendo, agora é a hora de lançar nosso produto na Europa, antes que os nossos concorrentes o façam. Quem hesita não aproveita as oportunidades.

high: (be) as high as a kite *comp* estar sob o efeito de droga ou álcool, estar alto. *The guy was as high as a kite and could barely talk straight.* / O cara estava sob efeito de álcool e mal conseguia falar direito.

high: be / get on one's high horse ficar indignado ou zangado (por achar que não recebeu o respeito merecido). *All I'm saying is maybe you're wrong. You don't have to get on your high horse.* / Tudo o que estou dizendo é que talvez você esteja errado. Você não precisa ficar indignado.

high: get high *inf* sentir o efeito de álcool ou droga, ficar doidão, piradão etc. *He got really high after smoking the joint.* / Ele ficou piradão depois de fumar o baseado.

hike: take a hike *Amer inf* expressão usada para pedir para alguém ir embora. Algo como: 'vá embora', 'saia daqui', 'cai fora'. *I'm not in the mood to talk to you right now, so just take a hike!* / Não estou a fim de falar com você agora, então cai fora!

hill: be over the hill estar velho e não mais no auge da carreira, vida etc. *I can still beat my kids in tennis, so I'm not over the hill yet!* / Eu ainda posso ganhar dos meus filhos no jogo de tênis, então não estou tão velho assim!

hint: take a hint / take the hint entender os desejos de alguém por meio de mensagens indiretas, pegar a dica, se tocar. *Robert kept looking at his watch, hoping she would take the hint and hurry up.* / O Robert ficou olhando para o relógio dele, esperando que ela se tocasse e se apressasse.

hit: be / make a hit with someone causar uma boa impressão em alguém, fazer sucesso com alguém. *Jeff was a big hit with the audience.* / O Jeff fez sucesso com a plateia. *I think you made a hit with Susan. She keeps asking about you.* / Eu acho que você causou uma boa impressão na Susan. Ela não para de perguntar sobre você.

hit: hit a bad patch *inf* passar por um momento difícil, passar por maus

hit

bocados. *We hit a bad patch last month, but sales are improving a little this month.* / Nós passamos por maus bocados no mês passado, mas as vendas estão melhorando um pouco neste mês.

hit: hit a brick wall enfrentar um obstáculo, emperrar. *Research into a cure for the disease hit a brick wall when the government cut their budget.* / Pesquisas para a cura da doença emperraram quando o governo cortou o orçamento.

hit: hit below the belt / hit someone below the belt aplicar golpe baixo (em alguém), sacanear alguém. *Don't you think Walter hit below the belt when he made those comments about her personal life in front of everyone?* / Você não acha que o Walter sacaneou quando fez aqueles comentários sobre a vida pessoal dela na frente de todo mundo?

hit: hit it big fazer sucesso (na música, filme, carreira etc.). *Microsoft really hit it big when they introduced Windows in the 80's.* / A Microsoft realmente fez sucesso quando lançou o Windows nos anos 1980.

hit: hit it off (with someone) *inf* dar-se muito bem com alguém. *July and I hit it off right away.* / A July e eu nos demos bem imediatamente. *Fred hit it off with his co-workers the first day on the job.* / O Fred se deu muito bem com os colegas de trabalho dele no primeiro dia de emprego.

hit: hit one's stride *Amer inf* alcançar um nível de excelência em algo (geralmente após um período de dificuldades), entrar em forma. *Wendy had a hard time keeping up with the team before she hit her stride.* / A Wendy teve dificuldade para acompanhar o time antes de entrar em forma.

hit: hit pay dirt *Amer inf* atingir um sucesso total (geralmente algo em que se tem grande lucro). *We've hit pay dirt with the new product. It's selling like crazy.* / Nós atingimos o sucesso total com o novo produto. Ele está vendendo que é uma loucura.

hit: hit rock bottom chegar no ponto mais baixo (emocionalmente, financeiramente etc.), chegar ao fundo do poço. *We've hit rock bottom and the only thing that will save the company now is a loan from the bank.* / Nós chegamos ao fundo do poço e a única coisa que vai salvar a empresa agora é um empréstimo do banco.

hit: hit someone or something hard afetar, abalar muito alguém (geralmente por causa de uma tragédia). *The divorce really hit the kids hard.* / O divórcio abalou muito as crianças.

hit: hit the books *inf* estudar muito (geralmente antes de uma prova), rachar de estudar. *You'll have to hit the books if you want to pass the math test tomorrow.* / Você vai ter que rachar de estudar se quiser passar no teste de matemática amanhã.

hit: hit the bottle *inf* beber demais regularmente, abusar na bebida, entrar nas bebidas. *After the divorce, Peter hit the bottle.* / Depois do divórcio, Peter entrou nas bebidas.

hit: hit the bull's eye atingir o alvo em cheio, acertar na mosca. *'I think we won't have dinner together tonight.' 'You've hit the bull's eye. I'll have to work late again.'* / 'Eu acho que nós não vamos jantar juntos hoje à noite.' 'Você acertou na mosca. Eu vou ter que trabalhar até mais tarde novamente.'

hit: hit the deck 1 abaixar-se ou deitar-se rapidamente no chão. *Hit the deck! They're shooting at us!* / Abaixem-se! Eles estão atirando na gente! **2** *Amer inf* levantar-se da cama. *Come on kids, it's eight o'clock. Let's hit the deck!* / Vamos lá crianças, são oito horas. Vamos levantar!

hit: hit the jackpot *inf* ganhar muito dinheiro ou fazer muito sucesso de repente. *Henry really hit the jackpot with his latest book.* / O Henry realmente ganhou muito dinheiro com o seu último livro.

hit: hit the nail on the head dizer uma verdade, dizer tudo, acertar na mosca. *'You don't like Julie, do you?' 'You've hit the nail on the head. I can't stand the girl!'* / 'Você não gosta da Julie, gosta?' 'Você acertou na mosca. Eu não suporto essa menina!'

hit: hit the road partir, ir embora, sair de algum lugar (geralmente para voltar para casa). *So you're off to Istanbul. When do you hit the road?* / Então você está indo para Instambul? Quando você parte? *Finish your drink and let's hit the road.* / Termine a bebida e vamos embora.

hit: hit the roof / hit the ceiling *inf* ficar zangado de repente, ficar louco da vida. *The boss will hit the roof when he finds out you haven't finished that report.* / O chefe vai ficar louco da vida quando ele descobrir que você não terminou aquele relatório. *I had better go. My wife will hit the ceiling if I get home late.* / É melhor eu ir embora. Minha mulher vai ficar louca da vida se eu chegar em casa tarde.

hit: hit the sack / hit the hay *inf* ir para a cama, ir dormir. *It's late. Let's hit the sack.* / Está tarde. Vamos dormir. *Kids, it's time to hit the hay!* / Crianças, é hora de ir para a cama!

hit: hit the sauce *inf* ingerir bebida alcoólica em demasia, encher a cara, tomar todas. *Fred hit the sauce last night.* / O Fred encheu a cara ontem à noite.

hit: hit the spot ser bem-vindo, vir a calhar, cair bem (geralmente comida ou bebida). *A nice cup of tea would hit the spot right now, don't you think?* / Uma bela xícara de chá cairia bem agora, você não acha? *That piece of pie hit the spot.* / Aquele pedaço de torta veio a calhar.

hitch: hitch a lift pedir ou pegar carona. *I hitched a lift to school with George today.* / Eu peguei uma carona para a escola com o George hoje.

hitched: get hitched *inf* casar-se. *Alice and I got hitched when we were at university.* / A Alice e eu nos casamos quando estávamos na universidade.

hock: be in hock (to someone) dever dinheiro (a alguém). *Larry pretends he's rich, but he's in hock to the bank and half the stores in town.* / O Larry finge que é rico, mas ele deve para o banco e para a metade das lojas da cidade.

hoist: hoist a drink beber (bebida alcoólica). *I ran into John last night, so we hoisted a few drinks and talked about old times.* / Eu encontrei o John ontem à noite, aí nós tomamos umas bebidas e conversamos sobre os velhos tempos.

hold: don't hold your breath expressão usada para dizer que algo não vai acontecer e é melhor nem esperar (geralmente no imperativo). Algo como: 'é melhor nem contar com isso'. *You think the boss is going to give you a promotion? Don't hold your breath!* Você acha que o chefe vai lhe dar uma promoção? É melhor nem contar com isso!

hold: get hold of someone contatar alguém (geralmente pelo telefone). *If you need to get hold of me, you can call on my cell phone.* / Caso precise me contatar, você pode ligar no meu celular.

hold: get hold of something obter, conseguir algo. *The show is tomorrow night, but I still haven't got hold of a ticket.* / O show é amanhã à noite, mas eu ainda não consegui um ingresso.

hold

hold: hold a gun to someone's head forçar alguém a fazer algo usando ameaças, colocar alguém contra a parede. *I had to sign the contract or they'd fire me. They were holding a gun to my head.* / Eu tive de assinar o contrato ou eles me despediriam. Eles me colocaram contra a parede.

hold: hold all the aces estar no controle, estar em vantagem, estar com a faca e o queijo na mão. *We're holding all the aces. Our product is better and cheaper than our competitors.* / Nós estamos com a faca e o queijo na mão. O nosso produto é melhor e mais barato do que o dos nossos concorrentes.

hold: hold down the fort *Amer* tomar conta de algo enquanto o responsável estiver ausente. *I've asked John to hold the fort while I'm visiting customers in Europe next week.* / Eu pedi ao John para tomar conta enquanto eu estiver visitando clientes na Europa na semana que vem.

hold: hold fast to something acreditar em algo fielmente, crer piamente em algo. *Our party holds fast to the idea that an equal distribution of income will reduce crime in this country.* / O nosso partido acredita fielmente que uma distribuição igualitária de renda reduzirá o crime neste país.

hold: hold firm to something acreditar firmemente em algo. *All through the trial Karen held firm to the idea that her husband was innocent.* / Durante todo o julgamento, Karen acreditou firmemente na ideia de que o marido dela era inocente.

hold: hold one's breath 1 prender a respiração. *How long can you hold your breath under water?* / Por quanto tempo você consegue prender a respiração debaixo d'água? **2** esperar ansiosamente. *I'll know if I got the job on Monday. I'll just have to hold my breath until then.* / Eu vou ficar sabendo se consegui o emprego na segunda-feira. Esperarei ansiosamente até lá.

hold: hold one's fire 1 parar de atirar (com armas de fogo), suspender o fogo. *He told the soldiers to hold their fire.* / Ele disse aos soldados para suspenderem o fogo. **2** evitar criticar alguém, conter-se. *I don't agree with Katie's views, but I promise to hold my fire during the meeting.* / Eu não concordo com as opiniões da Katie, mas prometo me conter durante a reunião.

hold: hold one's ground recusar-se a ceder (em conflito, negociação etc.), bater o pé. *If they ask for more money, just hold your ground and say it's our final price.* / Se eles pedirem mais dinheiro, simplesmente bata o pé e diga que é o nosso preço final.

hold: hold one's head up / hold one's head up high não sentir vergonha, manter a cabeça erguida. *You're innocent. Just walk into the office, hold your head up, and tell the truth.* / Você é inocente. Simplesmente entre no escritório, mantenha a cabeça erguida e diga a verdade.

hold: hold one's horses *inf* expressão usada para pedir que alguém contenha-se. Algo como: 'calma lá', 'contenha-se'. *Now, hold your horses! Where do you think you're going?* / Calma lá! Aonde vocês pensam que vão? *Tell them to hold their horses. I'll give them an answer on Monday.* / Diga a eles para se conterem. Eu vou dar uma resposta na segunda-feira.

hold: hold one's own saber defender-se de ataque ou críticas, garantir-se. *Vince came under a lot of criticism in the meeting, but he held his own.* / O Vince foi bastante criticado na reunião, mas ele soube se defender. *Brazil can hold its own against any country* *in volleyball.* / O Brasil se garante contra qualquer país no vôlei.

hold: hold out an olive branch (to someone) demonstrar a intenção de fazer as pazes (com alguém). *We had a big argument yesterday and this morning he came into my office holding out an olive branch.* / Nós tivemos uma discussão feia ontem e hoje de manhã ele veio ao meu escritório demonstrando a intenção de fazer as pazes.

hold: hold someone or something at bay evitar a aproximação, manter alguém ou algo afastado. (geralmente alguém ou algo desagradável ou perigoso). *Try and hold our creditors at bay a little longer while we raise the rest of the money.* / Tente manter os credores afastados por mais um tempo enquanto nós levantamos o restante do dinheiro.

hold: hold someone to account (for something) responsabilizar alguém (por algo). *The company is holding the sales manager to account for the slump in sales.* / A empresa está responsabilizando o gerente de vendas pela queda nas vendas.

hold: hold the bag *inf* sofrer as consequências, pagar o pato. *Everyone was stealing clothes from the shop, but Tina was left holding the bag.* / Todo mundo estava roubando roupas da loja, mas a Tina foi quem pagou o pato.

hold: hold the fort *Brit* tomar conta de algo enquanto o responsável estiver ausente. *Hold the fort while I go to the bank, will you?* / Tome conta enquanto eu vou ao banco, tudo bem?

hold: hold the purse strings controlar as finanças, controlar o dinheiro. *Ask my wife. She holds the purse strings at home.* / Peça para a minha mulher. Ela é quem controla o dinheiro em casa.

hole: be in the hole *Amer inf* estar com dívidas, estar em débito. *At the end of the month, I was 200 dollars in the hole.* / No final do mês, eu estava com duzentos dólares em débito.

hole: make a hole into something reduzir, diminuir algo, abrir um rombo no orçamento. *This is really going to make a hole in my budget.* / Isso realmente vai abrir um rombo no meu orçamento.

home: be home free *Amer* estar aliviado, estar fora de perigo. *We just have two more payments on the car and then we're home free.* / Nós temos apenas mais duas prestações do carro e então estaremos aliviados. *The cancer didn't reappear after a year, so the doctor told Derek he was home free.* / O câncer não reapareceu depois de um ano, então o médico disse ao Derek que ele estava fora de perigo.

home: be on the home stretch estar prestes a terminar algo (tarefa, projeto, curso etc.), estar na reta final. *I haven't finished the report yet, but I'm on the home stretch.* / Eu não terminei o relatório ainda, mas estou na reta final.

hook: get someone off the hook livrar alguém de uma situação difícil, livrar alguém de acusações ou suspeita. *Mike's alibi wasn't enough to get him off the hook.* / O álibi do Mike não foi suficiente para livrá-lo das acusações.

hooks: get one's hooks into someone dominar alguém (expressão geralmente usada para falar de uma mulher que consegue controlar o marido) pôr as mãos, agarrar alguém. *Frank is single, rich and good-looking. A lot of women would like to get their hooks into him.* / O Frank é solteiro, rico e tem boa aparência. Muitas mulheres gostariam de pôr as mãos nele.

hop: hop to it *Amer inf* expressão usada para pedir que alguém se apresse ou faça algo mais rápido. Algo como: 'anda logo'. *You had better hop to it or you'll be late for school again.* / É melhor você andar logo ou vai chegar atrasado na escola novamente.

hope: not have a hope in hell (of doing something) inf não ter a mínima chance (de fazer algo). *Laura doesn't have a hope in hell of passing her chemistry test.* / A Laura não tem a mínima chance de passar no teste de química.

hopping: be hopping mad estar muito zangado, ficar furioso. *My husband was hopping mad when he found out how much I had spent on the dress.* / O meu marido ficou furioso quando soube quanto eu havia gasto no vestido.

hot: be / get hot under the collar estar ou ficar nervoso, zangado, agitado etc. *The finance minister was hot under the collar as he answered the reporters' questions.* / O ministro da Fazenda ficou nervoso ao responder as perguntas dos repórteres. *It's just a suggestion. No need to get all hot under the collar!* / É só uma sugestão. Não precisa ficar agitado!

hot: be hot on someone's tracks / be hot on someone's trail estar perto de capturar ou alcançar alguém (geralmente um criminoso), estar na cola de alguém. *The police are hot on the kidnappers tracks and they believe they'll have them in custody by the end of the day.* / A polícia está na cola dos sequestradores e acredita que vai prendê-los até o final do dia. *'Where are the kids?' 'They're around here somewhere. I'm hot on their trail.'* / 'Onde é que estão as crianças?' 'Elas estão por aqui em algum lugar. Eu estou na cola delas.'

hot: be in hot water estar em apuros, encrencado, ferrado etc., estar em maus lençóis. *I'm in hot water. I forgot it was our wedding anniversary today.* / Eu estou ferrado. Esqueci que hoje era o nosso aniversário de casamento.

hot: be in the hot seat estar em posição de responsabilidade para responder a perguntas difíceis ou críticas (da mídia, público etc.), estar no banco dos réus. *The minister of transport was in the hot seat today and had to respond to public criticism for the increase in bus fares.* / O ministro dos Transportes esteve no banco dos réus hoje e teve que responder às críticas do público pelo aumento das tarifas de ônibus.

hot: make it hot for someone dificultar a vida de alguém, perseguir alguém. *My boss is making it hot for me at the office. I think he wants me to leave the company.* / Meu chefe está me perseguindo no escritório. Eu acho que ele quer que eu saia da empresa.

hots: have the hots for someone inf sentir-se atraído (sexualmente), estar a fim de alguém. *I had the hots for Sally when we studied together at school.* / Eu me sentia atraído pela Sally quando estudávamos juntos na escola.

house: be on the house ser gratuito (bebida ou comida em restaurante, hotel ou bar), ser cortesia da casa, ser por conta da casa, ser na faixa. *Have another beer. It's on the house.* / Beba mais uma cerveja. É cortesia da casa.

house: get on like a house on fire / get along like a house on fire dar-se muito bem com alguém, fazer amizade de imediato. *'What did you think of the new manager?' 'Nice guy. We got along like a house on fire.'* / 'O que você achou do novo gerente?' 'Um cara legal. Nós nos demos muito bem.'

huff: be in a huff estar ou ficar de mau humor. *Cheer up! There's no need to be in a huff just because we lost the game.* / Anime-se! Não precisa ficar de mau humor só porque perdemos o jogo.

i

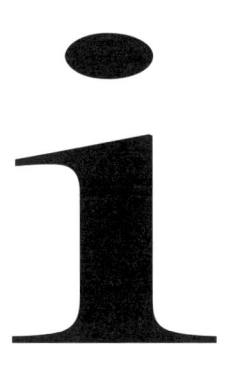

icing: be the icing on the cake ser um benefício ou bônus a mais. *First prize was good enough and the prize money was just icing on the cake!* / O primeiro prêmio já estava bom e o prêmio em dinheiro foi um bônus a mais.

idea: get the idea entender. *I've explained it to her a hundred times, but she still doesn't get the idea!* / Eu já expliquei para ela uma centena de vezes, mas ela ainda não entende!

ignorance: ignorance is bliss *dit* expressão usada para dizer que o que não se sabe não pode deixar alguém preocupado. Algo como: 'o melhor é não saber de nada'. *Wendy prefers to think her husband is faithful. You know, ignorance is bliss.* / A Wendy prefere pensar que o marido é fiel. Sabe como é, o melhor é não saber de nada.

impression: be under the impression (that...) acreditar, ter a impressão (que). *It's my turn to cook dinner? But I was under the impression you were going to cook dinner tonight.* / É a minha vez de fazer o jantar? Mas eu tinha a impressão que você ia fazer o jantar hoje à noite.

influence: be under the influence estar sob efeito de álcool, estar bêbado. *Most car accidents involve drivers who are under the influence.* / A maioria dos acidentes de carro envolve motoristas que estão sob efeito de álcool.

initiative: take the initiative ser a primeira pessoa a agir, tomar a iniciativa. *I took the initiative and called her up to ask her out.* / Eu tomei a iniciativa, liguei para ela e a convidei para sair.

inroads: make inroads into something entrar, avançar em novo território ou área. *Scientists are making inroads into mapping human DNA.* / Os cientistas estão avançando na área de mapeamento do DNA humano.

interests: have someone's interests at heart / have someone's best interests at heart preocupar-se com os interesses de alguém. *Ronald was very strict as a father, but he had the children's interests at heart.* / O Ronald era bastante severo como pai, mas ele preocupava-se com os interesses dos filhos.

irons: have many irons in the fire / have a few irons in the fire ter outros planos ou projetos ao mesmo tempo (caso um não dê certo), ter outros projetos engatilhados. *Bill has a restaurant, but he has a law degree as well. It doesn't hurt to have a few irons in the fire in case the restaurant* *doesn't work out.* / O Bill tem um restaurante, mas ele é formado em direito também. Não há mal algum em ter outros projetos engatilhados caso o restaurante não dê certo.

issue: make an issue out of something / make an issue of something exagerar a importância ou gravidade de algo, fazer tempestade num copo d'água, procurar assunto. *So he arrived a little late today. You don't have to make an issue out of it.* / E daí que ele chegou um pouco atrasado hoje? Você não deve fazer uma tempestade num copo d'água.

issue: take issue with someone (about / on / over something) discordar e brigar com alguém (sobre algo), tirar satisfação com alguém (sobre algo). *We felt we were overcharged, so we took issue with the hotel manager about the price of the room.* / Nós achamos que tínhamos sido lesados e fomos tirar satisfação com o gerente sobre o preço do quarto.

itchy: have / get itchy feet ter vontade e disposição para viajar, mudar de casa, emprego etc., ser aventureiro (sem residência fixa). *Morris has itchy feet. He's always going off somewhere exotic on holiday.* / O Morris está sempre disposto para viajar. Ele sempre vai para algum lugar exótico nas férias.

item: be an item estar envolvido em relação amorosa, estar junto (formando um casal). *Have you heard? Dave and Francine are an item.* / Você está sabendo? O Dave e a Francine estão juntos.

j

jam: be in a jam *inf* estar numa situação ou fase difícil. *Can you lend me 200 dollars? I'm in a real jam.* / Você me empresta 200 dólares? Eu estou numa situação difícil.

jitters: have / get the jitters ficar ansioso ou nervoso, sentir um frio na barriga. *I have the jitters every time I have to talk to her.* / Eu sinto um frio na barriga toda vez que tenho que falar com ela.

jog: jog someone's memory ajudar alguém a se lembrar de algo, ativar, estimular, refrescar a memória de alguém. *I'm sure this photo will jog your memory.* / Tenho certeza de que essa foto vai refrescar a sua memória.

join: join the club expressão usada para dizer que alguém está na mesma situação (geralmente desagradável). Algo como: 'você não é único', 'bem-vindo ao time'. *'I just can't seem to save any money.' 'Join the club! I spend every penny I have too.'* / Parece que eu não consigo economizar dinheiro!' 'Bem-vindo ao time! Eu gasto todo dinheiro que tenho também.'

joke: be no joke não ser brincadeira, ser algo sério. *It's no joke, guys. If my parents find out, they'll kill me.* / Não é brincadeira, pessoal. Se os meus pais ficarem sabendo, eles vão me matar.

joke: take a joke aceitar uma brincadeira, saber levar na esportiva. *Don't be mad! Can't you take a joke?* / Não fique irado! Você não sabe levar na esportiva?

judge: not judge a book by its cover *dit* expressão usada para dizer que não se deve julgar alguém ou algo pelas aparências. *She doesn't look like she can handle the job, but we shouldn't judge a book by its cover.* / Ela não parece ter a capacidade para dar conta do trabalho, mas não devemos julgar pelas aparências.

jump: jump down someone's throat reagir agressivamente ao que alguém disse, revoltar-se contra alguém. *All I did was suggest we change the cover of the magazine and she jumped down my throat.* / Tudo o que eu fiz foi sugerir que mudássemos a capa da revista e ela se revoltou contra mim.

jump: jump in the deep end / jump in at the deep end fazer algo muito difícil sem ajuda (geralmente algo que não se sabe fazer), entrar de cabeça. *Josh didn't know anything about cattle when he bought the farm. He just jumped in at the deep end and learned as he went along.* / O Josh não entendia nada de gado quando comprou a fazenda. Ele simplesmente entrou de cabeça e aprendeu com o passar do tempo.

jump: jump on the bandwagon fazer algo porque todo mundo está fazendo, entrar na onda. *A lot of people have jumped on the bandwagon and started buying organic fruits and vegetables.* / Muita gente entrou na onda e começou a comprar frutas e legumes orgânicos.

jump: jump out of one's skin levar o maior susto. *She jumped out of her skin when she opened the closet door and found me there.* / Ela levou o maior susto quando abriu a porta do armário e me encontrou lá.

jump: jump ship trocar de empresa, time etc. *It seems the financial director just jumped ship and is working for one of our competitors now.* / Parece que o diretor financeiro acabou de trocar de empresa e está trabalhando para um dos nossos concorrentes agora.

jump: jump the gun fazer algo antes do tempo certo, precipitar-se. *You want to buy a car before you know if you got the job? Don't you think you're jumping the gun a little?* / Você quer comprar um carro antes de saber se conseguiu o emprego? Você não acha que está se precipitando um pouco?

jump: jump to conclusions formar ou tirar conclusões precipitadas. *So you saw him with another woman in a restaurant. Let's not jump to conclusions.* / E daí que você o viu com uma mulher no restaurante? Não vamos tirar conclusões precipitadas.

jury: the jury is out (on something) expressão usada para dizer que o público interessado no assunto ainda não decidiu se algo é bom ou ruim (geralmente porque é novo), a questão ainda está aberta. *The new electric cars are selling well, but the jury is out on whether they will really replace conventional gasoline cars.* / Os novos carros elétricos estão vendendo bem, mas a questão ainda está aberta com relação a se eles realmente substituirão os carros convencionais a gasolina.

keep: keep (something) in mind manter em mente, não se esquecer, levar (algo) em consideração. *Keep in mind that it'll be very cold in Canada this time of year.* / Não se esqueça de que estará muito frio no Canadá nesta época do ano.

keep: keep a beady eye on someone or something observar alguém ou algo com desconfiança, ficar de olho em alguém ou algo. *I'd keep a beady eye on him if I were you. I don't trust him.* / Eu ficaria de olho nele se fosse você. Não confio nele.

keep: keep a level head manter a calma, manter o juízo (geralmente em situação difícil). *The captain of the ship kept a level head throughout the storm and managed to bring the ship into port.* / O capitão do navio manteve a calma durante toda a tempestade e conseguiu trazer o navio ao porto.

keep: keep a low profile manter um perfil discreto, não aparecer. *Theater actors tend to keep a low profile, unlike most movie stars.* / Atores de teatro tendem a manter um perfil discreto, ao contrário da maioria das estrelas de cinema.

keep: keep a straight face *inf* ficar sério, segurar o riso. *The students had trouble keeping a straight face when the teacher dropped a book on his foot.* / Os alunos tiveram dificuldade em segurar o riso quando o professor derrubou um livro sobre o próprio pé.

keep: keep a tight rein on someone or something controlar alguém ou algo com rédeas curtas. *My wife and I keep a tight rein on our spending.* / Minha mulher e eu controlamos os nossos gastos com rédeas curtas.

keep: keep an eye on someone or something tomar conta, ficar de olho em alguém ou algo. *Keep an eye on the baby while I take a shower.* / Fique de olho no bebê enquanto eu tomo banho.

keep: keep an eye out (for someone or something) *inf* olhar atentamente em busca de alguém ou algo, ficar de olhos abertos para ver se encontra alguém ou algo. *Keep an eye out for Lucy. She could arrive at any minute.* / Fique de olhos abertos para ver se encontra a Lucy. Ela pode chegar a qualquer momento.

keep: keep bad company andar com má companhia. *John is keeping bad company at school. I wish he'd choose his friends better.* / O John está andando com má companhia na escola. Eu gostaria que ele escolhesse melhor os amigos.

keep: keep body and soul together conseguir manter-se vivo, sobreviver.

It's very hard for her to keep body and soul together on her income. / É muito difícil para ela sobreviver com o dinheiro que ganha.

keep: keep close tabs (on someone or something) vigiar, controlar (alguém ou algo). *We installed cameras to keep close tabs on who goes in and out of the vault.* / Nós instalamos câmeras para vigiar quem entra e quem sai da caixa-forte.

keep: keep in touch (with someone) manter contato (com alguém). *I try to keep in touch with all my old friends in Canada.* / Eu procuro manter contato com todos os meus antigos amigos no Canadá.

keep: keep it up expressão usada para elogiar e incentivar alguém em alguma tarefa ou atividade. Algo como: 'continue assim'. *You're doing a good job. Keep it up!* / Você está fazendo um bom trabalho. Continue assim!

keep: keep mum *inf* ficar em silêncio, ficar de boca fechada, não contar nada. *Just keep mum if the boss asks where I went.* / Fique de boca fechada se o chefe perguntar aonde eu fui.

keep: keep one's cool *inf* manter a calma, ficar frio. *Try to keep your cool. We'll have you out of the elevator as soon as possible.* / Tente manter a calma. Nós vamos tirar você do elevador o mais rápido possível.

keep: keep one's ear to the ground / keep one's ear close to the ground tentar ficar bem informado sobre o que está ou estará acontecendo, ficar atento, esperto, alerta etc., ficar de orelha em pé. *Keep your ear close to the ground. Those stolen diamonds will have to turn up somewhere.* / Fique de orelha em pé. Esses diamantes roubados terão que aparecer em algum lugar.

keep: keep one's eyes open (for someone or something) *inf* olhar atentamente em busca de alguém ou algo, ficar de olhos abertos para tentar ver alguém ou algo. *Keep your eyes open for the number 22 bus. It should be along any minute.* / Fique de olhos abertos para tentar ver o ônibus número 22. Ele deve chegar a qualquer momento.

keep: keep one's eyes peeled (for someone or something) *inf* olhar atentamente em busca de alguém ou algo, ficar de olhos abertos para tentar ver alguém ou algo. *Keep your eyes peeled for Vincent. We're supposed to meet him here at 3 o'clock.* / Fique de olhos abertos para tentar ver o Vincent. Nós ficamos de encontrá-lo aqui às três horas.

keep: keep one's fingers crossed esperar, desejar, torcer para que algo aconteça ou dê certo (expressão geralmente usada na forma imperativa). *I have a job interview tomorrow, so keep your fingers crossed for me.* / Eu tenho uma entrevista de emprego amanhã, então torça por mim.

keep: keep one's mind on something manter a mente focada em algo, concentrar-se em algo. *The children have trouble keeping their minds on their studies on such a nice day.* / As crianças têm dificuldade de se concentrar nos estudos num dia tão belo.

keep: keep one's nose clean *inf* ficar longe de problemas (geralmente problemas com a polícia, autoridades etc.). *I wouldn't hang around with those people if you want to keep your nose clean.* / Eu não andaria com aquelas pessoas se quisesse ficar longe de problemas.

keep: keep one's nose out of something *inf* não interferir ou intrometer-se em algo (geralmente na vida de outras pessoas). *This is my house and I'll live the way I want. Just keep your nose out of it!* / Esta é a minha casa e eu vou viver da maneira que eu quero. Simplesmente não se intrometa!

keep: keep one's nose to the grindstone *inf* trabalhar longa e penosamente, dar duro, suar a camisa. *We'll have to keep our noses to the grindstone to finish the report before Friday.* / Teremos que suar a camisa para terminar o relatório antes da sexta-feira.

keep: keep one's shirt on *inf* manter a calma, paciência, serenidade etc., não se afobar. *Keep your shirt on! We'll make it to the bus station on time.* / Mantenha a calma! Nós vamos conseguir chegar à estação rodoviária a tempo.

keep: keep one's voice down falar baixo. *Keep your voice down or you'll wake up the baby.* / Fale baixo ou vai acordar o bebê.

keep: keep one's wits about one ficar atento, alerta, ligado etc., manter-se concentrado. *We'll be scuba diving with sharks, so keep your wits about you at all times.* / Nós estaremos mergulhando no meio de tubarões, então fiquem ligados o tempo todo.

keep: keep one's word cumprir o que prometeu, manter a palavra. *He's promised to pay, but will he keep his word?* / Ele prometeu pagar, mas será que vai manter a palavra?

keep: keep pace (with someone or something) 1 acompanhar os passos ou ritmo de alguém. *Andrew can't keep pace with the other swimmers.* / O Andrew não consegue acompanhar o ritmo dos outros nadadores. **2** manter-se em dia, atualizado, informado etc. sobre algo. *It's hard for a doctor to keep pace with all the new developments in medicine.* / É difícil para um médico manter-se atualizado com todos os novos avanços na medicina.

keep: keep someone going satisfazer as necessidades de alguém por um tempo curto até chegar o que estava esperando, aguentar, manter-se. *I had a few cookies to keep me going until dinner.* / Eu comi alguns biscoitos para aguentar até o jantar. *Can you lend me a hundred dollars to keep me going until payday?* / Você pode me emprestar cem dólares para eu me manter até o dia do pagamento?

keep: keep someone on their toes *inf* manter alguém em prontidão, manter alguém alerta, atento, ligado etc. *The army regularly has battle simulations to keep the soldiers on their toes.* / O Exército tem simulações de batalha regularmente para manter os soldados em prontidão.

keep: keep someone posted (on / of / about something) manter alguém informado (de / sobre algo). *I'll keep you posted on everything that happens in the office.* / Eu vou mantê-lo informado de tudo o que acontece no escritório.

keep: keep someone waiting deixar alguém esperando. *Sorry to keep you waiting so long. I was on another line.* / Desculpe-me por deixá-la esperando tanto tempo. Eu estava numa outra ligação.

keep: keep someone's seat warm guardar, segurar um lugar, cargo, etc. para alguém (até que a pessoa esteja pronta para assumi-lo). *Fred is being trained to run the company and the current president is just keeping the seat warm for him.* / O Fred está sendo treinado para dirigir a empresa e o atual presidente está apenas guardando o lugar para ele.

keep: keep something to oneself guardar segredo, guardar algo consigo. *If you have something unpleasant to say, just keep it to yourself!* / Se você tem algo desagradável para dizer, guarde para si!

keep: keep something under one's hat *inf* manter algo em segredo. *I'm going to leave the company at the end* *of the month, but keep it under your hat for the time being. I don't want anyone to know.* / Eu vou deixar a empresa no final do mês, mas mantenha segredo por enquanto. Eu não quero que ninguém saiba.

keep: keep the ball rolling continuar, prosseguir com algo (reunião, conversa, discussão etc.). *Let's keep the ball rolling and see the sales estimates.* / Vamos continuar e ver as estimativas de vendas.

keep: keep track (of someone or something) manter-se informado, acompanhar alguém ou algo. *The police are keeping track of the people who enter and leave the building.* / A polícia está acompanhando quem entra e quem sai do prédio.

keep: keep up the good work expressão usada para elogiar ou incentivar alguém. Algo como: 'continue assim', 'mantenha o bom trabalho'. *Great job, Silvia! Keep up the good work!* / Ótimo trabalho, Silvia! Continue assim!

keep: keep up with the Joneses expressão usada para descrever a competição de compra de bens (carro, celular etc.) entre vizinhos, parentes ou amigos. Algo como: 'manter as aparências'. *The neighbors bought a new car, so of course my husband had to buy a new one too. It's a question of keeping up with the Joneses, you know.* / Os vizinhos compraram um carro novo, então, claro, meu marido teve que comprar um carro novo também. É uma questão de manter as aparências, sabe como é.

keep: keep up with the times acompanhar as mudanças no mundo, atualizar-se. *Dad, you have to keep up with the times! No one says 'groovy' any more!* / Pai, você tem que se atualizar! Ninguém mais diz 'é uma brasa' hoje em dia!

keep: keep watch ficar de guarda, manter sob vigilância. *They kept watch over the prisoners until the police arrived.* / Eles mantiveram os prisioneiros sob vigilância até a polícia chegar.

kettle: be a different kettle of fish ser uma pessoa ou coisa totalmente diferente, ser algo que não tem nada a ver. *Knowing about rules of soccer is one thing, knowing how to play it is a different kettle of fish.* / Saber sobre as regras de futebol é uma coisa, saber como jogá-lo é uma coisa totalmente diferente.

kick: get a kick out of something (or doing something) / get a kick from something (or doing something) ter prazer ou satisfação com algo, curtir algo, tirar uma onda com algo (ou fazendo algo). *I really get a kick out of surfing.* / Eu curto surfar pra caramba. *Doug got a kick from playing at the jazz festival.* / Doug tirou uma onda tocando no festival de jazz.

kick: kick one's heels *Brit* não fazer nada enquanto espera por algo, ficar à toa. *Do you expect me to kick my heels here while you finish your lunch?* / Você espera que eu fique à toa aqui enquanto você termina o almoço?

kick: kick someone's ass 1 *Amer vulg* vencer alguém em competição, derrotar alguém. *We kicked the visiting team's ass in the basketball championship.* / Nós derrotamos o time visitante no campeonato de basquete. **2** *Amer vulg* punir alguém, comer o fígado de alguém. *The boss is going to kick your ass when he finds out about this.* / O chefe vai comer o seu fígado quando ficar sabendo disso.

kick: kick the bucket *inf* morrer, bater as botas (expressão geralmente usada em tom humorístico). *If I kicked the bucket tomorrow, would you marry again?* / Se eu batesse as botas amanhã, você se casaria novamente?

kick: kick the habit livrar-se de um hábito ou vício (geralmente de cigarro, álcool etc.). *My sister used to smoke a lot, but she finally kicked the habit.* / A minha irmã costumava fumar muito, mas ela finalmente se livrou do vício.

kick: kick up a fuss *inf* reclamar em voz alta, fazer o maior escândalo. *Mary kicked up a fuss at the restaurant because her fish was cold.* / A Mary fez o maior escândalo no restaurante porque o peixe dela estava frio.

kick: kick up a stink (about / over something) *inf* reclamar em voz alta, fazer o maior escândalo (por causa de algo). *The customer kicked up a stink over the cold soup and refused to pay the bill.* / O cliente fez o maior escândalo por causa da sopa fria e se recusou a pagar a conta.

kick: kick up one's heels *Amer inf* relaxar e divertir-se. *Come over to our place on Sunday and kick up your heels.* / Venha para a nossa casa no domingo e divirta-se.

kill: kill oneself doing something fazer um grande esforço para realizar algo, se matar para fazer algo. *What a lovely meal! I hope you didn't kill yourself preparing it just on my account.* / Que refeição maravilhosa! Eu espero que você não tenha se matado preparando-a só por minha causa.

kill: kill the goose that lays the golden egg destruir algo que traz benefícios (riqueza, sucesso, bens etc.), matar a galinha dos ovos de ouro. *Sam decided to divorce Tracy, the daughter of the richest man in the state. Talk about killing the goose that lays the golden egg!* / O Sam decidiu se divorciar da Tracy, a filha do homem mais rico no estado. Isso é que é matar a galinha dos ovos de ouro!

kill: kill time *inf* passar o tempo, matar o tempo, passar a hora. *What can we do to kill time while we wait for the bus?* / O que podemos fazer para matar o tempo enquanto esperamos pelo ônibus?

kill: kill two birds with one stone realizar dois objetivos com uma ação, matar dois coelhos com uma cajadada. *Why don't we kill two birds with one stone? We could celebrate my birthday and our wedding anniversary at the same time.* / Por que não matamos dois coelhos com uma cajadada? Nós poderíamos comemorar o meu aniversário e o nosso aniversário de casamento ao mesmo tempo.

killing: make a killing *inf* ganhar muito dinheiro, ganhar uma fortuna, ganhar uma bolada. *Harris made a killing in the stock market.* / O Harry ganhou uma fortuna no mercado financeiro.

kilter: be out of kilter estar fora de posição, desalinhado ou desafinado. *Align the glasses on the bar better. Some are out of kilter* / Alinhe melhor os copos no balcão. Alguns deles estão desalinhados. *Your singing is a little out of kilter.* / A sua voz está um pouco desafinada.

kindly: not take kindly to someone or something não apreciar ou aceitar alguém ou algo. *John didn't take too kindly to the new manager or his proposals.* / O John não apreciou muito o novo gerente e suas propostas.

kiss: kiss one's ass goodbye *Amer vulg* morrer, dar adeus à vida de alguém. *If that bomb goes off, we can kiss our asses goodbye!* / Se aquela bomba explodir, nós podemos dar adeus às nossas vidas.

kiss: kiss someone's ass *Amer vulg* agradar ou tratar bem alguém para ganhar benefício, puxar o saco de alguém. *Sure I want a raise, but I'm not going to kiss his ass to get one.* / Claro que eu quero um aumento, mas eu não vou puxar o saco dele para consegui-lo.

kiss: kiss something goodbye *inf* perder as esperanças de algo, dar adeus a algo. *The interview didn't go very well, so I guess I can kiss that job goodbye.* / A entrevista não foi muito boa, então eu acho que posso dar adeus àquele emprego.

knickers: get / have one's knickers in a twist *Brit inf* ficar muito aflito, irritado, preocupado etc. *Jim is getting his knickers in a twist over the fall in sales.* / O Jim está muito preocupado com a queda nas vendas.

knit: knit one's brows franzir as sobrancelhas, franzir a testa (quando a pessoa está pensando ou zangada). *From the way you're knitting your brows, those sales figures don't look very good.* / Pela maneira como você está franzindo a testa, o número das vendas não parece muito bom.

knock: knock it off *inf* expressão usada para pedir que alguém pare de falar ou fazer algo irritante. Algo como: 'pare com isso!'. *Will you knock it off? I'm trying to sleep!* / Você quer parar com isso? Estou tentando dormir!

knock: knock some sense into someone persuadir alguém a parar de fazer besteira, colocar juízo na cabeça de alguém. *Martha wants to quit school. Try to knock some sense into the girl!* / A Martha quer sair da escola. Tente colocar juízo na cabeça dessa garota!

knock: knock someone dead *inf* impressionar muito alguém, deixar alguém de queixo caído. *'How do I look?' 'You'll knock them dead with that dress!'* / 'Que tal estou?' 'Você vai deixá-los de queixo caído com esse vestido!'

knock: knock someone's block off bater em alguém (geralmente com os punhos), dar umas porradas em alguém. *I'll knock your block off if you try to talk to her again!* / Eu vou te dar umas porradas se você tentar falar com ela novamente!

knock: knock someone's socks off *inf* deixar alguém atônito, pasmo etc., deixar alguém de boca aberta, deixar alguém de queixo caído. *Your speech really knocked their socks off.* / O seu discurso realmente os deixou de boca aberta.

knock: knock spots off someone or something *Brit inf* ser muito melhor que os outros da mesma espécie, categoria etc., dar de dez a zero em alguém ou algo. *The food here knocks spots off the meals I've had at the other French restaurants in town.* / A comida aqui dá de dez a zero nas refeições que eu fiz nos outros restaurantes franceses da cidade.

know: be in the know *inf* ter informação ou conhecimento que poucas pessoas têm, estar por dentro de tudo. *The only people in the know about his drinking problem are his closest friends and family.* As únicas pessoas que estão por dentro do problema dele com a bebida são seus amigos e parentes mais próximos.

know: know a thing or two (about someone or something) saber ou conhecer muito sobre alguém ou algo (geralmente por experiência). *After 20 years of living in the States, you get to know a thing or two about the Americans.* / Depois de 20 anos vivendo nos Estados Unidos, você conhece muitas coisas sobre os americanos.

know: know better (than to do something) ter o bom senso ou juízo suficiente para não fazer algo. *I won't get into an argument with you. I know better.* / Eu não vou entrar em discussão com você. Eu tenho bom senso. *You should know better than to go out in the rain without an umbrella.* / Você deveria ter juízo suficiente para não sair na chuva sem um guarda-chuva.

know: know one's shit *vulg* saber muito sobre um determinado assunto, atividade etc., manjar muito do assunto. *You have to know your shit to make it in the advertising business.* / Você tem que manjar muito do assunto para se dar bem no ramo de publicidade.

know: know one's stuff *inf* saber muito sobre um determinado assunto, atividade etc., manjar muito do assunto. *The new history professor really knows his stuff.* / O novo professor de história manja muito do assunto.

know: know something down pat memorizar algo, saber algo de cor. *We rehearsed all week until we knew the dance moves down pat.* / Nós ensaiamos a semana toda até memorizarmos os movimentos da dança.

know: know something like the back of one's hand conhecer muito bem (geralmente um lugar), conhecer algo como a palma da mão. *I lived in Rio for 25 years. I know the city like the back of my hand.* / Eu morei no Rio por 25 anos. Eu conheço a cidade como a palma da minha mão.

know: know something or someone inside out conhecer muito bem algo ou alguém, conhecer algo ou alguém nos mínimos detalhes. *Mrs. Jennings knows the public library inside out. She's been there so many times.* / A Sra. Jennings conhece a biblioteca pública muito bem. Ela já esteve lá muitas vezes.

know: know the score *inf* conhecer ou compreender a verdadeira situação de algo, estar por dentro de algo. *Few people know the score, but the company is having a hard time paying the staff.* / Poucas pessoas estão por dentro, mas a empresa está tendo dificuldades para pagar os funcionários.

know: know where one stands saber a posição que lhe cabe, saber o seu lugar. *The rules are clear in the company and the employees know where they stand.* / As regras são claras na empresa e os empregados conhecem sua posição.

know: not know beans about something *inf* não saber nada sobre um assunto, não saber ou conhecer porcaria nenhuma. *I don't know why they hired Fritz. He doesn't know beans about plants.* / Eu não sei por que eles contrataram o Fritz. Ele não entende porcaria nenhuma de plantas.

know: not know one's ass from one's elbow *Amer vulg* ser burro ou incompetente demais. *The hotel is a mess because the manager doesn't know his ass from his elbow.* / O hotel está uma bagunça porque o gerente é incompetente demais.

know: not know shit (about something) *Amer vulg* não saber nada sobre um assunto, não saber ou conhecer porcaria nenhuma. *Why did you put Ray on the planning committee? He doesn't know shit!* / Por que você colocou o Ray na comissão de planejamento? Ele não sabe porcaria nenhuma!

know: not know someone from Adam não conhecer alguém, não ter a mínima ideia de quem uma pessoa é. *So this guy I didn't know from Adam was trying to sit at our table for a drink. What a nerve!* / Então um cara que eu não tinha a mínima ideia de quem era estava tentando sentar na nossa mesa para tomar um drinque. Que cara de pau!

know: not know what hit you ficar muito surpreso com alguma coisa e não saber como reagir, ficar pasmo. *When Sally asked me for a divorce I didn't know what hit me.* / Quando a Sally me pediu o divórcio, eu fiquei pasmo.

know: not know whether one is coming or going estar confuso devido ao grande volume de atividades, tarefas etc., estar ou ficar totalmente perdido. *Chris has had so many meetings with suppliers and clients this week that he doesn't know whether he's coming or going!* / O Chris teve tantas reuniões com fornecedores e clientes esta semana que ele está totalmente perdido.

know: not know which way to turn / not know where to turn ficar sem saber o que fazer ou a quem pedir ajuda em situação difícil. *When Harold lost his job, he didn't know which way to turn.* / Quando o Harold perdeu o emprego, ele ficou sem saber o que fazer. *The Children's Hospital didn't know where to turn for money to build the new cancer ward.* / O Hospital das Crianças ficou sem saber a quem pedir ajuda para construir a nova unidade para o tratamento de câncer.

known: have known better days *inf* estar em má condição, estar muito velho, surrado, usado, desbotado etc. *Those shoes of yours have known better days. Don't you think it's time to buy a new pair?* / Esses seus sapatos estão muito surrados. Você não acha que está na hora de comprar um par novo?

known: make oneself known to someone *form* apresentar-se a alguém. *Diane made herself known to the guest of honor.* / A Diane apresentou-se ao convidado de honra.

known: make something known comunicar, divulgar, tornar algo público. *Francine wasn't happy with our decision and she made her resentment known to everyone in the office.* / A Francine não ficou contente com a nossa decisão e tornou público o ressentimento dela para todo mundo no escritório.

1

labor: labor the point repetir ou explicar muito um argumento que já está claro, ficar batendo na mesma tecla. *I understand perfectly that you don't want to sell the house. You don't have to labor the point.* / Eu entendo perfeitamente que você não quer vender a casa. Você não precisa ficar batendo na mesma tecla.

lam: be on the lam *Amer inf* estar foragido (geralmente das autoridades). *Police are looking for the bank robbers, who have been on the lam since Tuesday.* / A polícia está à procura dos assaltantes de banco, que estão foragidos desde terça-feira.

land: be in the land of the living estar vivo. *I wonder if old Mabel is still in the land of the living. It's been years since I last saw her.* / Eu gostaria de saber se a velha Mabel ainda está viva. Faz anos que eu não a vejo.

land: be in the land of the nod *inf* estar adormecido, dormindo. *It's almost nine o'clock and the kids are still in the land of the nod.* / São quase nove horas e as crianças ainda estão dormindo.

land: land on one's feet acabar em boa posição (no emprego, moradia etc.) depois de uma fase difícil, dar a volta por cima. *Don't worry about John losing his job. He'll find another. He always lands on his feet.* / Não se preocupe com o fato de que o John perdeu o emprego. Ele vai arrumar outro. Ele sempre dá a volta por cima.

last: be on one's last legs estar prestes a parar de funcionar (máquina, carro etc.), estar fraco ou prestes a morrer (pessoa), estar acabado, estar só o pó. *The car is on its last legs, but I don't have the money to buy a new one now.* / O carro está só o pó, mas eu não tenho dinheiro para comprar um novo agora. / *Harry's Dad may be old, but I wouldn't say he's on his last legs yet.* / O pai do Harry pode estar velho, mas eu não diria que ele está acabado.

last: be the last straw ser o último de uma série de acontecimentos desagradáveis que não se pode aceitar ou superar mais, ser a gota d'água. *This is the last straw! The newspaper arrived late again this morning. I'm going to cancel my subscription.* / Esta é a gota d'água! O jornal chegou atrasado de novo hoje de manhã. Eu vou cancelar minha assinatura.

last: have the last laugh provar o contrário do que as outras pessoas pensam ou dizem, rir por último. *People told the Wright brothers their plane would never fly, but they had the last laugh.* / As pessoas diziam para os irmãos Wright que o avião deles nunca voaria, mas eles provaram o contrário.

last: have the last word ter ou dar a última palavra (em uma discussão, decisão etc.), bater o martelo. *My wife always has to have the last word in an argument.* / A minha mulher sempre tem que dar a última palavra em uma discussão.

late: have a late night ir para a cama tarde, dormir tarde. *I had a late night last night because I had to finish a report.* / Eu dormi tarde ontem à noite porque tive que terminar um relatório.

laugh: laugh all the way to the bank *inf* ganhar muito dinheiro de maneira fácil, estar rindo à toa com tanto dinheiro. *The stock market has never been better and Wall Street investors are laughing all the way to the bank.* / O mercado financeiro nunca esteve tão bem e os investidores de Wall Street estão rindo à toa com tanto dinheiro.

laugh: laugh in someone's face mostrar claramente que não tem respeito por alguém, rir na cara de alguém. *When Sally asked me to help her find a gallery to exhibit her paintings, I had to laugh in her face.* / Quando a Sally me pediu para encontrar uma galeria para expor os quadros dela, eu tive que rir na cara dela.

laugh: laugh one's head off *inf* rir muito, morrer de rir, rachar o bico de tanto rir. *The film was really funny and the kids just laughed their heads off.* / O filme era muito engraçado e as crianças racharam o bico de tanto rir.

laughing: be a laughing stock ser motivo de piada (por ter feito algo errado ou estúpido). *One of the actors tripped over his cape and was a laughing stock.* / Um dos atores tropeçou na própria capa e foi motivo de piada.

laughing: be laughing *inf* não ter preocupações, estar em posição de obter o resultado desejado facilmente, estar sossegado. *Jack is popular and did well in the debates. When election time comes, he'll be laughing.* / O Jack é popular e foi bem nos debates. Quando a eleição chegar, ele estará sossegado. *With that fat pension he gets from the company, he's laughing.* / Com a boa aposentadoria que ele recebe da empresa, ele está sossegado.

laughs: he who laughs last, laughs the longest / he who laughs last, laughs the loudest *dit* expressão usada para dizer que quem tem determinação e paciência, e não leva em conta as críticas ou os desaforos, sempre alcança o melhor resultado. Algo como: 'quem ri por último, ri melhor'. *For several years no one took his films seriously, and now he's been nominated for an Oscar. Well, he who laughs last, laughs the longest.* / Por vários anos ninguém levou a sério os filmes dele, e agora ele foi indicado para concorrer ao Oscar. É, quem ri por último, ri melhor.

law: have the law on someone *Brit* denunciar alguém à polícia. *If I see those kids on my property again, I'll have the law on them!* / Se eu vir aqueles garotos na minha propriedade novamente, eu vou denunciá-los à polícia.

law: take the law into one's own hands fazer justiça com as próprias mãos. *Norman went after the man who had murdered his wife and took the law into his own hands.* / O Norman foi atrás do cara que matou a mulher dele e fez justiça com as próprias mãos.

lay: lay a finger on someone tocar em alguém com intenção de machucar, bater em alguém (geralmente usado na negativa), encostar, relar ou colocar o dedo em alguém. *He's furious, but he* *wouldn't dare lay a finger on one of the students.* / Ele está furioso, mas ele não ousaria encostar o dedo em um de seus alunos.

lay: lay claim to something dizer que tem direito a algo, reivindicar algo. *The municipal government and the state government have both laid claim to the building, but neither has the budget to restore it.* / O governo municipal e o governo estadual, ambos reivindicaram o prédio, mas nenhum tem condição financeira para restaurá-lo.

lay: lay down one's life (for someone or something) morrer por alguém ou por algo (país, causa etc.), dar a vida por alguém ou algo. *Henry is a devoted father. He would lay down his life for his kids.* / O Henry é um pai dedicado. Ele daria sua vida pelos seus filhos.

lay: lay down the law *inf* dar ordens ou declarar regras rígidas (geralmente de maneira agressiva), impor regras, leis etc. *You have to lay down the law with teenagers, or they think they can do whatever they want to.* / Você deve impor regras aos adolescentes, ou eles acharão que podem fazer o que querem.

lay: lay it on the line (for someone) dizer algo de maneira honesta e direta (para alguém), ser franco e direto (com alguém). *I'll lay it on the line for you. Improve your performance, or I'll have to fire you.* / Eu vou ser franco e direto com você. Melhore o seu desempenho, ou terei que demiti-lo.

lay: lay it on thick *inf* exagerar ao falar de algo ou alguém (geralmente para impressionar, convencer, enganar ou puxar o saco de alguém), forçar a barra. *Try to convince her that she's a great painter, but don't lay it on too thick.* / Tente convencê-la de que ela é uma ótima pintora, mas não exagere.

lay: lay one's head on the block arriscar-se a falir, ser derrotado, ser criticado etc., colocar a cabeça a prêmio. *The state governor laid his head on the block and said that all the roads would be repaired by December.* / O governador do estado colocou a cabeça a prêmio e disse que todas as estradas estariam consertadas até dezembro.

lay: lay someone to rest *form* enterrar alguém. *Mrs. Harris was laid to rest last Sunday at the Hampton Park cemetery.* / A Sra. Harris foi enterrada no domingo passado no cemitério Hampton Park.

lay: lay something at someone's door *form* culpar alguém por algo. *Environmental groups have laid the responsibility for environmental damage at the door of the oil companies operating in the area.* / Os grupos ambientalistas culpam as empresas petrolíferas que operam na área pelos prejuízos ambientais.

lead: lead a charmed life viver sem dificuldades ou problemas, ter sorte na vida. *Not everyone who is born into money leads a charmed life.* / Nem todo mundo que nasce em berço de ouro tem sorte na vida.

lead: lead someone astray incentivar alguém a fazer algo errado, levar alguém para o mau caminho. *I don't like Eric's friends. I think they're leading him astray.* / Eu não gosto dos amigos do Eric. Eu acho que eles estão levando-o para o mau caminho.

lead: lead someone by the nose controlar ou dominar alguém completamente. *Dave's new girlfriend is leading him by the nose. She won't even let him go out with his old friends.* / A nova namorada do Dave está dominando-o completamente. Ela não o deixa sequer sair com os velhos amigos.

lead: lead someone to believe (that...) levar alguém a acreditar em algo (em geral erroneamente). *I was led to believe the labor was included in the price, but I'm being charged for it anyway.* / Eu fui levado a acreditar que o serviço de manutenção estava incluso no preço, mas eu estou tendo que pagar por ele mesmo assim.

lead: lead someone up the garden path *inf* fazer alguém acreditar em algo que não é verdade, enganar alguém. *He's leading us up the garden path. He's not a spy for the British government.* / Ele está nos enganando. Ele não é um espião do governo britânico.

lead: lead the life of Riley *Brit inf* ter uma vida confortável e sem preocupações, levar uma vida de rei. *Parties, dances, lots of friends. I tell you, these guys lead the life of Riley!* / Festas, danças, muitos amigos. Eu vou te contar, esses caras levam uma vida de rei.

lead: you can lead a horse to water, but you can't make it drink *dit* expressão usada para dizer que se pode dar uma oportunidade a alguém, mas isso não garante que a pessoa a aproveitará. *We've offered to pay his way through medical school, but he said he isn't interested. As they say, you can lead a horse to water, but you can't make it drink.* / Nós nos oferecemos para pagar o curso de medicina dele, mas ele não se interessa. Como dizem, você pode dar uma oportunidade a alguém, mas não pode fazer essa pessoa aproveitá-la.

leaf: take a leaf out of someone's book seguir o exemplo de alguém (geralmente alguém que é admirado). *Robert took a leaf out of his father's book and became a lawyer as well.* / O Robert seguiu o exemplo do pai dele e se tornou um advogado também.

league: not be in the same league as someone or something ser inferior a alguém ou algo, não estar na mesma categoria de alguém ou algo. *Sure it's a nice car, but it's not in the same league as a Mercedes Benz.* / Claro que ele é um bom carro, mas não está na mesma categoria de um Mercedes Benz.

leak: take a leak *inf* urinar, fazer xixi, mijar. *Can you hold my books while I take a leak?* / Dá para você segurar os meus livros enquanto eu vou urinar?

learn: learn one's lesson aprender com experiência desagradável o que não fazer no futuro, aprender a lição. *You're seeing a married man again? Didn't you learn your lesson with the last one?* / Você está saindo com um cara casado novamente? Você não aprendeu a lição com o último cara casado com quem saiu?

learn: learn something the hard way aprender algo por meio de experiência (geralmente desagradável), aprender do jeito mais difícil. *I keep giving Lawrence advice, but he likes to learn things the hard way.* / Eu fico dando conselhos para o Lawrence direto, mas ele gosta de aprender do jeito mais difícil.

learn: learn the ropes aprender como fazer as tarefas, rotinas de trabalho etc., pegar a manha das coisas. *Running a restaurant isn't so hard after you learn the ropes.* / Administrar um restaurante não é tão difícil depois que você pega a manha das coisas.

leave: leave a bad taste in one's mouth deixar más lembranças, deixar más recordações. *I'll never try to start my own business again. I tried it once and it left a bad taste in my mouth.* / Nunca mais vou tentar montar um negócio próprio novamente. Eu tentei uma vez e isso me deixou más recordações.

leave: leave no stone unturned procurar em todo lugar possível, tentar obter algo de qualquer forma. *Sarah is leaving no stone unturned in her search for her biological mother.* / A Sarah está tentando de qualquer forma encontrar sua mãe biológica.

leave: leave oneself wide open (to something) ficar muito vulnerável, dar brechas para algo (geralmente críticas, fofocas etc.). *Keeping himself so close to her, he leaves himself wide open to spiteful comments from all sides.* / Mantendo-se tão próximo dela, ele dá brechas a comentários maldosos de todas as partes.

leave: leave someone alone deixar alguém em paz, parar de encher o saco de alguém. *Can you leave me alone? I don't want to talk about it right now.* / Dá para você parar de encher o saco? Eu não quero falar sobre isso agora.

leave: leave someone cold não interessar ou agradar alguém, não mexer, comover ou emocionar alguém. *The film left me cold, though I hear the public loved it.* / O filme não mexeu comigo, embora eu soube que o público o adorou.

leave: leave someone holding the baby *inf* deixar alguém com a responsabilidade ou culpa de algo (geralmente usada na forma passiva). *Someone has to organize the Christmas party and I don't want to be left holding the baby like last year.* / Alguém tem que organizar a festa de Natal e eu não quero ficar com essa responsabilidade como no ano passado.

leave: leave someone in the dust *Amer inf* deixar para trás, fazer alguém comer poeira. *When it comes to the aerospace industry, the Americans leave most countries in the dust.* / Em se tratando de indústria aeroespacial, os americanos deixam a maioria dos outros países para trás.

leave: leave someone in the lurch deixar alguém em situação difícil e sem ajuda, deixar alguém na mão. *Fernando left his wife and three kids in the lurch when he ran off with his secretary.* / O Fernando deixou a esposa e os três filhos na mão quando ele fugiu com a secretária.

leave: leave someone to their own devices deixar alguém fazer algo ou passar o tempo sem supervisão ou ajuda, deixar alguém sozinho. *It seems a bit irresponsible, leaving the kids to their own devices all day long while she's at work.* / Parece um pouco irresponsável deixar as crianças sozinhas o dia todo enquanto ela está no trabalho.

leave: take leave of one's senses comportar-se como louco, perder o juízo. *What? You didn't accept the promotion? Have you taken leave of your senses?* / O quê? Você não aceitou a promoção? Perdeu o juízo?

left: be left out in the cold ser excluído, ser deixado de lado (por grupo, organização etc.). *Most of the teachers were given a part in the school play, but a few less popular ones were left out in the cold.* / A maioria dos professores ganhou uma fala na dramatização da escola, mas alguns, menos populares, foram deixados de lado.

left: be out in left field / be way out in left field *Amer inf* estar completamente errado, enganado (na percepção de algo). *The boss is out in left field if he thinks the employees are going to work one Sunday a month for free.* / O chefe está completamente enganado se ele pensa que os empregados vão trabalhar um domingo por mês sem receber. *I read his report. It's way out in left field.* / Eu li o relatório dele. Está completamente errado.

left: have two left feet ser muito desajeitado (geralmente para dançar ou praticar esportes). *You wouldn't like to dance with me. I have two left feet.* /

Você não gostaria de dançar comigo. Eu sou muito desajeitado.

leg: get one's leg over *Brit inf* fazer sexo, transar. *So, how was your date? Did you get your leg over or not?* / E aí, como foi o encontro? Você transou ou não?

leg: not have a leg to stand on não ter como sustentar ou provar (um argumento, teoria etc.). *They have accused Tom of stealing money from the company, but they don't have a leg to stand on.* / Eles acusaram o Tom de roubar dinheiro da empresa, mas eles não têm como provar.

lend: lend a hand / lend someone a hand (with something) ajudar (alguém), dar uma mão (a alguém). *Daniel is not the type to lend a hand at the office.* / O Daniel não é o tipo de cara que ajuda no escritório. *Can you lend me a hand a minute with the dinner?* / Dá para você me dar uma mão, por um minuto, com o jantar?

lend: lend an ear ouvir. *Jack has a terrific idea to market the product and if you lend him an ear, he'll tell you about it.* / O Jack tem uma ótima ideia de como comercializar o produto e, se você ouvi-lo, ele lhe contará.

leopard: a leopard cannot change its spots *dit* expressão usada para dizer que as pessoas não mudam. Algo como: 'pau que nasce torto nunca se endireita'. *Jeff was a selfish child and today he's a selfish adult. As they say, a leopard cannot change its spots.* / O Jeff foi uma criança egoísta e hoje é um adulto egoísta. Como dizem, pau que nasce torto nunca se endireita.

let: let bygones be bygones esquecer as desavenças do passado, deixar o passado para trás. *Why don't you and your mother-in-law let bygones be bygones?* / Por que você e sua sogra não deixam o passado para trás?

let: let it all hang out *inf* expressar sentimentos sem inibições, desinibir-se. *Janet finally let it all hang out and told Mark how she felt about him.* / A Janet finalmente se desinibiu e disse ao Mark como ela se sentia com relação a ele.

let: let it go / let it go at that não falar ou fazer mais nada sobre algo, deixar para lá, deixar quieto (um assunto). *He said he wouldn't change his mind, so I let it go.* / Ele disse que não mudaria de opinião, então eu deixei quieto. *I offered her my help a few times and let it go at that.* / Eu ofereci minha ajuda algumas vezes e deixei para lá.

let: let off steam *inf* aliviar o estresse, tensão ou ansiedade (por meio de diversão, exercício físico etc.). *I normally run a few kilometers in the evening to let off steam after a hard day at work.* / Eu normalmente corro alguns quilômetros à noite para aliviar o estresse depois de um dia duro no trabalho.

let: let one's hair down *inf* relaxar e divertir-se. *After a few drinks everyone let their hair down and the party really got going.* / Depois de alguns drinques todo mundo relaxou e se divertiu e a festa realmente animou.

let: let oneself go 1 *inf* comportar-se sem inibições, entregar-se aos impulsos, soltar-se. *Come on and dance! Let yourself go a little and have some fun!* / Vamos lá, dance! Solte-se um pouco e divirta-se! **2** *inf* parar de cuidar da aparência, descuidar-se, relaxar. *Have you seen how fat Veronica is getting? She has really let herself go since she got married.* / Você viu como a Veronica está ficando gorda? Ela realmente relaxou desde que se casou.

let: let sleeping dogs lie *dit* expressão usada para dizer que é melhor não mexer com algo por risco de piorar a situação. Algo como: é melhor deixar como está, é melhor deixar quieto. *I don't ask my brother-in-law about the money he owes me any more.*

I've decided to let sleeping dogs lie. / Eu nem pergunto mais para o meu cunhado sobre o dinheiro que ele me deve. É melhor deixar quieto.

let: let someone go 1 liberar ou soltar alguém. *The police let the suspect go after questioning him.* / A polícia liberou o suspeito depois de interrogá-lo. **2** demitir, dispensar alguém (geralmente por falta de trabalho e não pela conduta ou desempenho). *We had to let some of the factory workers go when sales fell.* / Nós tivemos que dispensar alguns dos funcionários da fábrica quando as vendas caíram.

let: let someone have it 1 *inf* bater em alguém. *I'll let you have it if you take my bike again without asking!* / Eu vou bater em você se você pegar a minha bicicleta novamente sem permissão! **2** *inf* criticar ou dar bronca em alguém. *Jim got caught cheating on the test and the teacher really let him have it.* / O Jim foi pego colando no teste e o professor deu uma bela bronca nele.

let: let someone know avisar alguém, manter alguém informado. *I'll let you know as soon as it's ready.* / Eu vou avisá-lo assim que estiver pronto.

let: let someone off the hook *inf* livrar ou liberar alguém de castigo, punição ou situação difícil, livrar a cara de alguém. *The police officers let James off the hook with just a warning.* / Os policiais livraram a cara do James e apenas o alertaram.

let: let someone stew / let someone stew in their own juice *inf* deixar alguém sofrer ou pensar sobre as próprias ações, deixar alguém sair de uma situação difícil por conta própria, provar do próprio veneno. *I haven't decided if I'm going to lend him the money to get out of debt. First I'll let him stew a little.* / Eu não decidi se vou emprestar o dinheiro para ele sair das dívidas. Primeiro eu vou deixá-lo sofrer um pouco. *'Laura has been criticizing everyone's work in the office and now no one wants to work with her.' 'Serves her right. Let her stew in her own juice for a while.'* / 'A Laura tem criticado o trabalho de todo mundo no escritório e agora ninguém quer trabalhar com ela.' 'Bem feito. Deixe-a provar do próprio veneno por um tempo.'

let: let something drop parar de falar sobre algo, deixar para lá, deixar quieto (um assunto). *I don't want to talk about what happened last night. Can we just let it drop now?* / Eu não quero falar sobre o que aconteceu ontem à noite. Podemos deixar isso quieto agora?

let: let something rip / let it rip *inf* acelerar ao máximo (carro, barco, moto etc.), usar a potência máxima de algo, pisar fundo, descer a lenha. *The taxi driver let it rip and we got to the airport just in time.* / O taxista pisou fundo e nós chegamos no aeroporto a tempo.

let: let something slip / let slip something *inf* revelar algo acidentalmente, deixar escapar um segredo (geralmente sem querer). *One of the suspects let the location of the hideout slip during the interrogation.* / Um dos suspeitos deixou escapar o local do esconderijo durante o interrogatório. *Sorry, I didn't mean to let slip that you were pregnant. I thought they already knew.* / Desculpe, eu não tinha a intenção de deixar escapar que você estava grávida. Eu pensei que eles já sabiam.

let: let the cat out of the bag *inf* revelar algo (geralmente um segredo), abrir a boca, deixar escapar um segredo. *Yes, it's my birthday today, but don't let the cat out of the bag. I don't want anyone making a fuss about it.* / Sim, é o meu aniversário hoje, mas não abra a boca. Eu não quero ninguém fazendo alarde.

let: let the chips fall where they may *Amer inf* expressão usada para dizer que alguém aceitará as consequências ou resultados de suas ações, deixar as coisas acontecerem. *I've made my decision to close the factory and now let the chips fall where they may.* / Eu tomei a decisão de fechar a fábrica e agora deixe as coisas acontecerem.

let: let the genie out of the bottle fazer algo que muda a vida de pessoas de forma irrevogável, mudar completamente a vida das pessoas. *The government let the genie out of the bottle when they allowed genetically engineered food on the market.* / O governo mudou completamente a vida das pessoas quando permitiu a entrada de alimentos geneticamente modificados no mercado.

let: let's face it expressão usada na fala para dizer que é preciso aceitar os fatos como são. Algo como: 'venhamos e convenhamos', 'fala sério', 'sejamos honestos'. *Let's face, their team played much better than ours.* / Fala sério, o time deles jogou muito melhor do que o nosso.

let: not let the grass grow under one's feet ser bastante ativo e fazer as coisas que precisam ser feitas rapidamente, não perder tempo. *Mr. Wilkins didn't let the grass grow under his feet and fixed the broken window the same day.* / O Sr. Wilkins não perdeu tempo e consertou a janela quebrada no mesmo dia.

letter: (do something) to the letter (fazer algo) seguindo os detalhes ou precisamente, (fazer algo) à risca, ao pé da letra. *Ben isn't very smart, but he always carries out my instructions to the letter.* O Ben não é muito esperto, mas ele sempre segue as minhas instruções ao pé da letra.

level: be on the level ser sério, sincero ou honesto. *Their proposal seems to be on the level and I think we should accept it.* / A proposta deles parece ser séria e eu acredito que deveríamos aceitá-la.

level: level the playing field *inf* estabelecer regras e oportunidades iguais para todos os participantes. *Government scholarships will level the playing field a little and let poorer students into top universities.* / As bolsas de estudo do governo estabelecerão regras iguais para todos e permitirão que os alunos mais pobres entrem nas melhores universidades.

liberties: take liberties (with someone or something) abusar da boa vontade (de alguém), achar-se no direito de fazer algo. *The children take such liberties with their grandmother.* / As crianças abusam da boa vontade da avó delas. *The neighbor's kids took liberties with our pool while we were on vacation.* / As crianças do vizinho se acharam no direito de usar a nossa piscina enquanto estávamos em férias.

liberty: be at liberty (to do something) *form* ter permissão, liberdade ou autorização (para fazer algo). *I'm not at liberty to say where the president is right now.* / Eu não tenho autorização para dizer onde o presidente está neste exato momento.

liberty: take the liberty of doing something tomar a liberdade de fazer algo (sem permissão ou autorização). *I hope you don't mind, I took the liberty of letting myself in while you were out.* / Eu espero que você não se incomode, eu tomei a liberdade de entrar enquanto você estava fora.

lick: lick one's chops *inf* esperar ansiosamente por algo prazeroso, lamber os beiços, babar por algo. *The kids are licking their chops over the cake.* / As crianças estavam lambendo os beiços por causa do bolo.

lick: lick one's wounds recolher-se para recuperar a confiança ou força depois de fracasso ou desapontamento. *The losing team went home to lick their wounds after the championship.* / O time perdedor foi para casa se recuperar depois do campeonato.

lick: lick someone or something into shape *inf* tornar alguém ou algo mais eficiente, organizado competente etc., pôr alguém ou algo em forma. *The coach has two weeks to lick the team into shape.* / O técnico tem duas semanas para colocar o time em forma.

lick: lick someone's ass *Amer vulg* agradar alguém para ganhar algo (promoção, favor etc.), puxar o saco de alguém. *It seems you have to lick the boss's ass to get a promotion around here.* / Parece que você precisa puxar o saco do chefe para conseguir uma promoção por aqui.

lick: lick someone's boots *inf* agradar alguém para ganhar algo (promoção, favor etc.), puxar o saco de alguém. *Morris got to the top of the department licking the manager's boots.* / O Morris chegou ao topo do departamento puxando o saco do gerente.

lie: lie down on the job não cumprir com as obrigações no trabalho, vacilar no serviço. *You won't last long here if you lie down on the job.* / Você não vai durar muito aqui se você vacilar no serviço.

lie: lie in store estar para acontecer, aguardar ou estar reservado (para alguém). *Global warming is changing the Earth's climate and scientists aren't certain what lies in store for us in the future.* / O aquecimento global está alterando o clima da Terra e os cientistas não sabem o que nos aguarda no futuro.

lie: lie in wait esperar em esconderijo para atacar, ficar de tocaia esperando alguém. *The thieves were lying in wait for the woman to leave the bank with the money.* / Os ladrões estavam de tocaia esperando a mulher sair do banco com o dinheiro.

lie: lie low esconder-se ou não aparecer em público por um período curto, dar uma sumida. *The bank robbers lay low until the police gave up the search.* / Os assaltantes de banco esconderam-se até a polícia desistir da busca.

lie: lie through one's teeth contar mentira (sem mostrar vergonha), mentir na cara dura. *David lied through his teeth and told his wife he had been at a friend's house.* / O David mentiu na cara dura e disse para a esposa que ele estava na casa de um amigo.

life: be the life of the party ser alegre e animado (em festa ou encontro), ser a maior atração. *Dave told the funniest stories at dinner. He was the life of the party!* / O Dave contou as histórias mais engraçadas no jantar. Ele foi a maior atração.

life: get a life *inf* expressão usada na fala para dizer que a vida de alguém é chata e enfadonha (expressão geralmente usada no imperativo). Algo como: 'Acorda para a vida!', 'Muda de vida!', 'Se liga!'. *You're going to miss the party so you can go shopping with your Mom? Get a life!* / Você vai perder a festa porque vai fazer compras com a sua mãe? Se liga!

life: make life difficult (for someone) complicar ou dificultar a vida (de alguém). *Be nice to him. He's the head of human resources and he can make life difficult for you if he wants to.* / Seja legal com ele. Ele é o diretor do departamento de recursos humanos e pode dificultar sua vida se ele quiser.

life: make somone's life a misery / make someone's life a living hell tornar a vida de alguém muito difícil e desagradável, tornar a vida de alguém um inferno. *Hank's mother-in-law is making his life a misery.* / A sogra do Hank está tornando a vida dele um inferno.

life: take one's own life matar-se, suicidar-se, tirar a própria vida. *Life became intolerable for Robert and he took his own life.* / A vida se tornou insuportável para o Robert e ele se suicidou.

life: take someone's life matar alguém, tirar a vida de alguém. *The war has taken the lives of thousands of innocent people.* / A guerra tirou a vida de milhares de pessoas inocentes.

life: that's life expressão usada para dizer que temos que aceitar as coisas da vida como elas são. Algo como: 'a vida é assim mesmo'. *So we lost the game. That's life.* / E daí que nós perdemos o jogo? A vida é assim mesmo.

life: there is life in the old dog yet expressão usada para referir-se a uma pessoa de idade que ainda tem energia e pique de jovem, que ainda tem muita energia. *You should have seen my grandfather dancing with all the girls at the wedding. There's life in the old dog yet!* / Você deveria ter visto o meu avô dançando com todas as garotas no casamento. Ele ainda tem muita energia!

life: this is the life expressão usada para expressar satisfação com o momento da vida. Algo como: 'que vida boa!', 'isso é que é vida!'. *Now this is the life! We've got a jacuzzi, bar and fireplace in our hotel room!* / Isso é que é vida! Nós temos uma banheira de hidromassagem, um balcão de bebidas e uma lareira no nosso quarto de hotel.

lift: not lift a finger (to do something) não fazer o mínimo de esforço para fazer algo ou ajudar a fazer algo, não levantar um dedo, não mover uma palha (para fazer algo). *The kids don't lift a finger around the house.* Os garotos não movem uma palha na casa.

light: (be) as light as a feather *comp* ser muito leve. *The bike is made of aluminium, so it's as light as a feather compared to a steel one.* / A bicicleta é feita de alumínio, então ela é muito leve comparada a uma bicicleta feita de aço.

light: be a light at the end of the tunnel ser uma pequena esperança, ser uma luz no fim do túnel. *For many cancer victims the new treatment is a light at the end of the tunnel.* / Para muitas vítimas de câncer, o novo tratamento é uma luz no fim do túnel.

light: be out like a light *inf* estar profundamente adormecido, apagar completamente. *I was out like a light and I didn't hear you come in last night.* / Eu apaguei completamente e não ouvi você entrar ontem à noite.

light: be the light of someone's life ser a pessoa mais querida de alguém, ser o amor da vida de alguém, ser a estrela da vida de alguém. *Honey, you know you're the light of my life!* / Amor, você sabe que é a estrela da minha vida!

light: come to light aparecer, ser revelado, vir à tona. *The police will reopen the investigation because new evidence has come to light.* / A polícia irá reabrir a investigação porque novas evidências vieram à tona.

light: make light of something fazer pouco caso de alguma coisa. *We can't pay the rent this month and you shouldn't make light of it. It's serious!* / Nós não podemos pagar o aluguel este mês e você não deveria fazer pouco caso disso. É sério!

light: make light work of something fazer algo facilmente ou sem esforço. *The boys made light work of painting the house.* / Os garotos pintaram a casa facilmente.

lightning: lightning never strikes twice / lightning never strikes in the same place twice *dit* expressão falada depois de uma experiência desagradável para dizer que as chances de algo ocorrer duas vezes são mínimas. Algo como: 'um raio nunca cai no mesmo lugar duas vezes'. *So your first marriage didn't work, the second one will. Lightning never strikes twice.* / E daí que o seu primeiro casamento não deu certo? O segundo dará. Um raio nunca cai no mesmo lugar duas vezes.

lights: the lights are on but no one's home *inf* expressão usada na fala para dizer que alguém é burro, lento ou desligado, tem cabeça, mas não pensa. *Did you hear all the stupid questions she asked in the meeting? I mean, the lights are on but no one's home!* Você ouviu as perguntas estúpidas que ela fez na reunião? Quer dizer, ela tem cabeça, mas não pensa.

like: like father, like son *comp* expressão usada para destacar a semelhança física ou de personalidade entre pai e filho. Algo como: 'tal pai, tal filho'. *'Steven is going to be an engineer.' 'Like father, like son. His father is a great engineer.'* / 'O Steve vai ser um engenheiro.' 'Tal pai, tal filho. O pai dele é um ótimo engenheiro.'

like: like it or lump it *inf* expressão usada para dizer que você precisa aceitar a situação desagradável porque não tem escolha. Algo como: 'goste ou não', 'queira ou não queira'. *Many of you don't like Mr. Landon, but he is our new manager, like it or lump it!* / Muitos de vocês não gostam do Sr. Landon, mas ele é o nosso novo gerente, queiram ou não!

limelight: be in the limelight estar em destaque (geralmente na mídia), estar na mídia, estar sob os holofotes. *As an actor in Hollywood, you're always in the limelight.* / Sendo um ator de Hollywood, você está sempre em destaque.

limelight: be out of the limelight não estar em destaque (geralmente na mídia), estar fora da mídia, estar longe dos holofotes. *He'll be out of the limelight after the scandal blows over.* / Ele estará fora da mídia depois que o escândalo passar.

limits: be off limits 1 estar fora de área permitida para entrar. *The stock room is off limits to the staff.* / A sala de estoque está fora da área permitida para os funcionários. **2** *inf* ser ou estar proibido. *That last piece of chocolate cake in the fridge is off limits! It's mine.* / O último pedaço de bolo de chocolate na geladeira está proibido! Ele é meu!

line: be in line (with someone or something) estar de acordo (com alguém ou algo). *The ambassador acted in line with his government's wishes.* / O embaixador agiu de acordo com os desejos do seu governo.

line: be out of line (with someone or something) 1 estar em desacordo (com alguém ou algo). *The players are out of line with their coach on the tactics for the next game.* / Os jogadores estão em desacordo com o técnico em relação às táticas para o próximo jogo. **2** estar errado (no comportamento). *Young man, you're out of line! Do you think you can talk to your father that way?* / Rapaz, você está errado! Você pensa que pode falar com o seu pai dessa maneira?

little: a little bird told me expressão usada para dizer que ficou sabendo de algum segredo por acaso. Algo como: 'um passarinho me contou'. *'How did you find out about Nancy's pregnancy?' 'Well, a little bird told me.'* / 'Como você ficou sabendo sobre a gravidez da Nancy?' 'Bem, um passarinho me contou.'

live: live and breathe something ser louco, fanático por algo, respirar algo. *Professor Kennedy lives and breathes Roman history. It's the only thing he talks about.* / O professor Kennedy respira história romana. Ele só fala disso.

live: live and let live *dit* expressão usada para dizer que as pessoas são diferentes e temos que aceitar essas diferenças. Algo como: 'viva e deixe viver'. *I don't agree with her lifestyle, but what can I do? As they say, live and let live.* / Eu não concordo com o estilo de vida dela, mas o que vou fazer? É como dizem, viva e deixe viver.

live: live beyond one's means gastar mais dinheiro do que ganha. *Margaret has been living beyond her means and now she can't pay her rent this month.* / A Margaret está gastando mais do que ganha e agora não consegue pagar o aluguel deste mês.

live: live from hand to mouth viver com pouco dinheiro, sobreviver, conseguir o suficiente para comer. *George lived from hand to mouth when he was a student in Paris.* / O George conseguia o suficiente para comer quando era um estudante em Paris.

live: live high on the hog *inf* viver com fartura e luxo, levar uma vida de rei ou rainha. *Cindy is living high on the hog now that she got a great job.* / A Cindy está levando uma vida de rainha agora que conseguiu um ótimo emprego.

live: live in sin morar junto com alguém (e ter relações sexuais sem ser casado). *Doug and Wendy lived in sin for years before they finally got married.* / O Doug e a Wendy moraram juntos há anos antes de finalmente se casarem.

live: live in the fast lane ter um estilo de vida agitado e de badalação (expressão usada para descrever a vida de celebridades, executivos etc.). *When I was an executive living in the fast lane, I never had time to take a holiday.* / Quando eu era um executivo levando uma vida agitada e de badalação, eu nunca tinha tempo para tirar férias.

live: live it up *inf* divertir-se (geralmente gastando muito dinheiro). *Why don't we go out somewhere nice tonight and really live it up?* / Por que a gente não vai a algum lugar legal hoje à noite e se diverte a valer?

live: live within one's means viver dentro de um padrão de vida compatível, viver com o que tem ou pode. *A new car? When are you going to learn to live within your means?* / Um carro novo? Quando é que você vai aprender a viver com o que tem?

load: get a load of this *inf* expressão usada para chamar a atenção de alguém antes de falar algo sério ou interessante. Algo como: 'olha só (essa)', 'saca só', 'se liga'. *Get a load of this. Jack and Susan are going to get married!* / Olha só essa. O Jack e a Susan vão se casar.

load: take a load off someone's mind deixar alguém aliviado, tirar um peso da cabeça de alguém (geralmente com uma boa notícia). *The doctor said she'll be fine, which takes a load off my mind.* / O médico disse que ela vai ficar bem, o que me deixa aliviado.

lock: lock horns (with someone) (over something) brigar ou discutir (com alguém) (sobre algo). *Jenkins locked horns with Grant over the decision to hire another engineer.* / O Jenkins discutiu com o Grant sobre a decisão de contratar um novo engenheiro.

lodge: lodge a complaint *form* apresentar uma queixa, reclamação etc. *We lodged a complaint against the bar for making noise after ten o'clock.* /

Nós apresentamos uma queixa contra o bar por fazer barulho depois das dez horas.

long: it's a long story expressão usada na fala quando se quer evitar detalhes sobre algo que ocorreu. Algo como: 'é uma longa história'. *'So, why did you decide to move to Africa?' 'It's a long story! Another time I'll tell you it.'* / 'Então, por que você decidiu se mudar para a África?' 'É uma longa história! Uma outra hora eu te conto.'

look: look bad causar uma má impressão, pegar mal. *It will really look bad if we arrive too late to the party.* / Vai pegar mal se a gente chegar muito atrasado na festa.

look: look before you leap *dit* expressão usada para sugerir que alguém reflita antes de agir. Algo como: 'pense bem antes de agir'. *Are you sure you want to quit school? I mean, look before you leap.* / Você tem certeza de que quer sair da escola? Quer dizer, pense bem antes de agir.

look: look down one's nose (at someone or something) menosprezar alguém ou algo, olhar torto para alguém ou algo. *Karen is wealthy, but she doesn't look down her nose at people with less money.* / A Karen é rica, mas ela não menospreza as pessoas que têm menos dinheiro.

look: look for trouble procurar briga, conflito, encrenca etc. *You're looking for trouble wearing your team's shirt to the games.* / Você está procurando briga usando a camisa do seu time em dia de jogo.

look: look like a million bucks / look like a million dollars *comp* ter um visual maravilhoso, estar com uma aparência maravilhosa. *Jessica, you look like a million dollars. What's the secret?* / Jessica, você está com uma aparência maravilhosa. Qual é o segredo?

look: look on the bright side (of something) manter o bom humor e ver o lado positivo de uma situação difícil. *You lost your job, but look on the bright side. Now you don't have to wake up early every morning!* / Você perdeu o emprego, mas olhe o lado bom. Agora você não precisa acordar cedo toda manhã!

look: look one's age aparentar a idade (expressão geralmente usada na negativa). *Jenny looks terrific! She doesn't look her age at all.* / A Jenny está com uma aparência ótima! Ela não aparenta a idade de maneira alguma.

look: look someone up and down examinar alguém detalhadamente com os olhos para julgar, medir alguém da cabeça aos pés. *The girl looked me up and down for a moment and refused my invitation to dinner.* / A garota me mediu da cabeça aos pés por um momento e recusou o meu convite para jantar.

look: look the other way ignorar ou fingir não ver (algo errado). *A lot of the students were cheating on the test, but the teacher just looked the other way.* / Muitos alunos estavam colando no teste, mas o professor simplesmente fingiu que não estava vendo.

look: not look a gift horse in the mouth *dit* expressão usada para dizer que não se deve menosprezar aquilo que se recebe de graça. Algo como: 'a cavalo dado não se olha os dentes'. *You didn't accept the use of his car because it was old? As they say, you shouldn't look a gift horse in the mouth.* / Você não aceitou usar o carro dele porque era velho? Como dizem, a cavalo dado não se olha os dentes.

look: not look oneself não parecer bem. *She had been ill and she really didn't look herself.* / Ela estava doente e realmente não parecia bem.

lookout: be on the lookout (for someone or something) estar à procura de (alguém ou algo), estar na caça (de alguém ou algo). *The police are on the lookout for the bank robbers.* / A polícia está à procura dos assaltantes de banco. *We are on the lookout for a cheap apartment downtown, but it's hard to find them these days.* / Nós estamos à procura de um apartamento barato no centro da cidade, mas é difícil encontrá-los hoje em dia.

looks: if looks could kill expressão usada para descrever um olhar ameaçador de alguém. Algo como: 'se um olhar matasse...'. *She didn't say anything to me when I tracked mud through the house, but if looks could kill...* / Ela não me disse nada quando eu entrei com os pés sujos dentro de casa, mas se um olhar matasse...

loop: be in the loop *inf* fazer parte de um grupo envolvido em algo importante (projeto, plano etc.), estar envolvido, estar na jogada. *I want the engineering team in the loop if we're going to develop the new model.* / Eu quero a equipe de engenharia envolvida se formos desenvolver o novo modelo.

loop: be out of the loop *inf* não fazer parte de um grupo envolvido em algo importante (projeto, plano etc.), não estar envolvido, não estar na jogada. *If you weren't invited to the meeting, it means you're out of the loop.* / Se você não foi convidado para a reunião, isso significa que você está fora da jogada.

loose: be on the loose 1 estar foragido (prisioneiro, animal). *The prisoner is still on the loose.* / O prisioneiro ainda está foragido. **2** *inf* estar livre ou folgado. *The boss is in Los Angeles this week, so I guess the staff will be on the loose until he gets back.* / O chefe está em Los Angeles esta semana, então eu acho que os funcionários ficarão folgados até ele voltar.

loose: have a loose tongue falar muito (geralmente algo que não se deve divulgar), ter a língua solta, ser linguarudo. *Someone at the office has a loose tongue because now everyone knows about what happened.* / Alguém no escritório tem a língua solta, porque agora todo mundo sabe o que aconteceu.

loosen: loosen someone's tongue fazer alguém falar ou revelar algo, fazer alguém abrir a boca. *I've tried to get Mary to say where she was last night, but I can't loosen her tongue.* / Eu tentei fazer a Mary dizer onde ela estava na noite passada, mas eu não consigo fazê-la abrir a boca.

lose: lose face perder o respeito dos outros, ficar humilhado, ficar com a cara no chão, pagar mico, passar vergonha. *Sharon could ask for her old job back, but she doesn't want to lose face.* / A Sharon poderia pedir o emprego dela de volta, mas ela não quer se humilhar.

lose: lose money hand over fist *inf* perder muito dinheiro. *Richard lost money hand over fist in the stock market last year.* / O Richard perdeu muito dinheiro no mercado financeiro no ano passado.

lose: lose one's bearings perder-se, ficar perdido, confuso, desorientado. *Wait a minute. I've lost my bearings. What were we discussing?* / Espere um minuto. Eu me perdi. O que estávamos discutindo?

lose: lose one's cool (with someone or something) *inf* perder a paciência (com alguém ou algo). *The teacher just lost her cool with all that noise in the classroom.* / A professora simplesmente perdeu a paciência com todo aquele barulho na sala de aula.

lose: lose one's grip (on something) perder o controle ou noção (de algo), perder a habilidade (com algo). *My aunt is very old and she is starting to lose her grip on reality.* / A minha tia está muito velha e está começando a perder a noção da realidade.

lose: lose one's head perder a paciência, juízo ou calma, perder a cabeça. *He lost his head and started screaming at his secretary.* / Ele perdeu a paciência e começou a berrar com a secretária dele.

lose: lose one's marbles *inf* perder o juízo, ficar confuso, enlouquecer, ficar gagá. *You paid a thousand dollars for that dress? Have you lost your marbles?* / Você pagou mil dólares por esse vestido? Enlouqueceu?

lose: lose one's mind ficar louco, doido, pirado etc. *I must be losing my mind. I've locked my car with the keys inside.* / Eu devo estar ficando louco. Eu tranquei o carro com as chaves dentro.

lose: lose one's shirt *inf* perder todo o dinheiro, perder muito dinheiro (em negócio, aposta etc.). *Poor Harry, he lost his shirt in the stock market.* / Pobre Harry, ele perdeu todo o dinheiro no mercado financeiro.

lose: lose one's temper (with someone) perder a paciência (com alguém). *Dan is a perfect father. He never loses his temper.* / O Dan é um pai perfeito. Ele nunca perde a paciência.

lose: lose one's touch *inf* perder a habilidade, talento, dom, jeito etc. de fazer algo bem, perder o toque de classe. *Her last novel isn't very good. I think she's lost her touch.* / O último romance que ela escreveu não é muito bom. Eu acho que ela perdeu o talento. *He scored two goals in the first half. You see, he hasn't lost his touch!* / Ele marcou dois gols no primeiro tempo. Está vendo? Ele não perdeu o jeito!

lose: lose sight of something perder algo de vista. *Let's not lose sight of our main objectives here.* / Não vamos perder de vista os nossos objetivos principais aqui.

lose: lose touch (with someone) perder contato (com alguém). *I lost touch with Mike after we moved to Rio.* / Eu perdi contato com o Mike quando nos mudamos para o Rio.

lose: lose track (of someone or something) perder informação, conta, noção etc., perder alguém ou algo de vista. *You've totally lost track of who you are.* / Você perdeu a noção completamente de quem você é.

lose: lose your cool *inf* perder a calma ou o controle. *The guy lost his cool and started yelling at the manager, demanding his money back.* / O cara perdeu a calma e começou a gritar com o gerente, exigindo o dinheiro de volta.

lose: not lose any night sleep (over someone or something) *inf* não preocupar-se (com alguém ou algo), não perder noites de sono (por causa de alguém ou algo). *I'm not going to lose any night sleep over Jim.* / Eu não vou perder noites de sono por causa do Jim.

loss: be at a loss for words ficar incapaz de se expressar, ficar sem saber o que dizer. *I was at a loss for words when she asked for an explanation.* / Eu fiquei sem saber o que dizer quando ela pediu uma explicação.

lost: be lost on someone não ser apreciado ou entendido por alguém, não chamar a atenção de alguém, não fazer diferença para alguém. *The fine champagne was lost on them. They would have been just as happy with beer.* / O sofisticado champanhe não foi apreciado por eles. Eles teriam ficado contentes mesmo que fosse cerveja. *I don't know why you insist on reading Shakespeare to the kids. Can't you see it's lost on them?* / Eu não sei por que você insiste em ler Shakespeare para as crianças. Você não vê que não atrai a atenção delas?

lost: be lost to the world estar tão envolvido com algo a ponto de perder a noção do mundo ao redor, viajar, esquecer-se de tudo. *When Patty sits down to paint, she is lost to the world. She even forgets to eat!* / Quando a Patty senta-se para pintar, ela viaja. Ela se esquece até mesmo de comer!

lost: get lost *inf* expressão usada na fala para pedir que alguém vá embora. Algo como: 'cai fora', 'vá catar coquinhos', 'vaza'. *Get lost! Can't you see I'm busy?* / Cai fora! Você não vê que estou ocupado?

lost: make up for lost time compensar o tempo perdido. *Peter has just met his biological mother and they've been making up for lost time by seeing each other every day.* / O Peter acabou de conhecer a sua mãe biológica e eles estão compensando o tempo perdido encontrando-se todos os dias.

love: love is blind *dit* expressão usada para dizer que quem ama não enxerga os defeitos da pessoa amada. Algo como: 'o amor é cego'. *Michael is an awful person, but my daughter thinks he's terrific. As they say, love is blind.* / O Michael é uma pessoa horrível, mas a minha filha acha que ele é maravilhoso. Como dizem, o amor é cego.

love: make love (to someone) fazer sexo, fazer amor, transar (com alguém). *My parents caught us making love on the sofa.* / Os meus pais nos pegaram transando no sofá. *Did you make love to her?* / Você transou com ela?

low-down: get the low-down (on someone or something) *inf* conseguir informação completa, verdade ou fatos autênticos (sobre alguém ou algo). *I just got the low-down on Sandra. She's not who she claims to be.* / Eu acabei de conseguir a verdade sobre a Sandra. Ela não é quem diz ser.

lower: lower the boom on someone *Amer inf* criticar ou punir alguém severamente, descer a lenha em alguém. *She's always lowering the boom on her ex-husband.* / Ela está sempre descendo a lenha no ex-marido dela.

luck: be down on one's luck *inf* estar sem dinheiro e emprego devido a um período de azar, estar numa maré de azar. *The government created a program to help people who are down on their luck to find a job.* / O governo criou um programa para auxiliar as pessoas que estão sem dinheiro e desempregadas.

lump: have a lump in one's throat ficar comovido, ficar com um nó na garganta, ficar prestes a chorar. *I had a lump in my throat after hearing the poor man's story.* / Eu fiquei comovido depois de ouvir a história do pobre homem.

lumps: take one's lumps *Amer inf* aceitar situação difícil ou desagradável sem reclamar, aguentar a barra, segurar a onda. *Things are difficult at work right now, but we just have to take our lumps.* / As coisas estão difíceis no serviço agora, mas nós temos que aguentar a barra.

lying: take something lying down aceitar insulto, crítica, ataque etc. sem protesto ou reação, aguentar algo calado, aguentar algo sem fazer nada. *We won't take the pay cuts lying down.* / Nós não vamos aguentar calados a diminuição dos salários.

m

mad: (be) as mad as a hatter / (be) as mad as a March hare *comp* ser completamente louco, doido, pirado etc. *Professor Stanfield is as mad as a hatter!* / O professor Stanfield é completamente pirado!

made: be made for someone / be made for each other ser feito um para o outro (referindo-se a uma pessoa). *Laura's made for you!* / Laura foi feita para você! *Doug and June are made for each other.* / O Doug e a June foram feitos um para o outro.

made: have it made *inf* ter tudo o que deseja, estar feito na vida, estar bonito. *He won the lottery. The guy has it made.* / Ele ganhou na loteria. O cara está feito na vida.

magic: have a magic touch / have the magic touch ser muito hábil para fazer algo, ter um toque especial. *The gardener has a magic touch. Those flowers look just lovely.* / O jardineiro tem um toque especial. Essas flores são maravilhosas.

make: be on the make 1 *inf* estar atrás de dinheiro, grana ou estar atrás de sucesso (geralmente sem princípios ou de forma desonesta). *David is a young man on the make. He'll do anything to further his career.* / O David é um cara jovem que corre atrás de sucesso. Ele faz qualquer coisa para promover sua carreira. *Many of the cops who investigate organized crime are on the make.* / Muitos dos policiais que investigam o crime organizado estão atrás de grana. **2** *inf* estar procurando parceiro para relações sexuais, sair com outros homens ou outras mulheres. *Even after David married he was on the make.* / Mesmo depois que o David se casou ele continuava procurando mulheres para sair.

make: make a day of it fazer uma atividade agradável durar um dia inteiro em vez de apenas alguns momentos, aproveitar algo ao máximo. *Since the kids were having such a good time playing in the pool, we decided to make a day of it.* / Já que as crianças estavam se divertindo tanto brincando na piscina, nós decidimos aproveitar ao máximo.

make: make a quick buck *inf* ganhar dinheiro rápido ou facilmente, levantar uma grana rapidamente. *He's just in it to make a quick buck.* / Ele só está envolvido nisso para levantar uma grana rapidamente.

make: make it 1 alcançar o sucesso (na carreira, trabalho etc.). *Henry made it as an actor after he moved to Los Angeles.* / O Henry alcançou o sucesso como ator quando ele se mudou para Los Angeles. **2** ir, chegar (a algum lugar). *I can't make it into* work today. The car is broken. / Eu não posso ir para o trabalho hoje. O carro está quebrado. **3** sobreviver (doença, acidente etc.). *Kevin was severely injured in the car accident, but the doctors think he'll make it.* / O Kevin ficou muito machucado no acidente de carro, mas os médicos acham que ele vai sobreviver.

make: make it with someone *Amer inf* fazer sexo com alguém, transar com alguém. *Wendy spent the night at my place, but I didn't make it with her.* / A Wendy passou a noite na minha casa, mas eu não transei com ela.

make: make something of oneself fazer sucesso na vida, tornar-se alguém na vida. *You'll never make something out of yourself just watching TV all day.* / Você não vai se tornar alguém na vida só assistindo à TV o dia todo.

making: have the makings of something ter as características ou qualidades, ter os predicados ou ingredientes essenciais de alguém ou algo. *Mary is smart, good with people and very organized. She has all the makings of a manager.* / A Mary é esperta, boa para lidar com pessoas e muito organizada. Ela tem todas as qualidades de uma gerente.

man: be a man of one's word ser um homem que cumpre o que promete, ser um homem de palavra. *John isn't exactly a man of his word, so I feel a written contract is necessary.* / O John não é exatamente um homem de palavra, então eu receio que um contrato por escrito seja necessário.

man: be man enough (to do something) ter coragem suficiente, ser homem o suficiente (para fazer algo). *You're not man enough to repeat those things to my face.* / Você não é homem o suficiente para repetir essas coisas na minha cara.

man: every man has his price *dit* expressão usada para dizer que o dinheiro move as pessoas ou que todo mundo tem o seu preço. *I never thought John would go over to the competitor, but every man has his price, I suppose.* / Eu nunca pensei que o John iria trabalhar para o concorrente, mas todo homem tem seu preço, creio eu.

man: it's every man for himself *dit* expressão usada para descrever uma situação em que as pessoas colocam os seus interesses acima de qualquer interesse alheio. Algo como: 'é cada um por si'. *People are very ambitious at work. It's every man for himself.* / As pessoas são muito ambiciosas no trabalho. É cada um por si.

man: make a man out of someone tornar alguém mais maduro ou adulto (geralmente por meio de experiência). *A part-time job is just what the boy needs. It'll make a man out of him.* / Um emprego de meio período é exatamente o que o garoto precisa. Isso o tornará mais maduro.

man: one man's meat is another man's poison *dit* expressão usada para dizer que o que agrada uma pessoa não necessariamente agrada outra, ou o que faz bem para uma pessoa pode fazer mal a outra. *My father hated the sea, and I can't get enough of it. One man's meat is another man's poison, as they say.* / O meu pai odiava o mar, e eu não consigo viver sem ele. O que faz bem para uma pessoa pode fazer mal para outra, como dizem.

map: be off the map ser longe ou afastado (lugar), ser ou ficar no fim do mundo. *A summer house for such a low price? It has to be off the map!* / Uma casa de veraneio por um preço tão baixo? Ela deve ficar lá no fim do mundo!

marching: get one's marching orders *Brit* ser mandado embora ou demitido. *Poor Henry got his marching orders this morning.* / O coitado do Henry foi demitido hoje de manhã.

market: be in the market for something estar procurando algo (para comprar). *Michael is in the market for a bigger apartment.* / O Michael está procurando um apartamento maior para comprar.

market: be on the market estar disponível no mercado, estar à venda. *Our house has been on the market since December.* / A nossa casa está à venda desde dezembro.

match: be no match for someone or something não estar à altura, não ser páreo para alguém ou algo. *Jenny is a good tennis player, but she's no match for you.* / A Jenny é uma boa jogadora de tênis, mas ela não está à sua altura.

matter: be the matter (with someone or something) ser o motivo para não estar bem ou funcionando normalmente, ser o problema (com alguém ou algo). *What's the matter with Georgia? She seems sad today.* / Qual é o problema com a Georgia? Ela parece triste hoje. *There is something the matter with the car. It's making a strange noise.* / Há algum problema com o carro. Ele está fazendo um barulho estranho.

matter: it's only a matter of time (before...) ser apenas uma questão de tempo (até que...). *It's only a matter of time before the kids want to move out and get married.* / É apenas uma questão de tempo até que as crianças queiram sair de casa e se casar.

matters: take matters into one's own hands fazer algo ou resolver um problema por conta própria, chamar a responsabilidade para si e resolver algo. *There was no lifeguard on duty, so I had to take matters into my own hands and rescue the child.* / Não havia nenhum salva-vidas de plantão, então eu tive que resolver o problema por conta própria e salvar a criança.

mean: mean (someone) no harm / not mean (someone) any harm não ter intenções de magoar ou machucar alguém. *It was only a bit of constructive criticism. I meant no harm.* / Foi apenas um pouco de crítica construtiva. Eu não tinha a intenção de magoar. *Jack hit his son, but I don't think he meant the boy any harm.* / O Jack bateu no filho dele, mas eu não creio que ele tinha a intenção de machucar o garoto.

mean: mean business estar determinado a fazer algo, não estar para brincadeira, falar sério. *The landlord phoned about the overdue rent. He wants his money and he means business.* / O dono da casa ligou para saber sobre o aluguel atrasado. Ele quer o dinheiro dele e não está para brincadeira.

mean: mean the world to someone ser muito importante, querido, admirado etc. por alguém, significar muito para alguém. *I know Jane means the world to you, so I took the liberty of inviting her too.* / Eu sei que a Jane significa muito para você, então eu tomei a liberdade de convidá-la também.

mean: mean well ter boas intenções. *The boss is tough on the employees, but he means well.* / O chefe é duro com os empregados, mas ele tem boas intenções.

meaning: get someone's meaning *inf* entender, sacar o que alguém realmente quer dizer. *She didn't want to come out and say it, but I got her meaning all the same.* / Ela não queria abrir o jogo e dizer tudo, mas eu saquei o que ela realmente quis dizer mesmo assim.

meant: be meant to be something ser considerado. *This is meant to be his best film.* / Este é considerado o melhor filme dele.

measure: make something to measure fazer algo sob medida (roupa, sapato etc.). *Mr. Pearson's suits are made to measure at a fancy shop in London.* / Os ternos do Sr. Pearson são feitos sob medida em uma loja chique em Londres.

medicine: take one's medicine like a man receber castigo ou algo desagradável sem reclamar, aguentar sem reclamar. *I have to work late every night this week. Oh well, I guess I have to take my medicine like a man.* / Eu tenho que trabalhar até tarde toda noite esta semana. Bem, eu acho que tenho que aguentar sem reclamar.

meet: meet one's maker morrer, bater as botas, encontrar-se com o Criador (expressão geralmente usada em tom humorístico). *I thought I was going to meet my maker when the taxi went through the red light!* / Eu achei que ia bater as botas quando o taxista cruzou o sinal vermelho!

meet: meet one's Waterloo ser vencido, derrotado (geralmente após um tempo sem perder). *The local Karate champion met his waterloo when he came up against the state champion.* / O campeão local de caratê foi derrotado quando enfrentou o campeão estadual.

meet: meet someone halfway ceder um pouco para chegar a um acordo com alguém. *He wanted 2,000 dollars for his car, but he ended up meeting me halfway and accepted 1,700.* / Ele queria 2.000 dólares pelo carro, mas acabou cedendo e aceitou 1.700.

memory: take someone down memory lane *inf* lembrar-se do passado (com nostalgia), fazer alguém voltar no tempo. *Hearing these old songs really takes me down memory lane.* / Ouvir essas músicas antigas realmente me faz voltar no tempo.

mend: be on the mend *inf* estar se recuperando (após doença, acidente ou trauma emocional), estar ou ficar de molho. *The doctor says John will be on the mend for a few weeks before he can come back to work.* / O médico disse que o John ficará de molho por algumas semanas antes de poder voltar ao trabalho.

mend: mend one's ways melhorar o comportamento ou estilo de vida, corrigir-se, entrar nos eixos, tomar jeito. *For years David had a drinking problem. He only mended his ways after he got therapy.* / Há anos o David tinha um problema com a bebida. Ele só entrou nos eixos depois que fez terapia. *Jacob is a womanizer and he'll never mend his ways.* / O Jacob é um mulherengo e nunca vai tomar jeito.

mental: make a mental note of something / make a mental note to do something tentar lembrar algo ou de fazer algo, gravar algo na cabeça. *I made a mental note of the place where I had parked the car.* / Eu gravei na cabeça o lugar onde havia estacionado o carro.

mercy: be at the mercy of someone or something estar à mercê de algo ou alguém, estar sob o controle, poder de algo ou alguém. *The students spent three days lost in the forest at the mercy of mosquitoes and ants.* / Os alunos passaram três dias perdidos na floresta, à mercê de pernilongos e formigas.

mercy: have someone at one's mercy manter alguém sob domínio, ter alguém à sua mercê. *For two hours the robbers had the bank employees at their mercy while the police negotiated with them.* / Por duas horas os ladrões mantiveram os funcionários do banco sob domínio, enquanto a polícia negociava com eles.

merrier: the more the merrier *dit* expressão usada para dizer que quanto mais pessoas ou coisas houver, tanto melhor. Algo como: 'quanto mais, melhor'. *Invite your sister to the party if you want. The more the merrier.* / Convide a sua irmã para a festa se você quiser. Quanto mais gente, melhor.

mess: make a mess of something *inf* arruinar algo. *I have to admit I made a mess of my first marriage.* / Eu tenho que admitir que arruinei o meu primeiro casamento.

message: get the message *inf* entender o que alguém disse ou quer dizer, pegar a mensagem, sacar. *She didn't say she didn't like me, but I got the message.* / Ela não disse que não gostava de mim, mas eu saquei.

method: there is method in someone's madness / there is method to someone's madness expressão usada para dizer que há lógica ou razão por atrás de um comportamento ou ideia estranha ou maluca. Algo como: 'faz sentido', 'tem explicação'. *At first we all thought David's plan was insane, but we soon realized there was method in his madness.* / A princípio nós todos pensamos que o plano do David era maluco, mas logo percebemos que fazia sentido. *'Why do you drive across town to get gas?' 'Ah, there is method to my madness. I get a free car wash while I'm there.'* / 'Por que você atravessa a cidade para abastecer o carro?' 'Ah, tem explicação. Eu ganho uma ducha grátis lá.'

mickey: take the mickey out of someone *Brit inf* tirar um sarro, tirar um barato (da cara) de alguém, zoar alguém. *They don't really mean it. They're just taking the mickey out of you.* / Eles não estão falando sério. Só estão tirando um sarro da sua cara.

Midas: have the Midas touch expressão usada para dizer que alguém é muito bom, tem o dom ou talento para ganhar dinheiro. *Every business Hank has started has made a fortune. He really has the Midas touch.* / Todo negócio que o Hank começa dá certo. Ele realmente é bom para ganhar dinheiro.

middle: be someone's middle name *inf* expressão usada para dizer que alguém gosta ou está sempre disposto para alguma coisa. Algo como: 'encrenca, trabalho etc. é com alguém mesmo'. *'Trouble' is her middle name.* / 'Uma encrenca' é com ela mesma. *When I was at university, 'fun' was my middle name.* / Quando eu estava na universidade, 'diversão' era comigo mesmo.

miles: be miles apart 1 estar longe de chegar a um acordo. *Oil companies and the environmental groups are miles apart on the issue.* / As empresas petrolíferas e os grupos ambientalistas estão longe de chegar a um acordo. **2** ser muito diferente ou incomparável. *Frozen orange juice and fresh-squeezed are just miles apart.* / Suco de laranja congelado e suco feito na hora são incomparáveis.

miles: be miles away estar divagando nos pensamentos e desligado do que acontece ao redor, não estar prestando atenção, estar longe. *'Are you listening to me?' 'Sorry. I was miles away. Problems at work, you know.'* / 'Você está me ouvindo?' 'Desculpe. Eu estava longe. Problemas no trabalho, sabe como é.'

millstone: be a millstone around someone's neck ser algo (responsabilidade ou problema) que limita a liberdade de alguém, ser uma prisão. *The family business is a millstone around Jeff's neck. He can't even take a few days off work to get away.* / O negócio da família é uma prisão para o Jeff. Ele não pode sequer tirar alguns dias de folga e ir para longe.

mince: not mince one's words falar francamente, falar sem medir as palavras. *Don't mince your words. Just tell me what you really think of my outfit.* / Não meça as palavras. Simplesmente me diga o que você realmente acha do meu traje.

mincemeat: make mincemeat of someone *inf* detonar alguém (em competição ou conflito), destruir alguém verbalmente, fazer picadinho de alguém. *They made mincemeat of the Russians in the basketball finals.* / Eles detonaram os russos nas finais de basquete. *The opposition made mincemeat of the minister's new plan to reduce inflation.* / A oposição destruiu os novos planos do primeiro-ministro de reduzir a inflação.

mind: be all in someone's mind ser ilusão ou imaginação (da cabeça) de alguém. *She always thinks someone is following her, but it's all in her mind.* / Ela sempre acha que tem alguém a seguindo, mas é só imaginação da cabeça dela.

mind: be of one mind / be of the same mind (about / on something) ser da mesma opinião, ter o mesmo parecer. *The members of the jury were of the same mind and passed a unanimous not-guilty verdict.* / Os membros do júri foram da mesma opinião e deram um veredicto unânime de inocente.

mind: be out of one's mind estar louco, pirado, maluco etc. *You paid two thousand dollars for that dress? Are you out of your mind?* / Você pagou dois mil dólares por esse vestido? Você está louca?

mind: have a good mind to do something expressão usada para dizer o quanto se desejaria fazer algo. Algo como: 'como eu gostaria de fazer algo'. *I have a good mind to tell the boss just what I think of him!* / Como eu gostaria de dizer ao meu chefe o que eu penso dele!

mind: have a mind of one's own ter opiniões, visões, ideias etc. próprias e não ser influenciado pelos outros. *Even when George was a child he had a mind of his own.* / Mesmo quando o George era criança ele tinha opiniões próprias.

mind: have something in mind ter algo em mente, ter algo planejado. *'What are you doing tonight?' 'I don't have anything in mind. Why?'* / 'O que você vai fazer hoje à noite?' 'Eu não tenho nada em mente. Por quê?'

mind: have something on one's mind / have one's mind on something estar pensando em algo, estar com a cabeça ou mente em algo. *Sandra is a bit worried. She has the job interview tomorrow on her mind.* / A Sandra está um pouco preocupada. Ela está com a entrevista de amanhã na cabeça. *I have my mind on the problems at work.* / Eu estou com a cabeça nos problemas do trabalho.

mind: make up one's mind decidir-se, tomar uma decisão. *I'm not sure where I'm going on my holidays. I haven't made up my mind yet.* / Não tenho certeza de onde vou passar minhas férias. Eu não decidi ainda.

mind: mind one's language expressão usada geralmente na forma imperativa para chamar a atenção de alguém quanto à linguagem vulgar ou abusiva. Algo como: 'olha como você fala!', 'olha o linguajar', 'olha a boca'. *Mind your language! There are ladies present!* / Olha a boca! Há senhoras presentes!

mind: mind one's own business tomar conta da própria vida. *'Where are you going?' 'Mind your own business.'* / 'Aonde você vai?' 'Tome conta da sua própria vida.'

mind: mind one's P's and Q's *inf* observar as regras de etiqueta, lembrar-se de ser bem-educado. *Remember*

mind **mixed**

to mind your P's and Q's while you're at Aunt Sally's. / Lembre-se de ser bem-educado quando estiver na casa da tia Sally.

mind: mind one's step 1 tomar cuidado ao pisar, olhar onde pisa. *The rocks are slippery, so mind your step.* / As rochas são escorregadias, então tome cuidado ao pisar. **2** agir com cautela, ficar esperto, se ligar. *A lot of people want your job, so you had better mind your step.* / Muitas pessoas querem o seu emprego, então fique esperto.

mind: mind the shop *Brit inf* tomar conta de algo enquanto o responsável estiver fora. *I'll be out of town for three days, but my assistant will be minding the shop if you need anything.* / Eu vou estar fora da cidade por três dias, mas meu assistente vai estar tomando conta dos negócios se você precisar de algo.

mind: mind the store *Amer inf* tomar conta de algo enquanto o responsável estiver fora. *I'm going out to lunch. Can you mind the store for me and answer my calls?* / Vou sair para almoçar. Você pode tomar conta da loja para mim e atender aos meus telefonemas?

mind: take somone's mind off something fazer alguém esquecer de algo desagradável por um tempo, tirar a mente de alguém de algo. *Let's got out for a walk to take your mind off your problems for a while.* / Vamos dar uma caminhada para tirar sua mente dos problemas por um tempo.

mint: make a mint *inf* ganhar muito dinheiro. *They made a mint selling computers in Asia.* / Eles ganharam muito dinheiro vendendo computadores na Ásia.

miss: miss the boat *inf* perder uma chance, desperdiçar uma oportunidade. *I was going to ask Mary out but I missed the boat. Sam asked her out before I did.* / Eu ia convidar a Mary

para sair, mas desperdicei a oportunidade. O Sam a convidou para sair antes que eu o fizesse.

miss: not miss a trick *inf* não deixar de perceber algo nos mínimos detalhes e levar vantagem, não cochilar em nada. *The Americans didn't miss a trick in the negotiations and came out with the best deal.* / Os americanos não cochilaram em nada nas negociações e levaram vantagem.

mistaking: there is no mistaking someone or something expressão usada para dizer que algo é óbvio ou fácil de perceber, não há como negar. *There is no mistaking John's intentions. He wants your job.* / Não há como negar as intenções do John. Ele quer o seu emprego. *The world's climate is changing. There's no mistaking it.* / O clima mundial está mudando. Não há como negar.

mixed: be a mixed bag *inf* ser um grupo de pessoas ou coisas diversificadas, ser um misto. *The new tax laws are a mixed bag. Some of them benefit the taxpayer, some not.* / As novas leis de impostos são um misto. Algumas delas beneficiam o contribuinte, outras não.

mixed: be a mixed blessing ter vantagens e desvantagens. *My new promotion is a bit of a mixed blessing. I get paid more, but I also work longer hours.* / Minha nova promoção tem vantagens e desvantagens. Eu ganho mais, porém também tenho que trabalhar mais horas.

mixed: get mixed up in something *inf* envolver-se com algo (geralmente algo desonesto ou ilegal). *How did you get mixed up in that scam? The police will be after you if you're not careful.* / Como você foi se envolver nesse esquema? A polícia vai atrás de você, se você não ficar esperto.

mixed: get mixed up with someone *inf* envolver-se ou relacionar-se com alguém (geralmente alguém malvisto). *Mike got mixed up with the wrong group of kids at school and ended up getting expelled.* / O Mike se envolveu com o grupo errado de garotos na escola e acabou sendo expulso.

mixed: have mixed feelings (about someone or something) ter sentimentos antagônicos, estar confuso ou indeciso, estar em dúvida (em relação a alguém ou algo). *Harry has mixed feelings about getting married.* / O Harry está indeciso com relação ao casamento.

money: be in the money *inf* ter muito dinheiro para gastar. *Daniel is in the money now that he got his inheritance.* / O Daniel tem muito dinheiro para gastar agora que ele recebeu sua herança.

money: be made of money *inf* ter muito dinheiro, ser rico. *Sam's parents are made of money.* / Os pais do Sam são ricos.

money: be on the money *Amer inf* ser preciso (em aposta, opinião, adivinhação), acertar na mira, acertar em cheio. *He said the Brazilian team would win the finals and he was on the money.* / Ele disse que o time brasileiro ganharia a final e acertou na mira. *The weather forecast was right on the money yesterday.* / A previsão do tempo acertou em cheio ontem.

money: have money to burn *inf* ter muito dinheiro para esbanjar, ter dinheiro sobrando. *Let's buy an economy car. It's not like we have money to burn.* / Vamos comprar um carro popular. Não temos dinheiro para esbanjar.

money: have more money than sense ter muito dinheiro e gastar de forma irresponsável ou com bobagens, ter mais dinheiro do que juízo. *You have to have more money than sense to pay five hundred dollars for these designer ties.* / Você deve ter mais dinheiro do que juízo para gastar quinhentos dólares nessas gravatas de grife.

money: make money hand over fist *inf* ganhar muito dinheiro, ganhar dinheiro como água. *The company made money hand over fist doing business in Russia.* / A empresa ganhou dinheiro como água fazendo negócios na Rússia.

money: money doesn't grow on trees *dit* expressão usada para dizer que dinheiro é algo difícil de se obter e, portanto, deve ser gasto com muita cautela. Algo como: 'dinheiro não é capim', 'dinheiro não nasce em árvore'. *We can't buy a new car this year. Money doesn't grow on trees, you know.* / Nós não podemos comprar um carro novo este ano. Dinheiro não nasce em árvore, sabia?

money: money talks and bullshit walks *Amer vulg* expressão usada para dizer que não se tem tempo para desperdiçar com fregueses que não pretendem comprar ou não têm dinheiro. Algo como: 'quem tem dinheiro compra, quem não tem cai fora'. *So the guy asks if he can take the BMW out for a test drive. I knew he wasn't going to buy the car, so I told him money talks and bullshit walks.* / Aí um cara perguntou se podia fazer um *test-drive* no BMW. Eu sabia que ele não ia comprar o carro e disse que quem tem dinheiro compra, quem não tem cai fora.

money: money talks *dit* expressão usada para dizer que quem tem dinheiro consegue o que quer na vida com facilidade. Algo como: 'o dinheiro fala mais alto', 'dinheiro é o que conta'. *I lost my seat on the plane to a famous tennis player with no reservation. I guess money talks after all.* / Eu perdi meu assento no avião para um jogador de tênis famoso que não tinha reserva.

Eu acho que o dinheiro fala mais alto, afinal de contas.

monkey: make a monkey out of someone fazer com que alguém pareça idiota ou bobo, fazer alguém de bobo, otário etc. *This isn't real gold. Are you trying to make a monkey out of me?* / Isso não é ouro legítimo. Você está tentando me fazer de otário?

mood: be in the mood for something / be in the mood to do something estar a fim de (fazer) algo, estar com humor para (fazer) algo. *Are you in the mood for pizza?* / Você está a fim de uma pizza? *I'm not in the mood to go out tonight.* / Eu não estou com humor para sair hoje à noite.

moon: be over the moon *inf* estar muito feliz. *She's just over the moon with her new baby.* / Ela está simplesmente muito feliz com o novo bebê dela.

most: make the most of something aproveitar ou desfrutar o máximo de algo. *We made the most of the rental car and went all over town sightseeing.* / Nós aproveitamos o máximo do carro alugado e passeamos pela cidade inteira.

mountain: make a mountain out of a molehill expressão usada para dizer que alguém está exagerando a importância ou gravidade de um problema. Algo como: 'fazer uma tempestade num copo d'água'. *I know I was a little late for work this morning, but let's not make a mountain out of a molehill.* / Eu sei que cheguei um pouco atrasado ao trabalho hoje de manhã, mas não vamos fazer uma tempestade num copo d'água.

mouth: be down in the mouth estar triste, deprimido, desanimado etc., estar para baixo. *Sarah is a bit down in the mouth because she didn't get the promotion.* / A Sarah está um pouco deprimida porque não conseguiu a promoção.

mouth: make one's mouth water fazer alguém sentir fome ou desejar muito algo, dar água na boca de alguém. *The smell of fresh bread makes my mouth water.* / O cheiro de pão feito na hora me dá água na boca.

move: be on the move 1 estar viajando de um lugar para outro. *The tribe is on the move most of the year with their camels.* / A tribo está viajando de um lugar para outro a maior parte do ano com seus camelos. **2** *inf* estar muito ocupado, estar na correria, estar correndo de um lado para o outro. *Karen is on the move all day at work.* / A Karen está na correria o dia inteiro no serviço.

move: get a move on / get a move on it expressão usada na fala para apressar alguém. Algo como: 'anda logo', 'anda depressa'. *Come on, get a move on or we'll be late for school!* / Vamos lá, anda logo ou vamos chegar atrasados à escola!

move: move heaven and earth (to do something) fazer grande esforço ou tentar fazer algo de todas as maneiras, mover o céu e a terra (para fazer algo). *We had to move heaven and earth to get tickets to the show.* / Tivemos que mover o céu e a terra para conseguirmos ingressos para o show.

move: move one's ass *vulg* expressão usada para pedir que alguém se apresse. Algo como: 'anda logo', 'mexa-se'. *Move your ass or we'll be late!* / Mexa-se ou vamos chegar atrasados!

move: move with the times acompanhar as mudanças no mundo, acompanhar os tempos, atualizar-se. *The company has to move with the times or it'll be left behind.* / A empresa tem que acompanhar os tempos ou ficará para trás.

moving: get moving 1 partir, mexer-se (em direção a algum lugar). *Get moving or you'll be late for work!* / Mexa-se, ou vamos chegar atrasados ao serviço! **2** começar, pegar ritmo, esquentar. *The party really got moving when the band arrived.* / A festa realmente esquentou quando a banda chegou.

mum: mum's the word *inf* expressão usada na fala para pedir que alguém não conte um segredo ou para dizer que não contará segredo. Algo como: 'boca de siri', 'bico calado'. *We're organizing a surprise party for Frank, but remember, mum's the word.* / Nós estamos organizando uma festa surpresa para o Frank, mas lembre-se, bico calado.

munchies: have the munchies 1 *inf* ficar com fome, bater uma fome. *I had the munchies in the middle of the film, so I went out for popcorn.* / Me bateu uma fome no meio do filme, então eu saí para comprar pipoca. **2** *Amer inf* sentir fome após fumar maconha, dar uma larica. *Man, have I got the munchies! Let's get something to eat.* / Cara, me deu uma larica! Vamos arranjar alguma coisa para comer.

murder: get away with murder *inf* fazer o que quer sem ser punido, pintar e bordar. *I tell you, kids today get away with murder! Look at how they talk to their parents.* / Vou te contar, as crianças hoje em dia pintam e bordam! Veja como elas falam com os pais.

n

nail: nail one's colors to the mast *Brit* mostrar claramente para que lado torce, posicionar-se. *The minister refuses to nail his colors to the mast on the issue.* / O ministro se recusa a se posicionar na questão.

nail: nail someone to the wall *inf* criticar, castigar, punir alguém severamente por ter feito algo errado. *The boss nailed Sam to the wall for arriving late to the meeting.* / O chefe puniu o Sam por ter chegado atrasado à reunião.

name: have one's name on it *inf* expressão usada para dizer que algo está preparado ou intencionado para alguém, ser algo reservado para alguém. *There is a last piece of cake with your name on it.* / Há um último pedaço de bolo reservado especialmente para você.

name: have something to one's name *inf* ter, possuir (expressão geralmente usada na negativa). *Steven didn't have a cent to his name when he got married.* / Steven não tinha um centavo quando ele se casou.

name: make a name for oneself fazer sucesso e tornar-se conhecido (em carreira, trabalho, esporte etc.), fazer o nome, ganhar reputação. *Mr. Benton made a name for himself as a poet while at Stanford University.* / O Sr. Benton ganhou reputação como poeta enquanto estava na Universidade de Stanford.

name: name the day marcar o dia do casamento. *Well? Have you named the day?* / E então? Vocês já marcaram o dia do casamento?

name: name your poison *inf* expressão usada na fala para pedir que alguém escolha qual bebida alcoólica vai tomar. Algo como: o que você vai beber? *We've got beer, whiskey and vodka. Name your poison, John.* / Nós temos cerveja, uísque e vodca. O que você vai beber, John?

nasty: be a nasty piece of work ser uma pessoa muito desagradável ou perigosa. *The school principal was a nasty piece of work and would humiliate the teachers in front of the students.* / O diretor da escola era uma pessoa muito desagradável e humilhava os professores na frente dos alunos.

nasty: get nasty ficar bravo ou violento. *I refused to get out of the way and the guy got nasty and pushed me aside.* / Eu me recusei a sair do caminho e o cara ficou bravo e me empurrou.

nature: get back to nature viver ou passar um tempo no campo, longe de tecnologia ou conforto, apreciar a natureza. *Helen has a little cabin in the mountains where she likes to get back to nature every once in a while.* / A Helen tem uma pequena cabana nas montanhas, onde ela gosta de apreciar a natureza de vez em quando.

necessity: necessity is the mother of invention *dit* expressão usada para dizer que as pessoas acham soluções criativas para resolver problemas (geralmente problemas novos ou quando não há soluções prontas). Algo como: 'a necessidade é mãe da invenção'. *People in the country have always been good at fixing things with whatever's on hand. As they say, necessity is the mother of invention.* / As pessoas do campo sempre foram boas para consertar coisas com qualquer coisa à mão. Como dizem, a necessidade é mãe da invenção.

neck: be up to one's neck in something / be in something up to one's neck 1 ter muito (trabalho) a fazer, estar atolado até o pescoço com serviço. *I'm up to my neck in paperwork today.* / Eu estou atolado até o pescoço com papéis para preencher hoje. **2** estar envolvido em algo perigoso ou ilegal, estar envolvido até o pescoço em algo. *'Do you think Ron knew about the embezzlement scam?' 'Are you kidding? He's up to his neck in it.'* / 'Você acha que o Ron sabia do esquema de desvio?' 'Você está brincando? Ele está envolvido até o pescoço com isso.'

neck: get it in the neck *Brit inf* levar uma bronca ou receber um castigo por algo que fez de errado. *You're going to get it in the neck when Dad gets home.* / Você vai levar uma bronca quando o pai chegar em casa.

need: need one's head examined expressão usada para dizer que alguém está se comportando de maneira irracional. Algo como: 'não estar batendo bem'. *Janet didn't accept the job. I think she needs her head examined.* / A Janet não aceitou o emprego. Eu acho que ela não está batendo bem.

needle: like looking for a needle in a haystack / like trying to find a needle in a haystack *comp* expressão usada para dizer que algo é muito difícil de achar. Algo como: 'procurar uma agulha num palheiro'. *Finding Mary's contact lens in the garden will be like looking for a needle in a haystack.* / Encontrar a lente de contato da Mary no jardim será como procurar agulha num palheiro.

nerve: have a nerve (to do something) *inf* ter a ousadia, coragem, cara de pau (de fazer algo). *Francine had a nerve to ask me for a favor after the way she treated me!* / A Francine teve a cara de pau de me pedir um favor depois da forma como ela me tratou!

nerves: get on someone's nerves *inf* irritar alguém, dar nos nervos de alguém. *Turn off the TV. It's getting on my nerves.* / Desligue a televisão. Está me dando nos nervos.

nerves: have nerves of steel não ser intimidado ou assustado facilmente em situação difícil ou perigosa, ter nervos de aço. *He had nerves of steel during the negotiations with the terrorists.* / Ele teve nervos de aço durante as negociações com os terroristas.

new: be a new ball game / be a whole new ball game ser uma situação totalmente diferente ou nova, ser uma outra história, ser um outro papo. *I used to go out with my buddies almost every night, but now that I'm married it's a whole new ball game.* / Eu costumava sair com meus amigos quase toda noite, mas agora que estou casado é outro papo.

news: no news is good news *dit* expressão usada para dizer que quando não se recebe notícias de alguém é porque nada de mal aconteceu. Algo como: 'se não há notícias, está tudo bem'. *'Do you think your check cleared?' 'Well the bank hasn't phoned about it, so no news is good news.'* / 'Você acha que o seu cheque foi descontado?' 'Bem, o banco não me ligou, então se não há notícias, está tudo bem.'

night: make a night of it passar a noite festejando ou fazendo farra. *Don't wait up for us. We'll probably make a night of it.* / Não fique acordado nos esperando. Nós provavelmente passaremos a noite festejando.

nine: have nine lives ter muita sorte e escapar dos perigos. *He totaled the car, but he walked away unhurt. He must have nine lives.* / O carro deu perda total, mas ele saiu ileso. Ele tem muita sorte.

nip: nip something in the bud interceptar algo na fase inicial (problema, projeto, plano etc.), cortar o mal pela raiz. *Decisive action during an outbreak of the flu can usually nip the problem in the bud.* / Ação decisiva durante uma epidemia de gripe pode geralmente cortar o mal pela raiz.

nitty-gritty: get down to the nitty-gritty *inf* discutir os pontos essenciais ou centrais de algo. *It was a short meeting, so we got down to the nitty-gritty right away.* / Foi uma reunião rápida, então discutimos os pontos centrais imediatamente.

nobody: be nobody's fool ser uma pessoa muito esperta (difícil de ser enganada). *I don't think she'll accept the offer. She's nobody's fool.* / Eu não acredito que ela aceitará a proposta. Ela é muito esperta.

nod: get the nod *inf* receber permissão ou autorização para fazer algo, receber sinal verde. *We're waiting to get the nod before we start.* / Estamos esperando o sinal verde antes de começar.

nodding: be on nodding terms with someone conhecer alguém o suficiente para cumprimentar ao ver, conhecer alguém superficialmente. *Peter is on nodding terms with the mayor.* / O Peter conhece o prefeito superficialmente.

nodding: have a nodding acquaintance with someone or something conhecer alguém ou algo um pouco, ter uma leve familiaridade com alguém ou algo. *Elizabeth has a nodding acquaintance with the owner of the company, but they aren't exactly friends.* / A Elizabeth conhece o dono da empresa um pouco, mas eles não são exatamente amigos. *I'm afraid I don't have more than a nodding acquaintance with computers, so I can't really help you with your spreadsheets.* / Sinto muito, mas eu não tenho mais do que uma leve familiaridade com computadores, então realmente não posso ajudá-lo com suas planilhas.

noise: make noise / make a lot of noise (about something) *inf* reclamar ou falar muito de algo, fazer o maior barulho (por causa de algo). *The employees are making noise about the new factory regulations.* / Os funcionários estão reclamando dos novos regulamentos da fábrica. *The press is making a lot of noise about the president's frequent trips abroad.* / A imprensa está fazendo o maior barulho por causa das frequentes viagens do presidente ao exterior.

nose: be under one's nose estar muito próximo de alguém (embora a pessoa não consiga enxergar), estar debaixo do nariz de alguém. *The thief was under their nose the whole time. It turns out it was one of the employees.* / O ladrão estava debaixo do nariz deles o tempo todo. No final, descobriu-se que era um dos funcionários.

nose: get up someone's nose *Brit inf* irritar alguém, encher o saco de alguém. *Can't you see you're getting up my nose?* / Você não vê que está me enchendo o saco?

nose: have a nose for something *inf* ter habilidade para achar ou reconhecer algo, ter um bom faro para algo, ter um bom olho para algo. *The music industry is always looking for people with a nose for new talent.* / A indústria da música está sempre procurando por pessoas com um bom olho para novos talentos.

note: take note of something 1 notar, reparar algo. *Did you take note of the way she looked nervous when you asked about the missing money?* / Você reparou na forma como ela ficou nervosa quando você perguntou sobre o dinheiro desaparecido? **2** levar algo em consideração. *Management has taken note of the union's complaints and they are working on a new agreement.* / A direção da empresa levou em consideração as reclamações do sindicato e está buscando novo acordo.

nothing: be nothing to write home about *inf* não ser muito bom, não ser nada especial, não ser lá grande coisa. *The food is good, but it's nothing to write home about.* / A comida é boa, mas não é lá grande coisa.

nothing: have nothing on someone or something 1 *inf* ser inferior ou ter menos qualidade que alguém, não se comparar a alguém ou algo. *Joan is a good tennis player, but she's got nothing on you.* / A Joan é uma boa jogadora de tênis, mas ela não se compara a você. **2** ter informação ou provas (incriminatórias) contra alguém. *The police had nothing on him, so they released him.* / A polícia não tinha provas contra ele, então o liberaram.

nothing: have nothing to do with someone or something não ter ligação com alguém ou algo, não ter nada a ver com alguém ou algo. *I'm angry, but it has nothing to do with you.* / Eu estou zangado, mas não tem nada a ver com você. *I have nothing to do with the company, but I always recommend their products.* / Eu não tenho ligação alguma com a empresa, mas eu sempre recomendo os produtos deles.

nothing: nothing doing *inf* expressão usada na fala para recusar um pedido. Algo como: 'nada feito'. *'Can I use the car on Saturday?' 'Nothing doing. I need it on Saturday.'* / 'Posso usar o seu carro no sábado?' 'Nada feito. Eu preciso dele no sábado.'

nothing: there's nothing to it *inf* expressão usada para dizer que algo é muito fácil de fazer. Algo como: 'é mamão com açúcar', 'é bico, é moleza'. *I'll teach you how to drive the boat. There's nothing to it.* / Eu vou ensiná-lo a pilotar o barco. É moleza.

number: have someone's number *inf* entender bem as intenções de alguém, conhecer bem o tipo. *Hank comes across like a nice guy, but I've got his number. He just uses people.* / O Hank dá a impressão de ser um cara legal, mas eu conheço bem o tipo. Ele só usa as pessoas.

number: someone's number is up / one's number is up *inf* chegou a hora de alguém (morrer ou sofrer algo desagradável). *When the car went off the road I thought my number was up.* / Quando o carro saiu da pista, eu pensei que a minha hora tinha chegado.

nut: be off one's nut *Brit inf* ser ou estar louco, pirado. *Why are you phoning me at two o'clock in the morning? Are* *you off your nut?* / Por que você está me ligando às duas da madrugada? Você está louco?

nutty: (be) as nutty as a fruitcake
comp (ser) completamente louco, (ser) muito pirado. *Professor Jenkins is as nutty as a fruitcake, but he's absolutely brilliant.* / O professor Jenkins é muito pirado, mas é absolutamente brilhante.

O

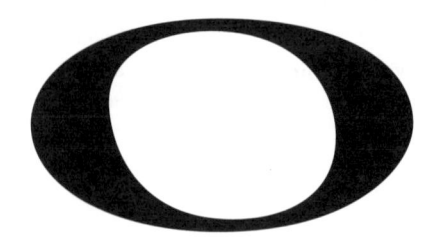

oats: get one's oats *Brit inf* ter relações sexuais regularmente. *Paul is more interested in getting his oats than studying at college.* / O Paul está mais interessado em ter relações sexuais do que em estudar na faculdade.

occasion: have occasion to do something *form* ter oportunidade ou ocasião de fazer algo. *We haven't had occasion to see Robert and Heather since last Christmas.* / Nós não tivemos a oportunidade de ver o Robert e a Heather desde o último Natal.

occasion: take the occasion *form* aproveitar o ensejo, aproveitar a oportunidade. *I would like to take the occasion to thank the sponsors for making this event possible.* / Eu gostaria de aproveitar a oportunidade para agradecer aos patrocinadores por tornarem este evento possível.

odd: be the odd man out / be the odd one out ser o diferente dos outros. *I'm always the odd man out at the office parties because I don't like to dance.* / Eu sou sempre o diferente dos outros nas festas do escritório porque não gosto de dançar.

odds: be at odds (with someone or something) estar em desacordo com alguém ou algo. *The new minister of finance is at odds with the president on the issue of interest rates.* / O novo ministro da Fazenda está em desacordo com o presidente na questão das taxas de juros.

offer: have something to offer ter algo de interesse ou valor para alguém, ter algo a oferecer. *China has a lot to offer foreign investors at the moment.* / A China tem muito a oferecer aos investidores estrangeiros no momento.

okay: get the okay *inf* receber liberação, aprovação, aval etc., receber sinal verde. *If we get the okay from head office, we'll start production next month.* / Se nós recebermos sinal verde da matriz, nós começaremos a produção no próximo mês.

old: (be) as old as the hills *comp* (ser) muito velho, antigo. *My aunt Mary is as old as the hills.* / A minha tia Mary é muito velha.

old: be an old hand (at something / at doing something) ser bom em (fazer) algo (devido à experiência), ser craque (em alguma coisa). *John is an old hand at chess.* / O John é craque no xadrez.

old: be old hat ser velho ou ultrapassado. *The public likes their new play, but I think it's old hat really.* / O público gosta da nova peça deles, mas eu acho ultrapassada, na verdade.

omelette: you can't make an omelet without breaking eggs

dit expressão usada para dizer que ao criar algo novo ou fazer mudanças às vezes é preciso prejudicar ou machucar alguém. Algo como: 'não se faz uma omelete sem quebrar alguns ovos'. *Part of the plan to reduce costs involves cutting some of the staff. Unfortunately, you can't make an omelet without breaking eggs.* / Parte do plano de reduzir custos envolve o corte de pessoal. Infelizmente, não se pode fazer uma omelete sem quebrar alguns ovos.

once: once bitten, twice shy *dit* expressão usada para dizer que as pessoas têm receio de fazer algo pela segunda vez se, na primeira vez, alguma coisa deu errado. Algo como: 'gato escaldado tem medo de água fria'. *John said he lost a fortune and he'll never try to start his own business again. As they say, once bitten, twice shy.* / O John disse que perdeu uma fortuna e nunca mais vai tentar abrir seu próprio negócio de novo. É como dizem, gato escaldado tem medo de água fria.

one: be at one with someone or something *form* estar de acordo com alguém ou algo, fazer coro com alguém ou algo, integrar-se com alguém ou algo. *So, are we at one with the changes to the schedule?* / E aí, estamos de acordo com as mudanças na programação? *Sailing lets us feel at one with the sea and the wind.* / Velejar nos faz sentir integrados com o mar e o vento.

one: have one too many *inf* beber demais, ficar bêbado. *Ben's had one too many, so you'll have to take him home.* / O Ben bebeu demais, então vocês terão que levá-lo para casa.

one-night: have a one-night stand *inf* ter relação sexual com alguém por uma noite apenas, dormir com alguém. *Jim had a one-night stand with a girl he met at a bar.* / O Jim dormiu com uma garota que ele conheceu num bar.

one-track: have a one-track mind pensar sempre no mesmo assunto, só pensar em uma coisa. *Maria has a one-track mind. It's money, money, money.* / A Maria só pensa em uma coisa. Dinheiro, dinheiro e dinheiro.

onto: be onto someone *inf* saber o que alguém fez de errado, ficar sabendo de algo (que alguém fez). *You're leaving early again, Frank? The boss will be onto you if you're not careful!* / Você vai sair mais cedo de novo, Frank? O chefe vai ficar sabendo se você não ficar esperto!

onto: be onto something estar prestes a descobrir ou saber de algo que pode trazer benefícios (dinheiro, sucesso etc.), estar no caminho certo. *I think you may be on to something with this new drink. It's delicious.* / Eu acho que você está no caminho certo com esse novo drinque. Ele é delicioso.

open: be open to something ser ou estar disposto a fazer algo, ser ou estar aberto a algo. *Mr. Morris is open to suggestions from the employees.* / O Sr. Morris está aberto às sugestões dos funcionários.

open: have an open mind (on / about something) ter a mente aberta (para algo). *My father doesn't have an open mind on sexual matters.* / Meu pai não tem a mente aberta para assuntos relacionados a sexo.

open: open fire (on someone or something) abrir fogo, atirar, disparar (arma de fogo) (contra alguém ou algo). *The bank robbers opened fire on the police.* / Os assaltantes de banco dispararam tiros contra a polícia.

open: open one's eyes (to something) / open someone's eyes (to something) (fazer alguém) enxergar a verdade, abrir os olhos (de alguém). *The book really opened my eyes to the* *problem of world hunger.* / O livro realmente abriu meus olhos para o problema da fome no mundo. *Talk to David and see if you can open his eyes.* / Converse com o David e veja se você consegue abrir os olhos dele.

open: open one's heart (to someone) revelar os sentimentos, segredos, problemas etc. (a alguém), abrir o coração (para alguém). *Janet finally opened her heart to Peter and confessed her love for him.* / A Janet finalmente abriu o coração para o Peter e confessou o seu amor por ele.

open: open one's mouth / open ones big mouth *inf* falar quando não deve, abrir a boca. *Don't open your mouth unless they ask you a question.* / Não abra a boca a menos que eles lhe façam alguma pergunta. *Why did you have to open your big mouth and tell her?* / Por que você teve de abrir a boca e contar para ela?

open: open the door (to something / for someone) levar a outras oportunidades, ajudar alguém a avançar na vida, abrir caminho. *This job can open the door to a lot of other opportunities with the company.* / Este emprego pode abrir caminho para muitas outras oportunidades na empresa. *Acting in this play could open the door for you in film later on.* / A atuação nessa peça poderia abrir-lhe caminho para o cinema no futuro.

open: open the way for someone or something (to do something) facilitar algo, abrir o caminho para alguém ou algo. *The loophole in the law opened the way for illegal immigrants to get their green card.* / A brecha na lei abriu caminho para os imigrantes ilegais conseguirem o visto de permanência.

open: open up a can of worms fazer algo que leva a muitos problemas, mexer em vespeiro. *Let's not discuss that now or we'll be opening up a can of worms.* / Não vamos discutir isso agora ou estaremos mexendo em vespeiro.

open-and-shut: be an open-and-shut case ser um caso fácil de ser resolvido ou solucionado. *It's an open-and-shut case. The police caught him leaving the bank with the money.* / É um caso fácil de ser resolvido. A polícia o pegou saindo do banco com o dinheiro.

order: be out of order 1 estar quebrado, estar com problema (máquina). *The coffee machine is out of order again.* / A máquina de fazer café está quebrada novamente. **2** *Brit* alterar-se, comportar-se mal ou de maneira desrespeitosa. *Young man, you're out of order! Do you think you can talk to your father that way?* / Meu jovem, você está alterado! Você acha que pode falar com o seu pai daquela maneira?

ounce: an ounce of prevention is better than a pound of cure *dit* expressão usada para dizer que é melhor fazer um pouco de esforço para prevenir algo ruim do que ter que lidar com as consequências mais tarde. Algo como: 'é melhor prevenir do que remediar'. *I always lock up before I leave home. As they say, an ounce of prevention is better than a pound of cure.* / Eu sempre tranco tudo antes de sair de casa. Como dizem, é melhor prevenir do que remediar.

out: be out of it *inf* ficar em estado semiconsciente, ficar tonto (geralmente por ter consumido álcool ou drogas). *The guy was completely out of it. He could barely say his name.* / O cara ficou completamente tonto. Ele mal conseguia dizer o próprio nome.

overshoot: overshoot the mark exagerar no cálculo, valor, quantidade etc. de algo. *Brenda overshot the mark on the food, so there will be plenty*

overtures

of leftovers. / A Brenda exagerou na quantidade de comida, então haverá muita sobra.

overtures: make overtures (to someone) tentar fazer amizade, aproximar-se de alguém, estabelecer contato (com alguém). *We're making overtures to a company in Singapore to distribute our products in Asia.* / Nós estamos tentando estabelecer contato com uma empresa em Singapura para distribuir nossos produtos na Ásia.

p

pack: pack a punch / pack a hard punch 1 ter um soco forte. *Watch out for Kevin. He packs a hard punch.* / Fique esperto com o Kevin. Ele tem um soco forte. **2** *inf* ter um efeito poderoso nas pessoas, abalar as pessoas. *Go easy on those caipirinhas. They really pack a punch!* / Vá devagar com essas caipirinhas. Elas realmente têm um efeito poderoso! *The scene in the film where the hero dies really packs a punch.* / A cena no filme onde o herói morre realmente abala as pessoas.

pack: pack it in *inf* parar de fazer algo, encerrar algo. *It's five o'clock. Why don't you pack it in and go home?* / São cinco horas. Por que você não encerra tudo e vai embora?

pack: pack one's bags *inf* preparar-se para sair de algum lugar definitivamente (geralmente depois de um desentendimento ou briga), fazer as malas. *If you don't like the way I run the company, you can pack your bags!* / Se você não gosta do jeito que eu administro a empresa, pode fazer as malas!

pack: pack the house atrair uma grande multidão, lotar (teatro, cinema, museu etc.). *Hamlet can still pack the house after all these years.* / Hamlet ainda lota o teatro depois desses anos todos.

pain: be a pain in the ass / be a pain in the backside / be a pain in the butt *Amer vulg* ser alguém ou algo desagradável ou chato, ser um pé no saco. *Don't be such a pain in the ass!* / Não seja tão desagradável! *My job is a pain in the butt, but I need the money.* / O meu emprego é um pé no saco, mas eu preciso do dinheiro.

pain: be a pain in the neck *inf* alguém ou algo desagradável ou chato, ser um porre. *This rain is a pain in the neck!* / Esta chuva é um porre.

pains: take great pains with something / take great pains to do something fazer um grande esforço, esforçar-se ao máximo para fazer algo. *Martha took great pains with the dinner.* / A Martha esforçou-se ao máximo para fazer o jantar. *They took great pains to make the visiting professors feel at home.* / Eles se esforçaram ao máximo para fazer os professores visitantes sentirem-se à vontade.

paint: paint the town red *inf* divertir-se, fazer a festa (geralmente indo a vários bares, clubes etc.), pintar o sete. *Jack came up from Boston and we painted the town red.* / O Jack veio de Boston e nós pintamos o sete.

palm: have someone in the palm of one's hand controlar ou dominar alguém completamente, ter alguém na palma da mão. *Sally's father is the principal of the school, so she has her teacher in the palm of her hand.* / O pai da Sally é o diretor da escola, então ela tem a professora dela na palma da mão.

par: be on a par with someone or something estar no mesmo nível que (alguém ou algo). *The new Korean cars are on a par with the Japanese.* / Os novos carros coreanos estão no mesmo nível que os carros japoneses.

par: be under par ser inferior, estar abaixo do padrão de qualidade. *'What do you think of the new Bordeaux?' 'I'd say the wine is under par.'* / 'O que você acha do novo Bordeaux?' 'Eu diria que está abaixo do padrão de qualidade.'

par: be up to par estar num padrão, aspecto, qualidade etc. aceitável. *Nancy's work just isn't up to par.* / O trabalho da Nancy simplesmente não está num padrão de qualidade aceitável.

part: be part and parcel of something ser parte essencial ou integrante de algo, fazer parte de algo. *Danger and risk are part and parcel of a fireman's job.* / Perigo e risco fazem parte do trabalho de um bombeiro.

part: have a part to play (in something) ter um papel a desempenhar (em algo). *The police have an important part to play in educating young people about the dangers of drugs.* / A polícia tem um papel importante a desempenhar na educação de jovens sobre os perigos das drogas.

part: take part (in something) participar (de algo). *Are you going to take part in the parade this year?* / Você vai participar do desfile este ano?

party: be a party to something / be party to something *form* participar de algo (plano, acordo, trapaça etc.). *The police believe she wasn't party to the insurance fraud.* / A polícia acredita que ela não participou da fraude do seguro.

party: the party's over *inf* expressão usada para dizer que um período agradável ou lucrativo terminou. Algo como: 'a festa acabou'. *The boss comes back from London tomorrow, so I guess the party's over.* / O chefe volta de Londres amanhã, então eu acho que a festa acabou.

pass: make a pass (at someone) *inf* demonstrar atração sexual (por alguém), dar em cima (de alguém). *Mike made a pass at a girl in the bar.* / O Mike deu em cima de uma garota no bar.

pass: pass judgement (on someone or something) julgar, criticar, condenar (alguém ou algo). *Let him finish his story before you pass judgement on him.* / Deixe-o terminar a história antes de você julgá-lo.

pass: pass the buck *inf* passar a responsabilidade ou culpa para outra pessoa. *I want to know who made the accounting error and don't try to pass the buck.* / Eu quero saber quem cometeu o erro na contabilidade e não tentem passar a culpa para outras pessoas.

pass: pass the hat around *inf* pedir dinheiro de todo mundo para ajudar alguém, comprar presente etc., fazer uma vaquinha. *Every year they pass the hat around at the office to buy a present for the boss.* / Todo ano eles fazem uma vaquinha no escritório para comprar um presente para o chefe.

pass: pass the time of day (with someone) cumprimentar e conversar rapidamente com alguém. *I always stop to pass the time of day with the shopkeepers on my street.* / Eu sempre paro para cumprimentar e conversar rapidamente com os lojistas na minha rua.

pass: pass water *form* urinar. *The doctor asked if the patient was passing water normally.* / O médico perguntou se o paciente estava urinando normalmente.

pat: have something down pat saber ou conhecer algo de cor. *I've seen the movie so many times I have the dialogue down pat.* / Eu já vi o filme tantas vezes que conheço as falas de cor.

pat: pat oneself on the back *inf* fazer elogios a si próprio (geralmente por algo benfeito). *Brenda pats herself on the back every time she makes a big sale at the shop.* / A Brenda faz elogios a si própria toda vez que ela faz uma venda grande na loja.

pat: pat someone on the back *inf* elogiar alguém (geralmente por algo benfeito). *Don't expect me to pat you on the back just for doing your job.* / Não espere que eu vá elogiá-lo apenas por fazer a sua obrigação.

patience: have the patience of Job ter muita paciência, ter uma paciência de Jó. *Our teacher had the patience of Job and seldom got angry with us.* / Nossa professora tinha uma paciência de Jó e raramente ficava brava com a gente.

pave: pave the way (for someone or something) facilitar algo, abrir caminho (para alguém ou algo). *Acting in commercials paved the way for Harold in TV.* / A atuação em comerciais abriu caminho para o Harold na TV.

pay: pay a visit (to someone) / pay someone a visit fazer uma visita (a alguém). *Why don't you pay a visit to your Mom this weekend?* / Por que você não faz uma visita para a sua mãe neste final de semana? *I'll pay you a visit this afternoon if I have time.* / Vou lhe fazer uma visita esta tarde se eu tiver tempo.

pay: pay dividends trazer grandes lucros ou benefícios. *Cultivating friendships with people in high places can pay dividends when you need a job in the future.* / Cultivar amizade com pessoas em cargos de influência pode trazer grandes benefícios quando você precisar de um emprego no futuro.

pay: pay lip service to something fingir apoiar ou defender algo, não viver ou agir de acordo com as ideias proferidas. *The government pays lip service to the poor, when in fact they support the interests of the wealthy.* / O governo finge apoiar o pobre, quando de fato apoia os interesses do rico.

pay: pay one's own way / pay one's way pagar as próprias despesas, sustentar-se. *Isn't it about time Patrick started paying his own way? After all, he's 25.* / Já não está na hora do Patrick começar a pagar as próprias despesas? Afinal de contas, ele tem 25 anos.

pay: pay one's respects (to someone) *form* dar os cumprimentos a alguém em ato de respeito (geralmente em funeral). *At the end of the funeral we lined up to pay our respects to the widow.* / No final do funeral, nós fizemos uma fila para dar os cumprimentos à viúva.

pay: pay the earth pagar muito caro, pagar uma fortuna, pagar os olhos da cara por algo. *My mother paid the earth for that table.* / A minha mãe pagou uma fortuna por essa mesa.

pay: pay through the nose (for something) *inf* pagar muito caro (por algo). *You have to pay through the nose for a hotel room in Rio during carnival.* / Você tem que pagar muito caro por um quarto de hotel no Rio durante o carnaval.

pay: pay tribute to someone or something homenagear alguém ou algo. *There will be a special show to pay tribute to the Beatles.* / Haverá um show especial para homenagear os Beatles.

pays: he who pays the piper calls the tune *dit* expressão usada para dizer que quem paga por algo tem direito de dizer como será usado. Algo como: 'quem paga é quem manda'. *The sponsor of the local theater wants them to put on Hamlet this season. It's a question of he who pays the piper calls the tune.* / O patrocinador do teatro local quer que eles interpretem Hamlet nesta temporada. É uma questão de quem paga é quem manda.

peace: make one's peace with someone / make peace with someone fazer as pazes com alguém. *You should make your peace with your ex-wife.* / Você deveria fazer as pazes com a sua ex-mulher. *Aren't you going to make peace with your brother?* / Você não vai fazer as pazes com o seu irmão?

peas: be like two peas in a pod *comp* ser idêntico ou muito parecido. *He and his father are like two peas in a pod.* / Ele e o pai dele são idênticos.

peg: take someone down a peg or two *inf* mostrar a uma pessoa que ela não é tão importante, inteligente, talentosa etc. quanto pensa que é, fazer alguém baixar a crista, fazer alguém baixar a bola. *I had to take the new supervisor down a peg or two after he started questioning my decisions.* / Eu tive que fazer o novo supervisor baixar a bola depois que ele começou a questionar as minhas decisões.

penny: a penny for your thoughts *dit* expressão usada na fala para pedir que alguém diga o que está pensando. Algo como: 'quer me contar em que está pensando?'. *You look worried. A penny for your thoughts.* / Você parece preocupado. Quer me contar em que está pensando?

people: people who live in glass houses shouldn't throw stones *dit* expressão usada para dizer que não se deve criticar os outros por falhas ou defeitos que você também tem. Algo como: 'não atire pedra se você tem teto de vidro'. *Jerry told me I should lose weight, but he's even fatter than I am! People who live in glass houses shouldn't throw stones, I'd say.* / O Jerry disse que eu deveria perder peso, mas ele é até mais gordo do que eu! Não atire pedra se você tem teto de vidro, eu diria.

personally: take something personally levar algo pelo lado pessoal. *I hope she didn't take what I said personally. It was meant as a joke.* / Eu espero que ela não tenha levado o que eu disse pelo lado pessoal. Foi apenas uma piada.

pick: pick a fight (with someone) procurar briga (com alguém). *Don't question the boss too much or he'll think you're trying to pick a fight with him.* / Não questione muito o chefe ou ele pensará que você está procurando briga com ele.

pick: pick a lock abrir cadeado ou fechadura (com grampo de cabelo, arame etc.). *The thief picked the lock and entered the house.* / O ladrão abriu o cadeado com grampo de cabelo e entrou na casa.

pick: pick holes (in something) *inf* criticar ou achar defeitos em algo. *She's always picking holes in everything I suggest in the meetings.* / Ela está sempre achando defeitos em tudo o que eu sugiro nas reuniões.

pick: pick someone or something to bits / pick someone or something to pieces criticar alguém ou algo severamente, acabar com algo ou alguém. *The teacher picked my coursework to bits in front of the class.* / O professor acabou com o meu trabalho na frente da classe. *The manager picked Douglas to pieces after his presentation.* / O gerente acabou com o Douglas depois da apresentação dele.

pick: pick someone's brains *inf* fazer perguntas a alguém que tem mais conhecimento sobre o assunto para obter informações ou ideias, explorar os conhecimentos de alguém. *Everything I know about flowers I got from picking the gardener's brains.* / Tudo o que eu sei sobre flores eu consegui explorando os conhecimentos do jardineiro.

pick: pick someone's pocket roubar carteira do bolso sem que a pessoa perceba, bater a carteira de alguém. *When I got back to the hotel, I realized someone had picked my pocket.* / Quando voltei ao hotel, eu percebi que alguém tinha batido minha carteira.

pick: pick something out of a hat *inf* escolher algo aleatoriamente, escolher algo por acaso, chutar. *I'm not sure how much it'll cost, but if I had to pick a number out of a hat, I'd say five thousand dollars.* / Eu não tenho certeza de quanto vai custar, mas, se eu tivesse que chutar, eu diria uns cinco mil dólares.

pick: pick up steam 1 aumentar a velocidade (veículo). *If we don't pick up a little steam, we'll never make it to the station on time.* / Se nós não aumentarmos a velocidade, nunca chegaremos à estação a tempo. **2** *inf* aumentar, crescer, ganhar popularidade. *The ecological movement really picked up steam in the 90's with the media focus on global warming.* / O movimento ecológico realmente ganhou popularidade nos anos 1990 com o foco da mídia no aquecimento global.

pick: pick up the pieces reconstruir a vida (depois de uma tragédia, desastre etc.). *He is still picking up the pieces since his wife left him.* / Ele ainda está reconstruindo a sua vida desde que a mulher dele o deixou.

pick: pick up the tab (for something) *inf* pagar a conta (de refeição, bebida etc.), bancar (algo). *Order whatever you want. The company will pick up the tab.* / Peça o que quiser. A empresa vai bancar.

pickle: be in a pickle / be in a real pickle *inf* estar numa situação difícil, estar em apuros. *I'm in a real pickle. The rent is due and I don't have the money.* / Eu estou em apuros. O aluguel venceu e eu não tenho o dinheiro.

picnic: be no picnic *inf* expressão usada para dizer que algo não é fácil. Algo como: 'não é mole, não', 'não é nada fácil'. *Waking up every day at 4:00 to open the bakery is no picnic.* / Acordar todo dia às quatro da madrugada para abrir a padaria não é mole, não.

picture: be in the picture *inf* estar envolvido com alguém ou algo, estar na jogada, estar na parada. *'Is Jane still seeing Rob?' 'No, he's not in the picture anymore.'* / 'A Jane continua saindo com o Rob?' 'Não, ele não está mais na parada.'

picture: be out of the picture *inf* não estar envolvido com alguém ou algo, estar fora da jogada, estar fora da parada. *Now that Andrew left the company and is out of the picture you have a good chance of getting his job.* / Agora que o Andrew saiu da empresa e está fora da jogada, você tem uma boa chance de conseguir o emprego dele.

picture: get the picture *inf* entender algo, sacar algo. *You're not getting the picture, are you? Nancy isn't interested in you.* / Você não está sacando, está? A Nancy não está interessada em você.

piece: be a piece of cake *inf* ser algo muito fácil, ser mamão com açúcar, ser moleza. *'How was the math test?' 'It was a piece of cake.'* / 'Como foi a prova de matemática?' 'Foi moleza.'

pig: make a pig of oneself *inf* comer e beber vorazmente, empanturrar-se. *The kids made pigs of themselves at*

pigs 151 **place**

the birthday party. / As crianças se empanturraram na festa de aniversário.

pigs: when pigs fly *Amer dit* expressão usada para dizer que algo nunca acontecerá (geralmente usada em tom irônico). Algo como: 'quando a galinha criar dentes'; no dia de São Nunca. *Do you think Bill will get the scholarship?' 'Sure, when pigs fly.'* / 'Você acha que o Bill vai conseguir a bolsa de estudos?' 'Claro, no dia de São Nunca.'

pill: be on the pill *inf* estar tomando a pílula contraceptiva. *I can't be pregnant. I'm on the pill.* / Eu não posso estar grávida. Estou tomando pílula anticoncepcional.

pin: pin one's hopes on something contar muito com algo, depositar todas as esperanças em algo. *Don't pin your hopes on getting the job.* / Não deposite todas as esperanças em conseguir o emprego.

pinch: pinch pennies ter cautela ao gastar o pouco dinheiro que tem, economizar dinheiro. *On her salary, Fanny has to really pinch pennies.* / Com o salário que tem, a Fanny tem realmente que economizar dinheiro.

pinch: take something with a pinch of salt não acreditar em tudo o que alguém diz, aceitar algo com desconfiança. *You have to take Dave's fishing stories with a pinch of salt. The fish are never as big as he describes them.* / Você não pode acreditar em todas as histórias de pescaria do Dave. Os peixes nunca são tão grandes quanto ele os descreve.

piss: be on the piss *Brit vulg* ir a bares e beber demais, sair e tomar todas. *I feel terrible this morning. I was on the piss last night with the guys from work.* / Eu estou me sentindo horrível hoje de manhã. Saí e tomei todas ontem à noite com os caras do serviço.

piss: piss oneself laughing *vulg* rir muito, morrer de rir, mijar nas calças de tanto rir. *I pissed myself laughing at the end of the movie.* / Eu morri de rir no final do filme.

piss: take the piss (out of someone or something) *vulg* tirar um sarro, tirar um barato (da cara de alguém ou algo). *Are you taking the piss out of me?* / Você está tirando um barato da minha cara?

pit: make a pit stop *inf* parar o carro rápido (para comer, ir ao banheiro etc.). *Can we make a pit stop? I've got to go to the bathroom.* / Podemos parar o carro? Eu tenho que ir ao banheiro.

pit: pit one's wits (against someone) competir com alguém em prova de inteligência, testar os conhecimentos (contra alguém). *It's one of those TV shows where each team pits their wits against the other and answers trivia questions.* / É um daqueles programas de TV em que cada time testa os conhecimentos contra os outros e responde perguntas de conhecimento geral.

pits: be in the pits *Amer inf* estar deprimido, estar na fossa. *Julia is in the pits because she fought with her boyfriend again.* / A Julia está na fossa porque brigou com o namorado novamente.

pits: be the pits *inf* ser muito ruim, não prestar. *The new math teacher is the pits.* / O novo professor de matemática é muito ruim.

place: be all over the place *inf* ser ou estar indeciso, não saber o que fazer ou o que quer. *First she tells me to finish the garden, then she says to help with the lunch. She's all over the place!* / Primeiro ela me manda terminar o serviço no jardim, então diz para eu ajudá-la com o almoço. Ela não sabe o que quer.

place: place a premium on something considerar algo muito importante, estimar muito algo. *The*

Italians like cars with a nice interior and they place a premium on leather and chrome. / Os italianos gostam de carros bonitos por dentro e estimam muito couro e cromo.

place: take place acontecer, ocorrer. *Where did the accident take place?* / Onde o acidente aconteceu?

place: take somone's place substituir alguém, ficar no lugar de alguém. *You'll have to find someone to take my place in the game tomorrow.* / Você terá que encontrar alguém para me substituir no jogo amanhã.

plain: be as plain as the nose on your face *comp* ser fácil de perceber, ser óbvio. *He's lying. It's as plain as the nose on your face.* / Ele está mentindo. É óbvio.

plain: be plain sailing *inf* ser tranquilo, ser moleza, ser um mar de rosas. *The first day on the job was hard, but after that it was plain sailing.* / O primeiro dia no trabalho foi duro, mas depois disso foi um mar de rosas.

planet: be on another planet *inf* estar fora da realidade. *Zach is on another planet if he thinks I'm going to work for free on Sunday.* / O Zach está fora da realidade se pensa que eu vou trabalhar de graça no domingo.

plate: have a lot on one's plate / have too much on one's plate *inf* ter muitas tarefas ou responsabilidade, estar sobrecarregado. *Sandra has a lot on her plate at the office.* / A Sandra tem muitas responsabilidades no escritório. *I'm afraid I can't help organize the conference. I have too much on my plate right now.* / Receio que eu não possa ajudar a organizar a conferência. Eu estou sobrecarregado no momento.

play: make a play for someone *inf* tentar seduzir alguém. *Are you making a play for Mary?* / Você está tentando seduzir a Mary?

play: make a play for something *inf* tentar adquirir algo. *British and American companies are making a play for the rights to extract the oil.* / Empresas inglesas e americanas estão tentando adquirir os direitos de extração do petróleo.

play: play a dirty trick on someone fazer uma brincadeira de mau gosto, aplicar um golpe sujo, aplicar um golpe baixo em alguém. *Quentin played a dirty trick on Richard by saying that his girlfriend was going out with another guy.* / O Quentin aplicou um golpe sujo no Richard dizendo que a namorada dele estava saindo com um outro cara.

play: play a practical joke (on someone) pregar uma peça em alguém, fazer uma brincadeira com alguém. *The students played a practical joke on the teacher, but she didn't like it very much.* / Os alunos fizeram uma brincadeira com a professora, mas ela não gostou muito.

play: play a trick / play tricks (on someone) fazer uma brincadeira com alguém, pregar peças em alguém. *Wendy used to play tricks on her grandparents when she was little.* / A Wendy costumava pregar peças nos avós quando era pequena.

play: play ball (with someone) *inf* cooperar com alguém (geralmente para realizar um objetivo em comum). *We'll have to play ball with them if we want the contract.* / Nós teremos que cooperar com eles se quisermos o contrato.

play: play fair (with someone) agir de forma honesta e justa, jogar limpo (com alguém). *They haven't been playing fair with their customers when it comes to honoring the product warranty.* / Eles não têm jogado limpo com seus clientes em se tratando de honrar a garantia do produto.

play: play for time tentar atrasar ou postergar algo para ganhar vantagem, ganhar tempo. *They know they've lost the case. Their lawyer is just playing for time to think up a new defense.* / Eles sabem que perderam o caso. O advogado deles está ganhando tempo para elaborar uma nova defesa.

play: play God comportar-se como se tivesse controle sobre a vida dos outros, bancar o todo-poderoso. *Barbara is delighted with her new position in human resources. Now she can play God and fire us when she feels like it.* / A Barbara está encantada com o novo cargo no departamento de recursos humanos. Agora ela pode bancar a todo-poderosa e nos demitir quando sentir vontade.

play: play goosebury *inf* acompanhar duas pessoas que estão namorando, segurar vela. *I don't want to play goosebury, so I'd better leave before Tom arrives.* / Eu não quero segurar vela, então é melhor eu ir embora antes que o Tom chegue.

play: play hard to get *inf* fingir que não tem interesse em alguém ou algo com a intenção de se tornar mais atraente aos outros, bancar o difícil, dar uma de difícil. *She doesn't return my calls. I'm not sure if she's not interested in me or if she's just playing hard to get.* / Ela não retorna minhas ligações. Eu não sei se ela não está interessada em mim ou se está apenas bancando a difícil.

play: play hooky *Amer inf* matar ou cabular aula. *The kids decided to play hooky yesterday and go to the movies.* / Os garotos decidiram matar aula ontem e ir ao cinema.

play: play into someone's hands / play right into someone's hands fazer exatamente o que o adversário quer e dar-lhe a vantagem, cair direitinho nos planos de alguém. *Can't you see you're playing right into Sandra's hands? She wants you to have an affair, so she can ask for a divorce.* / Você não enxerga que está caindo direitinho nos planos da Sandra? Ela quer que você tenha um caso, para poder pedir o divórcio.

play: play it cool *inf* não aparentar ansiedade, medo, aborrecimento etc., ficar tranquilo, disfarçar. *Just try to play it cool in the interview.* / Simplesmente tente ficar tranquilo na entrevista.

play: play mind games *Amer inf* fazer joguinhos para confundir a cabeça de alguém. *I never know what you really want from me. You're always playing mind games.* / Eu nunca sei o que você realmente quer de mim. Você está sempre fazendo joguinhos para confundir a minha cabeça.

play: play one's ace usar o melhor argumento para levar vantagem, usar o trunfo, dar a cartada final. *Don't play your ace until near the end of the negotiations.* / Não dê a cartada final até que as negociações estejam chegando ao fim.

play: play one's cards right *inf* agir de forma inteligente para levar vantagem ou conseguir o resultado desejado, dar as cartadas certas. *If we play our cards right, we can finish the negotiations and sign the contract today.* / Se nós dermos as cartadas certas, podemos encerrar as negociações e assinar o contrato hoje.

play: play safe / play it safe agir com cautela, evitar riscos. *I like to play it safe so I have insurance for everything I own.* / Eu gosto de agir com cautela, por isso tenho seguro para tudo o que possuo.

play: play second fiddle (to someone) ocupar posição inferior ou subordinada (a alguém), ser figurante (de alguém). *Jeremy wants to play the lead in the play, not play second* fiddle to some unknown actor from Ohio. / O Jeremy quer ser protagonista da peça e não o figurante de um ator desconhecido de Ohio.

play: play something by ear tocar uma música de cor, tocar de ouvido. *Francine could play songs by ear at the age of four.* / A Francine conseguia tocar músicas de ouvido aos quatro anos de idade. **2** *inf* decidir na hora, improvisar. *We aren't sure where we'll have dinner after the show. We'll just play it by ear.* / Nós não temos certeza de onde vamos jantar depois do show. Vamos decidir na hora.

play: play straight (with someone) agir de forma honesta e justa, jogar limpo (com alguém). *I don't think you're playing straight with me.* / Eu não acho que você está jogando limpo comigo.

play: play the devil's advocate ser ou bancar o advogado do diabo. *I don't like to play the devil's advocate, but how do you justify the need for more funds for your project?* / Eu não gosto de bancar o advogado do diabo, mas como você justifica a necessidade de mais fundos para o seu projeto?

play: play the field 1 *inf* dividir esforço, interesse etc. entre muitas coisas ao mesmo tempo. *When you're looking for a job, it doesn't hurt to play the field a bit and consider all positions.* / Quando se está procurando emprego, não faz mal dividir um pouco os interesses e levar em conta todos os cargos. **2** *inf* ter relações amorosas com várias pessoas ao mesmo tempo, sair com todas. *Jim stopped playing the field after he started dating Sally.* / O Jim parou de sair com todas depois que começou a namorar a Sally.

play: play the fifth wheel *inf* acompanhar duas pessoas que estão namorando, segurar vela. *Are you sure you want to go with Allan and Gina to the movies and play the fifth wheel?* / Você tem certeza de que quer ir ao cinema com o Allan e a Gina e segurar vela?

play: play the fool fazer gracinhas, bancar o engraçadinho. *Stop playing the fool, John! This is not funny.* / Pare de fazer gracinhas, John! Isso não é nada engraçado.

play: play the game comportar-se de forma honesta e correta, entrar no esquema. *If you want to keep your job here, you had better play the game.* / Se você quer manter o emprego aqui, é melhor entrar no esquema.

play: play the market investir no mercado financeiro, especular. *John made a fortune playing the market.* / O John ganhou uma fortuna investindo no mercado financeiro.

play: play with fire arriscar-se desnecessariamente, brincar com fogo. *You're playing with fire doing business with them. They're involved in organized crime.* / Você está brincando com fogo fazendo negócio com eles. Eles estão envolvidos com o crime organizado.

please: please the eye agradar aos olhos, ter boa aparência. *She pleases the eye, doesn't she?* / Ela agrada aos olhos, não?

pleased: (be) as pleased as Punch *Brit comp* ser ou ficar muito feliz ou contente. *We were as pleased as Punch when we heard you were coming to the party.* / Nós ficamos muito felizes quando soubemos que você viria à festa.

pleasing: be pleasing to the eye ser atraente. *Did you find any of these new dresses pleasing to the eye?* / Você achou algum desses vestidos novos atraente?

pluck: pluck something out of the air dizer algo sem pensar antes (geralmente número, quantia etc.), chutar. *I don't know what a new fuel pump*

plunge   155   **point**

costs, but if I had to pluck a figure out of the air, I'd say about sixty dollars. / Eu não sei quanto custa uma bomba de gasolina nova, mas, se eu tivesse que chutar, eu diria uns sessenta dólares.

plunge: take the plunge 1 *inf* decidir fazer algo difícil ou arriscado (geralmente depois de refletir por um tempo), topar a parada. *So, John finally decided to take the plunge and open his own restaurant.* / Então o John finalmente decidiu topar a parada e abrir seu próprio restaurante. **2** *inf* casar-se, enforcar-se. *When did you and Fanny decide to take the plunge?* / Quando você e a Fanny decidiram se enforcar?

pocket: be in someone's pocket *inf* estar sob o controle, domínio, influência etc. de alguém. *He's very powerful in this town. Even the mayor is in his pocket.* / Ele é muito influente nesta cidade. Até mesmo o prefeito está sob o domínio dele.

pocket: be out of pocket estar devendo (dinheiro). *I'm two hundred dollars out of pocket this month.* / Eu estou devendo duzentos dólares este mês.

point: be on the point of doing something estar prestes ou a ponto de fazer algo. *I was on the point of calling the police to report you missing. Where were you?* / Eu estava prestes a ligar para a polícia e registrar o seu desaparecimento. Onde você estava?

point: be to the point expressar-se de forma objetiva e sucinta, ser direto. *Tell the judge exactly what happened and try to be to the point.* / Diga ao juiz exatamente o que aconteceu e tente ser direto.

point: get the point (of something) / get someone's point entender (o sentido ou ideia de algo). *I don't get the point of it. Why hire an engineer from outside if we have one on staff?* / Eu não entendo. Por que contratar um engenheiro de fora se temos um na empresa? *I explained it to her twice, but I think she didn't get my point.* / Eu expliquei para ela duas vezes, mas acho que ela não entendeu.

point: get to the point / get straight to the point ir direto ao assunto. *Stop wasting time and get straight to the point.* / Pare de desperdiçar tempo e vá direto ao assunto.

point: have a point ter um bom argumento, ter razão. *'I'd say John is the best person for the job.' 'You've got a point there. He is good.'* / Eu diria que o John é a melhor pessoa para o emprego.' 'Você tem razão. Ele é bom.'

point: make a point of doing something fazer questão de fazer algo. *She made a point of greeting everyone as they arrived at the party.* / Ela fez questão de cumprimentar todos assim que chegaram à festa.

point: make one's point explicar claramente uma ideia, opinião etc., expressar-se claramente. *I don't think I've made my point. Let me try again.* / Eu acho que não me expressei claramente. Deixe-me tentar novamente.

point: point a finger (at someone) / point the finger (at someone) acusar alguém de fazer algo errado, apontar para alguém. *Don't point a finger at me. I didn't do it.* / Não aponte para mim. Não fui eu que fiz isso. *Look, I don't want to point the finger at anyone, but Michael was the only one with the key to the safe.* / Vejam, eu não quero acusar ninguém, mas o Michael era o único que tinha a chave do cofre.

point: take someone's point aceitar como verdade o que alguém diz, entender o que alguém diz. *I take your point, Jeff. Let's think this over a little longer.* / Eu entendo o que você diz, Jeff. Vamos pensar um pouco mais sobre isso.

poke: have a poke around *inf* vistoriar, dar uma olhada, fuçada etc. em algo. *The investigators had a poke around the scene of the crime to look for clues.* / Os investigadores vistoriaram a cena do crime para procurar pistas.

poke: poke fun at someone or something fazer piada, tirar sarro, tirar barato de alguém ou algo. *I think it's terrible the way he pokes fun at his brother.* / Eu acho terrível o jeito que ele tira sarro do irmão dele.

poles: be poles apart ser totalmente diferente, oposto, destoante etc. *Their marriage will never work. They are poles apart.* / O casamento deles nunca vai dar certo. Eles são totalmente diferentes.

poor: (be) as poor as a church mouse *comp* ser muito pobre. *Marvin was as poor as a church mouse before he moved to the United States.* / O Marvin era muito pobre antes de se mudar para os Estados Unidos.

pop: pop one's clogs *Brit inf* morrer, bater as botas. *I thought she was going to pop her clogs when I gave her the news.* / Eu achei que ela ia bater as botas quando lhe dei a notícia.

pop: pop the question *inf* fazer o pedido de casamento. *Well? Are you going to pop the question tonight or not?* / E aí? Você vai fazer o pedido de casamento hoje à noite ou não?

pot: the pot calling the kettle black *dit* expressão usada para dizer que não se deve criticar alguém por falhas que também possui. Algo como: 'o roto falando do maltrapilho', 'o sujo falando do mal lavado'. *The banks are calling the oil companies greedy. Now that's the pot calling the kettle black!* / Os bancos estão chamando as empresas petrolíferas de gananciosas. Isso é que é um sujo falando do mal lavado!

pour: pour cold water on something *inf* impedir, estragar, sabotar etc. algo (geralmente planos ou ideias). *My manager always pours cold water on my ideas.* / O meu gerente sempre sabota as minhas ideias.

pour: pour one's heart out (to someone) contar os sentimentos, problemas etc. a alguém, desabafar (com alguém). *Brenda poured her heart out to me.* / A Brenda desabafou comigo.

powder: powder one's nose ir ao banheiro, ir retocar a maquiagem (expressão geralmente usada em tom humorístico). *'Where are the girls?' 'Oh, they went to powder their noses.'* / 'Onde estão as garotas?' 'Elas foram retocar a maquiagem.'

practice: be in practice estar em prática, estar em forma. *Are you in practice for the marathon next week?* / Você está em forma para a maratona na semana que vem?

practice: be out of practice estar sem prática, estar fora de forma. *I was out of practice so I only placed third in the race.* / Eu estava fora de forma e só cheguei em terceiro lugar na corrida.

practice: practice makes perfect *dit* expressão usada para dizer que a perfeição vem por meio de muita prática e treino. Algo como: 'a prática leva à perfeição', 'a prática faz o mestre'. *I've been rehearsing my speech for tomorrow. As they say, practice makes perfect!* / Eu estou ensaiando meu discurso de amanhã. Como dizem, a prática leva à perfeição.

practice: practice what you preach *dit* expressão usada para dizer que uma pessoa deve fazer aquilo que ensina aos outros. Algo como: 'praticar o que prega'. *George goes on about how bad smoking is, but I notice he enjoys his cigars after lunch.*

He should practice what he preaches. / O George fica falando sobre os males do fumo, mas eu percebi que ele gosta de um charuto depois do almoço. Ele deveria praticar o que prega.

prayer: not have a prayer (of doing something) não ter a mínima chance (de fazer algo). *He doesn't have a prayer of getting the job at the bank.* / Ele não tem a mínima chance de conseguir o emprego no banco.

preach: preach to the converted tentar convencer alguém de algo que ele já acredita, sabe ou pratica, ensinar o padre a rezar. *I know this is a good opportunity for me, you don't have to remind me. You're preaching to the converted.* / Eu sei que esta é uma boa oportunidade para mim, você não precisa me lembrar disso. Você está ensinando o padre a rezar.

premium: be at a premium ser difícil de se encontrar, ser raridade, ser disputado. *Coffee was at a premium a few years ago because of the poor harvest.* / O café era disputado há alguns anos por causa da baixa colheita.

prepare: prepare the ground (for something) fazer o trabalho inicial para facilitar que um plano, projeto etc. seja realizado, preparar o terreno para algo. *The meetings between industry leaders from the two countries prepared the ground for the trade agreement.* / Os encontros entre líderes da indústria dos dois países prepararam o terreno para o acordo comercial.

presence: make one's presence felt fazer com que as outras pessoas percebam a importância, poder etc. de alguém, marcar presença. *The union leader made his presence felt in the negotiations between management and workers.* / O líder do sindicato marcou presença nas negociações entre a direção da empresa e os trabalhadores.

press: get bad press ser mal recebido ou criticado pela imprensa, obter desaprovação da imprensa. *His latest film has got nothing but bad press from the critics.* / O último filme dele só tem sido criticado pela imprensa.

press: get good press ser bem recebido pela imprensa, obter aprovação da imprensa. *The new minister of education has been getting good press since he took office.* / O novo ministro da Educação tem obtido aprovação da imprensa desde que assumiu o cargo.

press: press home one's advantage aproveitar a vantagem sobre o adversário. *Our candidate speaks better in public and we have to press home our advantage in the presidential debates next week.* / O nosso candidato fala melhor em público e nós temos que aproveitar a vantagem nos debates presidenciais da semana que vem.

press: press something home insistir com argumento para convencer outros, enfatizar algo. *During the meeting she repeatedly pressed the fact home that the company needed to cut expenses.* / Durante a reunião ela enfatizou repetidamente o fato de que a empresa precisava cortar gastos.

pressed: be pressed for money ter pouco dinheiro, estar duro. *Can I pay you next month? I'm a bit pressed for money at the moment.* / Posso te pagar no mês que vem? Eu estou meio duro no momento.

pressed: be pressed for time ter pouco tempo, estar sem tempo. *I'm a little pressed for time right now. Can we talk later?* / Eu estou meio sem tempo agora. Podemos conversar mais tarde?

pretty: (be) as pretty as a picture *comp* ser muito bonito(a). *The villages in the south of France are as pretty as a picture.* / Os vilarejos no sul da França são muito bonitos.

prey: prey on someone's mind preocupar alguém, perturbar a mente de alguém. *The problem of how to pay the rent preyed on Julie's mind.* / O problema de como pagar o aluguel preocupava a mente da Julie.

price: price oneself out of the market pedir um preço tão alto que ninguém quer comprar ou pagar. *You're asking too much for your house. You've priced yourself out of the market.* / Você está pedindo um preço tão alto por sua casa que ninguém quer comprá-la.

prick: prick one's conscience pesar ou doer na consciência. *Doesn't it prick your conscience knowing you caused her so much suffering?* / Não pesa na sua consciência saber que você causou tanto sofrimento a ela?

prick: prick up one's ears escutar com atenção, aguçar os ouvidos, levantar as orelhas. *Paul heard his name and he suddenly pricked up his ears to hear what they were saying about him.* / O Paul ouviu o nome dele e de repente escutou com atenção para saber o que diziam sobre ele.

pride: take pride in someone or something orgulhar-se de alguém ou algo. *Henry takes pride in his kid's achievements.* / O Henry orgulha-se das conquistas do filho dele.

prime: be in the prime of one's life / be in the prime of life estar no vigor dos anos, estar na flor da idade. *Bridget is still in the prime of life.* / A Bridget ainda está na flor da idade.

prime: prime the pump ajudar financeiramente uma pessoa, projeto, organização etc., injetar dinheiro (geralmente no início de algo). *Norm's company is a success today because his father primed the pump when he was starting out.* / A empresa do Norm é um sucesso hoje porque o pai dele injetou dinheiro quando ele estava começando.

print: be in print estar disponível para compra (livro). *All her books are still in print.* / Todos os livros dela ainda estão disponíveis para compra.

print: be out of print não estar mais disponível para compra, estar esgotado (livro). *The book has been out of print for years, so it's pretty hard to find nowadays.* / O livro está esgotado há anos, então fica difícil encontrá-lo hoje em dia.

print: get into print ter trabalho publicado (pela primeira vez). *It was her poetry that got her into print.* / Foi a poesia dela que a levou a ter o trabalho publicado.

priorities: get one's priorities straight colocar as coisas em ordem de prioridade. *You have to get your priorities straight. Do you want to do well at university or play in a rock band?* / Você tem que colocar as coisas em ordem de prioridade. Você quer se dar bem na universidade ou tocar numa banda de rock?

problem: do you have a problem with that? *inf* expressão usada na fala para mostrar impaciência com alguém que discorda de algo. Algo como: 'algum problema?'. *'Are you going to be long on the phone?' 'Yes, I am. Do you have a problem with that?'* / 'Você vai demorar no telefone?' 'Sim, vou. Algum problema?'

promise: promise someone the moon / promise someone the earth / promise someone the world *inf* prometer a alguém algo impossível de cumprir, prometer o mundo a alguém. *Beware of those diet products that promise you the moon. They never work as well as they claim.* / Cuidado com esses produtos de dieta que prometem o mundo. Eles nunca funcionam como dizem. *He promised me the world before we got married and I'm still waiting!* / Ele me prometeu o mundo antes de nos casarmos e eu ainda estou esperando!

prop: prop up the bar *inf* passar o tempo todo bebendo no bar. *If you spent more time working than propping up the bar, you'd be better off.* / Se você passasse mais tempo trabalhando do que bebendo no bar, você estaria numa situação melhor.

propose: propose a toast (to someone or something) sugerir um brinde (a alguém ou algo). *I propose a toast to the new dean of the university.* / Eu sugiro um brinde ao novo reitor da universidade.

prowl: be on the prowl 1 *inf* ficar rondando, ficar à espreita (geralmente à procura de oportunidade para cometer um crime). *There is a thief on the prowl in the neighborhood, so keep your doors locked at night.* / Há um ladrão rondando a vizinhança, então mantenham suas portas trancadas à noite. **2** *inf* estar à procura de encontro (sexual). *The bar was full of guys on the prowl.* / O bar estava cheio de rapazes procurando encontro.

public: be in the public eye estar na mídia, estar à vista de todos. *Actors have to live with being in the public eye all the time.* / Os atores têm de viver aparecendo na mídia o tempo todo.

public: go public 1 revelar algo ao público, declarar publicamente (em geral por achar que o público deve saber). *The chief of operations of the nuclear power plant went public about the lack of safety at the plant.* / O chefe das operações da usina de energia nuclear declarou publicamente a falta de segurança da usina. **2** abrir a empresa para o capital público. *The company went public and started selling shares in 1998.* / A empresa abriu para o capital público e começou a vender ações em 1998.

pull: pull a boner cometer uma gafe, dar uma mancada. *Greg pulled a boner when he called his girlfriend Karen instead of Lucy.* / O Greg cometeu uma gafe quando chamou a namorada dele de Karen em vez de Lucy.

pull: pull a fast one (on someone) *inf* enganar alguém para conseguir dinheiro ou algo de valor, passar a perna, tapear (alguém). *Watch out for those guys selling watches on the street. They're capable of pulling a fast one on you.* / Tome cuidado com aqueles caras vendendo relógios na rua. Eles são capazes de te passar a perna.

pull: pull an all-nighter *inf* passar a noite em claro (geralmente para terminar um trabalho, tarefa etc.). *Pete pulled an all-nighter to finish his paper for Professor Brown's class.* / O Pete passou a noite em claro para terminar o trabalho para a aula do professor Brown.

pull: pull faces (at someone) fazer careta. *Susy liked to pull faces at people on the bus when she was a child.* / A Susy gostava de fazer careta para as pessoas no ônibus quando era criança.

pull: pull one's chestnuts out of the fire *inf* salvar-se de situação difícil com os próprios recursos sem se preocupar com os outros, salvar a própria pele. *The scandal ended the career of a lot of ministers, but a few managed to pull their chestnuts out of the fire.* / O escândalo acabou com a carreira de muitos ministros, mas alguns conseguiram salvar a própria pele.

pull: pull one's finger out *inf* deixar de ser preguiçoso e mostrar serviço, mexer-se. *When is Oliver going to pull his finger out and help us with the work?* / Quando é que o Oliver vai se mexer e nos ajudar com o serviço?

pull: pull one's socks up *inf Brit* tomar uma atitude mais responsável e esforçar-se em uma tarefa, mostrar serviço, dar duro. *It's time you pulled your socks up and did something with*

pull: pull one's weight fazer a sua parte (do trabalho, tarefa etc.). *Jill just isn't pulling her weight at the office.* / A Jill simplesmente não está fazendo a parte dela no escritório.

pull: pull oneself together readquirir o controle das emoções e voltar ao normal, controlar-se, conter-se, recompor-se. *Come on, pull yourself together. You don't want them to see you crying, do you?* / Vamos lá, controle-se. Você não quer que eles te vejam chorando, quer?

pull: pull oneself up by one's own bootstraps *inf* melhorar a condição de vida sozinho, sem a ajuda de outras pessoas; levantar-se na vida sozinho. *Samantha pulled herself up by her own bootstraps and today she owns three gas stations.* / A Samantha se levantou sozinha na vida e hoje ela possui três postos de gasolina.

pull: pull out all the stops *inf* fazer de tudo para tornar algo um sucesso, superar-se. *The party was spectacular. They really pulled out all the stops.* / A festa estava espetacular. Eles realmente se superaram.

pull: pull rank (on someone) *inf* usar de autoridade do cargo em uma empresa, organização etc. (contra alguém) para conseguir algo. *Mr. Harris pulled rank on us and vetoed the decision.* / O Sr. Harris usou da autoridade do cargo contra nós e vetou a decisão.

pull: pull someone or something to pieces criticar alguém ou algo severamente, acabar com algo ou alguém. *The critics pulled his last film to pieces.* / Os críticos acabaram com o último filme dele.

pull: pull someone's leg *inf* contar uma mentirinha de brincadeira para

your life. / Já está mais que na hora de você mostrar serviço e fazer alguma coisa da sua vida.

alguém, brincar com alguém. *I didn't really do all those things. I was just pulling your leg.* / Na verdade eu não fiz todas essas coisas. Eu só estava brincando com você.

pull: pull strings (for someone) *inf* usar a própria influência ou poder para ajudar alguém, mexer os pauzinhos (para alguém ou para ajudar alguém). *Fred got the job at the insurance company because his father pulled some strings for him.* / O Fred conseguiu o emprego na empresa de seguros porque o pai dele mexeu os pauzinhos para ele.

pull: pull the carpet out from under someone's feet / pull the rug out from under someone's feet *inf* passar alguém para trás, puxar o tapete de alguém. *They cut our research grant, effectively pulling the carpet out from under our feet.* / Eles cortaram as verbas da nossa pesquisa, realmente puxando nosso tapete.

pull: pull the other one, it's got bells on it *Brit inf* expressão usada na fala para dizer que você não acredita no que alguém diz. Algo como: 'conta outra, isso é conversa para boi dormir'. *So you know the mayor, do you? Pull the other one, it's got bells on it!* / Quer dizer que você conhece o prefeito, não é mesmo? Conta outra, isso é conversa para boi dormir.

pull: pull the plug on something *inf* cancelar um projeto, plano, programa etc. *The university has pulled the plug on our research project.* / A universidade cancelou nosso projeto de pesquisa.

pull: pull the strings controlar uma organização, situação etc. de forma oculta, controlar tudo de longe. *Jeremy is the head of the company, but everyone knows that the majority shareholder really pulls the strings.* / O Jeremy é o diretor da empresa, mas todo mundo sabe que o acionista

pull: pull the wool over someone's eyes enganar alguém. *Don't try to pull the wool over my eyes. I know you're lying.* / Não tente me enganar. Eu sei que você está mentindo.

pull: pull up roots mudar-se de um lugar onde se vive há muito tempo, deixar tudo para trás. *Francine isn't willing to pull up roots and follow her husband to Europe.* / A Francine não está disposta a deixar tudo para trás e ir com o marido para a Europa.

pull: pull up stakes *Amer* mudar-se (para outra cidade, estado etc.). *Holly got a good job offer in San Francisco, so I guess she'll be pulling up stakes pretty soon.* / A Holly recebeu uma boa proposta de emprego em São Francisco, então eu acho que ela vai se mudar em breve.

pump: pump iron *inf* fazer musculação (com pesos), malhar. *Wow, look at your arms! Have you been pumping iron?* / Nossa, veja os seus braços! Você andou malhando?

pump: pump someone full of something encher alguém de algo (geralmente remédios). *The doctors pumped her full of antibiotics and she's feeling better already.* / Os médicos encheram-na de antibióticos e ela já está se sentindo melhor.

punch: couldn't punch one's way out of a paper bag *inf* expressão usada para dizer que alguém é ou está muito fraco ou tímido e jamais reagiria agressivamente, a pessoa não machucaria uma mosca. *Roger pretends he's tough, but he couldn't punch his way out of a paper bag.* / O Roger finge que é durão, mas ele não machucaria uma mosca.

pure: (be) as pure as driven snow *comp* (ser) uma pessoa muito correta, inocente, transparente etc. (expressão geralmente usada em tom humorístico). *He comes across as pure as driven snow, but he's just as corrupt as the others.* / Ele se faz passar por uma pessoa muito inocente, mas é tão corrupto quanto os outros.

push: get the push 1 *Brit inf* ser demitido. *Harry got the push this morning.* / O Harry foi demitido hoje de manhã. **2** *Brit inf* levar um fora de alguém. *Poor Tony got the push from his girlfriend.* / O pobre do Tony levou um fora da namorada.

push: push one's luck persistir em fazer algo arriscado (geralmente porque deu certo no passado), abusar da sorte. *The boss didn't see you arriving late this morning, but I wouldn't push your luck.* / O chefe não o viu chegar atrasado hoje cedo, mas eu não abusaria da sorte.

push: push something to the back of one's mind tentar esquecer algo, tentar apagar alguém ou algo da memória. *Julie pushed the memory of her ex-husband to the back of her mind.* / A Julie tentou apagar o ex-marido da memória.

push: push the boat out *Brit inf* gastar dinheiro em bebida e comida para comemorar algo, esbanjar, tirar a mão do bolso. *It's your wife's birthday. Why don't you push the boat out and take her somewhere nice for dinner?* / É o aniversário da sua esposa. Por que você não tira a mão do bolso e a leva para um lugar legal para jantar?

push: push the envelope testar os limites de algo. *He climbed Mount Everest alone and without oxygen. Talk about pushing the envelope!* / Ele escalou o Monte Everest sozinho e sem oxigênio. Isso é que é testar os limites! *The new Formula One cars are pushing the envelope of aerodynamics.* / Os novos carros de Fórmula 1 estão testando os limites de aerodinâmica.

pushing: be pushing (20, 30, 40 etc.) *inf* estar beirando os 20, 30, 40 etc. anos de idade. *Gina is pushing 50, but she looks a lot younger.* / A Gina está beirando os 50, mas ela parece bem mais jovem.

pushing: be pushing up the daisies / be pushing up daisies *inf* estar morto e enterrado. *You'll be pushing up daisies soon if you keep drinking like that.* / Você estará morto e enterrado em breve se continuar bebendo dessa maneira.

put: I wouldn't put it past someone acreditar que alguém é capaz de fazer algo (geralmente algo errado, ilegal etc.). *John says he didn't take the money, but I wouldn't put it past him.* / O John disse que não pegou o dinheiro, mas eu acredito que ele é capaz disso.

put: never put a foot wrong *inf* nunca cometer um deslize, erro, falha etc. *Linda is admired by all her workmates for never having put a foot wrong.* / A Linda é admirada por todos os colegas de trabalho dela por nunca ter cometido um deslize.

put: not put one's finger on it *inf* não conseguir dizer, identificar, reconhecer o que está errado ou estranho em algo. *Mitch noted that there was something wrong with the machine, but he couldn't put his finger on it.* / O Mitch notou que havia algo errado com a máquina, mas não conseguiu identificar o que era.

put: put a damper on something tornar um evento, atividade, ação etc. menos agradável do que poderia ser, atrapalhar os planos. *The rain really put a damper on our picnic.* / A chuva atrapalhou nossos planos de fazer um piquenique.

put: put a figure on something dizer a quantia ou valor exato de alguma coisa. *I wouldn't be able to put a figure on it right now, but I'd say that car costs around fifty thousand dollars.* / Eu não saberia dizer o valor exato dele agora, mas eu diria que este carro custa por volta de cinquenta mil dólares.

put: put a lid on something tentar manter algo em segredo ou proibir alguém de fazer algo, abafar algo. *The government hasn't been able to put a lid on the corruption scandal involving key ministers.* / O governo não conseguiu abafar o escândalo de corrupção envolvendo importantes ministros.

put: put a name to someone or something lembrar-se do nome de alguém ou algo, associar algo ou alguém. *Sure, I know the guy. I just can't put a name to his face right now.* / Claro, eu conheço o cara. Só não consigo lembrar-me do nome dele neste momento.

put: put a premium on something considerar algo muito importante, estimar muito algo. *This school puts a premium on teachers who have graduate degrees.* / Esta escola estima muito os professores que têm pós-graduação.

put: put a price on someone's head oferecer recompensa para capturar ou matar alguém, colocar a cabeça de alguém a prêmio. *Crime leaders put a price on his head because he was a police informer.* / Os líderes criminosos colocaram a cabeça dele a prêmio porque ele era informante da polícia.

put: put a price on something dizer o valor de algo, dar o preço de algo. *I'm afraid it's hard to put a price on the house without studying the market first.* / Eu acho difícil dar o preço da casa sem estudar o mercado primeiro.

put: put a sock in it *inf* expressão usada na fala para pedir que alguém pare

put: put a sock in it inf expressão usada para pedir que alguém pare de falar. Algo como: 'cale a boca!', 'fique quieto!', 'feche o bico!'. *Can you just put a sock in it? I'm trying to work!* / Dá para você ficar quieto? Eu estou trabalhando.

put: put all one's eggs into one basket arriscar todo o dinheiro, esforço, chances etc. em uma coisa só, depositar toda a confiança em uma coisa só. *The bank manager advised me not to invest all my savings in the stock market. He said it's not a good idea to put all your eggs in one basket.* / O gerente do banco me aconselhou a não investir todas as minhas economias no mercado financeiro. Ele disse que não é uma boa ideia arriscar todo o dinheiro em uma coisa só.

put: put down roots morar em algum lugar e tornar-se parte da comunidade, criar raízes, fixar residência. *Jason has never been able to put down roots anywhere. He just drifts from town to town looking for work.* / O Jason nunca foi capaz de fixar residência em lugar nenhum. Ele vive mudando de cidade em cidade à procura de emprego.

put: put hairs on one's chest expressão usada para dizer que uma bebida ou comida é forte (álcool, tempero, pimenta etc.). Algo como: 'essa é da boa', 'é bem forte'. *'Onions, hot peppers and sardines in a sandwich?' 'Yes, it'll put hairs on your chest! Try it.'* / 'Cebola, pimenta e sardinha num sanduíche?' 'Sim, é bem forte. Experimenta. *This is a pinga from Minas Gerais called Roseira. It'll put hairs on your chest.* / Esta é uma pinga de Minas Gerais chamada Roseira. Essa é da boa.

put: put heads together colaborar (para discutir ou achar solução de um problema). *Ask the people in marketing to put their heads together and come up with a good name for the new product.* / Peça ao pessoal do marketing para colaborar e pensar em um nome bom para o novo produto.

put: put in a good word (for someone) falar bem, recomendar alguém (geralmente para se conseguir um emprego). *They need a new manager and Jeff has put in a good word for me already.* / Eles precisam de um novo gerente e o Jeff já me recomendou.

put: put it there inf expressão usada na fala para pedir que alguém aperte a mão ou bata na mão em sinal de confirmação ou aprovação de algo. Algo como: 'toca aqui', 'bate aqui'. *So you won first place in the race? Put it there!* / Então você chegou em primeiro lugar na corrida? Toca aqui!

put: put on a brave face tentar parecer alegre, descontraído, corajoso etc. (com algo). *Aunt Meg puts on a brave face, but we know that she's not happy.* / A tia Meg tenta parecer alegre, mas nós sabemos que ela não está feliz.

put: put on airs agir ou comportar-se como se fosse superior às outras pessoas, bancar o importante, achar-se o máximo. *Katie puts on airs in front of everyone.* / A Katie se acha o máximo na frente de todo mundo.

put: put one over on someone inf enganar, levar vantagem, passar alguém para trás. *Be careful with Bob. He's trying to put one over on you.* / Fique esperto com o Bob. Ele está tentando te passar para trás.

put: put one's back into something trabalhar arduamente com algo, pegar firme (em algo). *We'll get the job finished in two weeks if we really put our back into it.* / Nós terminaremos o serviço em duas semanas se realmente pegarmos firme.

put: put one's feet up relaxar, tirar um descanso, ficar à vontade (geralmente após um trabalho ou atividade intensa). *After I get home from work I just want to put my feet up and have* *a beer.* / Depois de chegar em casa do serviço eu só quero relaxar e tomar uma cerveja.

put: put one's foot down 1 *inf* dirigir em alta velocidade, pisar fundo. *Frank put his foot down and we got there before the wedding had begun.* / O Frank pisou fundo e nós chegamos antes que o casamento tivesse começado. **2** usar de autoridade para fazer alguém desistir de algo, bater o pé. *Kate wanted to sleep at a friend's house, but her mother put her foot down and demanded that she stay at home.* / A Kate queria dormir na casa de uma amiga, mas a mãe dela bateu o pé e exigiu que ela ficasse em casa.

put: put one's foot in one's mouth / put one's foot in it *inf* dizer ou fazer algo que deixa alguém envergonhado, triste, magoado etc. sem a intenção de fazê-lo, cometer uma gafe, pisar na bola, meter os pés pelas mãos. *Liam put his foot in his mouth by saying that her ex-husband has a new girlfriend.* / O Liam meteu os pés pelas mãos ao mencionar que o ex-marido dela tem uma nova namorada. *I really put my foot in it and got all the candidates' names wrong.* / Eu realmente cometi uma gafe e troquei os nomes de todos os candidatos.

put: put one's hand in one's pocket gastar ou dar dinheiro, pôr a mão no bolso. *At the end of the fundraiser they asked us to put our hands in our pockets for the new children's hospital.* / No final do evento para a arrecadação de fundos, eles nos pediram para pôr a mão no bolso pela construção do novo hospital das crianças.

put: put one's head on the block arriscar-se a falir, ser derrotado, ser criticado etc., colocar a cabeça a prêmio. *The manager just put his head on the block by promising the workers a pay raise within six months.* / O gerente simplesmente colocou a cabeça a prêmio ao prometer aos funcionários um aumento de salário dentro de seis meses.

put: put one's mind to something fazer um grande esforço para realizar algo, concentrar, fixar, focar etc. em algo. *You'll be able to solve all your problems if you really put your mind to them.* / Você conseguirá resolver todos os seus problemas se realmente se concentrar neles.

put: put one's money on something / put money on something apostar ou acreditar muito em algo. *The forecast is for a nice weekend, but I wouldn't put my money on it.* / A previsão é de tempo bom, mas eu não apostaria nisso.

put: put one's money where one's mouth is *inf* expressão usada para desafiar alguém a apostar ou dar dinheiro em vez de apenas falar; apostar no que diz. *So you think you can beat me in chess? Why don't you put your money where your mouth is?* / Então você acha que pode me derrotar no xadrez? Por que você não aposta no que diz?

put: put one's oar in *Brit inf* interferir ou intrometer-se em algo (geralmente na vida de outra pessoa). *Joan knows her job well enough and she doesn't need anyone putting their oar in and giving her advice.* / A Joan conhece bem o trabalho dela e não precisa de ninguém se intrometendo e dando-lhe conselhos.

put: put one's skates on *Brit inf* apressar-se. *You'd better put your skates on if you're going to make the 7:30 bus!* / É melhor você se apressar se quiser pegar o ônibus das 7h30!

put: put one's thinking cap on *inf* colocar a cabeça, cuca, cérebro etc. para funcionar. *Put your thinking cap on and help me figure out how to program the DVD player.* / Coloque a cuca para funcionar e me ajude a descobrir como se programa esse aparelho de DVD.

put: put oneself in someone's shoes colocar-se no lugar de alguém. *Put yourself in her shoes for a minute. What would you do?* / Coloque-se no lugar dela por um minuto. O que você faria?

put: put pressure on someone (to do something) pressionar alguém. *Environmental groups are putting pressure on the government to stop deforestation in the Amazon.* / Grupos ambientalistas estão pressionando o governo a impedir o desmatamento da Amazônia.

put: put someone at ease deixar alguém à vontade, tranquilizar alguém. *I've got some news that will put you at ease. The bank has approved your loan.* / Eu tenho uma notícia que vai te tranquilizar. O banco aprovou o seu empréstimo.

put: put someone in the picture *inf* dar as informações necessárias para que alguém entenda uma situação, explicar algo para alguém. *What's going on here? Can someone put me in the picture?* / O que está acontecendo aqui? Alguém pode me explicar?

put: put someone in their place lembrar a alguém do seu lugar na hierarquia (no trabalho, em casa etc.), colocar alguém no seu devido lugar. *The sales manager put Dave in his place for questioning him.* / O gerente de vendas colocou o Dave no seu devido lugar por tê-lo questionado.

put: put someone on a pedestal admirar muito uma pessoa a ponto de não enxergar seus defeitos, colocar alguém num pedestal. *Karen puts her father on a pedestal.* / A Karen coloca o pai dela num pedestal.

put: put someone on the spot colocar alguém em situação difícil (geralmente quando a pessoa está despreparada), pegar alguém desprevenido. *The interviewer put her on the spot when he asked about her love life.* / O entrevistador a colocou numa situação difícil quando perguntou sobre sua vida amorosa.

put: put someone or something on the map *inf* tornar alguém ou algo conhecido. *His second film was a success and it put him on the map.* / O segundo filme dele foi um sucesso e o tornou conhecido.

put: put someone or something out of their misery 1 sacrificar um animal que está doente ou sofrendo. *They put the dog out of his misery.* / Eles sacrificaram o cachorro. **2** *inf* tranquilizar alguém. *I was going to tell you this on Monday, but let me put you out of your misery. You did very well in the interview and you've got the job.* / Eu ia te dizer isso na segunda-feira, mas deixe-me tranquilizá-lo. Você foi bem na entrevista e conseguiu o emprego.

put: put someone or something to shame ser muito melhor que alguém ou algo, superar de longe alguém ou algo, colocar alguém ou algo no chinelo. *Andrew's composition was clearly the best in the class. He put the other students to shame.* / A redação do Andrew foi a melhor da classe. Ele colocou os outros alunos no chinelo.

put: put someone or something to sleep 1 aplicar anestesia em alguém ou em um animal para deixá-lo inconsciente. *The shot will put her to sleep for a few hours.* / A injeção a deixará inconsciente por algumas horas. **2** sacrificar um animal. *The poor cat was suffering, so we decided to put it to sleep.* / O pobre gato estava sofrendo, então nós decidimos sacrificá-lo. **3** *inf* deixar o interlocutor entediado com conversa pouca interessante. *I sat beside the boss's wife at dinner* *and she almost put me to sleep talking about her childhood.* / Eu sentei-me ao lado da esposa do chefe e ela me deixou entediado contando sobre a infância dela.

put: put someone or something to the test colocar alguém ou algo à prova, teste etc., testar alguém ou algo. *Let's put it to the test and see if it really works.* / Vamos colocá-lo à prova e ver se realmente funciona.

put: put someone out to pasture *inf* aposentar alguém por velhice. *The new management will probably put the older employees out to pasture.* / A nova administração provavelmente aposentará os funcionários mais velhos.

put: put someone through the mill fazer alguém passar por uma experiência ou prova difícil, testar alguém. *They're putting Karen through the mill at work before they give her a full-time position.* / Eles estão testando a Karen no serviço antes de passá-la para um cargo em período integral.

put: put someone through the wringer fazer alguém passar por uma situação muito difícil, massacrar alguém. *The new manager is putting me through the wringer at work.* / O novo gerente está me massacrando no trabalho.

put: put someone's back up irritar alguém, dar nos nervos de alguém. *Rebecca's arrogant remarks always put my back up.* / Os comentários arrogantes da Rebecca sempre me irritam.

put: put someone's mind at ease / put someone's mind at rest tranquilizar alguém. *The hurricane is moving out to sea, which is putting people's minds at ease in Florida.* / O furacão está se afastando para o mar, o que está tranquilizando as pessoas na Flórida.

put: put someone's nose out of joint irritar ou incomodar alguém. *The reporter put the mayor's nose out of joint with his questions.* / O repórter irritou o prefeito com suas perguntas.

put: put something in a nutshell *inf* expressão usada para resumir ou encerrar um assunto, ideia etc. Algo como: 'resumir o assunto', 'encurtar a conversa', 'ir direto ao assunto'. *Let me put it in a nutshell for you. The project has been cancelled.* / Deixe-me resumir o assunto para você. O projeto foi cancelado.

put: put something in perspective / put things in perspective ter a capacidade de avaliar a importância de algo, colocar as coisas em perspectiva. *So your team didn't win. Try to put it in perspective. It's just a game.* / Então seu time não venceu. Tente colocar as coisas em perspectiva. É apenas um jogo.

put: put something into operation colocar algo em vigor, atividade, funcionamento etc. (plano, regra etc.). *The government has decided not to put the tax reform into operation until after the election.* / O governo decidiu não colocar a reforma tributária em vigor até o final da eleição.

put: put something into practice pôr uma ideia, plano etc. em prática. *Mike is full of good ideas that he never puts into practice.* / O Mike é cheio de ideias que ele nunca põe em prática.

put: put something on ice deixar algo de lado por um tempo (plano, projeto etc.). *Ben and Laura have put their wedding plans on ice until Ben finds a good job.* / O Ben e a Laura colocaram os planos de casamento de lado, por um tempo, até o Ben arranjar um bom emprego.

put: put something on the back burner deixar alguma coisa para

put: put something on the back burner adiar algo para outra ocasião, aguardar uma melhor oportunidade para fazer algo, colocar algo de lado. *We were going to move to Chicago, but we decided to put our plans on the back burner with the arrival of the baby.* / Nós iríamos nos mudar para Chicago, mas decidimos colocar nossos planos de lado com a chegada do bebê.

put: put something on the market colocar algo à venda. *We put our house on the market last month.* / Nós colocamos nossa casa à venda no mês passado.

put: put something out of one's mind parar de pensar em algo, esquecer algo por um tempo. *You won't know if you got the job until Monday morning. Just put it out of your mind and enjoy the weekend.* / Você não saberá se conseguiu o emprego até segunda-feira. Apenas pare de pensar nisso e aproveite o fim de semana.

put: put something right corrigir, consertar, colocar algo em ordem. *You didn't treat her very well, now go and put it right and say you're sorry.* / Você não a tratou muito bem, agora vá e corrija isso e diga que está arrependido. *The mechanic cleaned the filter and that seems to have put the motor right.* / O mecânico limpou o filtro e isso parece ter colocado o motor em ordem.

put: put something to good use utilizar algo de maneira sábia, utilizar ou empregar algo bem. *Sarah put the money to good use and bought new clothes for her children.* / A Sarah utilizou bem o dinheiro e comprou novas roupas para os seus filhos.

put: put something to the vote submeter algo à votação, fazer uma votação para algo. *They called a meeting to put it to the vote.* / Eles convocaram uma reunião para fazer uma votação.

put: put stock in someone or something acreditar, dar importância, depositar confiança etc. em alguém ou algo. *He'll say anything to please you, so I wouldn't put much stock in what he says.* / Ele diz qualquer coisa para te agradar, então eu não depositaria muita confiança no que ele diz.

put: put the brakes on someone or something impedir alguém de fazer algo ou impedir o progresso, desenvolvimento, avanço etc. de algo. *The budget cut put the brakes on our project.* / O corte no orçamento impediu o avanço do nosso projeto.

put: put the fear of God into someone amedrontar, apavorar, atemorizar etc. alguém. *Have you seen the new manager? She puts the fear of God into me.* / Você já viu a nova gerente? Ela me amedronta.

put: put the frighteners on someone *Brit inf* chantagear alguém com ameaças. *They tried to put the frighteners on us so we wouldn't take them to court, but they were so wrong.* / Eles tentaram nos chantagear com ameaças para que não os levássemos à justiça, mas eles se enganaram redondamente.

put: put the record straight *inf* corrigir a versão dos fatos, colocar as coisas de maneira correta. *You said 300 dollars? Let's put the record straight. We owe you 200 dollars.* / Você disse 300 dólares? Vamos colocar as coisas de maneira correta. Nós te devemos 200 dólares.

put: put the screws on (someone) *inf* intimidar alguém. *Managament is trying to put the screws on the staff to accept the new labor contract.* / A administração está tentando intimidar os funcionários a aceitar o novo contrato de trabalho.

put: put things right corrigir um erro, consertar ou melhorar as coisas, colocar as coisas em ordem. *I'm *sorry I was rude to you. How can I put things right?* / Eu sinto muito por ter sido indelicado com você. Como posso corrigir esse erro?

put: put two and two together tirar uma conclusão dos fatos, juntar os fatos. *Randy mysteriously left town just after the money was found missing. You don't have to be a genius to put two and two together here.* / O Randy misteriosamente deixou a cidade logo depois que notaram o desaparecimento do dinheiro. Ninguém precisa ser um gênio para tirar uma conclusão dos fatos.

put: put up a good fight lutar ou competir bravamente (em geral contra alguém ou algo mais forte). *The school team put up a good fight. Unfortunately they didn't win the match.* / O time da escola lutou bravamente. Infelizmente, eles não venceram a partida.

put: put words in someone's mouth dar a entender que alguém disse algo que de fato não disse, colocar palavras na boca de alguém. *I never said I didn't like your mother. Don't put words in my mouth!* / Eu nunca disse que não gostava da sua mãe. Não coloque palavras na minha boca!

put: to put it mildly expressão geralmente usada em tom irônico para amenizar algo. Algo como: 'para não dizer outra coisa'. *He's not exactly a genius, to put it mildly.* / Ele não é exatamente um gênio, para não dizer outra coisa.

putty: be like putty in someone's hands *comp* ser ou estar totalmente influenciado ou controlado por alguém. *The boss is like putty in Barbara's hands. He'll do anything for her.* / O chefe é totalmente influenciado pela Barbara. Ele faz de tudo por ela.

q

q.t.: (do something) on the q.t. *Brit* (fazer algo) em segredo ou confidencialmente, na surdina, às escondidas. *He's been seeing another woman on the q.t.* / Ele está saindo escondido com uma outra mulher.

quaking: be quaking in one's boots / be quaking in one's shoes estar tremendo de medo. *Tim was quaking in his boots while the police questioned him.* / O Tim estava tremendo de medo quando a polícia o interrogou.

qualms: have qualms (with something / about something / about doing something) ter dúvidas, apreensões, escrúpulos etc. de algo ou de fazer algo. *I have no qualms about lying to them.* / Eu não tenho escrúpulo algum em mentir para eles. *Their proposal seems good and our lawyer has no qualms with it.* / A proposta deles parece boa e nosso advogado não tem apreensões sobre ela.

quandary: be in a quandary estar em dúvida, estar num dilema. *Debora is in a quandary about where to go on her holidays this year.* / A Debora está em dúvida sobre aonde ir nas férias dela este ano.

question: be out of the question ser impossível, estar fora de cogitação. *Travelling abroad on holiday is out of the question on my salary.* / Viajar para o exterior nas férias está fora de cogitação com o salário que ganho.

quick: (be) as quick as a flash *comp* (ser) muito rápido, (ser) rápido como um raio. *Mike is as quick as a flash.* / O Mike é rápido como um raio.

quick: be quick off the mark ser rápido para entender ou fazer algo. *The kids were quick off the mark and understood the card game right away.* / Os garotos foram rápidos e entenderam o jogo de cartas imediatamente.

quick: be quick on the draw ser rápido para entender algo, pegar rápido. *You had better explain it twice to Jeff. He's not very quick on the draw.* / É melhor você explicar duas vezes para o Jeff. Ele não pega rápido.

quick: be quick on the uptake *inf* compreender com rapidez e facilidade, ser muito esperto, inteligente etc. *I must say the new guy in accounting is quick on the uptake.* / Eu tenho que admitir que o novo cara no departamento de contabilidade é muito esperto.

quick: have a quick one *inf* tomar uma bebida alcoólica (geralmente às pressas porque tem algo a fazer). *I met Peter and we had a quick one after work.* / Eu encontrei o Peter e nós tomamos uma bebida depois do expediente.

quick: have a quick temper ter um temperamento explosivo, ficar zangado facilmente. *Doug has a quick temper but he never stays angry long.* / O Doug tem um temperamento explosivo, mas ele nunca fica zangado por muito tempo.

quickie: have a quickie *inf* fazer sexo às pressas (geralmente durante o expediente), dar uma (rapidinha). *Adam and Lucy had a quickie before they went back to the office.* / O Adam e a Lucy deram uma rapidinha antes de voltarem para o escritório.

quiet: (be) as quiet as a mouse *comp* ser muito quieto, falar pouco, não fazer barulho. *You were as quiet as a mouse at the party.* / Você estava muito quieto na festa. *I arrived home as quiet as a mouse so I wouldn't wake Judy.* / Eu cheguei em casa sem fazer barulho para não acordar a Judy.

quiet: (do something) on the quiet (fazer algo) em segredo ou confidencialmente, na surdina, às escondidas. *I've got something to tell you, but you have to keep it on the quiet.* / Eu tenho algo para te contar, mas você tem de prometer que vai guardar segredo.

quits: be quits (with someone) *inf* não estar devendo nada a alguém, estar quites com alguém. *Here, take this money and we're quits.* / Aqui, pegue este dinheiro e estamos quites.

r

rack: be on the rack estar em agonia, estar num estado de ansiedade, estresse, sofrimento, dor etc. *I've been on the rack for a week waiting to see if the publisher accepted my novel.* / Estou em agonia há uma semana, esperando para ver se a editora aceitou o meu romance.

rack: rack one's brain *inf* fazer muito esforço para pensar ou lembrar de algo, quebrar a cabeça. *I've been racking my brain trying to find a way of paying my bills this month.* / Eu estou quebrando a cabeça tentando achar um jeito de pagar as minhas contas neste mês.

racked: be racked with pain estar sofrendo com uma dor. *He was so racked with pain he couldn't sit up.* / Ele estava sofrendo tanto com a dor que não conseguia se sentar.

rag: be on the rag *inf* estar menstruando. *Oh, no! I'm on the rag and I've run out of tampons.* / Oh, não! Eu estou menstruando e acabaram os meus absorventes.

rage: be all the rage *inf* estar na moda, ser a última moda. *Flip flops are all the rage in the States right now.* / Chinelos 'havaianas' são a última moda nos Estados Unidos neste momento.

rails: get back on the rails *inf* voltar ao normal, dar a volta por cima (nos negócios, esportes etc.). *Do you think our team will get back on the rails soon?* / Você acha que o nosso time vai dar a volta por cima em breve?

rails: go off the rails *inf* comportar-se de forma irracional, ficar louco. *Henry is going off the rails a bit, don't you think?* / O Henry está ficando meio louco, você não acha?

rain: rain cats and dogs *inf* chover fortemente, chover canivetes. *It's raining cats and dogs out there. Take an umbrella.* / Está chovendo canivetes lá fora. Pegue um guarda-chuva.

rain: rain on someone's parade *Amer inf* estragar os planos ou diversão de alguém. *I hate to rain on your parade, but you'll have to turn the music down.* / Eu odeio estragar os seus planos, mas você vai ter que abaixar a música.

rain: take a rain check *inf* expressão usada para recusar um convite no momento, prometendo aceitá-lo em uma data futura. Algo como: 'pode ficar para uma próxima vez?'. *'Can you stay for dinner?' 'Can I take a rain check? I've got other plans.'* / 'Você pode ficar para o jantar?' 'Pode ficar para uma próxima vez? Eu tenho outros compromissos.'

rains: when it rains, it pours *dit Amer* expressão usada para dizer que uma desgraça nunca vem só, desgraça pouca é bobagem. *First the transmission broke and now the radiator! When it rains, it pours, doesn't it?* / Primeiro o câmbio quebrou, e agora o radiador! Desgraça pouca é bobagem, não é mesmo?

raise: raise a glass / raise one's glass (to someone or something) fazer um brinde (a alguém ou algo). *They raised a glass to the newlyweds.* / Eles fizeram um brinde aos recém-casados.

raise: raise a stink (about / over something) *inf* reclamar em voz alta, fazer o maior escândalo (por causa de algo) (geralmente em público). *There is no need to raise a stink just because the bus is a little late!* / Não há necessidade de fazer o maior escândalo só porque o ônibus está um pouco atrasado!

raise: raise hell 1 *inf* protestar ou reclamar agressivamente ou com muito barulho, armar o maior barraco. *Robert got a better room after he raised hell at the front desk.* / O Robert conseguiu um quarto melhor depois que ele armou o maior barraco na recepção. **2** *Amer inf* fazer muito barulho e bagunça, cair na farra. *John went to the local bar to raise a little hell with his old school friends.* / O John foi a um bar próximo para cair na farra com os antigos colegas de escola.

raise: raise one's eyebrows (at something) arquear as sobrancelhas para expressar surpresa ou desaprovação. *The manager raised his eyebrows at the union's decision to go on strike.* / O gerente expressou surpresa com a decisão do sindicato de entrar em greve.

raise: raise one's voice levantar a voz, falar em voz alta, gritar. *Try not to raise your voice at the kids when you're angry.* / Tente não levantar a voz com as crianças quando você estiver irritado.

raise: raise someone's hopes dar esperanças, alimentar as esperanças de alguém. *The peace talks are raising everyone's hopes that the war will end.* / As negociações de paz estão alimentando as esperanças de todo mundo de que a guerra acabará.

raise: raise someone's spirits deixar alguém mais alegre, animar alguém. *I took Andrew out for lunch to raise his spirits a little.* / Eu levei o Andrew para almoçar comigo para animá-lo um pouco.

rake: rake it in *inf* ganhar muito dinheiro, realizar grandes lucros. *I wouldn't say Pete's raking it in just yet, but his company is doing quite well.* / Eu não diria que o Pete está ganhando muito dinheiro ainda, mas a empresa dele está indo muito bem.

rake: rake somebody over the coals *inf* criticar alguém severamente, soltar os cachorros em cima de alguém, comer o fígado de alguém. *The boss raked me over the coals for not finishing the report on time.* / O chefe soltou os cachorros em cima de mim por eu não ter terminado o relatório em tempo.

ram: ram something down someone's throat *inf* forçar alguém a aceitar algo (geralmente algo desagradável), fazer alguém engolir algo. *If the teachers don't accept the new contract, the administration will ram it down their throats anyway.* / Se os professores não aceitarem o novo contrato, a administração vai fazê-los engoli-lo mesmo assim.

ram: ram something home *inf* fazer alguém entender algo com argumento persuasivo, fazer alguém tomar consciência. *We never felt safe here at night and the recent robberies have rammed* *it home even more.* / Nós nunca nos sentimos seguros aqui à noite e os assaltos ultimamente nos fizeram tomar consciência disso ainda mais.

rant: rant and rave reclamar de algo em voz alta, xingar. *The boss has been ranting and raving about how sales are falling.* / O chefe está xingando porque as vendas estão caindo.

rap: take the rap (for someone or something) receber punição ou ser condenado (por algo que não fez ou no lugar de alguém), pagar o pato. *I didn't take the money and I'm not going to take the rap for it.* / Eu não peguei o dinheiro e não vou pagar o pato por isso.

raptures: be in raptures (over / about something or someone) ficar muito entusiasmado, ficar muito empolgado (com alguém ou algo). *The kids were in raptures over the ice cream.* / As crianças ficaram muito entusiasmadas com o sorvete.

rare: (be) as rare as hen's teeth *comp* muito raro ou quase inexistente. *Cheap hotels in the French Riviera are about as rare as hen's teeth these days.* / Hotéis baratos na Riviera Francesa são quase inexistentes hoje em dia.

raring: be raring to go estar ansioso, entusiasmado, empolgado etc. para começar algo. *We're raring to go on the new project.* / Nós estamos entusiasmados para começar o novo projeto.

rattle: rattle someone's cage *inf* aborrecer, irritar ou incomodar alguém. *Watch what you say to the boss. You don't want to rattle his cage, do you?* / Cuidado com o que você fala para o chefe. Você não quer aborrecê-lo, quer?

reach: reach rock bottom chegar ao ponto mais baixo, chegar ao fundo do poço. *Bob's career has reached rock bottom.* / A carreira do Bob chegou ao fundo do poço.

read: read between the lines procurar o significado oculto em algo que alguém fala ou escreve, ler nas entrelinhas. *She says she's fine, but if you read between the lines I think you'll find she's unhappy.* / Ela diz que está bem, mas se você ler nas entrelinhas eu acho que vai perceber que ela está infeliz.

read: read my lips *inf* expressão usada na fala para pedir que alguém preste atenção no que será dito. Algo como: 'Preste atenção no que vou dizer'. *Read my lips. I'm not interested.* / Preste atenção. Eu não estou interessado.

read: read someone like a book saber o que alguém vai fazer ou dizer por conhecer a pessoa muito bem. *Don't lie to me. I can read you like book.* / Não minta para mim. Eu conheço você muito bem.

read: read someone's mind saber o que alguém está pensando ou sentindo, ler a mente ou os pensamentos de alguém. *I'd love to be able to read her mind to know what she's up to!* / Eu adoraria poder ler a mente dela para saber o que ela está tramando!

read: read the riot act / read someone the riot act admoestar alguém severamente por ter feito algo de errado ou comportar-se mal, descer o verbo (em alguém). *Hank was late for work again, so the manager read him the riot act.* / O Hank chegou atrasado ao serviço novamente e o gerente desceu o verbo nele.

ready: be ready to roll *inf* estar pronto para começar, partir etc. *The bags are in the car and we're ready to roll!* / As malas estão no carro e nós estamos prontos para partir!

real: be the real McCoy *inf* ser um exemplar verdadeiro, ser genuíno. *'Is that an Armani briefcase?' 'Yup! It's the real McCoy alright!'* / 'Essa é uma pasta Armani?' 'Sim! É um exemplar verdadeiro, com certeza!'

real: get real *inf* expressão usada na fala para pedir que alguém não fale ou faça besteira, cair na real, falar sério. *You think you'll get a date with Julia? Get real! She only goes out with rich guys.* / Você acha que vai conseguir sair com a Julia? Caia na real! Ela só sai com caras ricos.

reap: you reap what you sow *dit* expressão usada para dizer que uma pessoa tem que aceitar as consequências negativas de suas ações. Algo como: 'você colhe aquilo que planta'. *Robert mistreats everyone at work and now no one wants to work with him. As they say, you reap what you sow.* / O Robert maltrata todo mundo no serviço e agora ninguém quer trabalhar com ele. Como dizem, você colhe aquilo que planta!

rearrange: rearrange the deckchairs on the Titanic *inf* expressão usada para dizer que a ação adotada não fará diferença no resultado final, trocar seis por meia dúzia. *Firing two of our employees and hiring two new ones next month will be like rearranging the deckchairs on the Titanic.* / Demitir dois dos nossos funcionários e contratar outros dois novos no mês que vem é o mesmo que trocar seis por meia dúzia.

receiving: be on the receiving end (of something) *inf* ser a vítima de algo. *Sandra has been in a terrible mood all morning and unfortunately I'm on the receiving end of her rants.* / A Sandra está num humor terrível a manhã toda e infelizmente eu sou a vítima da fúria dela.

recharge: recharge one's batteries *inf* descansar antes de recomeçar o trabalho, recuperar as energias. *Let's take a break to recharge our batteries before we finish painting the kitchen.* / Vamos dar um tempo para recuperar as energias antes de terminar a pintura da cozinha.

recipe: be a recipe for disaster ser uma má ideia, ser uma ideia desastrosa. *Putting Geoffrey in charge of the project is a recipe for disaster. He just isn't experienced enough.* / Colocar o Geoffrey à frente do projeto é uma ideia desastrosa. Ele simplesmente não tem experiência suficiente.

record: be on record declarar algo publicamente (geralmente para a mídia). *The coach is on record saying he'll quit the team if they don't win the championship.* / O treinador declarou publicamente que deixará o time se eles não ganharem o próximo campeonato.

red: (be) as red as a beet / (be) as red as a beetroot *comp* (ser ou ficar) muito vermelho (geralmente para descrever as bochechas de alguém), ser vermelho como um pimentão. *Susan was as red as a beet when it was her turn to speak.* / A Susan ficou vermelha como um pimentão quando chegou a sua vez de falar.

red: (be) like a red rag to a bull *comp* (ser) um grande insulto para alguém. *Don't mention anything about the war to my grandfather. It's like a red rag to a bull.* / Não toque no assunto da guerra com o meu avô. É um grande insulto para ele.

red: be in the red estar com saldo negativo, estar no vermelho. *If sales don't improve, we'll be in the red at the end of the year.* / Se as vendas não melhorarem, nós estaremos no vermelho no final do ano.

red: not have a red cent *Amer inf* não ter dinheiro algum, não ter um centavo. *Janet didn't have a red cent when she started her gardening business.* / A Janet não tinha um centavo quando começou o negócio de jardinagem.

refresh: refresh someone's memory fazer alguém se lembrar de

regular

algo, refrescar a memória de alguém. *Perhaps this photo will refresh your memory.* / Talvez esta foto refresque a sua memória.

regular: be as regular as clockwork *comp* ser muito pontual. *Lucas has always been as regular as clockwork.* / O Lucas sempre foi muito pontual.

reins: take the reins assumir o comando. *When Robert retires from the company his son will probably take the reins.* / Quando o Robert se aposentar da empresa, o filho dele provavelmente assumirá o comando.

reinvent: reinvent the wheel perder tempo criando algo que já existe, reinventar a roda. *You're writing a book about the Clinton years? Aren't you reiventing the wheel? There must be a dozen published already.* / Você está escrevendo um livro sobre os anos de governo do presidente Clinton? Você não está reinventando a roda? Deve haver uma dúzia de livros já publicados.

reopen: reopen old wounds fazer alguém sentir-se mal ao lembrá-lo de algo desagradável que ocorreu no passado, mexer em antigas feridas. *I didn't mean to reopen old wounds when I mentioned her name.* / Eu não tive a intenção de mexer em antigas feridas quando mencionei o nome dela.

rest: come to rest *form* parar de movimentar-se, parar. *We saw that the boat had come to rest on the beach after the storm.* / Nós vimos que o barco parou de se movimentar na praia depois da tempestade.

rest: rest on one's laurels ficar satisfeito com sucessos anteriores e não tentar melhorar, descansar sobre os louros conquistados, acomodar-se. *Bernard's first book was a great success, but he isn't one to rest on his laurels.* / O primeiro livro do Bernard foi um tremendo sucesso, mas ele não é do tipo que se acomoda.

return: return the compliment retribuir uma gentileza. *We were treated so well when we visited their factory in Malaysia and we hope to return the compliment by inviting them to see ours in Chicago.* / Nós fomos tratados muito bem quando visitamos a fábrica deles na Malásia e esperamos retribuir a gentileza convidando-os para visitar a nossa fábrica em Chicago.

rid: be rid of someone or something *form* ver-se livre de algo ou alguém (geralmente algo ou alguém que irrita ou é inconveniente). *It took a while, but we're finally rid of the ants in the garden.* / Levou um tempo, mas finalmente nós nos vimos livres das formigas no jardim.

rid: get rid of someone or something 1 *inf* livrar-se de algo desagradável ou inconveniente. *Can't you get rid of your brother so we can be alone?* / Você não pode se livrar do seu irmão para podermos ficar sozinhos? **2** jogar fora ou desfazer-se de algo. *'Do you still have that old green bicycle?' 'No, I got rid of that years ago.'* / 'Você ainda tem aquela velha bicicleta verde?' 'Não, eu me desfiz dela anos atrás.'

riddled: be riddled with something estar repleto, permeado, cheio etc. de algo. *The body was riddled with bullet holes.* / O corpo estava repleto de furos de bala.

ride: be along for the ride *inf* acompanhar um grupo por curiosidade, mas não participar das atividades do grupo; ir de carona. *He didn't take part in the robbery. He was just along for the ride.* / Ele não participou do roubo. Ele só foi de carona.

ride: ride roughshod over someone tratar alguém mal, ser rude com alguém. *There was no need to ride* roughshod over the poor fellow just because he didn't agree with you. / Não havia necessidade de tratar mal o pobre coitado só porque ele não concordou com você.

ride: ride shotgun *Amer inf* andar de carro no banco de passageiro da frente. *Who is going to ride shotgun with me?* / Quem vai no banco da frente comigo?

ride: ride the wave of something *inf* aproveitar um momento de popularidade em benefício próprio, aproveitar a onda de algo. *Rock stars are riding the wave of environmentalism to get a little extra media attention.* / Estrelas do rock estão aproveitando a onda do ambientalismo para conseguir um pouco mais de atenção da mídia.

ride: take someone for a ride 1 *inf* enganar, ludibriar, trapacear etc. alguém. *It isn't real gold. The salesman is trying to take you for a ride.* / Isso não é ouro legítimo. O vendedor está tentando te enganar. **2** *Amer inf* levar uma vítima de carro até um lugar para assassiná-la, dar um fim em alguém. *If Mike doesn't pay up, they'll take him for a ride.* / Se o Mike não pagar o que deve, eles vão dar um fim nele.

riding: be riding for a fall estar a caminho de um desastre, estar prestes a quebrar a cara. *Don't you think you're riding for a fall dating a married woman?* / Você não acha que vai quebrar a cara namorando uma mulher casada?

right: (be) as right as rain *comp* estar ótimo, sentir-se ótimo (saúde, estado etc.). *'How do you feel today?' 'As right as rain!'* / 'Como você está se sentindo hoje?' 'Eu me sinto ótimo!'

right: be all right (by someone / with someone) expressão usada na fala para pedir o consentimento ou aprovação de alguém para fazer algo. Algo como: 'tudo bem com você?', 'posso?'. *Is it all right if I turn on the air conditioner?* / Posso ligar o ar condicionado? *Is it all right with you if I smoke?* / Tudo bem com você se eu fumar?

right: be in one's right mind estar lúcido, estar bem da cabeça. *I don't think he was in his right mind when he signed the contract.* / Eu não acho que ele estava bem da cabeça quando assinou o contrato.

right: be on the right track estar agindo da maneira certa, estar no caminho certo. *The results of the experiment confirmed that the scientists were on the right track.* / Os resultados da experiência confirmaram que os cientistas estavam no caminho certo.

right: get off on the right foot (with someone) *inf* começar bem uma relação com alguém. *Gilbert got off on the right foot with his new boss.* / O Gilbert começou bem a relação com o novo chefe dele.

right: get something right entender corretamente, direito, bem etc. *Can't you ever get it right? I said six-thirty, not seven-thirty!* / Você nunca consegue entender direito? Eu disse seis e trinta e não sete e trinta!

riled: be / get riled up (over something) *inf* ficar chateado, zangado, irritado etc. com algo. *It's just a suggestion. You don't have to get all riled up over it!* / É só uma sugestão. Você não precisa ficar todo irritado por causa disso!

ring: ring a bell parecer familiar, trazer vaga lembrança de algo. *Her name rings a bell, but I can't remember where I've met her before.* / O nome dela é familiar, mas eu não consigo me lembrar de onde eu a conheci antes.

ring: ring false parecer falso ou mentira. *His alibi rings false to me.* / O álibi dele parece falso para mim.

ring: ring hollow parecer insincero. *Coming from you, the invitation rings a little hollow.* / Vindo de você, o convite parece um pouco insincero.

ring: ring off the hook *Amer* tocar com muita frequência, tocar sem parar (telefone). *The phone has been ringing off the hook since we put that ad in the newspaper.* / O telefone tem tocado sem parar desde que colocamos aquele anúncio no jornal.

ring: ring true parecer verdade. *What she says rings true, but I'm not convinced yet.* / O que ela diz parece verdade, mas eu não estou convencido ainda.

ringside: have a ringside seat (to something / for something) *inf* estar bem localizado para ver algo, ter uma visão privilegiada de algo. *We rented a boat, so we had rindside seats to watch the space shuttle launching.* / Nós alugamos um barco, então tivemos uma visão privilegiada do lançamento do ônibus espacial.

rip: rip something apart / rip something to shreds criticar, acabar, detonar etc. algo. *The critics ripped his latest film apart.* / Os críticos detonaram o último filme dele. *They ripped Dawn's proposal to shreds in the meeting.* / Eles acabaram com a proposta do Dawn na reunião.

rise: get a rise out of someone dizer ou fazer algo para irritar alguém, provocar alguém. *I think Patty does those things just to get a rise out of her parents.* / Eu acho que a Patty faz essas coisas apenas para provocar os pais dela.

rise: rise and shine expressão usada na fala ao acordar alguém de manhã. Algo como: 'vamos lá, acorde!'. *Rise and shine, kids! It's time for breakfast.* / Vamos lá, acordem, crianças! É hora do café da manhã.

rise: rise from the ashes tornar-se um sucesso novamente após um fracasso, renascer das cinzas. *Who would have thought a band from the 60's could rise from the ashes and have a number one hit record today?* / Quem poderia ter imaginado que uma banda dos anos 1960 renasceria das cinzas e teria um disco na primeira posição das paradas de sucesso hoje?

rise: rise to the bate entrar no jogo de alguém, cair na de alguém, morder a isca. *She tried to irritate me, but I didn't rise to the bate.* / Ela tentou me irritar, mas eu não caí na dela.

rise: rise to the occasion / rise to the challenge mostrar-se capaz ou à altura numa situação difícil. *We need someone who can rise to the occasion and lead the company through this difficult period.* / Nós precisamos de alguém que se mostre capaz de conduzir a empresa neste período difícil. *Hank rose to the challenge and successfully landed the plane after the engine failed.* / O Hank mostrou-se capaz e aterrissou o avião com sucesso depois que o motor pifou.

risk: risk life and limb arriscar a vida (para fazer algo). *He risked life and limb to bring the climbers down from the mountain.* / Ele arriscou a vida para descer os alpinistas da montanha.

risk: risk one's neck *inf* arriscar-se ao fazer algo perigoso, arriscar o próprio pescoço. *He risked his neck to pull them from the burning car.* / Ele arriscou o próprio pescoço para tirá-los do carro em chamas.

risk: take a risk arriscar-se. *Chris isn't one to take a risk and start his own business.* / O Chris não é do tipo que se arrisca e monta o próprio negócio.

road: be on the road to something estar a caminho de algo (sucesso, fama, fracasso etc.). *The band is on the road to success with their new CD.* / A banda está a caminho do sucesso com o novo CD deles.

road: have one for the road *inf* tomar uma última bebida antes de sair de uma festa, bar etc., tomar a saideira. *Let's have one for the road before we go home, shall we?* / Vamos tomar a saideira antes de ir embora, certo?

road: the road to hell is paved with good intentions *dit* expressão usada para dizer que boas intenções sem ação não bastam. Algo como: 'a estrada para o inferno é cheia de boas intenções'. *The government claims it wants to combat domestic violence, but the road to hell is paved with good intentions, if you ask me.* / O governo afirma querer combater a violência doméstica, mas a estrada para o inferno é feita de boas intenções, se você quer saber minha opinião.

rob: rob Peter to pay Paul *dit* expressão usada ao tirar dinheiro de um lugar para usar em outro (e sem benefício algum). Algo como: 'despir um santo para vestir o outro'. *We can afford a new car or a holiday abroad, but not both. It's a question of robbing Peter to pay Paul.* / Nós temos dinheiro para comprar um carro novo ou tirar férias no exterior, mas não para as duas coisas. É uma questão de despir um santo para vestir o outro.

rob: rob someone blind *inf* roubar o dinheiro de alguém ao cobrar um valor injusto, furar os olhos de alguém, enfiar a faca em alguém. *They have the only bar on the beach, so they rob everyone blind and no one says a word about it.* / Eles possuem o único bar da praia, então eles furam os olhos de todo mundo e ninguém fala nada.

rock: rock the boat questionar, incomodar ou desafiar o sistema, *statu quo*, autoridade etc. *If I were you, I wouldn't rock the boat, if you want to keep your job.* / Se eu fosse você, eu não incomodaria o sistema, se você quiser manter o seu emprego.

rocker: be off one's rocker *inf* estar louco. *You quit your job? Are you off your rocker?* / Você pediu demissão? Você está louco?

rocket: not be rocket science *inf* não ser muito difícil ou complicado para entender. *He should be able to assemble the bike. After all, it isn't rocket science.* / Ele deve ser capaz de montar a bicicleta. Afinal de contas, não é tão complicado para entender.

rocks: be on the rocks estar em dificuldades ou a perigo de fracassar, correr perigo. *Martin's marriage is on the rocks.* / O casamento do Martin está a perigo.

rod: make a rod for one's own back fazer algo que será usado contra a própria pessoa, enforcar-se com a própria corda, arrumar para a cabeça. *I think that Steve is making a rod for his own back by not telling his father that he's already failed the course.* / Eu acho que o Steve está arrumando para a cabeça não contando para o pai dele que ele já reprovou no curso.

roll: be on a roll *inf* estar num período de sucesso, estar com sorte. *That's three big sales this week. I'm on a roll!* / Já são três vendas grandes esta semana. Eu estou com sorte!

roll: roll in the hay *inf* fazer sexo, dar uma (expressão geralmente usada em tom humorístico). *We could roll in the hay if you're not too tired. What do you say?* / Nós poderíamos dar uma se você não estiver muito cansada. O que você me diz?

roll: roll off the tongue ser fácil de pronunciar, fluir naturalmente. *The words just rolled off the tongue and captivated the audience.* / As palavras simplesmente fluíram naturalmente e cativaram a plateia.

roll: roll out the red carpet (for someone) *inf* receber alguém com muita cerimônia e atenção (geralmente alguém importante), receber alguém com pompa e circunstância.

My mother-in-law didn't exactly roll out on the red carpet for me when I met her the first time. / Minha sogra não me recebeu exatamente com toda pompa e circunstância quando eu a conheci.

roll: roll out the welcome mat (for someone) receber alguém com muito prazer, receber alguém de braços abertos. *You always roll out the welcome mat for your relatives when they visit, but mine you completely ignore. Why is that?* / Você sempre recebe os seus parentes de braços abertos, mas os meus você ignora completamente. Por quê?

roll: roll up one's sleeves *inf* preparar-se para trabalhar duro, arregaçar as mangas. *The company needs people who are ready to roll up their sleeves.* / A empresa precisa de pessoas que estejam prontas para arregaçar as mangas.

roll: roll with the punches adaptar-se ou acostumar-se com uma situação difícil. *The new boss is tough, but you'll just have to roll with the punches for a while.* / O novo chefe é durão, mas você vai ter que se adaptar por enquanto.

rolling: be rolling in money / be rolling in dough / be rolling in it *inf* estar muito rico, estar nadando em dinheiro. *Jason is rolling in money now that he got his inheritance.* / O Jason está nadando em dinheiro agora que ganhou sua herança.

Rome: Rome wasn't built in a day *dit* expressão usada para dizer que um projeto ou trabalho grande exige muito tempo, esforço e paciência. Algo como: 'Roma não foi construída em apenas um dia'. *It takes a lot of dedication to build your own company. Keep in mind that Rome wasn't built in a day.* / É preciso muita dedicação para montar sua própria empresa. Lembre-se de que Roma não foi construída em apenas um dia.

Rome: when in Rome do as the Romans do *dit* expressão usada para dizer que é preciso adotar os costumes e seguir o exemplo do povo do lugar onde estiver. Algo como: 'Quando em Roma, faça como os romanos'. *I don't usually eat spicy food, but here in Mexico it's different. As they say, when in Rome, do as the Romans do.* / Eu normalmente não como comida apimentada, mas aqui no México é diferente. Como dizem, quando em Roma, faça como os romanos.

room: not be room to swing a cat / not have enough room to swing a cat *inf* não haver espaço suficiente, não haver espaço para nada. *I couldn't work in one of those cubicles. There's no room to swing a cat!* / Eu não poderia trabalhar num daqueles cubículos. Não há espaço para nada.

root: get to the root of something chegar à origem, base, raiz etc. de algo. *We have to get to the root of the problem.* / Nós temos que chegar à raiz do problema.

root: take root estabelecer-se, firmar-se, consolidar-se. *The scientific revolution took root in Europe in the sixteenth century with the age of exploration.* / A revolução científica consolidou-se na Europa no século XVI com a era do descobrimento.

ropes: be on the ropes *inf* estar em dificuldades ou próximo da ruína. *If the government cuts the funding, our research project will be on the ropes.* / Se o governo cortar a verba, o nosso projeto de pesquisa estará em dificuldades.

roses: be all roses / be roses *inf* ser muito tranquilo, confortável, agradável etc., ser um mar de rosas. *Janet's marriage hasn't been all roses.* / O casamento da Janet não tem sido um mar de rosas.

rough: take the rough with the smooth aceitar as coisas desagradáveis com as coisas agradáveis, aceitar os altos e baixos. *Married life is all about taking the rough with the smooth.* / A vida de casado é ter que aceitar os altos e baixos.

rounds: make the rounds 1 visitar lugares ou pessoas um após o outro, circular. *It's time to make the rounds and say hello to all the guests.* / É hora de circular e dizer oi para todos os convidados. *We made the rounds last night and had a drink at all the bars downtown.* / Nós circulamos ontem à noite e bebemos em todos os bares do centro da cidade. **2** circular (notícia, boato etc.), ganhar popularidade. *That joke is really making the rounds. I think I've heard it ten times this week!* / Essa piada está realmente circulando. Eu acho que a ouvi umas dez vezes nesta semana.

rub: rub elbows (with someone) / rub shoulders (with someone) *Amer inf* conhecer e falar regularmente com alguém, ser ou ficar íntimo de alguém (geralmente pessoas famosas). *I think Henry joined the country club just to rub elbows with the rich and famous.* / Eu acho que o Henry associou-se ao clube campestre só para ficar íntimo dos ricos e famosos. *Did you rub shoulders with any famous actors on your trip to Hollywood?* / Você ficou íntimo de algum ator famoso na sua viagem para Hollywood?

rub: rub it in *inf* ficar lembrando alguém de um erro ou mancada que a pessoa cometeu, jogar na cara. *'It's a shame you lost the championship.' 'Yes it is, and must you keep rubbing it in?'* / 'É uma vergonha você ter perdido o campeonato.' 'Sim, é verdade, e você precisa ficar jogando na cara?'

rub: rub salt into the wound / rub salt into someone's wounds fazer com que alguém se sinta pior do que já está, fazer algo só de pirraça. *After she left Tom, she started dating his friend just to rub salt in the wound.* / Depois que ela deixou o Tom, ela começou a namorar o amigo dele só para fazer pirraça.

rub: rub someone the wrong way *inf* chatear, ofender ou irritar alguém (geralmente sem intenção). *I can't explain it. He just rubs me the wrong way.* / Eu não consigo explicar. Ele simplesmente me irrita.

rub: rub someone's nose in it *inf* ficar lembrando alguém de um erro ou mancada que a pessoa cometeu, jogar na cara de alguém. *I forgot our wedding anniversary and my wife has been rubbing my nose in it all week.* / Eu esqueci a data do nosso aniversário de casamento e a minha mulher ficou jogando na minha cara a semana inteira.

rub: there's the rub expressão usada na fala para apontar um problema. Algo como: 'aí é que está o problema'. *There's the rub, Frank. If you don't have a job, you can't get a bank loan.* / Aí é que está o problema, Frank. Se você não tiver um emprego, não pode pegar um empréstimo no banco.

ruffle: ruffle someone's feathers provocar, chamar a atenção, mexer com alguém. *She says those outrageous things just to ruffle people's feathers a little. She doesn't really mean them.* / Ela diz aquelas coisas malucas só para provocar um pouco as pessoas. Ela, na verdade, não fala sério.

rule: make it a rule to do something fazer de algo um costume, hábito, regra etc., fazer questão de fazer algo. *I make it a rule to visit all my clients at least once a month.* / Eu faço questão de visitar todos os meus clientes no mínimo uma vez por mês. *'Do you always drive so fast?' 'I don't make it a rule, but when I'm late for work...'* / 'Você sempre dirige rápido assim?' 'Eu não faço disso um hábito, mas quando estou atrasado para o serviço…'

rule: rule with an iron rod / rule with an iron hand / rule someone or something with an iron rod / rule someone or something with an iron fist governar ou controlar com força ou de forma rígida, governar ou controlar com mão de ferro. *For 30 years the military government ruled with an iron rod.* / Por trinta anos o governo militar governou com mão de ferro. *Mrs. Jenkins rules her classroom with an iron hand and the children are terrified of her.* / A Sra. Jenkins controla a sala com mão de ferro e os alunos morrem de medo dela.

run: be on the run 1 estar foragido. *The prisoners are still on the run, but police are confident they'll catch them soon.* / Os detentos ainda estão foragidos, mas a polícia está confiante que os prenderá em breve. **2** estar muito ocupado, estar correndo. *I've been on the run all day with meetings and clients to attend to.* / Eu estive muito ocupado o dia todo com reuniões e clientes para atender.

run: have a run of bad luck passar por um período de azar, ter uma maré de azar. *First Gina lost her job and now this! She's really having a run of bad luck.* / Primeiro a Gina perdeu o emprego e agora essa! Ela realmente está tendo uma maré de azar.

run: have a run of good luck passar por um período de sorte. *We're having a run of good luck. That's the third big sale this week.* / Estamos passando por um período de sorte. Esta é a terceira grande venda nesta semana.

run: have the run of something *inf* ter total permissão para usar algo, ter livre acesso a algo. *We have the run of Jerry's beach house when he isn't using it.* / Nós temos livre acesso à casa de praia do Jerry quando ele não a está usando.

run: run a tight ship gerenciar ou controlar uma empresa ou organização de forma rígida e eficiente, ser rigoroso no que faz. *The teacher runs a tight ship and doesn't tolerate students arriving late.* / O professor é rigoroso e não tolera alunos que chegam atrasados.

run: run amok / run amuck correr em bando (geralmente agindo sem controle). *When the game ended, some of the fans ran amok through the streets, breaking shop windows and starting fires.* / Quando o jogo terminou, alguns fãs correram em bando pelas ruas, quebrando vitrines e causando incêndios.

run: run around like a headless chicken / run around like a chicken with its head cut off *inf* correr de lá para cá, correr para cima e para baixo, correr feito uma barata tonta. *The Japanese clients are in town, so Judy has been running around like a headless chicken all week showing them the production facilities.* / Os clientes japoneses estão na cidade, então a Judy está correndo para cima e para baixo a semana toda mostrando a eles as instalações da linha de produção.

run: run dry 1 ficar seco (rio, poço etc.). *The river usually runs dry in this time of year.* / O rio normalmente fica seco nesta época do ano. **2** esgotar-se. *You had better get your tickets to the show before they run dry.* / É melhor você comprar os ingressos para o show antes que eles se esgotem.

run: run for it *inf* expressão usada na fala para alertar as pessoas a fugir do local correndo. Algo como: 'fujam', 'salve-se quem puder'. *It's the police! Run for it!* / É a polícia! Salve-se quem puder!

run: run in the family ocorrer em várias gerações de uma família, ser uma característica herdada de família, estar no sangue, estar na família. *Peter's the fourth generation to practice medicine. It seems to run in the family.* / Peter faz parte da quarta geração a praticar medicina. Parece que está no sangue.

run: run into a wall / run into a brick wall *inf* precisar ou ser forçado a interromper uma atividade, projeto, plano etc., encontrar um obstáculo. *We ran into a wall when we couldn't get funding to complete the tests on the new drug.* / Nós tivemos que interromper os estudos quando não conseguimos fundos para completar os testes com a nova droga. *I think it's a great plan. I just hope you don't run into a brick wall when you present it to management.* / Eu acho que é um ótimo plano. Eu só espero que vocês não encontrem nenhum obstáculo quando o apresentarem para a direção da empresa.

run: run low (on something) quase acabar (algo), estar no fim (de algo). *We're running low on sugar and milk.* / O açúcar e o leite estão quase acabando.

run: run off at the mouth *inf* falar demais, falar sem parar. *Whenever I see him, he runs off at the mouth about how things were when he was a kid.* / Toda vez que eu o vejo, ele fala sem parar sobre como as coisas eram quando ele era garoto.

run: run off the rails *inf* comportar-se de forma descontrolada, pirar, perder a noção. *I think Dave has finally run off the rails. He is talking about quiting his job and living on a boat.* / Eu acho que o Dave finalmente pirou. Ele está falando em deixar o emprego e morar num barco.

run: run oneself into the ground trabalhar muito a ponto de ficar muito cansado ou doente, matar-se de trabalhar. *I'm not surprised the doctor told him to take a few weeks off. He's been running himself into the ground at work recently.* / Eu não estou surpreso que o médico tenha falado para ele tirar algumas semanas de folga. Ele vem se matando de trabalhar ultimamente.

run: run out of steam *inf* perder força ou energia, cansar-se. *The kids usually run out of steam in the afternoon and take a nap.* / As crianças geralmente se cansam na parte da tarde e tiram uma soneca.

run: run rings around someone fazer alguém parecer incompetente ou bobo por saber fazer algo muito melhor, humilhar alguém. *I'm afraid the visiting team is going to run rings around us in the volleyball championship.* / Eu acho que o time visitante vai nos humilhar no campeonato de vôlei.

run: run someone into the ground fazer alguém trabalhar muito até não conseguir mais trabalhar, explorar alguém até dizer chega. *Poor Wendy, her boss is running her into the ground. She barely has time to sleep these days!* / Coitada da Wendy, o chefe dela a está explorando até dizer chega. Ela mal tem tido tempo de dormir esses dias!

run: run someone off their feet fazer alguém trabalhar sem descanso, não dar sossego a alguém. *Mr. Harris runs the waiters off their feet, but the money is good.* / O Sr. Harris faz os garçons trabalharem sem descanso, mas o salário é bom.

run: run someone ragged *inf* fazer alguém trabalhar até ficar exausto, deixar alguém esgotado. *The new manager is running the sales team ragged.* / O novo gerente está deixando a equipe de vendas esgotada.

run: run something into the ground usar algo demasiadamente até quebrar ou estragar, usar algo até dizer chega. *The problem with buying* *a used car is that often the previous owner has run it into the ground.* / O problema de comprar um carro usado é que o antigo proprietário geralmente já o usou até dizer chega.

run: run the risk (of doing something) correr o risco (de fazer algo). *We run the risk of losing our best customers if we put our prices up.* / Nós corremos o risco de perder nossos melhores clientes se aumentarmos os preços.

run: run the show *inf* controlar uma empresa, organização, projeto etc., comandar tudo, dar as cartas. *This is Julia, our production manager. She runs the show around here.* / Esta é a Julia, nossa gerente de produção. Ela é quem comanda tudo por aqui.

run: run wild *inf* comportar-se de forma descontrolada, aprontar todas. *Keep an eye on the kids. I don't want them running wild while I'm out.* / Fique de olho nas crianças. Eu não quero que elas aprontem todas enquanto eu estiver fora.

run: run with the hare and hunt with the hounds tentar ficar amigo dos dois lados, agradar os dois lados numa disputa, briga, discussão etc. *Jim, you can't run with the hare and hunt with the hounds on this one. We need to know if you support Jeff or Paul to head the project.* / Jim, você não pode agradar os dois lados nessa questão. Nós precisamos saber se você apoia o Jeff ou o Paul para dirigir o projeto.

run-in: have a run-in with someone *inf* ter um desentendimento ou briga com alguém. *Michael had a run-in with his neighbour and now they aren't speaking to each other.* / O Michael teve um desentendimento com o vizinho dele e agora eles não estão conversando.

rushed: rushed off one's feet fazer alguém trabalhar sem parar, não dar descanso a alguém. *The kids rush me off my feet all day.* / As crianças não me dão descanso o dia inteiro.

rut: be in a rut *inf* estar preso a uma rotina entediante. *You've been doing the same thing at the office every day for the last 23 years. Jim, I'd say you're in a rut.* / Você tem feito a mesma coisa no escritório todos os dias nos últimos 23 anos. Jim, eu diria que você está preso a uma rotina entediante.

S

sack: get the sack *inf* ser demitido. *Michael got the sack last week.* / O Michael foi demitido na semana passada.

saddle: be in the saddle *inf* estar no comando, direção, chefia etc. de algo (empresa, organização etc.). *Is Clive Brown still in the saddle at your company?* / O Clive Brown ainda está no comando da sua empresa?

safe: be on the safe side prevenir, não correr riscos. *The boat is seaworthy, but take a lifejacket just to be on the safe side.* / O barco é seguro, mas pegue um colete salva-vidas apenas para prevenir.

safe: be safe and sound estar são e salvo. *There was an avalanche, but the mountain climbers are safe and sound.* / Houve uma avalanche, mas os alpinistas estão sãos e salvos.

salt: be the salt of the earth ser uma pessoa honesta, decente, sincera etc. *Everyone loves Sandy. She's the salt of the earth.* / Todo mundo adora a Sandy. Ela é uma pessoa decente.

save: save face / save one's face / save someone's face fazer algo para manter o respeito ou credibilidade frente às outras pessoas, evitar uma humilhação, salvar a reputação. *The prime minister's public declaration was an attempt to save the government's face.* / A declaração em público do primeiro-ministro foi uma tentativa de salvar a reputação do governo.

save: save one's breath expressão usada na fala para dizer que não adianta falar porque não será ouvido ou levado em consideração, poupar o fôlego de alguém. *If you're thinking of giving Nancy advice, you'd better save your breath. She won't listen to anyone.* / Se você está pensando em dar conselhos para a Nancy, é melhor poupar o seu fôlego. Ela recusa-se a ouvir qualquer pessoa.

save: save one's skin *inf* salvar-se de uma situação difícil ou perigosa, salvar a pele de alguém. *He testified against his partner to save his own skin.* / Ele testemunhou contra o sócio para salvar a própria pele.

save: save someone's ass *Amer vulg* tirar alguém de uma situação difícil ou perigosa, salvar a pele de alguém. *You had better think up a good story for the boss if you want to save your ass.* / É melhor você pensar em uma boa história para o chefe se quiser salvar sua pele.

save: save someone's bacon *inf* tirar alguém de uma situação difícil ou perigosa, salvar a pele de alguém.

I'm tired of lending Mike money to save his bacon. I'll let him find the rent money on his own this time. / Eu estou cansado de emprestar dinheiro para o Mike e salvar a pele dele. Eu vou deixá-lo arrumar o dinheiro do aluguel sozinho desta vez.

save: save something for a rainy day *inf* guardar ou poupar algo para o futuro. *It's always a good idea to save a little money for a rainy day.* / É sempre uma boa ideia guardar um pouco de dinheiro para o futuro.

say: have one's say dar sua opinião, falar o que tem a dizer. *I've had my say, now let's hear from the others.* / Eu dei a minha opinião, agora vamos ouvir a dos outros.

say: say the word *inf* dar a ordem, dar o sinal. *We're ready to go. Just say the word and we're off.* / Nós estamos prontos para partir. É só dar o sinal e partiremos.

scarce: make oneself scarce *inf* desaparecer de algum lugar (geralmente para evitar uma situação desagradável), dar uma sumida. *I need to concentrate on this report. Could you make yourself scarce for a few hours?* / Eu preciso me concentrar neste relatório. Você poderia desaparecer por algumas horas?

scare: scare the living daylights out of someone assustar alguém impiedosamente, quase matar alguém de susto, dar o maior susto em alguém. *This huge dog tore through the room and scared the living daylights out of the guests.* / Um cachorro enorme passou rasgando pela sala e deu o maior susto nos convidados.

scare: scare the pants off someone *inf* assustar alguém impiedosamente, quase matar alguém de susto, dar o maior susto em alguém. *Take off that mask or you'll scare the pants off the kids!* / Tire essa máscara ou você vai matar as crianças de susto!

scare: scare the shit out of someone / scare someone shitless *vulg* assustar alguém impiedosamente, quase matar alguém de susto, dar o maior susto em alguém. *Don't show that snake to your sister. You'll scare the shit out of her.* / Não mostre essa cobra para a sua irmã. Você vai matá-la de susto. *The explosion scared me shitless.* / A explosão me deu o maior susto.

scene: be someone's scene *inf* ser algo que agrada ou interessa a alguém, ser a praia de alguém. *Let's get out of here. This kind of party really isn't my scene.* / Vamos cair fora daqui. Este tipo de festa realmente não é a minha praia.

scene: make a scene fazer escândalo, dar vexame (geralmente em público). *Derek made such a scene when they put us in a room without an ocean view.* / O Derek fez o maior escândalo quando eles nos colocaram num quarto sem vista para o mar.

scent: be on the scent (of someone or something) ter informação que levará a alguém ou algo, estar no encalço, estar no rastro de alguém ou algo. *The investigator is on the scent of the stolen money and expects to recover it soon.* / O investigador está no encalço do dinheiro roubado e espera recuperá-lo em breve.

score: have a score to settle (with someone) ter contas a acertar com alguém. *It seems the fire was started by an ex-employee who had a score to settle with the manager.* / Parece que o fogo foi ateado por um ex-empregado que tinha contas a acertar com o gerente.

scot-free: get off scot-free *inf* ficar ou sair impune ou livre de condenação. *Everyone knows he is the murderer, but he got off scot-free for lack of evidence.* / Todo mundo sabe que ele é o assassino, mas ele saiu impune por falta de provas.

scrape: scrape the bottom of the barrel usar recursos inferiores para conseguir algo porque os de boa qualidade já foram usados, raspar o fundo do tacho, apelar. *'They're hiring the worst sales reps in town because they can't pay a reasonable salary.' 'Yeah, that's what I call scraping the bottom of the barrel.'* / 'Eles estão contratando os piores representantes de venda da cidade porque não podem pagar um salário razoável.' 'É, isto é o que eu chamo de raspar o fundo do tacho.'

scratch: (do something) from scratch (fazer algo) do início, do zero. *She taught us how to make a cake from scratch.* / Ela nos ensinou a fazer o bolo do início.

scratch: be up to scratch atender ou corresponder às expectativas, ser ou estar satisfatório. *I'm afraid her work just isn't up to scratch.* / Receio que o trabalho dela simplesmente não atenda às expectativas.

scratch: scratch one's balls / scratch one's nuts *vulg* evitar trabalhar, ficar à toa, coçar o saco. *Stop scratching your nuts and come and help me!* / Pare de coçar o saco e venha me ajudar!

scratch: scratch one's head (over something) pensar muito para solucionar um problema, quebrar a cabeça (com algo). *Our engineers are scratching their heads over the problem right now.* / Nossos engenheiros estão quebrando a cabeça com o problema neste momento.

scratch: you scratch my back and I'll scratch yours *dit* expressão usada para dizer que a ajuda de alguém será recíproca. Algo como: 'uma mão lava a outra'. *Give us the names of the people involved and we'll let you go. You scratch my back and I'll scratch yours, right?* / Dê-nos os nomes das pessoas envolvidas e nós o deixaremos ir. Uma mão lava a outra, certo?

scream: scream bloody murder *Amer inf* gritar, esbravejar (geralmente ao reclamar ou discordar de alguém). *If the boss doesn't have this report on his desk by five, he'll scream bloody murder!* / Se o chefe não tiver o relatório na mesa dele até as cinco, ele vai esbravejar!

screw: have a screw loose *inf* ser excêntrico ou um pouco louco, ter um parafuso a menos, ter um parafuso solto. *Don't pay any attention to uncle Toby. He has a screw loose.* / Não repare no tio Toby. Ele tem um parafuso a menos.

seat: take a seat sentar-se. *Peter, come in and take a seat.* / Peter, entre e sente-se.

second: get one's second wind *inf* recuperar as energias e ânimo após um período de cansaço, recuperar o fôlego. *The kids were tired after lunch, but they got their second wind and went out to play again.* / As crianças estavam cansadas depois do almoço, mas elas recuperaram o fôlego e saíram para brincar novamente.

second: have second thoughts (about something / about doing something) reanalisar, repensar ou mudar de opinião, ficar com dúvidas com relação a algo. *Mary is having second thoughts about marrying Tom.* / A Mary está com dúvidas em relação a se casar com o Tom.

see: not see hide nor hare of someone or something expressão usada na fala para enfatizar que não se tem visto alguém ou algo. Algo como: 'não ver nem rastro de alguém ou algo'. *'Where is Larry these days?' 'I don't know. I haven't seen hide nor hare of him in ages!'* / 'Por onde anda o Larry ultimamente?' 'Eu não sei. Eu não tenho visto nem rastro dele há muito tempo.'

see: not see the forest for the trees concentrar-se nos pequenos detalhes e não enxergar a totalidade ou conjunto, não saber ou conseguir diferenciar os detalhes do conjunto. *Frank, don't worry about the minor details of the project. You're not seeing the forest for the trees.* / Frank, não se preocupe com os mínimos detalhes do projeto. Você não está conseguindo diferenciar os detalhes do conjunto.

see: see a light at the end of the tunnel ter uma pequena esperança, ver uma luz no fim do túnel. *The recession is bad at the moment, but economists can already see a light at the end of the tunnel.* / A recessão é dura no momento, mas os economistas já conseguem ver uma luz no fim do túnel.

see: see daylight *inf* entender, enxergar. *Try to make him see daylight. He won't listen to me.* / Tente fazê-lo enxergar. Ele se recusa a me ouvir.

see: see eye to eye (on something) ter as mesmas opiniões, estar de acordo com alguém (sobre algo). *Chris and his father don't see eye to eye on how to run the company.* / O Chris e o pai dele não têm as mesmas opiniões sobre como administrar a empresa.

see: see fit (to do something) *form* achar conveniente, achar certo (fazer algo). *You can talk to the children's teacher if you see fit.* / Você pode conversar com a professora das crianças se achar conveniente.

see: see red *inf* ficar furioso. *My dad will see red if he finds out about this!* / O meu pai vai ficar furioso se ficar sabendo disso!

see: see something coming *inf* tomar consciência de um problema antes de ele surgir, prever algo. *They should have seen the crisis coming and taken measures to avoid it.* / Eles deveriam ter previsto a crise e tomado medidas para evitá-la.

see: see stars *inf* sentir-se tonto após uma pancada na cabeça, ver estrelas. *It didn't hurt that much, but I sure saw stars when I fell off the bike.* / Não doeu tanto, mas eu realmente vi estrelas quando caí da bicicleta.

see: see the color of someone's money *inf* verificar que alguém realmente tem o dinheiro para pagar, ver se alguém tem grana mesmo. *Don't show the car to him before you see the color of his money.* / Não mostre o carro a ele antes de ver se ele realmente tem a grana.

see: see the light compreender, perceber (geralmente após um período de reflexão). *It may take some time, but he'll see the light in the end.* / Pode levar algum tempo, mas ele compreenderá no final.

see: see the sights visitar os pontos turísticos (de algum lugar). *We spent the afternoon seeing the sights.* / Nós passamos a tarde visitando os pontos turísticos.

see: see to it (that...) certificar-se, tomar providência (para que algo aconteça). *Can you see to it that the plants are watered while we're gone?* / Você pode se certificar de que as plantas sejam regadas enquanto estivermos fora?

see: see which way the wind blows *inf* ver o que os outros pensam (geralmente antes de tomar uma decisão). *I'll bring it up in the meeting to see which way the wind blows before we make a final decision.* / Eu o mencionarei na reunião para ver o que os outros pensam antes de chegarmos a uma decisão final.

seeing: seeing is believing *dit* expressão usada para dizer que é preciso ver algo com os próprios olhos para acreditar. Algo como: 'é ver para crer'. *Mary promised to finish the decorations by Friday. Seeing is believing.* / A Mary prometeu terminar os enfeites até sexta-feira. É ver para crer.

seen: have seen better days *inf* estar em má condição ou estado, estar muito velho, surrado, usado, desbotado etc. *That hat of yours has certainly seen better days. Don't you think it's time to buy a new one?* / Esse seu chapéu realmente está muito velho. Você não acha que está na hora de comprar um novo?

sell: sell like hot cakes *comp* vender em grande quantidade e rapidamente, vender como água, vender que nem pão quente. *Ruth's latest novel is selling like hot cakes.* / O último romance da Ruth está vendendo como água.

sell: sell one's soul *inf* fazer algo errado ou comprometer os princípios morais para ganhar algo desejado, vender a (própria) alma. *Sure Fred is rich and powerful, but he sold his soul to get there.* / Claro que o Fred é rico e poderoso, mas ele vendeu a alma para chegar lá.

sell: sell oneself short / sell someone short subestimar(-se), depreciar as qualidades de alguém. *Don't sell yourself short Irene. I believe you'll be a terrific manager.* / Não se deprecie, Irene. Eu acredito que você será uma ótima gerente.

sell: sell someone down the river *inf* enganar ou trair (a confiança de) alguém, passar a perna em alguém. *He sold his own brother down the river to get all the inheritance for himself.* / Ele passou a perna no próprio irmão para ficar com a herança toda sozinho.

sell: sell someone short *inf* vender menos do que foi pago, passar alguém para trás (em vendas). *I think they sold us short. This doesn't look like two kilos of ground beef to me!* / Eu acho que eles nos passaram para trás. Não me parece que há dois quilos de carne moída aqui!

sell: sell something for a song / sell for a song *inf* vender muito barato, vender a preço de banana. *I sold my furniture for a song when I moved to a smaller apartment.* / Eu vendi os meus móveis a preço de banana quando eu me mudei para um apartamento menor.

send: send a chill up someone's spine / send a chill down someone's spine fazer alguém sentir medo ou terror, arrepiar alguém de medo. *The scene when she opens the coffin sent a chill up my spine.* / A cena em que ela abre o caixão me arrepiou de medo.

send: send one's love to someone mandar um beijo ou abraço a alguém. *Send my love to your parents.* / Mande um abraço para os seus pais.

send: send someone packing *inf* mandar alguém embora, demitir alguém. *If he isn't doing his job properly, why don't you send him packing?* / Se ele não está fazendo o serviço direito, por que você não o demite?

senior: have a senior moment *inf* ter um lapso de memória (devido à idade avançada). *I'm having a senior moment. I just can't remember where I parked the car!* / Eu estou tendo um lapso de memória. Eu simplesmente não consigo me lembrar de onde estacionei o carro.

sense: make sense 1 fazer sentido, ter lógica. *These assembly instructions just don't make sense.* / Estas instruções de montagem simplesmente não têm lógica. **2** ser a coisa certa ou sensata, fazer sentido. *It doesn't make sense to buy a used sewing machine when a new one costs the same.* / Não faz sentido comprar uma máquina de costura usada quando uma nova custa o mesmo preço.

sense: make sense of something compreender ou entender algo. *I couldn't make sense of half of what he said in his presentation.* / Eu não consegui entender metade do que ele disse na apresentação.

sense: there is no sense in (doing something) não fazer sentido, não ser sensato (fazer algo). *There is no sense in closing the gate now. The horses have already escaped!* / Não faz sentido fechar a porteira agora. Os cavalos já escaparam!

senses: come to one's senses 1 recuperar os sentidos, voltar a si. *She'll have a headache when she comes to her senses. The anasthetic does that.* / Ela terá uma dor de cabeça quando recuperar os sentidos. Isso é efeito da anestesia. **2** recuperar o juízo ou a razão, cair em si. *Thankfully Peter came to his senses and called off the wedding.* / Ainda bem que o Peter caiu em si e cancelou o casamento.

seriously: take someone or something seriously dar a devida importância ou atenção a alguém ou algo, levar alguém ou algo a sério. *The company takes customer satisfaction very seriously.* / A empresa leva a satisfação do cliente muito a sério.

serve: serve a sentence cumprir pena (na prisão). *Norm served his sentence in a maximum security prison.* / O Norm cumpriu sua pena numa prisão de segurança máxima.

serve: serve someone right (for doing something) expressão usada para dizer que alguém merece o que recebeu. Algo como: 'é bem feito', 'é bem merecido'. *You're completely drenched! It serves you right for not taking your umbrella with you!* / Você está completamente molhado! É bem feito por você não ter levado um guarda-chuva com você!

serve: serve time *inf* passar um tempo na cadeia, pegar cadeia. *He never served time for the crimes he committed.* / Ele nunca pegou cadeia pelos crimes que cometeu.

service: be at someone's service *form* estar às ordens, estar disponível para alguém. *The hotel staff is at your service 24 hours a day if you need anything.* / Os funcionários do hotel estão às suas ordens 24 horas por dia se você precisar de algo.

service: be of service (to someone) *form* ser útil (para alguém). *Just let me know if I can be of service.* / É só me avisar, se eu puder ser útil.

set: be set in one's ways ser incapaz de mudar o comportamento, crença ou ideias (geralmente devido à idade avançada), ser muito sistemático. *We tried to convince Dad, but he's very set in his ways.* / Nós tentamos convencer o pai, mas ele é muito sistemático.

set: not set the world on fire *inf* não fazer um grande sucesso. *His new novel is interesting, but I don't think it's going to set the world on fire.* / O novo romance dele é interessante, mas eu não acho que fará um grande sucesso.

set: set a bad example dar um mau exemplo. *I think she set a bad example for the other employees.* / Eu acho que ela deu um mau exemplo para os outros funcionários.

set: set a good example dar um bom exemplo. *Try to set a good example for the kids!* / Tente dar um bom exemplo para as crianças!

set: set eyes on someone or something ver, colocar os olhos em alguém ou algo. *Donald fell in love with Margareth the moment he set eyes on her.* / O Donald se apaixonou pela Margareth no momento em que a viu.

set: set fire to something / set something on fire 1 colocar fogo em algo. *They often set fire to the fields of sugar cane before the harvest.* / Eles muitas vezes colocam fogo nos campos de cana-de-açúcar antes da colheita. **2** agitar, abalar, comover etc. *His new film is setting Hollywood on* *fire.* / O novo filme dele está agitando Hollywood.

set: set foot in / set foot on *inf* entrar em ou visitar algum lugar. *I know the bar, but I've never set foot in the place.* / Eu sei qual é o bar, mas nunca entrei lá.

set: set one's sights high ter grandes ambições, metas, objetivos etc. *Christine has set her sights high in this company.* / A Christine tem grandes ambições nesta empresa.

set: set one's sights low não ter ambições, metas, objetivos etc. *You'll never do anything in life if you set your sights low.* / Você nunca fará nada na sua vida se não tiver ambições.

set: set someone right informar alguém da verdade, esclarecer algo para alguém. *He didn't know the truth about Karen until Julia set him right.* / Ele não sabia da verdade sobre a Karen até a Julia informá-lo.

set: set someone's teeth on edge irritar alguém. *The way she keeps cracking her nuckles really sets my teeth on edge.* / A forma como ela fica estalando as juntas dos dedos realmente me irrita.

set: set something right corrigir, consertar, colocar algo em ordem. *The washing machine was broken, so Daniel came over and set it right.* / A máquina de lavar estava quebrada, então o Daniel veio e a consertou.

set: set the ball rolling começar, dar início a algo (reunião, conversa, discussão etc.). *The manager set the ball rolling by showing us some customers' letters.* / O gerente deu início nos mostrando algumas cartas de clientes.

set: set the pace ditar ou impor o ritmo (de trabalho, atividade etc.). *You have to set the pace or your employees will never work very hard.* / Você deve impor o ritmo ou os seus funcionários nunca trabalharão com afinco.

set: set the record straight *inf* corrigir a versão dos fatos, colocar as coisas de maneira correta. *Just to set the record straight, Kenneth wasn't the minister of finance when the plan was approved.* / Só para registrar a versão correta dos fatos, Kenneth não era o ministro da Fazenda quando o plano foi aprovado.

set: set the scene *inf* fornecer a informação prévia para o entendimento de algo, descrever o cenário. *The first part of the film sets the scene so people will understand the conflict between the two main characters.* / A primeira parte do filme descreve o cenário de maneira que as pessoas entendam o conflito entre os dois personagens principais.

set: set the stage criar as condições para que algo aconteça, preparar o cenário. *The peace talks between the government and the rebels set the stage for truce.* / As conversações de paz entre o governo e os rebeldes prepararam o cenário para uma trégua.

set: set the wheels in motion dar os primeiros passos para o início de algo (projeto, plano, evento etc.). *The government set the wheels in motion on the new hydroelectric plant by signing the contract to purchase the turbines.* / O governo deu os primeiros passos para a nova usina hidroelétrica ao assinar o contrato de compra das turbinas.

set: set up house (with someone / together) morar juntos (namorados). *Jill and Ted have finally decided to set up house together.* / A Jill e o Ted finalmente decidiram morar juntos.

set: set up shop abrir um negócio ou comércio. *Ralph retired and set up shop as a consultant for his old clients.* / O Ralph se aposentou e abriu um negócio como consultor para os antigos clientes.

settle: settle a score (with someone) vingar-se de alguém, acertar contas com alguém. *The murder was a typical case of a drug dealer just settling a score with a competitor.* / O assassinato foi um caso típico de um traficante acertando contas com um concorrente.

seventh: be in seventh heaven *inf* estar muito feliz. *The kids are in seventh heaven now that the summer holidays have started.* / As crianças estão muito felizes agora que as férias de verão começaram.

shake: (be) more of something than one can shake a stick at / (be) more than one could shake a stick at *inf* (ter ou haver) tanto de algo que não dá nem para contar. *There are more fish in the lake than you can shake a stick at.* / Há tantos peixes no lago que não dá nem para contar.

shake: shake a leg *inf* expressão usada na fala para apressar alguém. Algo como: 'anda logo', 'anda depressa'. *Shake a leg, Kevin! It's nearly time for school!* / Anda logo, Kevin! É quase hora de ir para a escola!

shake: shake hands (with someone) cumprimentar alguém (apertando as mãos). *George shook hands with his oponent before the tennis match.* / George cumprimentou o seu oponente antes da partida de tênis.

shake: shake hands on something fazer um acordo, fechar negócio. *The terms of the contract seem fair to me. I'm willling to shake hands on it.* / Os termos do contrato me parecem justos. Eu estou disposto a fechar negócio.

shake: shake like a leaf *comp* tremer de medo, susto, nervosismo etc., tremer feito vara verde. *Poor Sarah was shaking like a leaf before her speech.* / A coitada da Sarah estava tremendo feito vara verde antes do discurso.

shake: shake one's head balançar a cabeça de um lado para o outro para sinalizar desaprovação, sinalizar que não. *I asked for a raise, but he just shook his head.* / Eu pedi um aumento, mas ele simplesmente sinalizou que não.

shape: be in shape estar em boa forma física, estar em forma (pessoa). *Is Tim in shape for the marathon next week?* / O Tim está em forma para a maratona da semana que vem?

shape: be out of shape estar em má forma física, estar fora de forma (pessoa). *Julian is really out of shape.* / O Julian está realmente fora de forma.

shape: be the shape of things to come ser um exemplo, sinal etc. de como será o futuro, ser uma amostra do que está por vir. *Scientists believe the bizarre weather caused by global warming may be the shape of things to come.* / Os cientistas acreditam que a condição de tempo bizarra causada pelo aquecimento global pode ser uma amostra do que está por vir.

shape: shape up or ship out *inf* expressão usada na fala para avisar alguém que, se não houver melhora de comportamento ou desempenho, a pessoa será demitida. Algo como: 'ou entra na linha ou cai fora'. *Mr. Anderson basically told me to shape up or ship out.* / O Sr. Anderson basicamente me disse para entrar na linha ou cair fora.

sharp: have a sharp tongue *inf* falar de maneira ríspida, grosseira, ofensiva etc., ter uma língua afiada. *The teacher has such a sharp tongue that the kids are terrified of her.* / A professora tem uma língua tão afiada que as crianças têm medo dela.

sharpest: not be the sharpest knife in the drawer / not be the sharpest tool in the shed expressão geralmente usada em tom irônico para dizer que alguém não é inteligente. Algo como: 'não ser exatamente a pessoa mais inteligente que alguém conhece'. *Tom's a nice guy, but he's certainly not the sharpest knife in the drawer!* / O Tom é um cara legal, mas ele certamente não é a pessoa mais inteligente que eu conheço!

shatter: shatter someone's hopes acabar com as esperanças de alguém. *Susan shattered Tom's hopes for saving their marriage when she asked for the divorce.* / A Susan acabou com as esperanças do Tom de salvar o casamento quando pediu o divórcio.

shed: shed light on something tornar algo mais fácil de entender, esclarecer algo. *His testimony shed light on the murder case.* / O testemunho dele esclareceu o caso de assassinato.

shine: take a shine to someone or something *inf* encantar-se com alguém ou algo no primeiro encontro. *I think Robert really took a shine to the waitress. He doesn't stop looking at her.* / Eu acho que o Robert realmente se encantou com a garçonete. Ele não para de olhar para ela.

ship: when one's ship comes in quando alguém tirar a sorte grande, quando alguém ganhar muito dinheiro. *I'll take you to Europe when my ship comes in.* / Eu vou levá-la para a Europa quando eu tirar a sorte grande.

shit: (when) the shit hits the fan *vulg* expressão usada para descrever a fúria de alguém, geralmente um chefe, gerente etc., ao descobrir algo errado. Algo como: '(quando) a coisa ficar feia' ou '(quando) a coisa feder'. *My boss doesn't know that I lost the contract, but when he does, the shit will hit the fan!* / Meu chefe não sabe que eu perdi o contrato, mas, quando souber, a coisa vai feder. *You got yourself into this mess, so when the shit hits the fan, don't come to me for help.* Você entrou nessa enrascada, então, quando a coisa ficar feia, não venha me procurar para ajudá-lo.

shit: be in shit / be in deep shit *vulg* estar em apuros, estar numa enrascada. *I'll be in shit if the boss finds out I left work early on Friday.* / Eu estarei numa enrascada se o chefe descobrir que eu saí mais cedo do serviço na sexta-feira.

shit: no shit, Sherlock *vulg* expressão usada na fala em tom irônico para dizer que o que alguém disse é óbvio. Algo como: 'não brinca, verdade?', 'puxa vida, é mesmo?'. *'Dad will be furious if he finds out we took the car.' 'No shit, Sherlock. That's why we're not going to tell him!'* / 'O pai vai ficar furioso se descobrir que nós pegamos o carro.' 'Não brinca, verdade? Por isso é que nós não vamos contar para ele!'

shoe: if the shoe fits, wear it *dit Brit* se a carapuça servir, use-a. *I never said you were a liar, but if the shoe fits, wear it.* / Eu nunca disse que você era um mentiroso, mas, se a carapuça servir, use-a.

shoe: the shoe is on the other foot a situação se inverteu, as coisas mudaram. *When I needed a job you didn't help me and now you come to me for a job. Well, it seems the shoe is on the other foot, isn't it?* / Quando eu precisei de um emprego, você não me ajudou, e agora você vem me pedir um emprego. Ora, parece que a situação se inverteu, não é mesmo?

shoes: be in someone's shoes estar na mesma situação de alguém, estar na pele de alguém. *I wouldn't want to be in Sam's shoes right now.* / Eu não gostaria de estar na pele do Sam neste momento.

shoestring: (do something) on a shoestring *inf* fazer algo com poucos recursos financeiros ou capital. *He* *started the company on a shoestring and built it into one of the largest in the country.* / Ele começou a empresa com pouco capital e a transformou em uma das maiores do país.

shoot: shoot (someone) the bird *Amer inf* insultar alguém mostrando o dedo médio em riste, mostrar o dedo para alguém. *Doug was punished for shooting his classmates the bird.* / O Doug foi punido por mostrar o dedo para os colegas de classe.

shoot: shoot from the hip *inf* falar ou reagir sem pensar antes. *Be careful what you say in the interview and try not to shoot from the hip.* / Tome cuidado com o que diz na entrevista e não fale sem pensar.

shoot: shoot one's mouth off (about something) 1 *inf* falar demais (e revelar um segredo sem a intenção). *You keep shooting your mouth off this way and soon everyone will know about this!* / Você fica falando demais desse jeito e logo todo mundo ficará sabendo sobre isso! **2** *inf* gabar-se, falar demais (geralmente para exibir-se ou para contar vantagem). *Chris is always shooting his mouth off about how popular he is with the girls.* / O Chris está sempre se gabando de como ele é popular com as garotas.

shoot: shoot oneself in the foot *inf* fazer ou falar algo que prejudica a si próprio, dar um tiro no próprio pé, ferrar-se. *The mayor shot himself in the foot when he called the unemployed 'lazy' in his election campaign.* / O prefeito deu um tiro no próprio pé quando chamou os desempregados de 'preguiçosos' na campanha eleitoral.

shoot: shoot someone or something down in flames *inf* criticar severamente, acabar com alguém ou algo. *The boss shot my last suggestion down in flames, so I think I'll just sit quietly in the next meeting.* / O chefe acabou com a minha última sugestão, então eu acho que vou me sentar e ficar quieto na próxima reunião.

shoot: shoot the breeze / shoot the bull *Amer inf* passar o tempo em conversa informal, bater um papo, jogar conversa fora. *We spent the afternoon just shooting the breeze over a few beers.* / Nós passamos a tarde só jogando conversa fora e bebendo cerveja.

short: be taken short *inf* precisar usar o banheiro (geralmente em um lugar onde não existe um). *I was taken short on the way to the airport so I had to stop by a gas station on the highway.* / Eu precisei usar o banheiro no caminho para o aeroporto, então tive que parar num posto de gasolina na rodovia.

short: have a short fuse / have a short temper *inf* ficar bravo facilmente, ter pavio curto. *Don't ask John too many questions. He has a short fuse.* / Não faça muitas perguntas ao John. Ele tem pavio curto.

short: have someone by the short hairs / have someone by the short and curlies *vulg* estar em posição de vantagem em que se pode fazer o que quer com alguém, fazer alguém de gato e sapato. *The problem with owing a lot of money to the bank is they end up having you by the short hairs.* / O problema de dever muito dinheiro ao banco é que eles acabam fazendo o que querem com você. *My boss has got me by the short and curlies. He knows I need this job.* / A minha chefe me faz de gato e sapato. Ela sabe que eu preciso do emprego.

short: make short work of something fazer algo ou terminar uma tarefa com rapidez e facilidade. *We made short work of the dishes after dinner.* / Nós lavamos a louça rapidamente depois do jantar.

shot: be shot / be shot to pieces estar destruído, pifado, arruinado etc. *The microwave oven can't be fixed.*

It's completely shot. / O forno de micro-ondas não tem conserto. Ele está totalmente pifado. *My weekend is shot to pieces now that I have to work on Saturday.* / Meu final de semana está arruinado agora que eu terei que trabalhar no sábado.

shot: have / take a shot (at something / at doing something) tentar (algo) / tentar (fazer algo). *I'm not sure I can fix your car, but I'll have a shot at it.* / Eu não tenho certeza se consigo consertar o seu carro, mas vou tentar. *Why don't you take a shot at convincing Mary to stay for dinner?* / Por que você não tenta convencer a Mary a ficar para o jantar?

shoulder: shoulder the blame assumir a culpa ou responsabilidade. *I know you're not guilty and I won't let you shoulder the blame for what happened.* / Eu sei que você não é culpado e não vou deixá-lo assumir a responsabilidade pelo que aconteceu.

shout: shout something from the rooftops dizer para todo mundo, espalhar (segredo, notícia etc.). *Yes, I'm going to run for mayor, but I don't want anyone to shout it from the rooftops until after I announce it to the press.* / Sim, eu vou concorrer ao cargo de prefeito, mas eu não quero que ninguém espalhe isso até eu anunciar à imprensa.

show: get the show on the road *inf* expressão usada na fala ao dar início a uma atividade, empreendimento, jornada etc. Algo como: 'mãos à obra'. *Everyone's ready? Let's get this show on the road!* / Todos estão prontos? Mãos à obra!

show: have nothing to show for something não ter resultado nenhum para mostrar. *Peter has worked his whole life but he's got nothing to show for it.* / O Peter trabalhou a vida toda, mas não tem resultado nenhum para mostrar.

show: have something to show for something ter algum resultado para mostrar. *After four years of hard work, the government has something to show for their efforts.* / Depois de quatro anos de trabalho duro, o governo tem resultados para mostrar seus esforços.

show: show one's face *inf* ir ou estar em algum lugar, aparecer, dar as caras. *He wouldn't dare show his face here after what happened.* / Ele não ousaria dar as caras por aqui depois do que aconteceu.

show: show one's teeth agir de forma agressiva para mostrar autoridade, tentar impor respeito. *When he yells like that, he's just showing his teeth to remind us he's boss around here.* / Quando ele grita assim, está apenas tentando impor respeito e nos lembrando quem é o chefe por aqui.

show: show someone the door *inf* pedir a alguém que se retire (geralmente após uma briga). *I didn't like the way she spoke to me, so I showed her the door.* / Eu não gostei da maneira como ela falou comigo, então eu pedi que ela se retirasse.

show: show someone the ropes mostrar ou ensinar a alguém como se faz as tarefas, rotinas de trabalho etc., dar as instruções a alguém. *John is here to show you the ropes before you start operating the cutting machines on your own.* / O John está aqui para lhe dar as instruções antes de você começar a operar a máquina de corte sozinho.

show: show someone who's boss *inf* fazer algo para mostrar autoridade, mostrar quem manda. *If you want to be respected by the new recruits, you have to show them who's boss.* / Se você quiser ser respeitado pelos novos recrutas, você tem que mostrar a eles quem manda.

shut: shut one's eyes to something fingir que não sabe o que está acontecendo, fechar os olhos para algo. *You can't shut your eyes to the problem and hope it will go away.* / Você não pode fechar os olhos para o problema e esperar que ele desapareça.

shut: shut one's trap *inf* calar a boca. *Just shut your trap and listen to me a minute!* / Simplesmente cale a boca e me escute por um minuto!

shut: shut the barn door after the horse has escaped expressão usada para dizer que não adianta tomar providências contra algo após o acontecimento. Algo como: 'agora não adianta mais'. *A week after the diamonds were stolen, the security people put in the alarm system. Talk about shutting the barn door after the horse has escaped!* / Uma semana depois que os diamantes foram roubados, o pessoal da segurança instalou um sistema de alarme. Agora não adianta mais!

sick: (be) as sick as a dog *comp* vomitar sem parar. *Poor Gina had too much to drink last night and was as sick as a dog.* / A pobre da Gina bebeu demais ontem à noite e vomitou sem parar.

sick: be sick and tired of someone or something *inf* estar de saco cheio de alguém ou algo. *Bob is sick and tired of his neighbors and their loud parties.* / O Bob está de saco cheio dos vizinhos dele e de suas festas barulhentas.

sick: be sick at heart *form* estar triste, amargurado etc. *The divorce left Heather sick at heart.* / O divórcio deixou a Heather amargurada.

sick: make someone sick *inf* deixar alguém irritado ou aborrecido. *Thinking of my ex-wife spending all my money with her new boyfriend makes me sick.* / Pensar na minha ex-mulher gastando todo o meu dinheiro com o novo namorado dela me deixa irritado.

side: (do something) on the side 1 fazer algo como atividade secundária, fazer algo como bico, fazer algo por fora. *Sharon is an architect, but she does decorating on the side as well.* / A Sharon é arquiteta, mas ela faz decoração como bico também. **2** fazer algo clandestinamente, fazer algo escondido. *He has been seeing another woman on the side.* / Ele está saindo com outra mulher escondido.

side: be on someone's side apoiar alguém, estar do lado de alguém. *Whatever happens in the meeting, I'm on your side.* / Aconteça o que acontecer na reunião, eu estou do seu lado.

sides: take sides / take someone's side tomar partido (em conflito ou discussão), escolher um lado. *You can't support both groups. You have to take sides.* / Você não pode apoiar os dois grupos. Tem que escolher um lado. *You always take your mother's side when we argue.* / Você sempre fica do lado da sua mãe quando discutimos.

siege: be under siege estar sob ataque, ser criticado. *The finance minister has been under siege by the press for the poor performance of the economy.* / O ministro da Fazenda está sendo criticado pela imprensa por causa do baixo desempenho da economia.

sight: be a sight for sore eyes expressão usada para expressar felicidade ao ver alguém ou algo. Algo como: 'ver alguém é um colírio para os olhos de alguém'. *I tell you, Rubia was a sight for sore eyes when I stepped off the plane.* / Eu vou te contar, a Rubia foi um colírio para os meus olhos quando eu desci do avião.

sight: out of sight, out of mind *dit* expressão usada para dizer que as pessoas se esquecem de quem está longe ou ausente. Algo como: 'longe dos olhos, longe do coração'. *She stopped thinking of him after he went away.*

As the say, out the sight, out of mind. / Ela parou de pensar nele depois que ele foi embora. Como dizem, longe dos olhos, longe do coração.

sign: sign on the dotted line *inf* assinar um contrato. *As soon as you sign on the dotted line, the car is yours.* / Assim que você assinar o contrato, o carro é seu.

sign: sign one's own death warrant *inf* fazer algo que resulta no próprio fracasso, assinar o próprio atestado de morte. *The president signed his own death warrant when he admitted he was aware of the corruption scheme.* / O presidente assinou seu próprio atestado de morte quando admitiu que estava ciente do esquema de corrupção.

silk: make a silk purse out of a sow's ear fazer algo bonito ou de qualidade com matéria-prima inferior. *You're better off spending a bit more on good cloth for your wedding dress. You can't make a silk purse out of a sow's ear, can you?* / É melhor você gastar um pouco mais com um bom tecido para o seu vestido de casamento. Não se consegue fazer algo bonito ou de qualidade com matéria-prima inferior, não é mesmo?

sing: sing a different song / sing a different tune mudar de opinião (geralmente quando a situação é vantajosa). *Jack was against the project at first, but he's singing a different tune now that he has been asked to head it.* / O Jack era contra o projeto no início, mas ele está mudando de opinião agora que pediram para ele liderá-lo.

sing: sing someone's or something's praises *inf* fazer o maior elogio (a alguém ou algo). *The boss was singing your praises just now for closing the deal with the Japanese company.* / O chefe estava fazendo o maior elogio a você agora há pouco por ter fechado negócio com a empresa japonesa.

sink: sink or swim *dit* obter sucesso ou fracassar por conta própria. Algo como: 'ou vai ou racha'. *In the restaurant business it's sink or swim, and most of them fail.* / No ramo de restaurantes é 'ou vai ou racha', e a maioria fracassa.

sink: sink to someone's level / sink to that level rebaixar-se ao nível de alguém, baixar o nível (em uma discussão, disputa, conflito etc.). *I could call you a lot of names too, but I refuse to sink to your level.* / Eu poderia xingá-lo de um monte de nomes também, mas eu me recuso a me rebaixar ao seu nível.

sinking: have a sinking feeling / have that sinking feeling *inf* ter a impressão, sensação ou premonição de que algo ruim acontecerá. *When the phone rang in the middle of the night, I had a sinking feeling that they had been in an accident.* / Quando o telefone tocou no meio da noite, eu tive uma sensação de que eles haviam se envolvido num acidente.

sit: sit in judgement (on / over someone) julgar alguém. *I don't need someone to sit in judgement over me!* / Eu não preciso de alguém para me julgar!

sit: sit on the fence *inf* evitar tomar partido num conflito, discussão, briga etc., ficar em cima do muro. *You either support the project or you don't. You can't just sit on the fence on this one.* / Ou você apoia ou não apoia o projeto. Não pode ficar em cima do muro neste caso.

sit: sit tight *inf* esperar o momento certo para agir, aguardar pacientemente. *The lost climbers knew it was better to sit tight until the rescue team arrived.* / Os alpinistas perdidos sabiam que era melhor aguardar pacientemente até que a equipe de resgate chegasse. *Sit tight and don't sell your house till the market improves.* / Espere o momento

sitting   197   sleep

certo para agir e não venda a sua casa até que o mercado melhore.

sitting: be a sitting duck ser um alvo fácil de críticas ou ataque. *Ron was a sitting duck in the meeting.* / O Ron foi um alvo fácil de críticas na reunião.

sitting: be sitting pretty *inf* estar em situação privilegiada, estar endinheirado, estar bonito. *Tom will be sitting pretty when he inherits the family company.* / O Tom vai estar bonito quando ele herdar a empresa da família.

six: be six feet under *inf* estar morto e enterrado. *So, Mr. Harris is still alive, is he? I thought he'd be six feet under by now!* / Então, o Sr. Harris ainda continua vivo? Eu pensei que ele estivesse morto e enterrado a esta altura!

sixes: be at sixes and sevens *Brit inf* estar confuso ou desorganizado. *We've been at sixes and sevens around here since the maid left.* / Nós estamos confusos e desorganizados por aqui desde que a empregada foi embora.

skeleton: have a skeleton in the closet ter um segredo, escândalo ou algo vergonhoso no passado da vida de alguém, ter algo a esconder sobre o passado. *Morris never talks about his past. I think he has a skeleton or two in his closet.* / Morris nunca fala sobre o passado dele. Eu acho que ele tem algo a esconder.

skin: (do something) by the skin of one's teeth *inf* conseguir fazer algo com uma margem insignificante, (fazer algo) por um triz, por um fio, por muita sorte etc. *Edward escaped the accident by the skin of his teeth.* / O Eduardo escapou do acidente por um triz.

skin: get under someone's skin **1** *inf* irritar ou incomodar alguém. *I like Judy, but she gets under my skin sometimes.* / Eu gosto da Judy, mas ela me irrita às vezes. **2** *inf* impressionar, perturbar, mexer com os sentimentos de alguém. *I think July is getting under his skin. He can't stop talking about her.* / Eu acho que a July está mexendo com os sentimentos dele. Ele não consegue parar de falar dela.

skin: it's no skin off one's nose *inf* expressão usada para dizer que algo não importa porque não traz consequências para si. Algo como: 'não é da minha conta', 'não é problema meu'. *You can eat all the junk food you want. It's no skin off my nose.* / Você pode comer todo tipo de porcaria que quiser. Isso não é problema meu.

skin: make one's skin crawl dar medo, revolta, pavor etc. em alguém. *When I think of the bats we saw in the cave, it makes my skin crawl.* / Quando eu me lembro daqueles morcegos que nós vimos na caverna, isso me dá pavor.

skin: skin someone alive *inf* dar uma surra, criticar ou castigar alguém severamente, comer alguém vivo. *The boss will skin you alive if he sees this!* / O chefe vai te comer vivo se ele vir isso!

skip: skip it *inf* expressão usada na fala para dizer que alguém não quer falar do assunto ou repetir o que falou. Algo como: 'deixe para lá', 'esqueça'. *'What's upsetting you?' 'Skip it! You wouldn't understand anyway.'* / 'O que o está chateando?' 'Deixe para lá! Você não entenderia, de qualquer maneira.'

slave: be a slave to something *inf* ser obcecado por algo, ser escravo de algo. *Randy is an absolute slave to that sports car of his. He actually spends all his weekends waxing and buffing it.* / O Randy é absolutamente obcecado por aquele carro esportivo que ele tem. Até passa os finais de semana inteiros encerando-o e polindo-o.

sleep: not sleep a wink não dormir nem um pouco. *I couldn't sleep a wink last night with all the noise from the* *neighbor.* / Eu não consegui dormir nem um pouco na noite passada com todo o barulho do vizinho.

sleep: sleep like a log *comp* dormir bem e profundamente, dormir como uma pedra. *I slept like a log last night.* / Eu dormi como uma pedra ontem à noite.

sleep: sleep on it tirar um tempo (geralmente um dia) para refletir cuidadosamente antes de tomar uma decisão, pensar bem. *The job is yours if you want it. Why don't you sleep on it and give me your answer tomorrow?* / O emprego é seu se você quiser. Por que você não pensa bem e me dá uma resposta amanhã?

sleep: sleep tight and don't let the bed bugs bite *inf* expressão usada na fala ao pôr uma criança para dormir. Algo como: 'durma bem', 'durma com os anjos'. *Good night, kids. Sleep tight and don't let the bed bugs bite!* / Boa noite, crianças. Durmam com os anjos!

sleeve: have something up one's sleeve *inf* ter um plano, informação, ideia etc. escondido para ser usado no momento certo, ter uma carta na manga, ter um trunfo na manga. *Their lawyer looks very confident. I think he has something up his sleeve.* / O advogado deles parece bastante confiante. Eu acho que ele tem um trunfo na manga.

sling: sling mud at someone *inf* falar mal de alguém (geralmente para tentar arruinar a reputação da pessoa), meter o pau em alguém. *The press has been slinging mud at the mayor since he took office.* / A imprensa está metendo o pau no prefeito desde que ele assumiu o cargo.

slip: slip on a banana skin / slip on a banana peel *inf* cometer uma gafe (geralmente em público). *Brendan spoke for over an hour and only managed to slip on a banana skin once during the interview.* / O Brendan falou por mais de uma hora e cometeu apenas uma gafe durante a entrevista.

slip: slip one's mind esquecer algo, fugir da mente. *'Did you phone Mr. Thompson?' 'Oh, it slipped my mind completely!'* / 'Você ligou para o Sr. Thompson?' 'Oh, me fugiu da mente completamente!'

slip: slip through one's fingers escapar, ser perdida (oportunidade, dinheiro etc.). *Jennifer, you can't let an opportunity like this slip through your fingers.* / Jennifer, você não pode deixar uma oportunidade como essa escapar.

slippery: (be) as slippery as an eel *comp* ser uma pessoa furtiva, ser escorregadio como uma enguia, ser muito liso. *The interviewer couldn't get a straight answer out of him. He was as slippery as an eel.* / O entrevistador não conseguia tirar uma resposta direta dele. Ele era muito liso.

slouch: be no slouch (at something / at doing something) *inf* ser bom, ser muito eficiente (em algo / em fazer algo). *John is no slouch at tennis.* / O John é muito bom no tênis.

slow: be slow off the mark ser lento para entender ou fazer algo, ser devagar. *I think Bernard is a bit too slow off the mark to be able to follow the lecture.* / Eu acho que o Bernard é muito devagar para poder acompanhar a palestra.

slow: be slow on the uptake *inf* compreender com dificuldade, ser devagar para entender. *Tom is a little slow on the uptake, so you have to explain things to him a few times before he gets it.* / O Tom é um pouco devagar para entender, então você tem que lhe explicar as coisas algumas vezes até ele pegar.

slug: slug it out *inf* brigar ferozmente, brigar para valer. *Internet service providers are slugging it out to see who gets control of the Chinese market.* / Os provedores de serviços de internet estão brigando para valer para ver quem consegue controlar o mercado chinês.

sly: do something on the sly *inf* fazer algo escondido ou em segredo. *They organized the party for Nancy on the sly. She knew nothing about it.* / Eles organizaram a festa para a Nancy escondido. Ela não sabia de nada.

small: be small beer *inf* ser algo de pouca importância ou valor, ser café pequeno, ser mixaria. *An advertising budget of two hundred million a year is small beer for a company this size.* / Um orçamento de publicidade de duzentos milhões por ano é mixaria para uma empresa deste porte.

small: be small potatoes *Amer inf* ser algo de pouca importância ou valor, ser fichinha. *The money large corporations donate to charities is small potatoes compared to what they gain in good publicity.* / O dinheiro que as grandes empresas doam para as instituições de caridade é fichinha comparado ao que elas ganham em termos de retorno de imagem.

small: it's a small world *dit* expressão usada na fala ao encontrar inesperadamente um amigo ou conhecido em um lugar longe de casa. Algo como: 'como esse mundo é pequeno'. *What on earth are you doing here in Tokyo? My goodness, it's a small world!* / Que diabos você está fazendo aqui em Tóquio? Meu Deus, como este mundo é pequeno!

small: make small talk conversar sobre assuntos sem importância, bater papo. *I'm not very good at making small talk at these parties.* / Eu não sou muito bom para bater papo nessas festas.

smart: (be) as smart as a whip *comp* ser muito inteligente. *Helena is as smart as a whip for a girl of 9.* / A Helena é muito inteligente para uma garota de nove anos.

smell: smell a rat *inf* desconfiar ou suspeitar (de alguém ou algo). *When they asked for my credit card number over the phone I smelled a rat.* / Quando eles pediram o meu número do cartão de crédito por telefone, eu desconfiei.

smelling: come up smelling of roses / come up smelling like roses *inf* sair-se bem e com boa reputação depois de uma situação que poderia pôr em xeque a honestidade da pessoa, sair-se bem e com a reputação intacta. *The minister was investigated for corruption, but in the end he came up smelling of roses.* / O ministro foi investigado por acusação de corrupção, mas no fim das contas ele saiu-se bem e com a reputação intacta.

smoke: smoke like a chimney *comp* fumar muito (cigarro), fumar como uma chaminé. *I'm not surprised he's got emphysema. He smokes like a chimney.* / Eu não me surpreendo que ele tenha enfisema pulmonar. Ele fuma como uma chaminé.

smoke: where there's smoke there's fire *dit* expressão usada para dizer que, quando todo mundo diz a mesma coisa, deve haver um fundamento de verdade. Algo como: 'onde há fumaça, há fogo'. *The tabloids say their marriage isn't going very well, although they both deny it. Well, where there's smoke there's fire.* / Os tabloides estão dizendo que o casamento deles não está indo muito bem, embora ambos neguem isso. Bem, onde há fumaça, há fogo.

smooth: (be) as smooth as a baby's bottom / (be) as smooth as a baby's bum *inf* ser muito liso (superfície), ser muito macio (pele), ser tão macio quanto bumbum de neném. *Here, feel this silk shirt. It's as smooth as a baby's bum, don't you think?* / Aqui, passe a mão nesta camisa de seda. É tão macia quanto bumbum de neném, você não acha?

smooth: smooth someone's ruffled feathers fazer alguém sentir-se menos zangado ou ofendido, acalmar alguém. *Let me try to smooth his ruffled feathers a little before you talk to him.* / Deixe-me tentar acalmá-lo um pouco antes de você falar com ele.

smooth: smooth the way (for something) facilitar as coisas para que algo possa acontecer, abrir caminho (para algo). *Making a few small concessions now will smooth the way for negotiations with the union.* / Fazer algumas pequenas concessões agora abrirá caminho para as negociações com o sindicato.

snap: be a snap Amer *inf* ser muito fácil, ser mamão com açúcar. *'How was the job interview?' 'It was a snap.'* / 'Como foi a entrevista para o emprego?' 'Foi mamão com açúcar.'

snap: snap one's fingers estalar os dedos. *He snapped his fingers impatiently to get the waiter's attention.* / Ele estalou os dedos impacientemente para conseguir a atenção do garçom.

snap: snap out of it *inf* expressão usada na fala para pedir que alguém fique mais alerta, ativo ou alegre. Algo como: 'anime-se!', 'sai dessa!'. *You've been moping all day. Come on, snap out of it!* / Você está deprimido o dia todo. Vamos lá, anime-se!

snap: snap to it *inf* expressão usada na fala para apressar alguém. Algo como: 'anda logo'. *Snap to it! I want to see this kitchen sparkling!* / Anda logo! Eu quero ver esta cozinha brilhando!

snapping: get snapping *inf* expressão usada na fala para apressar alguém. Algo como: 'anda logo'. *I want this mess cleaned up right away, so get snapping!* / Eu quero ver esta bagunça arrumada imediatamente, então anda logo!

snappy: make it snappy *inf* expressão usada na fala para pedir que alguém faça algo às pressas. Algo como: 'depressa!', 'anda logo!'. *Take me to the airport and make it snappy! My plane leaves in 40 minutes!* / Leve-me para o aeroporto, e depressa! Meu avião parte em 40 minutos!

sneak: sneak up on someone chegar despercebido por detrás de alguém, aproximar-se sorrateiramente de alguém, chegar de mansinho perto de alguém. *I hate it when you sneak up on me and scare me like that!* / Eu odeio quando você chega de mansinho perto de mim e me assusta desse jeito!

sneezed: not to be sneezed at *inf* não poder ser ignorado, desdenhado ou desprezado. *Making movies is fun, and the money you get is not to be sneezed at, either.* / Fazer filmes é divertido, e o dinheiro que se consegue não pode ser ignorado também.

sniff: get a sniff of something *inf* conseguir obter algo, ver a cor de algo. *He promised to pay me last week, but I haven't got a sniff of the money so far.* / Ele prometeu me pagar na semana passada, mas eu ainda não vi a cor do dinheiro até agora.

sniff: have a sniff around *inf* examinar um lugar cuidadosamente, procurar informação em algum lugar. *The police were here to have a sniff around this morning.* / A polícia esteve aqui para procurar informação hoje de manhã.

sniffles: have / get the sniffles *inf* estar resfriado, pegar um resfriado. *Sharan missed work because she has the sniffles.* / A Sharan faltou no serviço porque pegou um resfriado.

snit: be in a snit *inf* estar irritado, estar com raiva. *Is Andrew still in a snit over*

snowball   201   **song**

last night? / O Andrew ainda está irritado por causa de ontem à noite?

snowball: not have a snowball's chance in hell (of doing something) *inf* não ter a mínima chance (de fazer algo). *I hate to say it, but you don't have a snowball's chance in hell of passing the math test tomorrow.* / Eu lamento dizer isso, mas você não tem a mínima chance de passar no teste de matemática amanhã.

snowed: be snowed under (with something) *inf* estar sobrecarregado (com algo), estar atolado (com trabalho). *We're snowed under with orders this week because of Christmas.* / Nós estamos atolados com pedidos esta semana por causa do Natal.

snuff: be up to snuff *inf* corresponder às expectativas, ser satisfatório. *I just don't think Norman's work is up to snuff.* / Eu não acho que o trabalho do Norman seja satisfatório.

snug: (be) as snug as a bug in a rug *comp* ser ou estar bem confortável e acomodado (geralmente em um lugar aconchegante e apertado). *We were as snug as a bug in a rug in our little cabin in the woods.* / Nós estávamos bem confortáveis e acomodados na nossa pequena cabana na floresta.

soapbox: be / get on one's soapbox *inf* tomar a palavra (e geralmente pôr-se a falar sobre algo fervorosamente). *I'll bet uncle Fred's going to get on his soapbox again and tell us about how easy life is for kids today.* / Eu aposto que o tio Fred vai tomar a palavra novamente e nos contar sobre como a vida das crianças é fácil hoje em dia.

sob: sob one's heart out chorar muito, chorar amargamente. *Margaret is in the bedroom, sobbing her heart out.* / A Margaret está no quarto dela chorando amargamente.

sober: (be) as sober as a judge *comp* ser ou estar totalmente sóbrio.

I haven't been drinking. I'm as sober as a judge! / Eu não andei bebendo. Eu estou totalmente sóbrio!

soft: be soft in the head *inf* estar louco ou tonto. *You turned down the job? Are you soft in the head?* / Você recusou o emprego? Está louco?

soft: have a soft spot for someone or something *inf* gostar muito de alguém ou algo. *Denise has always had a soft spot for you.* / A Denise sempre gostou muito de você.

soften: soften the blow aliviar o impacto de algo, amenizar a situação. *She refused to marry him, but told him they could be friends, to soften the blow.* / Ela se recusou a se casar com ele, mas disse que eles poderiam ser amigos, para amenizar a situação.

sold: be sold on something *inf* estar animado, empolgado, entusiasmado etc. com algo. *John and Harriet are sold on the idea of moving to the Caribbean after they retire.* / O John e a Harriet estão empolgados com a ideia de se mudar para o Caribe depois de se aposentarem.

solid: (be) as solid as a rock *comp* ser totalmente sólido, bem construído ou confiável. *It's an old truck, but it's as solid as a rock.* / É um caminhão velho, mas muito confiável.

something: have something on someone *inf* ter algo que incrimine alguém, ter evidências contra alguém. *If the police had something on you, they would have arrested you by now.* / Se a polícia tivesse algo que o incriminasse, eles o teriam prendido a esta altura.

song: make a song and dance about something *inf* ficar preocupado, irritado ou agitado sobre algo de pouca importância, criar caso. *The hotel room had no view, but I didn't make a song and dance about it!* / O quarto do hotel não tinha vista alguma, mas eu não criei caso por causa disso!

sound: (be) as sound as a bell *comp* estar em perfeito estado (de conservação, saúde etc.). *It's an old boat, but it's as sound as a bell.* / É um barco antigo, mas está em perfeito estado.

sound: be sound asleep estar profundamente adormecido, estar em sono profundo. *I was sound asleep when she arrived last night.* / Eu estava em sono profundo quando ela chegou ontem à noite.

sow: sow one's wild oats *inf* divertir-se muito enquanto jovem (antes de casar e ter responsabilidades), curtir a juventude. *Jeff says he isn't ready to get married. He is still sowing his wild oats.* / O Jeff diz que não está preparado para se casar. Ele ainda está curtindo a juventude.

spare: spare someone's feelings poupar alguém de mágoas, evitar ofender alguém. *I didn't tell her. I wanted to spare her feelings.* / Eu não contei para ela. Eu quis poupá-la de mágoas.

spare: spare the rod and spoil the child *dit* expressão usada para dizer que a criança que é poupada de castigo ou punição geralmente fica mimada ou malcriada. Algo como: 'criança mimada, criança estragada'. *You shouldn't let him be so rude to you. As they say, spare the rod and spoil the child.* / Você não deveria deixá-lo ser tão rude com você. Como dizem, criança mimada, criança estragada.

speak: speak for yourself *inf* expressão usada na fala para dizer que discorda daquilo que alguém está dizendo. Algo como: 'fale por você', 'essa é a sua opinião'. *'Everyone loves chocolate ice cream.' 'Speak for yourself. I don't like it at all!'* / 'Todo mundo adora sorvete de chocolate.' 'Fale por você. Eu não gosto nem um pouco.'

speak: speak highly of someone elogiar alguém, falar bem de alguém. *Everyone speaks highly of the new manager at the factory.* / Todo mundo fala bem do novo gerente na fábrica.

speak: speak of the devil... *dit* expressão usada quando alguém aparece inesperadamente no momento em que se está falando sobre ela. Algo como: 'falando no diabo…'. *'It's been ages since I last saw Walter.' 'Speak of the devil, here he is!'* / 'Faz um tempão desde que eu vi o Walter pela última vez.' 'Falando no diabo, ele aparece!'

speak: speak one's mind dizer o que realmente pensa. *If you don't like the plan, please speak your mind.* / Se você não gosta do plano, por favor, diga o que realmente pensa.

speaking: be on speaking terms ter boas relações com alguém, dar-se bem com alguém. *Bill is not on speaking terms with his wife's family.* / O Bill não se dá bem com a família da mulher dele.

spectacle: make a spectacle of oneself chamar atenção para si em público (geralmente por comportar-se ou vestir-se de forma inapropriada), dar o maior vexame. *Harry got drunk at the office party and made a spectacle of himself.* / O Harry ficou bêbado na festa do escritório e deu o maior vexame.

spell: be under someone's spell estar fascinado ou encantado com alguém. *Robert will do anything for her. He's completely under her spell.* / O Robert fará qualquer coisa por ela. Ele está completamente encantado.

spike: spike someone's drink acrescentar (mais) álcool ou drogas à bebida de alguém sem que a pessoa veja, batizar a bebida de alguém. *John spiked Tracey's drink while she wasn't looking.* / O John batizou a bebida da Tracey enquanto ela não estava olhando.

spill: spill one's guts (to someone) *Amer inf* contar os sentimentos ou pensamentos mais íntimos para alguém, confessar-se com alguém. *She spilled her guts to me over dinner.* / Ela se confessou comigo durante o jantar.

spill: spill the beans *inf* divulgar um segredo, dar com a língua nos dentes. *Everyone knows about it now! Didn't I tell you not to spill the beans?* / Todo mundo sabe agora sobre isso. Eu não te disse para não dar com a língua nos dentes?

spin: spin a yarn contar histórias (geralmente mentirosas), contar lorotas. *We sat around drinking beer and spinning yarns all night.* / Nós ficamos sentados bebendo cerveja e contando lorotas a noite toda.

spirit: get into the spirit of something entrar no ritmo de algo, pegar o espírito de algo. *You'll love taking dancing classes once you get into the spirit of the thing.* / Você vai adorar fazer aulas de dança assim que pegar o espírito da coisa.

splash: make a splash *inf* causar sensação (geralmente na mídia), chamar atenção. *He's made quite a splash in Hollywood with his new film.* / Ele causou a maior sensação em Hollywood com o seu novo filme.

split: split hairs prender-se a detalhes insignificantes numa discussão, criar caso. *I don't want to split hairs here, but technically I have seniority on the project because I was hired a week before you were.* / Eu não quero criar caso aqui, mas tecnicamente eu tenho mais autoridade no projeto porque fui contratado uma semana antes que você.

split: split one's sides (laughing) *inf* rir muito, morrer de rir. *We split our sides laughing through the entire movie.* / Nós rimos muito durante o filme todo.

spoil: spoil someone rotten dar a alguém tudo aquilo que ele pede ou quer (geralmente criança ou filhos), mimar alguém. *Cellular phones, MP3 players, expensive running shoes. I tell you, she really spoils those kids rotten!* / Telefones celulares, tocadores de MP3, tênis caros. Eu vou te contar, ela realmente mima aquelas crianças!

spoiling: be spoiling for something estar ansioso por algo, estar doido por algo (geralmente por uma discussão ou briga). *He was just spoiling for a fight with the guy at the bar.* / Ele estava doido por uma briga com o cara no bar.

sport: be a sport / be a good sport ser bonzinho e agradável, ser generoso, ser legal. *Be a good sport and take the garbage out, will you?* / Seja legal e coloque o lixo para fora, tá?

spread: spread oneself thin assumir muitas coisas para fazer ao mesmo tempo e não conseguir dar conta. *Mike spread himself too thin when he took on five projects at the same time.* / O Mike assumiu cinco projetos ao mesmo tempo e não deu conta.

spread: spread the word disseminar uma notícia, informação etc., espalhar a notícia. *We're going to get married, but I'd prefer if you didn't spread the word just yet.* / Nós vamos nos casar, mas preferiria que você não espalhasse a notícia por enquanto.

spring: be no spring chicken não ser ou estar jovem, não estar mais na flor da idade (expressão geralmente usada em tom humorístico ou irônico). *Grandma is no spring chicken, but she still likes to stay up late dancing at parties.* / A vovó não está mais na flor da idade, mas ela ainda gosta de ficar acordada até tarde dançando nas festas.

spring: spring a leak começar a vazar líquido ou ar (em cano, barco, telhado, pneu etc.). *The water pipe sprang a leak and flooded the garden.* / O cano de água começou a vazar e inundou o jardim.

spring: spring something on someone *inf* revelar ou mostrar algo de repente a alguém, contar uma surpresa a alguém. *I took my wife out to a nice restaurant and then I sprang the news about my promotion on her.* / Eu levei a minha mulher a um bom restaurante e então contei a surpresa da minha promoção para ela.

spring: spring to mind lembrar-se ou pensar em algo de repente ou sem esforço, surgir na cabeça de repente, vir à mente, passar pela cabeça. *Janet usually just says whatever springs to mind without thinking of the consequences.* / A Janet normalmente diz qualquer coisa que vem à cabeça, sem pensar nas consequências.

square: be a square peg in a round hole *inf* ser alguém que não se adapta ou se encaixa numa organização, grupo etc. por ser diferente dos outros, ser um peixe fora d'água. *I was a square peg in a round hole when I was at school.* / Eu era um peixe fora d'água quando estava na escola.

square: be back at square one estar de volta ao ponto inicial, recomeçar do zero (tarefa ou empreendimento). *The prototype didn't work, so I'm afraid it's back to square one.* / O protótipo não funcionou, então eu receio que teremos que recomeçar do zero.

square: square the circle fazer o impossível. *The fellows in accounting have managed to square the circle and get the company out of the red.* / O pessoal da contabilidade conseguiu fazer o impossível e tirar a empresa do vermelho.

squeeze: put the squeeze on someone (to do something) *inf* exercer pressão sobre alguém (para fazer algo), forçar alguém (a fazer algo). *The bank is putting the squeeze on us to sign a new contract.* / O banco está nos forçando a assinar um novo contrato.

squeeze: squeeze someone dry extrair o máximo possível de alguém (dinheiro, informação, trabalho etc.), depenar, esgotar, sugar etc. alguém. *The government is squeezing the middle class dry with taxes.* / O governo está sugando a classe média com impostos.

stab: have / take a stab (at something / at doing something) *inf* tentar fazer algo (geralmente pela primeira vez). *I've never driven a truck before, but I'll have a stab at it if you need a driver.* / Eu nunca dirigi um caminhão antes, mas vou tentar se você precisar de um motorista. *Can you take a stab at fixing the washing machine for me?* / Você pode tentar consertar a máquina de lavar para mim?

stab: stab someone in the back trair ou ser desleal com alguém, apunhalar alguém pelas costas. *Ministers who supported the president's reelection were stabbed in the back when it came to naming the new ministers.* / Os ministros que apoiaram a reeleição do presidente foram apunhalados pelas costas na hora da nomeação dos novos ministros.

stake: have a stake in something ter interesse em algo, ter parte em algo. *John has a stake in the company, so he wants it to do well.* / O John tem interesse na empresa, então ele quer que ela vá bem.

stake: have something at stake ter algo em risco, ter algo em jogo. *I hope it works. Sharon has all her savings at stake in this business.* / Eu espero que dê certo. A Sharon está com todas as suas economias em jogo nesse negócio.

stand: if you can't stand the heat, get out of the kitchen *inf* expressão usada para dizer a alguém que é melhor parar de fazer algo se não tem a coragem suficiente ou se acha algo muito difícil ou arriscado. Algo como: 'se você não aguenta, caia fora'. *This isn't an easy job, so if you can't stand the heat, get out of the kitchen.* / Este não é um serviço fácil, então, se você não aguenta, caia fora.

stand: make a stand (against / for / over / on something) oferecer resistência, lutar contra, opor-se a algo. *The people made a stand against the increase in taxes and refused to pay them.* / As pessoas opuseram-se ao aumento dos impostos e recusaram-se a pagá-los.

stand: stand a chance (of doing something) ter chance (de fazer algo) (expressão geralmente usada na negativa). *The Bolivian team doesn't stand a chance of winning the cup.* / O time boliviano não tem chance de ganhar a copa.

stand: stand by someone through thick and thin apoiar, defender, ajudar etc. alguém em qualquer circunstância, nos bons e nos maus momentos. *Janet stood by her husband through thick and thin.* / A Janet apoiou o marido dela nos bons e nos maus momentos.

stand: stand fast / stand firm / stand pat não ceder, manter-se firme (à opinião, decisão etc.), não recuar. *The company stands fast in the decision to reduce staff.* / A empresa mantém firme a decisão de reduzir o número de funcionários.

stand: stand in someone's way impedir alguém de fazer algo, ficar no caminho de alguém, atrapalhar os planos de alguém. *If you want to leave, I won't stand in your way.* / Se você quer ir embora, eu não vou impedi-lo.

stand: stand on one's own two feet ser independente e não depender de ajuda de outros, andar com as próprias pernas. *Jeff is 23 and I think it's time he stood on his own two feet.* / O Jeff tem 23 anos e eu acho que é hora de ele andar com as próprias pernas.

stand: stand one's ground recusar-se a ceder (em conflito, disputa etc.), bater o pé. *Residents are standing their ground and refusing to sell their houses so the new highway can go through.* / Os moradores estão batendo o pé e se recusando a vender suas casas para a passagem da nova estrada.

stand: stand tall *Amer* orgulhar-se e mostrar-se confiante diante de um desafio ou confronto, não se intimidar, ficar de cabeça erguida. *During the trial he stood tall and proclaimed his innocence.* / Durante o julgamento ele ficou de cabeça erguida e proclamou sua inocência.

stand: stand the test of time durar por muito tempo, durar o tempo suficiente para ficar consagrado pelo povo. *Their music is popular now, but I doubt it will stand the test of time.* / A música deles é muito popular agora, mas eu duvido que dure muito tempo.

stand: stand up and be counted declarar sua posição com relação a algo, expor o seu ponto de vista publicamente. *There are a lot of legislators in favor of capital punishment who refuse to stand up and be counted.* / Há muitos legisladores a favor da pena de morte que se recusam a expor o seu ponto de vista publicamente.

stand: stand up for oneself defender-se, proteger-se, não ser intimidado por alguém. *You've got to stand up for yourself or everyone will take advantage of you.* / Você tem que se defender ou todo mundo vai tirar vantagem de você.

stand: take a stand (on something) tomar uma atitude (contra algo). *It's time we took a stand and fought for our rights.* / Já está mais que na hora de tomarmos uma atitude e lutarmos pelos nossos direitos.

stand: take the stand *form* sentar-se no banco de testemunhas (para depor). *Please take the stand and tell us what you saw that night.* / Por favor, sente-se no banco de testemunhas e nos diga o que você viu naquela noite.

starch: take the starch out of someone or something *inf* tirar a coragem, energia, ânimo etc. de alguém, estragar, destruir etc. algo. *The budget cut really takes the starch out of our plans to develop the prototype this year.* / O corte no orçamento realmente estraga os nossos planos de desenvolver o protótipo neste ano.

stare: stare someone in the face ser muito óbvio, estar embaixo do nariz de alguém (uma resposta, solução etc.). *I don't believe I spent three hours trying to solve this math problem and the answer was just staring me in the face.* / Eu não acredito que passei três horas tentando resolver este problema de matemática e a resposta estava embaixo do meu nariz.

start: start off on the right foot (with someone) *inf* começar bem uma relação, dar-se bem com alguém. *Greg started off on the right foot with his new colleagues at work.* / O Greg se deu bem com os novos colegas de trabalho.

start: start off on the wrong foot (with someone) *inf* começar mal uma relação com alguém. *Martha started off on the wrong foot with her new client.* / A Martha começou mal a relação com o novo cliente dela.

start: start the ball rolling começar, dar início a algo (reunião, conversa, discussão etc.). *Who would like to start the ball rolling?* / Quem gostaria de começar?

state: be in a state estar preocupado, nervoso, ansioso etc. *Poor John is in a state because the game is about to start and he can't get a decent image on the TV.* / O pobre do John está nervoso porque o jogo está prestes a começar e ele não consegue uma imagem boa da TV.

stay: stay in touch (with someone) manter-se em comunicação, ficar em contato com alguém. *I'll be gone for two weeks, but I'll stay in touch with you by telephone.* / Eu estarei fora por duas semanas, mas manterei contato com você por telefone.

stay: stay put 1 *inf* permanecer no mesmo local, ficar no mesmo lugar. *I'll be right back. Just stay put and wait for me.* / Eu volto já. Fique no mesmo lugar e espere por mim. **2** *inf* não sair, não viajar. *We decided to just stay put tonight and watch TV.* / Nós simplesmente decidimos não sair hoje à noite e assistir TV.

stay: stay the night passar a noite (na casa de alguém). *It's quite late. Perhaps you should stay the night and travel in the morning.* / Já é tarde. Talvez você devesse passar a noite e viajar de manhã.

steady: (be) as steady as a rock *comp* ser muito estável ou firme. *The surgeon's hands were as steady as a rock.* / As mãos do cirurgião eram muito firmes.

steady: go steady (with someone) ter um namoro duradouro com alguém, estar firme no namoro com alguém. *Jack has been going steady with Diane since grade eight.* / O Jack está firme no namoro com a Diane desde a oitava série da escola.

steal: be a steal *Amer inf* ser ou estar muito barato, ser uma pechincha. *The car is a steal at that price!* / O carro é uma pechincha por esse preço!

steal: steal someone's heart *form* conquistar o amor de alguém. *You won't exactly steal her heart with that outfit on!* / Você não vai exatamente conquistar o coração dela usando esses trajes!

steeped: be steeped in something *form* estar repleto de algo, ter muito de algo, respirar algo (história, tradição, mistério etc). *Ouro Preto is steeped in history.* / A cidade de Ouro Preto respira história. *Winemaking is steeped in tradition.* / A fabricação do vinho tem muita tradição envolvida.

steer: steer clear (of someone or something) *inf* evitar, afastar-se, ficar longe de (alguém ou algo). *I'd steer clear of him if I were you. He's dangerous.* / Eu ficaria longe dele se eu fosse você. Ele é perigoso.

stem: stem the tide (of something) parar, interceptar ou estancar o aumento de algo desagradável. *School administrators haven't been successful at stemming the tide of drugs entering schools.* / Os administradores escolares não conseguiram interceptar a entrada de drogas nas escolas.

step: (be / take / make) a step in the right direction (ser ou dar) um passo na direção certa, tomar uma decisão acertada. *Sex education won't solve the problem of teen pregnancy, but it's certainly a step in the right direction.* / A educação sexual não resolverá o problema da gravidez na adolescência, mas é certamente um passo na direção certa. *Government took a step in the right direction by lowering taxes for low income earners.* / O governo tomou uma decisão acertada ao diminuir os impostos dos cidadãos de baixa renda.

step: (take) one step forward, two steps back *dit* expressão usada para descrever uma situação em que cada avanço ou sucesso é seguido de um passo para trás ou fracasso ainda maior. Algo como: '(dar) um passo para frente e dois para trás'. *Renovating an old house is a little like one step forward, two steps back. We fix one thing and find two more that need to be fixed!* / Reformar uma casa antiga é um pouco como dar um passo para a frente e dois para trás. Nós consertamos uma coisa e encontramos mais duas para serem consertadas.

step: be in step (with someone or something) estar em harmonia, sintonia etc. (com alguém ou algo), estar de acordo com (alguém ou algo). *I don't think John is in step with the goals of the project.* / Eu não acho que o John está em sintonia com os objetivos do projeto.

step: be out of step (with someone or something) estar fora de harmonia, sintonia etc. (com alguém ou algo), não estar de acordo com (alguém ou algo). *The minister's comments were out of step with the official policy of the government.* / Os comentários do ministro estavam fora de sintonia com a política oficial do governo.

step: step into someone's shoes substituir, ocupar o lugar de alguém (em empresa, organização etc.). *When Harris retires, you'll probably step into his shoes.* / Quando o Harris se aposentar, você provavelmente ocupará o lugar dele.

step: step on it expressão usada na fala para pedir que alguém aumente a velocidade do veículo. Algo como: 'pé na tábua!', 'pisa fundo!'. *Step on it or we'll miss our flight!* / Pisa fundo ou nós perderemos o voo!

step: step on someone's toes *inf* ofender, aborrecer, desagradar etc. alguém, pisar nos calos de alguém. *Go and say you're sorry. I think you probably stepped on her toes when you made those comments at dinner.* / Vá e peça perdão. Eu acho que você provavelmente pisou nos calos dela quando fez aqueles comentários no jantar.

step: step out of line comportar-se mal, não seguir as regras, sair da linha. *The boss warned him not to step out of line.* / O chefe o alertou para não sair da linha.

steps: take steps (to do something) tomar medidas, tomar providências (para fazer algo). *The bank is taking steps to increase security from robbers.* / O banco está tomando medidas para aumentar a segurança contra assaltantes.

stew: be in a stew (about / over something) *inf* estar preocupado, nervoso ou agitado com algo. *The coach is in a stew over the game tomorrow.* / O treinador está nervoso por causa do jogo de amanhã.

stich: a stitch in time saves nine *dit* expressão usada para dizer que uma medida de precaução tomada a tempo evita problemas maiores no futuro. Algo como: 'é melhor prevenir do que remediar'. *It's better to change the part now or it'll cause a bigger engine problem later. As they say, a stitch in time saves nine.* / É melhor trocar a peça agora ou ela causará um problema maior no motor mais tarde. Como dizem, é melhor prevenir do que remediar.

stick: be a stick in the mud *inf* expressão usada para descrever alguém que não se diverte e que não participa de atividades com as outras pessoas (geralmente por ser muito conservador). Algo como: 'ser careta', 'ser antissocial'. *Come on, join us in the pool! Don't be such a stick in the mud!* / Vamos lá, junte-se a nós na piscina! Não seja careta!

stick: stick 'em up expressão geralmente usada por ladrões em assalto à mão armada. Algo como: 'mãos ao alto!'. *He pulled out a revolver and said, 'stick 'em up!'* / Ele sacou um revólver e disse 'mãos ao alto!'.

stick: stick in one's mind ficar na cabeça de alguém (uma ideia, experiência, imagem etc.). *Her parting words stuck in his mind.* / Suas palavras de despedida ficaram na cabeça dele.

stick: stick it to someone *Amer inf* cobrar um preço excessivamente alto por algo, ser injusto com alguém. *Once again, the government is sticking it to the taxpayers!* / Mais uma vez, o governo está sendo injusto com os contribuintes.

stick: stick it where the sun doesn't shine *Amer vulg* expressão usada para dizer que não dá a mínima importância a algo. Algo como: 'enfiar algo naquele lugar', 'enfiar algo no rabo'. *Well, you can take this job and stick it where the sun doesn't shine!* / Bem, você pode pegar esse emprego e enfiá-lo no rabo!

stick: stick one's neck out (for someone or something) *inf* arriscar-se, arriscar o pescoço (por alguém ou algo). *I'm not going to stick my neck out for Daniel. After all, he's never helped me.* / Eu não vou me arriscar pelo Daniel. Afinal de contas, ele nunca me ajudou.

stick: stick one's nose into something *inf* interferir ou intrometer-se em algo (geralmente na vida de outras pessoas). *My mother-in-law is always sticking her nose into my affairs.* / A minha sogra está sempre se intrometendo nos meus assuntos.

stick: stick one's oar in *Brit inf* interferir ou intrometer-se nas coisas ou na vida das outras pessoas. *Why does your brother always have to stick his oar in whenever he comes to visit us?* / Por que o seu irmão sempre tem que se intrometer nas coisas toda vez que ele vem nos visitar?

stick: stick out like a sore thumb *inf* chamar muito a atenção (geralmente por ser muito diferente). *Dennis was the only one in shorts at the ceremony and he stuck out like a sore thumb.* / O Dennis era o único trajando bermudas na cerimônia e chamou muito a atenção.

stick: stick to one's guns *inf* manter-se firme numa decisão, recusar-se a mudar de ideia. *His decision may not be popular, but he's sticking to his guns.* / A decisão dele pode não ser popular, mas ele recusa-se a mudar de ideia.

stick: stick together *inf* permanecer unido, não se separar, ficar perto um do outro. *We have to stick together if we're going to get out of this mess.* / Nós devemos permanecer unidos se quisermos sair dessa encrenca.

sticky: have sticky fingers *inf* ser capaz de roubar, ter a mania de passar a mão nas coisas. *Don't leave your purse at the table. The waiter may have sticky fingers.* / Não deixe a sua bolsa na mesa. O garçom pode ter a mania de passar a mão nas coisas.

stiff: (be) as stiff as a poker *comp* ser, estar ou ficar muito sério. *Harold was as stiff as a poker as he stood and received the award.* / O Harold ficou muito sério quando levantou-se para receber a premiação.

still: still waters run deep *dit* expressão usada para dizer que pessoas quietas ou tímidas muitas vezes escondem grandes talentos ou sentimentos. Algo como: 'as pessoas quietas escondem os talentos'. *George was always a quiet child. But as they say, still waters run deep.* / O George sempre foi uma criança quieta. Mas, como dizem, as pessoas quietas escondem os talentos.

stink: make a stink (about / over something) *inf* reclamar em voz alta, fazer o maior escândalo (por causa de algo) (geralmente em público). *Jack made a stink at the hotel over the broken airconditioner.* / O Jack fez o maior escândalo no hotel por causa do ar-condicionado quebrado.

stink: stink to high heaven ter um cheiro muito desagradável, feder muito, feder para burro. *I think there's something rotten in the fridge. It stinks to high heaven!* / Acho que tem alguma coisa podre na geladeira. Fede pra burro!

stinking: be stinking rich *inf* ser muito rico, ser podre de rico. *You have to be stinking rich to join this club.* / Você tem que ser podre de rico para tornar-se sócio desse clube.

stir: stir someone's blood incitar, provocar fortes emoções, mexer com alguém. *His speech was intended to stir their blood and bring about a revolution.* / O discurso dele tinha a intenção de incitá-los e causar uma revolução.

stitch: not have a stitch on *inf* estar completamente nu, estar totalmente pelado. *They were in the pool and didn't have a stitch on!* / Eles estavam na piscina e completamente nus.

stitches: (be) in stitches *inf* rir muito, rir incontrolavelmente, rolar de tanto rir. *We were in stitches all night with Michael's funny stories.* / Nós rolamos de tanto rir a noite toda com as histórias hilárias do Michael.

stock: be in stock estar disponível para venda (em loja), ter em estoque. *We sell it, but it's not in stock at the moment.* / Nós o vendemos, mas não temos em estoque no momento.

stock: be out of stock não estar disponível para venda (em loja), estar fora de estoque. *That wine is out of stock at the moment.* / Esse vinho está fora de estoque no momento.

stock: take stock (of someone or something) analisar, avaliar, refletir (sobre alguém ou algo), fazer um balanço de algo. *Josh is reaching an age when men stop and take stock of what they have done in their lives.* / O Josh está chegando a uma idade em que os homens param e fazem um balanço do que fizeram de suas vidas.

stomach: have no stomach for something 1 não ter ou não estar com vontade de comer algo, sentir nojo de algo. *I have no stomach for breakfast just now, thanks.* / Eu não estou com vontade de tomar o café da manhã agora, obrigado. **2** *inf* não suportar ou tolerar (algo desagradável), não ter estômago para algo. *I have no stomach for this kind of TV program.* / Eu não tenho estômago para esse tipo de programa de TV.

store: be in store (for someone) estar à espera de alguém, estar destinado, prestes etc. a acontecer. *There are great things in store for you at this company.* / Há coisas excelentes à sua espera nesta empresa.

storm: (be) a storm in a teacup *Brit* expressão usada para dizer que alguém está exagerando a proporção de um problema. Algo como: 'ser uma tempestade num copo d'água'. *It's just a storm in a teacup and nothing will come of it.* / Isso é apenas uma tempestade num copo d'água e não vai dar em nada.

storm: take someone or something by storm 1 tomar algo à força (território, fortaleza etc.). *They took the island by storm.* / Eles tomaram a ilha à força. **2** *inf* fazer grande sucesso com o público de forma repentina, conquistar o público. *Her first film took the country by storm.* / O primeiro filme dela conquistou o país.

straight: (be) as straight as an arrow *comp* (ser) totalmente reto. *The highway is as straight as an arrow for almost 100 kilometers.* / A estrada é totalmente reta por quase cem quilômetros.

straight: get something straight entender corretamente, entender direito, esclarecer algo. *Let's get a few things straight around here. I pay you to work, not chat on the phone with your friends!* / Vamos esclarecer algumas coisas por aqui. Eu te pago para trabalhar, não para bater papo no telefone com os amigos!

straight: give it to me straight *inf* expressão usada na fala para pedir que alguém fale a verdade (mesmo que desagradável). Algo como: 'não me esconda nada', 'me diga na bucha'. *Give it to me straight. Do you think I have any chance as a singer?* / Me diga na bucha. Você acha que eu tenho alguma chance como cantor?

straight: go straight *inf* desistir de uma vida de crime, deixar o crime. *He told his wife he would go straight and get a job.* / Ele disse à mulher dele que iria deixar o crime e arrumar um emprego.

stranger: be no stranger to something estar familiarizado com algo. *He grew up in a poor family and was no stranger to suffering.* / Ele cresceu numa família pobre e estava familiarizado com o sofrimento.

strapped: be strapped for cash / be strapped for money *inf* ter muito pouco dinheiro, estar duro. *'Could you lend me twenty dollars?' 'Well, I'm a little strapped for cash at the moment.'* / 'Você poderia me emprestar vinte dólares?' 'Olha, eu estou meio duro no momento.'

stretch: stretch one's legs andar um pouco (geralmente após um período sentado), esticar as pernas. *Let's stop the car and stretch our legs a little.* / Vamos parar o carro e esticar as pernas um pouco.

stretch: stretch the rules *inf* abrir uma exceção, burlar as regras (geralmente por um bom motivo). *I know you don't allow pets in the building, but couldn't you stretch the rules a little for my son's hamster?* / Eu sei que vocês não permitem animais de estimação no prédio, mas não poderiam abrir uma pequena exceção para o hamster do meu filho?

stride: take something in stride *Amer inf* lidar facilmente com uma dificuldade ou um problema sem se preocupar muito, levar algo numa boa. *Gina has had a lot of problems at the office, but she takes everything in stride.* / A Gina tem tido muitos problemas no escritório, mas ela leva tudo numa boa.

strike: strike a balance (between...) achar um meio-termo (entre…), ficar no meio-termo (entre…). *The new sedan strikes a balance between fuel economy and high performance.* / O novo sedã fica no meio-termo entre a economia de combustível e um alto desempenho.

strike: strike a chord parecer familiar, fazer lembrar alguma coisa. *That name strikes a chord. Where did you say he worked again?* / Esse nome parece familiar. Onde você disse que ele trabalhava mesmo?

strike: strike a deal (with someone) chegar a um acordo com alguém (geralmente após longa negociação). *Management hopes to strike a deal with the union to end the strike.* / A direção da empresa espera chegar a um acordo com o sindicato e pôr fim à greve.

strike: strike fear in someone / strike fear in someone's heart fazer alguém sentir muito medo, deixar alguém apavorado. *Poor Laura, the very sound of a dentist's drill strikes fear in her heart!* / Pobre Laura, até mesmo o som da maquininha do dentista já a deixa apavorada!

strike: strike gold *inf* ficar rico, atingir a felicidade, tirar a sorte grande. *A lot of investors expected to strike gold in the Asian stock markets.* / Muitos investidores esperavam ficar ricos no mercado financeiro asiático.

strike: strike it rich *inf* ficar muito rico (repentinamente). *He struck it rich with a gold mine in the Amazon.* / Ele ficou muito rico com uma mina de ouro na Amazônia.

strike: strike one as strange parecer estranho, parecer esquisito. *It struck me as strange the fact that she left the company just before we discovered the money was missing.* / Pareceu-me estranho o fato de ela ter saído da empresa pouco tempo antes de termos descoberto que havia um desvio de dinheiro.

strike: strike someone's fancy *inf* agradar alguém, chamar a atenção de alguém. *Did anything in the store strike your fancy?* / Alguma coisa na loja te agradou?

strike: strike when the iron is hot *dit* expressão usada para dizer que não se deve deixar para depois o que deve ser feito agora. Algo como: 'malhe o ferro enquanto está quente', 'aproveite o bom momento'. *You just closed a big contract. Now go and ask for a raise. You've got to strike when the iron is hot!* / Você acabou de fechar um grande contrato. Agora vá e peça um aumento de salário. Aproveite o bom momento!

strikes: have two strikes against one *inf* ter alguns defeitos (geralmente dois). *I wanted to be a model, but I had two strikes against me: I was short and chubby.* / Eu queria ser modelo, mas eu tinha alguns defeitos: eu era baixa e gordinha.

string: have someone on a string controlar, dominar alguém, ter alguém na palma da mão. *Brenda has her* *husband on a string. He'll do anything she wants.* / A Brenda tem o marido na palma da mão. Ele faz tudo o que ela quer.

strong: (be) as strong as a horse *comp* ser muito forte. *Uncle Bob is 80, but he's still as strong as a horse.* / O tio Bob tem 80 anos, mas ele ainda é muito forte.

strong: be one's strong point / be one's strong suit ser a especialidade, ser o ponto forte de alguém. *Chess isn't my strong point, but I'm pretty good at checkers.* / Xadrez não é o meu ponto forte, mas eu sou bom no jogo de damas.

strong: be strong on something estar bem ou ser bom em fazer algo, ser forte em algo. *The company is strong on customer service.* / A empresa é forte no atendimento ao cliente.

strong: come on strong (with someone) *inf* mostrar interesse sexual, dar em cima de alguém. *As soon as we were alone, he started coming on strong with me.* / Assim que ficamos sozinhos, ele começou a dar em cima de mim.

strut: strut one's stuff andar de modo pomposo ou afetado, mostrar-se, exibir-se. *Who is that idiot strutting his stuff at the bar?* / Quem é o idiota se exibindo no bar?

stubborn: (be) as stubborn as a mule *comp* ser muito teimoso, ser mais teimoso que uma mula. *There is no use trying to change his mind. He's as stubborn as a mule.* / Nem adianta tentar mudar a mente dele. Ele é mais teimoso que uma mula.

stuck: be stuck between a rock and a hard place estar numa situação sem solução aparente, estar entre a cruz e a caldeirinha, estar num mato sem cachorro. *If you tell her the truth, she'll be furious. If you don't, she'll hate you for lying. It seems you're stuck between a rock and a hard place.* / Se você contar a verdade, ela ficará com raiva. Se você mentir, ela o odiará por ter mentido. Parece que você está num mato sem cachorro.

stuff: do one's stuff *inf* mostrar habilidade ou talento na frente de outras pessoas, mostrar o que sabe fazer. *It's the second half, guys. Time to do your stuff and win this game!* / Estamos no segundo tempo, rapazes. Hora de mostrar o que sabem fazer e vencer este jogo!

stuff: that's the stuff *inf* expressão usada na fala para elogiar ou incentivar o bom desempenho de alguém em uma tarefa ou atividade. Algo como: 'é isso aí!', 'é assim que se faz!'. *Now pass the ball! Good. That's the stuff!* / Agora passe a bola! Bom. É isso aí!

stuffed: get stuffed *Brit inf* expressão usada para pedir que alguém vá embora ou pare de perturbar. Algo como: 'vá para o inferno', 'dane-se'. *She asked the neighbor to turn down the music and he told her to get stuffed.* / Ela pediu para o vizinho abaixar a música e ele a mandou ir se danar.

style: be someone's style *inf* ser algo que agrada alguém ou que alguém gosta, ser o tipo ou estilo de alguém. *Swimming pool, room service, cable TV. Now this is my style!* / Piscina, serviço de quarto, TV a cabo. É disso que eu gosto.

style: not be someone's style *inf* ser algo que não agrada alguém ou que alguém não gosta. *It's a musical. It's really not your style at all.* / É um filme musical. Não é o seu estilo de maneira alguma.

succeeds: nothing succeeds like success *dit* expressão usada para dizer que um sucesso leva a maiores sucessos. Algo como: 'um sucesso sucede o outro'. *Her first novel sold quite well and her second was a best-*

seller. As they say, nothing succeeds like success. / O primeiro romance dela vendeu muito bem e o segundo foi um best-seller. Como dizem, um sucesso sucede o outro.

sucker: be a sucker for someone or something *Amer inf* gostar muito de, ser incapaz de resistir a, ser louco por alguém ou algo. *Sarah is a sucker for a man in uniform.* / A Sarah é louca por homens em uniforme.

suffer: not suffer fools gladly não ter paciência com pessoas pouco inteligentes. *Professor Robinson doesn't suffer fools gladly, so think twice before you ask a question in class.* / O professor Robinson não tem paciência com pessoas pouco inteligentes, então pense duas vezes antes de fazer uma pergunta na sala de aula.

suit: suit one's books / suit someone's books *Brit* ser a pessoa de que alguém precisa, encaixar-se nos planos de alguém. *She's clever and used to working under pressure. I'm sure she suits our books.* / Ela é esperta e acostumada a trabalhar sob pressão. Eu tenho certeza de que é a pessoa de que precisamos.

sure: (be) as sure as hell *comp* ter certeza absoluta, não ter a menor dúvida. *I'm as sure as hell not inviting him to my party!* / Eu tenho certeza absoluta de que não vou convidá-lo para minha festa!

sure: be sure of oneself ser ou estar muito autoconfiante. *I don't know why Harold is so sure of himself. He's never won a game before!* / Eu não sei por que o Harold está tão autoconfiante. Ele nunca ganhou um jogo antes!

sure: be sure to do something certificar-se de fazer algo, não se esquecer de fazer algo. *Be sure to feed the cat while we're away.* / Certifique-se de alimentar o gato enquanto estivermos fora.

sure: make sure (of something) / make sure (that...) certificar-se de algo, verificar algo. *Make sure that the printer has ink before you print.* / Certifique-se de que a impressora tem tinta antes de imprimir.

surprise: take someone by surprise pegar alguém de surpresa. *The nomination for best actress took her by surprise.* / A indicação para melhor atriz a pegou de surpresa.

swallow: swallow one's pride deixar o orgulho de lado. *Francis had to swallow his pride and ask his father-in-law for a job.* / O Francis teve que deixar o orgulho de lado e pedir um emprego ao sogro.

swear: swear like a trooper *comp* falar muito palavrão. *Every time he gets stuck in traffic he starts swearing like a trooper.* / Toda vez que ele fica preso no trânsito, começa a falar um monte de palavrões.

swear: swear someone to secrecy fazer alguém prometer guardar segredo. *He swore her sister to secrecy before he told her what had happened.* / Ele fez a irmã dele prometer guardar segredo antes de contar a ela o que havia acontecido.

sweat: not sweat it *Amer inf* não se preocupar, não esquentar a cabeça, ficar frio (expressão geralmente usada na forma imperativa). *The police have nothing on you, so don't sweat it.* / A polícia não tem provas contra você, então fica frio.

sweat: not sweat the small stuff *Amer inf* não ficar preso aos detalhes, não se preocupar com bobeira (expressão geralmente usada na forma imperativa). *This is your first day on the job, so just try to get a feel for the place and don't sweat the small stuff.* / Este é o seu primeiro dia de serviço, então tente se ambientar e não fique preso aos detalhes.

sweat: sweat blood 1 trabalhar em excesso, dar duro, suar sangue. *Dave's parents had to sweat blood to pay for his university studies.* / Os pais do Dave tiveram que suar sangue para pagar a faculdade dele. **2** preocupar-se muito, ficar na maior agonia. *The exam results come out on Monday, so it looks like we'll have to sweat blood till then.* / Os resultados do exame saem na segunda-feira, então teremos que ficar na maior agonia até lá.

sweat: sweat it out *inf* continuar o trabalho duro, aguentar firme. *We've got another week of hard work before the holidays, so we'll just have to sweat it out till then.* / Nós temos mais uma semana de trabalho árduo antes das férias, então teremos que aguentar firmes até lá.

sweat: sweat like a pig *comp* transpirar muito. *We were sweating like pigs when we left the tennis court.* / Nós estávamos transpirando muito quando deixamos a quadra de tênis.

sweep: sweep someone off their feet impressionar muito ou fazer alguém ficar apaixonado. *Doug swept her off her feet and married her within a month.* / O Doug a conheceu, a fez ficar apaixonada por ele e casou-se com ela em um mês.

sweep: sweep the country, nation, world etc. causar a maior sensação, fazer o maior sucesso em todo o país, nação, mundo etc. *This new dance is sweeping the nation.* / Essa nova dança está fazendo o maior sucesso em todo o país.

sweet: be sweet on someone *inf* gostar muito, estar apaixonado por alguém. *Fred is sweet on the new secretary at the office.* / O Fred está apaixonado pela nova secretária do escritório.

sweet: have a sweet tooth gostar muito de comer doces. *Those diets rarely work if you have a sweet tooth.* / Esses regimes raramente funcionam se você gosta muito de comer doces.

swing: (be) in full swing *inf* (estar) em plena atividade ou andamento, a todo vapor, a mil. *The party was in full swing when we arrived.* / A festa estava a todo vapor quando nós chegamos.

swing: get into the swing of something familiarizar-se, pegar a manha de algo. *Sarah has been here a month and already she's got into the swing of things here at the company.* / A Sarah está aqui há um mês e já se familiarizou com as coisas aqui na empresa.

swing: swing both ways *inf* ser bissexual. *I'm not sure, but I think he swings both ways.* / Eu não tenho certeza, mas acho que ele é bissexual.

swing: swing into action mobilizar-se, arregaçar as mangas. *As soon as the trucks arrived, everyone swung into action and started unloading the goods.* / Assim que os caminhões chegaram, todo mundo arregaçou as mangas e começou a descarregar as mercadorias.

sync: (be) in sync (with someone or something) 1 (estar) em sincronia, no mesmo ritmo (que alguém ou algo). *The trains are in sync, so the passengers never have to wait more than five minutes.* / Os trens estão em sincronia, por isso os passageiros nunca têm que esperar por mais de cinco minutos. **2** *inf* (estar) em sintonia ou harmonia, (estar) de acordo (com alguém ou algo). *The ministers are in sync with the president's plan to reduce spending.* / Os ministros estão em sintonia com o plano do presidente de reduzir gastos.

sync: (be) out of sync (with someone or something) 1 (estar) fora de sincronia, fora do ritmo (de alguém ou algo). *The traffic lights are out of sync and that causes traffic.* / Os semáforos estão fora de sincronia e isso causa trânsito. **2** *inf* (estar) fora de sincronia ou harmonia, (estar) em desacordo (com alguém ou algo). *His views are out of sync with those of his colleagues.* / As opiniões dele estão em desacordo com as opiniões dos colegas dele.

system: get something out of one's system *inf* desabafar, pôr algo para fora (desejo, tristeza, angústia etc.). *I told her the whole story to get it out of my system.* / Eu contei toda a história a ela para desabafar.

t

tab: put something on the tab / put something on one's tab *inf* comprar fiado para pagar depois (em restaurante, bar, loja etc.), pendurar algo, pôr na conta (de alguém). *Jack, put the drinks on my tab, alright?* / Jack, põe essas bebidas na minha conta, certo?

table: be on the table expressão usada em negócios para dizer que algo está aberto para negociação, estar na mesa de negociação. *I think we have an agreement, although there are a couple of details like franchising rights still on the table.* / Eu acho que temos um acordo, embora haja alguns detalhes, como direitos de franquia, ainda na mesa de negociação.

tail: be on someone's tail *inf* estar seguindo alguém, estar na cola de alguém. *Hurry up! The police are on our tail!* / Anda logo! A polícia está na nossa cola!

take: be on the take *inf* fazer parte de esquema de propina, aceitar propina. *Most of the restaurant inspectors are on the take, I'd say.* / A maioria dos fiscais de restaurantes aceita propina, creio eu.

take: take it from me *inf* expressão usada na fala para dizer que o que se diz é verdade. Algo como: 'vá por mim', 'escute o que eu estou lhe dizendo'. *Take it from me, Peter. This isn't the girl for you.* / Vá por mim, Peter. Essa não é a garota para você.

take: take it out on someone / take something out on someone tratar alguém mal sem merecer (por conta de raiva, aborrecimento, frustração etc.), descontar algo em alguém. *Dan is unhappy at work and he takes it out on his wife.* / O Dan é infeliz no trabalho e desconta na mulher dele. *Don't take your anger out on me!* / Não desconte a sua raiva em mim!

taken: be taken *inf* ser enganado, passado para trás, cair no conto do vigário. *That's not a real Rolex. You were taken!* / Esse não é um relógio *Rolex* verdadeiro. Você foi passado para trás.

takes: have what it takes (to do something) *inf* possuir a habilidade, competência, coragem etc. necessária (para fazer algo), ser páreo (para fazer algo). *You haven't got what it takes to fight me!* / Você não é páreo para lutar comigo!

talk: be all talk / be all talk and no action *inf* falar muito e não fazer nada. *He keeps saying he's going to write a book, but he's all talk and no action.* / Ele vive falando que vai escrever um livro, mas ele fala muito e não faz nada.

talk: be the talk of the town *inf* ser o que todo mundo está comentando, ser o assunto, notícia, boato etc. do momento. *His new play is the talk of the town right now.* / A nova peça de teatro dele é o assunto do momento.

talk: talk big falar demais, ter muita lábia, ser bom de papo. *He just talks big, but in fact, he hasn't done anything very important in his life.* / Ele é bom de papo, mas, na verdade, nunca fez nada de muito importante na vida.

talk: talk dirty *inf* falar de sexo para excitar alguém, falar sacanagem. *Talk dirty to me, you know I love it!* / Fale sacanagem para mim, você sabe que eu adoro!

talk: talk of the devil *dit* expressão usada quando alguém aparece inesperadamente no momento em que se está falando sobre ele. Algo como: 'falando no diabo…'. *'We haven't seen Steven these days.' 'Oh, talk of the devil, here he is!'* / 'Nós não temos visto o Steven esses dias.' 'Oh, falando no diabo, aqui está ele!'

talk: talk one's head off *inf* falar muito, desembestar-se a falar. *Bob will be talking his head off for hours now that you mentioned soccer.* / O Bob vai desembestar-se a falar por horas agora que você tocou no assunto de futebol.

talk: talk one's way out of something conseguir escapar de algo desagradável dando desculpas, livrar-se de algo. *The police stopped Harry for speeding, but he managed to talk his way out of a ticket.* / A polícia parou o Harry por excesso de velocidade, mas ele conseguiu se livrar de uma multa.

talk: talk shop falar sobre trabalho ou profissão. *I can't stand those parties where everyone talks shop all night.* / Eu odeio aqueles tipos de festa onde todo mundo fala sobre trabalho a noite toda.

talk: talk some sense into someone convencer alguém a parar de fazer besteira, colocar juízo na cabeça de alguém. *Jack is going to give up his career to become a surfer. Someone must talk some sense into him!* / O Jack vai largar a profissão para virar surfista. Alguém tem que colocar juízo na cabeça dele!

talk: talk someone out of something / talk someone out of doing something convencer alguém a desistir de algo ou fazer algo. *I talked her out of the idea.* / Eu a convenci a desistir da ideia. *Her parents talked her out of marrying the guy.* / Os pais dela a convenceram a não se casar com o rapaz.

talk: talk the hind leg off a donkey *inf* expressão usada em tom humorístico para dizer que alguém fala muito. Algo como: 'falar mais que o homem da cobra'. *My aunt Maisy could talk the hind leg off a donkey!* / A minha tia Maisy falava mais que o homem da cobra.

talk: talk through one's hat falar besteira sobre assunto que não conhece, dar uma de entendido. *He doesn't know a thing about horses. He's just talking through his hat.* / Ele não sabe nada sobre cavalos. Está apenas dando uma de entendido.

talk: talk to a brick wall *inf* expressão usada para descrever uma situação em que a pessoa com quem se fala recusa-se a ouvir ou acatar um conselho. Algo como: 'falar com as paredes'. *Don't bother trying to help him. It's like talking to a brick wall!* / Não perca tempo tentando ajudá-lo. É o mesmo que falar com as paredes.

talk: talk turkey *Amer inf* discutir os detalhes práticos (geralmente em negócios, contratos, acordos etc.). *We've got a deal then, now we just have to put our lawyers together to talk turkey and write up the contract.*

/ Nós fizemos um acordo, agora nós só precisamos convocar nossos advogados para discutir os detalhes práticos e redigir o contrato.

talk: talk up a storm *inf* falar muito e com entusiasmo, falar sem parar. *She talked up a storm all through dinner.* / Ela falou sem parar durante todo o jantar.

talking: now you're talking *inf* expressão usada na fala para dizer que se concorda plenamente com o que a pessoa diz. Algo como: 'agora você disse tudo', 'falou e disse'. *'Let's order a pizza.' 'Now you're talking. I'm starving!'* / 'Vamos pedir uma pizza.' 'Agora você disse tudo. Eu estou morrendo de fome!'

tar: tar and feather someone *inf* castigar alguém severamente, dar uma bronca em alguém. *Your father is going to tar and feather you when he gets home!* / O seu pai vai te dar uma bronca quando ele chegar em casa.

tar: tar someone with the same brush julgar alguém injustamente, generalizar. *Not all skinheads are violent. You're tarring them all with the same brush, don't you think?* / Nem todos os *skinheads* são violentos. Você está generalizando, não acha?

task: take someone to task (for / over something) criticar alguém severamente por fazer algo errado, dar um puxão de orelhas em alguém. *The sales manager took Robert to task for losing the contract with the Americans.* / O gerente de vendas deu um puxão de orelhas no Robert por ter perdido o contrato com os americanos.

tatters: be in tatters 1 estar todo rasgado, despedaçado, desfiado etc. (roupas). *His shirt was in tatters after the game.* / A camisa dele estava toda rasgada depois do jogo. **2** *inf* estar arruinado, destruído (plano, projeto, sentimento). *Our travel plans are in tatters now that the airport workers are on strike.* / Nossos planos de viagem estão arruinados agora que os funcionários do aeroporto estão em greve.

tea: wouldn't do something for all the tea in China *inf* expressão usada na fala para dizer que alguém não faria algo de forma alguma. Algo como: 'não faria isso nem morto'. *Bill is so ugly. I wouldn't go out with him for all the tea in China!* / O Bill é tão feio. Eu não sairia com ele nem morta!

teach: teach someone a lesson punir alguém para que a pessoa aprenda, dar uma lição em alguém. *We need to teach that boy a lesson for lying to his teacher.* / Nós temos que dar uma lição nesse garoto por mentir para a professora dele.

teach: you can't teach an old dog new tricks *dit* expressão usada para dizer que é difícil mudar as ideias de pessoas idosas. Algo como: 'papagaio velho não aprende a falar'. *I still can't get the hang of placing orders by e-mail. As they say, you can't teach an old dog new tricks.* / Eu ainda não peguei a manha de fazer pedidos por e-mail. Como dizem, papagaio velho não aprende a falar.

tear: tear a strip off someone *Brit inf* repreender alguém severamente por ter feito algo errado, dar um puxão de orelhas em alguém. *The manager tore a strip off Michael for arriving late to the meeting.* / O gerente deu um puxão de orelhas no Michael por chegar atrasado à reunião.

tear: tear one's hair out *inf* estar morrendo de preocupação, arrancar os cabelos. *Poor Judy has been tearing her hair out waiting for the biopsy analysis of her tumour.* / A pobre da Judy está morrendo de preocupação esperando pela análise de biópsia do tumor dela.

tear: tear someone limb from limb atacar alguém violentamente, picar alguém em pedacinhos, matar alguém (expressão geralmente usada em tom humorístico). *It's our wedding anniversary tomorrow and my wife will tear me limb from limb if I show up without a present!* / É o nosso aniversário de casamento amanhã e a minha mulher vai me matar se eu aparecer sem um presente!

tear: tear someone or something to shreds criticar alguém ou algo severamente, acabar com alguém ou algo. *Professor Harrison tore my essay on Hamlet to shreds.* / O professor Harrison acabou com o meu trabalho sobre Hamlet.

teeter: teeter on the brink of something / teeter on the edge of something estar à beira de algo (desagradável ou perigoso). *Most scientists agree that we're teetering on the edge of an ecological disaster.* / A maioria dos cientistas concorda que nós estamos à beira de um desastre ecológico.

teeth: get one's teeth into something *inf* envolver-se em algo (com ânimo). *I'm just dying to get my teeth into the new ad campaign.* / Eu estou louco para me envolver com a nova campanha publicitária.

teething: have teething problems *inf* deparar-se com pequenos problemas no início de um projeto, negócio, plano etc. *'How is the new software coming along?' 'Well, we're still having teething problems.'* / 'Como está indo o novo programa de computador?' 'Bem, nós ainda estamos nos deparando com pequenos problemas.'

tell: tell it like it is *inf* contar a verdade, esclarecer a situação. *I'll tell it like it is. She has cancer.* / Eu vou contar a verdade. Ela está com câncer.

tell: tell it to the marines expressão usada na fala para dizer que não se acredita no que alguém está dizendo. Algo como: 'conta outra'. *You mean to say that you know the president personally? Go tell it to the marines!* / Você está querendo dizer que conhece o presidente pessoalmente? Conta outra!

temper: be in a temper estar de mau humor. *I wouldn't go in there right now. He's in a temper again.* / Eu não entraria lá agora. Ele está de mau humor novamente.

temperature: have a temperature ter ou estar com febre. *Billy has a temperature so I told him to stay home today.* / O Billy está com febre, por isso eu disse a ele para ficar em casa hoje.

temperature: take someone's temperature medir a temperatura de alguém (com um termômetro). *The doctor took his temperature.* / O médico mediu a temperatura dele.

tempest: (be) a tempest in a teapot ser um exagero, ser uma tempestade num copo d'água. *It's a tempest in a teapot created by the media to sell newspapers.* / É uma tempestade num copo d'água criada pela mídia para vender jornais.

tempt: tempt fate arriscar-se ou fazer algo perigoso, abusar da sorte. *Don't you think you are tempting fate a little by leaving your car unlocked?* / Você não acha que está abusando da sorte deixando as portas do carro destravadas?

tenterhooks: be on tenterhooks estar muito nervoso, tenso, aflito etc. (com o que vai acontecer). *All of the trainees are on tenterhooks while the company decides which ones to hire.* / Todos os estagiários estão aflitos enquanto aguardam a empresa decidir quais serão contratados.

test: test the water / test the waters fazer testes (para prever o resultado de algo). *The company has decided to test the waters before investing any more in developing the product.* / A empresa decidiu fazer alguns testes antes de investir mais no desenvolvimento do projeto.

tête-à-tete: have a tête-à-tête (with someone) ter uma conversa em particular com alguém (expressão proveniente do francês). *I had a tête-à-tête with David and explained the whole thing.* / Eu tive uma conversa em particular com o David e expliquei tudo.

thank: thank one's lucky stars (that...) expressão usada para dizer que alguém tem que sentir-se grato por algo. Algo como: 'dar graças a Deus (que...)', 'levantar as mãos para o céu (que...)'. *I thank my lucky stars I don't have to go back to work at that place any more! I hated it there.* / Eu dou graças a Deus que não tenho mais que voltar a trabalhar naquele lugar! Eu o odiava.

there: be not all there *inf* ser um pouco lento para pensar ou raciocinar, não bater bem (da bola). *I don't think Fred is all there. I mean, I had to explain it to him three times before he understood.* / Eu não acho que o Fred bate bem. Quer dizer, eu tive que explicar três vezes até ele entender.

there: be there for someone estar disponível para conversar ou ajudar alguém a qualquer hora, estar pronto para ouvir ou ajudar alguém. *Through the divorce my Mom was always there for me, which helped a lot.* / Durante o processo do divórcio, a minha mãe esteve sempre pronta para me ouvir, o que foi de grande ajuda.

thick: (be) as thick as thieves (with someone) *comp* (ser ou estar) muito próximo ou envolvido com alguém (geralmente de forma suspeita). *They're as thick as thieves and probably up to no good.* / Eles estão muito envolvidos e provavelmente tramando algo suspeito.

thick: be in the thick of something / be in the thick of doing something *inf* estar no meio de algo, ou fazer algo. *They were in the thick of an argument when I saw them a few minutes ago.* / Eles estavam no meio de uma discussão quando eu os vi alguns minutos atrás. *I was in the thick of discussing the details when you called.* / Eu estava no meio da discussão dos detalhes quando você ligou.

thick: be thick in the head *inf* ser burro, devagar. *Don't be so thick in the head! Of course I'm talking about you!* / Não seja burro! É claro que eu estou falando de você!

thick: have a thick skin *inf* ser indiferente a críticas, ser ou estar calejado. *After years of having her music ridiculed, I'd say she has a thick skin nowadays.* / Depois de anos tendo a própria música ridicularizada, eu diria que ela está calejada hoje em dia.

thin: (be) as thin as a rake *comp* ser muito magro, magro como um palito. *He was as thin as a rake when he was a child.* / Ele era magro como um palito quando criança.

thin: be thin on top ser ou ficar careca, com pouco cabelo. *Jim is going a bit thin on top, isn't he?* / O Jim está ficando meio careca, não está?

thin: have a thin skin *inf* ser sensível a críticas, ficar magoado facilmente. *Be careful of what you say to Sally. She has a rather thin skin and often gets upset.* / Tenha cuidado com o que fala para a Sally. Ela é bastante sensível a críticas e geralmente fica magoada.

thing: be just the thing *inf* ser exatamente o que alguém está precisando ou quer. *I have just the thing to get that stain out of your dress.* / Eu tenho exatamente o você precisa para remover essa mancha do seu vestido. *An ice-cold beer would be just the thing right now.* / Uma cerveja bem gelada seria exatamente o que eu preciso neste momento.

thing: be one's thing *inf* ser a especialidade de alguém, ser a praia de alguém. *Dancing just isn't my thing.* / Dançar não é a minha praia.

thing: have a thing about someone or something *inf* ter um sentimento de apatia ou repulsa por alguém ou algo, não ir com a cara de alguém, não ser chegado em algo. *I don't know why, but I've got a thing about him.* / Eu não sei por que, mas não vou com a cara dele. *Mark has a thing about cold food, so make sure his soup is very hot.* / O Mark não é chegado em comida gelada, então certifique-se de que a sopa esteja bem quente.

thing: have a thing for someone *inf* ter interesse sexual ou amoroso, sentir alguma coisa, sentir uma atração por alguém. *I know she's not very pretty, but I just have a thing for her.* / Eu sei que ela não é muito bonita, mas eu simplesmente sinto uma atração por ela.

thing: have a thing going (with someone) *inf* ter uma relação amorosa com alguém (geralmente informal ou ilícita), ter um caso, ter algum rolo com alguém. *I think Dan has a thing going with his secretary.* / Eu acho que o Dan tem algum rolo com a secretária dele.

thing: make a big thing (out of something) exagerar a importância, seriedade, gravidade etc. de algo, fazer uma tempestade num copo d'água (por causa de algo). *I don't know why you're making such a big thing out of a torn dress.* / Eu não sei por que você está fazendo uma tempestade num copo d'água por causa de um vestido rasgado.

thing: there's no such thing as a free lunch *dit* expressão usada para dizer que não há nada de graça. Algo como: 'não existe nada de graça neste mundo'. *'It says here you get a free weekend at a resort if you just fill in this coupon.' 'I doubt it. There's no such thing as a free lunch.'* / 'Diz aqui que você ganha um final de semana gratuito numa estação de veraneio se apenas preencher este cupom.' 'Eu duvido. Não há nada de graça neste mundo.'

think: think better of something / think better of doing something reconsiderar algo, pensar melhor em vez de fazer algo. *Laura was going to sell her car, but she thought better of it and decided to keep it for a while.* / A Laura ia vender o carro dela, mas pensou melhor e decidiu ficar com ele por enquanto.

think: think big *inf* ser ambicioso, ter grandes planos para o futuro, pensar grande. *This company has potential and we have to think big.* / Esta empresa tem potencial e nós temos que pensar grande.

think: think fit / think it fit *form* achar conveniente, achar certo (fazer algo). *Feel free to give them a call if you think fit.* / Fique à vontade para telefonar para eles se achar conveniente. *Do you think it fit to reprimand a child in front of his friends?* / Você acha certo repreender uma criança na frente dos amigos dela?

think: think highly of someone or something admirar, estimar, prezar etc. muito alguém ou algo. *The students think highly of professor Gertrude.* / Os alunos admiram muito a professora Gertrude.

think: think on one's feet *inf* pensar rápido, estar preparado. *You never* *know what they'll ask in a job interview, so you have to think on your feet the whole time.* / Você nunca sabe o que eles vão perguntar numa entrevista de emprego, então você tem que pensar rápido o tempo todo.

think: think out of the box / think outside the box *inf* pensar de forma original, criativa, não convencional etc. *We have to think out of the box if we want to develop a new product.* / Nós temos que pensar de forma criativa se quisermos desenvolver um produto novo.

think: think straight concentrar-se, pensar direito. *I can't think straight with that loud music on!* / Eu não consigo pensar direito com essa música alta ligada!

think: think the world of someone gostar, admirar, considerar etc. muito alguém. *Everyone at work thinks the world of the new manager.* / Todo mundo no trabalho gosta muito da nova gerente.

think: think twice about something / think twice about doing something considerar com cuidado, pensar duas vezes antes de fazer algo. *Buy it. Don't think twice about it!* / Compre-o. Não pense duas vezes! *You should think twice about leaving your job. You may not find another one so soon.* / Você deveria pensar duas vezes antes de deixar o emprego. Você pode não encontrar outro tão cedo.

thorn: be a thorn in one's side ser uma fonte de constante aborrecimento ou impedimento, ser um empecilho, ser uma pedra no sapato (de alguém). *Steven's younger brother has been a thorn in his side for years in the family business.* / O irmão mais novo do Steven tem sido uma pedra no sapato há anos nos negócios da família.

thought: it's the thought that counts *dit* expressão usada para dizer que o fato de alguém pensar ou ter lembrado de algo é digno de elogio. Algo como: 'o que vale é a intenção'. *'I'm sorry I couldn't get you anything nicer for your birthday.' 'Oh, don't worry. It's the thought that counts.'* / 'Desculpe-me por não ter comprado algo mais especial para o seu aniversário.' 'Oh, não se preocupe. O que vale é a intenção.'

three: be three sheets to the wind estar bêbado. *John was three sheets to the wind when he got home last night.* / O John estava bêbado quando chegou em casa ontem à noite.

throats: be at each other's throats / be at one another's throats estar brigando, estar se atracando, estar se pegando (em briga). *You and your sister have been at each other's throats since morning. Now stop it!* / Você e sua irmã estão brigando desde cedo. Agora parem com isso!

throw: throw a fit *inf* ficar muito nervoso ou zangado, ter um ataque. *My boss will throw a fit if I'm late with this order.* / O meu chefe vai ter um ataque se eu atrasar com este pedido.

throw: throw a monkey wrench in the works *Amer inf* frustrar, estragar etc. os planos, jogar um balde de água fria, acabar com a festa. *I don't want to throw a monkey wrench in the works here, but have you thought about how you'll pay for all this?* / Eu não quero jogar um balde de água fria, mas você já pensou como vai pagar por tudo isso?

throw: throw a spanner in the works *Brit inf* frustrar, estragar etc. os planos, jogar um balde de água fria, acabar com a festa. *We had everything arranged for the weekend trip and then my boss threw a spanner in the works and asked me to work on Saturday.* / Nós tínhamos tudo preparado para a viagem de final de semana e então meu chefe jogou um balde de água fria e me pediu para trabalhar no sábado.

throw: throw a tantrum / throw a temper tantrum *inf* ficar zangado de repente, ter um ataque de raiva, nervos etc. *Billy threw a temper tantrum when I told him he couldn't watch TV.* / O Billy teve um ataque de nervos quando eu disse que ele não poderia assistir à TV.

throw: throw caution to the wind deixar a preocupação de lado, começar a correr riscos. *Mary decided to throw caution to the wind and buy a motorcycle to see the country.* / A Mary decidiu deixar a preocupação de lado e comprar uma moto para conhecer o país.

throw: throw cold water on something *inf* impedir, estragar, sabotar etc. algo (geralmente planos ou ideias). *My husband always throws cold water on my plans of moving the furniture around.* / O meu marido sempre estraga os meus planos de mudar os móveis da casa.

throw: throw down the gauntlet desafiar alguém (em uma competição). *The Russian chess champion threw down the gauntlet to the visiting American.* / O campeão de xadrez russo desafiou o visitante americano.

throw: throw good money after the bad gastar ainda mais dinheiro para tentar recuperar dinheiro perdido, jogar dinheiro fora. *So now Bob is spending a fortune trying to fix up a worthless old sailboat. It's a real case of throwing good money after the bad.* / Então agora o Bob está gastando uma fortuna tentando consertar um antigo veleiro que não vale um tostão. É um verdadeiro caso de jogar mais dinheiro fora.

throw: throw in the towel desistir de algo (geralmente por não ter chances de vencer), jogar a toalha, entregar os pontos, arregar. *The visiting team threw in the towel before the second half was over.* / O time visitante entregou os pontos antes do término do segundo tempo.

throw: throw light on something tornar algo mais fácil de entender, esclarecer algo. *Dr. Lang's research has thrown light on how black holes are formed.* / A pesquisa do Dr. Lang esclareceu como os buracos negros são formados.

throw: throw money around *inf* gastar muito dinheiro de maneira irresponsável, torrar dinheiro. *Just because she's rich doesn't mean she has to throw her money around.* / Só porque ela é rica não quer dizer que tem que torrar o próprio dinheiro.

throw: throw money at something gastar muito dinheiro para tentar fazer algo que provavelmente não dará certo, investir dinheiro cegamente em algo. *You can't just throw money at the problem of poverty and expect things to improve. You have to educate people.* / Você não pode investir dinheiro cegamente no problema da pobreza e esperar que as coisas melhorem. Você tem que educar as pessoas.

throw: throw one's hand in *inf* desistir de algo (geralmente por não ser competente o suficiente). *After his fifth article was rejected by magazines, Adam threw his hand in.* / Depois que o quinto artigo dele foi recusado pelas revistas, o Adam desistiu.

throw: throw one's weight around *inf* usar o poder ou cargo para conseguir o que quer. *Frank is very important in the company, but he isn't the type to throw his weight around.* / O Frank é muito importante na empresa, mas ele não é do tipo que usa o poder para conseguir o que quer.

throw: throw oneself at someone *inf* tentar conquistar o amor de alguém (geralmente de maneira forçada), jogar-se para cima de alguém. *Look at her throwing herself at him like that in front of everyone!* / Olhe como ela se joga para cima dele na frente de todo mundo!

throw: throw oneself at someone's feet implorar pela ajuda, proteção, misericórdia etc. de alguém, jogar-se aos pés de alguém. *He threw himself at the feet of the jury and begged for mercy.* / Ele se jogou aos pés do júri e implorou misericórdia.

throw: throw someone for a loop *Amer inf* supreender ou chocar alguém, deixar alguém perplexo. *Barbara's decision to leave the company threw everyone for a loop.* / A decisão da Barbara de sair da empresa deixou todo mundo perplexo.

throw: throw someone off the scent despistar alguém, desnortear alguém. *The robbers left a hairpin at the scene of the crime to throw the police off the scent.* / Os ladrões deixaram um grampo de cabelo na cena do crime para despistar a polícia.

throw: throw the book at someone punir ou multar alguém com o máximo de infrações possível. *The health inspector threw the book at him. Lack of hygene, dirty floors, no fire escape and inadequate ventilation.* / O inspetor de saúde pública o multou com o máximo de infrações. Falta de higiene, chão sujo, nenhuma saída de emergência e ventilação inadequada.

thumb: be under someone's thumb *inf* estar sob o domínio ou influência de alguém. *The creative team is completely under the thumb of the art director.* / A equipe de criação está completamente sob domínio do diretor de arte.

thumb: thumb a lift *inf* pedir carona (geralmente à beira de estrada). *Nancy and Fred thumbed a lift to a gas station to find a mechanic to help them.* / A Nancy e o Fred pediram carona até um posto de gasolina para achar um mecânico para ajudá-los.

thumb: thumb one's nose at someone or something desprezar, torcer o nariz para alguém ou algo. *The curator of the gallery will probably thumb his nose at my work, but I'm going to try anyway.* / O curador da galeria provavelmente vai torcer o nariz para a minha obra, mas eu vou tentar mesmo assim.

thumbs: be all thumbs *inf* ser desajeitado (com as mãos). *Don't let Colin carry the tray. He's all thumbs!* / Não deixe o Colin carregar a bandeja. Ele é todo desajeitado!

tickle: tickle someone's fancy atrair, chamar a atenção de alguém. *I'm sure you'll tickle the girls' fancy with your new car.* / Eu tenho certeza de que você vai atrair a atenção das garotas com o seu novo carro.

tickled: be tickled pink / be tickled to death *inf* estar ou ficar muito feliz. *Barry was tickled pink with the present you gave him.* / O Barry ficou muito feliz com o presente que você deu a ele. *Kevin was tickled to death when he heard the news.* / O Kevin ficou feliz da vida quando ficou sabendo da notícia.

tie: tie one on *Amer* ficar bêbado, encher a cara. *I met some old friends from college at the bar and we tied one on.* / Eu encontrei alguns amigos da faculdade no bar e enchemos a cara.

tie: tie someone up in knots *inf* deixar alguém confuso. *She tied us up in knots with her long and complicated explanation.* / Ela nos deixou confusos com sua explicação longa e complicada.

tie: tie someone's hands / have one's hands tied *inf* limitar o poder de alguém fazer algo, deixar alguém de mãos amarradas. *The new regulations don't allow us to dismiss more than six employees a semester, which ties our hands completely.* / O novo regulamento não nos permite demitir mais que seis funcionários por semestre, o que nos deixa de mãos completamente amarradas. *I can't help you. I have my hands tied.* / Eu não posso te ajudar. As minhas mãos estão amarradas.

tie: tie the knot *inf* casar-se. *So when are you and Hannah going to tie the knot?* / Então, quando é que você e a Hannah vão se casar?

tie: tie up the loose ends / tie up the loose threads acertar os últimos detalhes. *The lawyer is tying up the loose ends and will send you the contract by the end of the day.* / O advogado está acertando os últimos detalhes e lhe enviará o contrato até o final do dia.

tied: be tied to someone's apron strings ser totalmente influenciado ou controlado por alguém (mãe, esposa etc.), estar preso à barra da saia de alguém. *Poor Steve has always been tied to his mother's apron strings.* / O coitado do Steve sempre foi preso à barra da saia da mãe.

tight: be in a tight spot *inf* estar numa situação difícil, estar em apuros. *Olivia's in a really tight spot. She has a presentation to give at 2 o'clock and she hasn't prepared anything yet.* / A Olivia está realmente em apuros. Ela tem uma apresentação às 2h e ainda não preparou nada.

tighten: tighten one's belt reduzir os gastos, apertar o cinto. *We've had to tighten our belts quite a bit since my wife lost her job.* / Nós tivemos de apertar um pouco o cinto desde que a minha mulher perdeu o emprego.

time: be ahead of one's time / be before one's time *inf* ter ideias muito inovadoras e progressistas (que geralmente não são aceitas pelo público), estar à frente do seu tempo. *As an architect he was ahead of his time and the public never quite understood his work.* / Como arquiteto, ele estava à frente do seu tempo e o público nunca entendeu a sua obra. *He designed an airplane, but it was before its time and they never built it.* / Ele desenhou um avião, mas sua ideia era muito inovadora e eles nunca o construíram.

time: be in a time warp / be stuck in a time warp *inf* estar preso ao passado. *Look at her clothes! Is she in a time warp or what?* / Olha só as roupas que ela usa! Ela está presa ao passado, né? *My parents are stuck in a time warp. They still dress and talk like it's 1964!* / Os meus pais estão presos ao passado. Eles ainda se vestem e falam como se estivessem em 1964!

time: do time *inf* passar um tempo na cadeia, cumprir pena. *William did time for armed robbery.* / O William cumpriu pena por assalto à mão armada.

time: have no time for someone *inf* não desperdiçar o tempo com alguém ou algo. *I've got no time for those stupid reality shows on TV.* / Eu não desperdiço meu tempo com aqueles *reality shows* idiotas na TV.

time: have the time of one's life *inf* divertir-se muito. *Peter had the time of his life in Paris.* / O Peter se divertiu muito em Paris.

time: have time on one's hands ter muito tempo livre, ter muito tempo de sobra. *Children who have too much time on their hands get up to no good.* / As crianças que têm muito tempo livre aprontam muitas travessuras.

time: have time on one's side estar em posição de ganhar ou levar vantagem conforme o tempo passa, ter o tempo a favor de alguém. *They know we need the parts for tomorrow, so* they won't negociate the price. The trouble is they've got time on their side and we don't! / Eles sabem que nós precisamos das peças para amanhã, então não vão negociar o preço. O problema é que eles têm o tempo a favor deles e nós não.

time: take one's time não se apressar. *Take your time! We have plenty of time before the movie starts.* / Não se apresse! Nós temos bastante tempo antes de o filme começar.

time: there's no time like the present *dit* expressão usada para dizer que o melhor momento para se fazer algo é o presente. Algo como: 'não há tempo melhor do que o presente'. *'So, when do you want to start working on the new book?' 'Right away! As they say, there's no time like the present.'* / 'Então, quando você quer começar o novo livro?' 'Imediatamente! Como dizem, não deixe para amanhã o que se pode fazer hoje.'

time: time flies / time flies when you're having fun *dit* expressão usada para dizer que o tempo passa rápido, principalmente quando está se divertindo. Algo como: 'o tempo voa (quando estamos nos divertindo)'. *Is it five o'clock already? My goodness, how time flies!* / Já são cinco horas? Meu Deus, como o tempo voa! *It's time to go already? Time flies when you're having fun, doesn't it?* / Já é hora de ir embora? O tempo voa quando estamos nos divertindo, não é mesmo?

times: be behind the times ser antiquado, ser ultrapassado. *Don't be so behind the times. No one wears those kinds of clothes anymore!* / Não seja tão antiquado. Ninguém mais veste este tipo de roupa!

tip: be on the tip of one's tongue expressão usada quando não se lembra de algo, mas se tem a impressão de que logo se lembrará. Algo como: 'está na ponta da língua'. *Her name is... is.... Oh, it's on the tip of my tongue! Just give me a minute!* / O nome dela é... é... Oh, está na ponta da língua! Dê-me apenas um minuto!

tip: be the tip of the iceberg expressão usada para dizer que os problemas são muito maiores do que aparentam. Algo como: 'ser apenas a ponta do iceberg'. *The police arrested two drug dealers, but it's just the tip of the iceberg. There are many more involved.* / A polícia prendeu dois traficantes, mas é apenas a ponta do iceberg. Há muitos outros envolvidos.

tip: tip the balance / tip the scales ser algo que leva alguém a decidir entre duas ou mais opções, ser o fator decisivo. *I was between a Volkswagen and a Fiat, but the free stereo in the Fiat tipped the balance for me.* / Eu estava entre um carro da Volkswagen e um da Fiat, mas o aparelho de som grátis, na compra de um Fiat, foi o fator decisivo para mim.

tip: tip the scales *inf* pesar (um certo peso). *The boxer tips the scales at 112 kilos.* / O boxeador pesa 112 quilos.

tired: be tired of something / be tired of doing something estar cansado de algo ou de fazer algo. *The kids are tired of Mom's cooking.* / As crianças estão cansadas da comida da mamãe. *I'm tired of waiting for the bus. Let's get a taxi.* / Eu estou cansado de esperar pelo ônibus. Vamos pegar um táxi.

tizzy: be / get in a tizzy estar ou ficar todo agitado, nervoso, irritado etc. (geralmente por algo de pouca importância). *There's no need to get in a tizzy over a little stain on the carpet.* / Não há motivo para ficar toda nervosa por causa de uma pequena mancha no carpete.

toast: be the toast of something ser alvo de elogios de um determinado grupo. *The new mayor is the toast of the town for his tough stance on crime.* / O novo prefeito é alvo de elogios na cidade pelo posicionamento firme contra o crime.

toe: toe the line obedecer às regras, andar na linha. *Anyone who doesn't toe the line will be asked to leave the company.* / Todos aqueles que não andarem na linha serão convidados a se retirar da empresa.

toes: make someone's toes curl causar embaraço, constrangimento, vergonha etc. a alguém. *The details of his personal life that came up in the trial made his toes curl.* / Os detalhes da sua vida pessoal que surgiram no julgamento causaram constrangimento a ele.

toll: take a toll / take its toll (on someone or something) ter consequências graves, custar caro (para alguém ou algo). *The war took a heavy toll on the population, killing most of the nation's young men.* / A guerra custou caro à população, matando a maior parte dos jovens da nação. *The recent budget cut in education and the subsequent increase in class sizes has taken its toll on teachers and students.* / O recente corte no orçamento destinado à educação e o subsequente aumento no número de alunos por sala tiveram consequências graves para professores e estudantes.

tongue: get one's tongue round something conseguir pronunciar algo. *She's from Bulgaria. I have a terrible time getting my tongue round her name!* / Ela é da Bulgária. Eu tenho uma terrível dificuldade para pronunciar o nome dela!

toot: toot one's horn / toot one's own horn *inf* gabar-se, vangloriar-se. *Your work is really good, Martha. You should toot your horn a little.* / Seu trabalho é realmente bom, Martha. Você deveria se vangloriar um pouco.

top: be on top of something ter algo sob controle (problema, defeito, atraso etc.). *There are still a few problems with the new machines, but I'm on top of them.* / Ainda há alguns problemas com as novas máquinas, mas eu tenho tudo sob controle.

top: be on top of the world *inf* estar ou ficar muito feliz ou eufórico. *Jenny was on top of the world after she won the award.* / A Jenny ficou eufórica depois que ganhou o prêmio.

top: take it from the top *inf* recomeçar do início (música, canção, cena etc.). *The trumpets came in too late. Let's take it from the top and get it right this time!* / Os trompetes entraram muito atrasados. Vamos recomeçar do início e fazer certinho desta vez!

top: top the bill ser a atração principal (de um evento), encabeçar a lista de atrações. *And topping the bill tonight, we have Black Eyed Peas, ladies and gentlemen.* / E encabeçando a lista de atrações desta noite, nós temos Black Eyed Peas, senhoras e senhores.

toss-up: be a toss-up (between... and...) expressão usada para descrever uma situação de total equilíbrio entre duas partes. Algo como: 'ser ou estar tudo muito equilibrado (entre... e...)'. *'Who do you think is going to win the cup?' 'I think it's a toss-up between Brazil and France.'* / 'Quem você acha que vai ganhar a copa?' 'Eu acho que está tudo muito equilibrado entre o Brasil e a França.'

touch: be / get in touch (with someone) ter ou estar em contato, entrar em contato (com alguém). *'Are you still in touch with George?' 'No, not since he moved to Europe.'* / 'Você tem contato com o George?' 'Não, desde que ele se mudou para a Europa.' *If you have any problems with the software, just get in touch with the tech people.* / Se você tiver algum problema com o *software*, é só entrar em contato com o pessoal da assistência técnica.

touch: be in touch (with something) ter contato, estar atualizado (a respeito de algo). *As a music producer, you have to be in touch with what young people are listening to.* / Enquanto produtor musical, você deve estar em contato com o que os jovens estão escutando.

touch: be out of touch (with someone) não ter (ou estar sem) contato (com alguém). *My cell phone isn't working, so I'm out of touch with the office this weekend.* / O meu aparelho celular não está funcionando, então eu estou sem contato com o escritório neste final de semana.

touch: be out of touch (with something) não ter contato, estar desatualizado (com relação a algo). *The president seems to be out of touch with what the people really want.* / O presidente parece estar desatualizado com relação ao que as pessoas realmente querem.

touch: be touch and go (whether...) expressão usada para descrever uma situação de risco com resultado incerto. Algo como: 'ser ou estar incerto (se...)', 'ser uma incógnita (se...)'. *Joan recovered from cancer, but it was touch and go for a while. There were moments when the doctors weren't sure whether she would make it or not.* / A Joan se recuperou de um câncer, mas o caso dela ficou incerto por um tempo. Havia momentos em que os médicos não sabiam se ela sobreviveria ou não. *It was touch and go whether we'd get to the airport on time or not.* / Era uma incógnita se chegaríamos ao aeroporto a tempo ou não.

touch: not touch someone or something with a bargepole *Brit inf* expressão usada para expressar repulsa por alguém ou algo. Algo como: 'não chegar nem perto de alguém ou algo', 'não querer nem conversa com alguém'. *Bob is a real pervert and no woman in her right mind would touch him with a bargepole.* / O Bob é um verdadeiro pervertido e nenhuma mulher em sã consciência chegaria perto dele.

touch: not touch someone or something with a ten-foot pole *Amer inf* expressão usada para expressar repulsa por alguém ou algo. Algo como: 'não chegar nem perto de alguém ou algo', 'não querer nem conversa com alguém'. *The bathrooms here are filthy. I wouldn't touch them with a ten-foot pole!* / Os banheiros aqui são imundos. Eu não chegaria nem perto deles!

touch: touch a nerve / touch a raw nerve magoar ou fazer alguém sofrer ao falar de algo sensível, tocar num assunto delicado. *You touched a nerve when you mentioned her son. Didn't you know the boy was sick?* / Você tocou num assunto delicado quando mencionou o filho dela. Você não sabia que ele estava doente?

touch: touch base (with someone) *inf* entrar em contato (com alguém). *I'll touch base with you later on to see how the meeting went.* / Eu vou entrar em contato com você mais tarde para saber como a reunião transcorreu.

touch: touch bottom / touch rock bottom chegar ao ponto ou nível mais baixo, chegar ao fundo do poço. *Education in this country has touched rock bottom.* / A educação neste país chegou ao fundo do poço.

tough: (be) as tough as nails *comp* **1** ser muito forte, corajoso etc., ser capaz de encarar situações difíceis. *Our commander was as tough as nails in battle.* / O nosso comandante era muito corajoso em combate. **2** não demonstrar sentimento ou emoção, ser muito frio. *She was as tough as nails during the interrogation.* / Ela estava muito fria durante o interrogatório.

tough: be / get tough (with / on someone) ser severo, ser duro (com alguém). *Jonas is tough on his students and he expects them to give their best.* / O Jonas é duro com seus alunos e espera que eles deem o máximo de si.

tough: be a tough nut to crack *inf* ser um problema difícil de se resolver ou pessoa difícil de se lidar, ser uma questão ou pessoa complicada. *Knowing just when the next big earthquake will hit California is a tough nut to crack.* / Saber exatamente quando o próximo terremoto atingirá a Califórnia é uma questão complicada. *The boss is a tough nut to crack, especially when he's in a bad mood.* / O chefe é uma pessoa difícil de se lidar, principalmente quando está de mau humor.

tough: tough luck expressão usada na fala para demonstrar solidariedade com relação aos problemas de alguém. Algo como: 'que chato!', 'que pena!'. *'I didn't get the job in the end.' 'Oh, tough luck. I'm sure another will come up, though.'* / 'Eu não consegui o emprego no final das contas.' 'Oh, que pena. Mas eu tenho certeza de que outro vai aparecer.'

tough: tough shit *Amer vulg* expressão usada na fala para demonstrar desdém com relação aos problemas de alguém. Algo como: 'problema seu', 'azar o seu', 'cada um com os seus problemas'. *'But I need you to help out at the store on Saturday!' 'Tough shit. I've got other plans.'* / 'Mas eu preciso de você para dar uma mão na loja no sábado!' 'Cada um com os seus problemas. Eu tenho outros planos.'

tough: when the going gets tough, the tough get going *dit* expressão usada para dizer que quando uma tarefa fica difícil, as pessoas mais determinadas e dedicadas começam a trabalhar com ainda mais vigor. Algo como: 'é na batalha que surgem os valentes'. *'Are you going to stay up all night working?' 'Well, I have to have this ready by tomorrow morning. As they say, when the going gets tough, the tough get going!'* / 'Você vai ficar acordado a noite toda trabalhando?' 'Ora, eu tenho que terminar isso até amanhã de manhã. Como dizem, é na batalha que surgem os valentes.'

track: be off the beaten track ser muito longe de onde alguém mora ou costuma ir, ser fora de mão. *I rarely visit my older brother. His house is really off the beaten track.* / Eu raramente visito o meu irmão mais velho. A casa dele é muito fora de mão.

track: be on track pensar ou agir de forma que leve a solucionar um problema, estar no caminho certo. *They haven't found a way to calibrate the machine yet, but they're on track.* / Eles ainda não acharam uma maneira de ajustar a máquina, mas estão no caminho certo.

tracks: make tracks (for something) *inf* ir para algum lugar. *So, when are you going to make tracks for Canada?* / Então, quando é que você vai para o Canadá?

tread: tread on someone's toes *inf* ofender, aborrecer, desagradar etc. alguém, pisar no calo de alguém. *I think I may have tread on his toes without realizing it.* / Eu acho que devo ter pisado no calo dele sem perceber.

treat: treat someone like dirt *inf* tratar alguém mal ou com desrespeito. *Harris treats his secretary like dirt. It's a wonder she puts up with it.* / O Harris trata mal a secretária dele. É um milagre que ela tolere isso.

tree: be out of one's tree *inf* estar louco, doido, maluco etc. *You spent 200 dollars on this scarf? Are you out of your tree?* / Você gastou 200 dólares nesse cachecol? Você está louco?

tricks: be up to one's tricks / be up to one's old tricks *inf* expressão usada para dizer que alguém voltou a se comportar mal. Algo como: 'estar aprontando'. *He just got out of prison and already he's up to his old tricks again!* / Ele acabou de sair da cadeia e já está aprontando novamente!

trip: take a trip down memory lane *inf* relembrar o passado (com nostalgia). *I was just taking a trip down memory lane and looking at these old photos.* / Eu estava relembrando o passado e olhando estas fotos antigas.

trolley: be off one's trolley *Brit inf* estar louco, doido, maluco etc. *Steven is off his trolley if he thinks I'm going to work on Sunday!* / O Steven está doido se acha que eu vou trabalhar no domingo!

trots: have the trots *inf* estar com diarreia. *Tell Harris I can't go to work today because I have the trots.* / Diga ao Harris que eu não posso ir para o trabalho hoje porque estou com diarreia.

trust: not trust someone an inch / not trust some as far as one can throw them não confiar nem um pouco em alguém. *I'm sure it's a lie. I don't trust him an inch!* / Eu tenho certeza de que é mentira. Eu não confio nem um pouco nele! *I've already done business with Jack, and I don't trust him as far as I can throw him!* / Eu já fiz negócios com o Jack, e eu não confio nem um pouco nele.

truth: truth is stranger than fiction *dit* expressão usada para dizer que às vezes as coisas que acontecem na realidade são mais estranhas do que as inventadas. Algo como: 'a realidade às vezes supera a ficção'. *The dog practically crossed the country to find his owners at their new house. Sometimes truth is stranger than fiction.* / O cachorro praticamente atravessou o país para encontrar os donos na nova casa. A realidade às vezes supera a ficção.

try: try one's hand (at something / at doing something) experimentar (fazer algo) (geralmente pela primeira vez). *I think I'll try my hand at tennis this summer. It looks like fun.* / Eu acho que vou experimentar jogar tênis neste verão. Parece ser divertido. *Why don't you try your hand at cultivating flowers?* / Por que você não experimenta cultivar flores?

try: try one's luck (at something) tentar obter ou conseguir algo, tentar a sorte (com algo). *Why don't you try your luck at sales? I think you'd be good at it.* / Por que você não tenta a sorte com vendas? Eu acho que você seria bom nisso.

try: try one's utmost (to do something) esforçar-se o máximo (para fazer algo). *Now I want you to try your utmost to be nice to the guests.* / Agora eu quero que vocês se esforcem o máximo para ser gentis com os convidados.

try: try someone's patience abusar da paciência de alguém, encher o saco de alguém. *He is starting to try my patience.* / Ele está começando a abusar da minha paciência.

tug: tug at someone's heartstrings fazer alguém sentir pena ou tristeza, comover alguém. *The scene in the film that really tugs at your heartstrings is when she buries her husband.* / A cena no filme que realmente comove a gente é quando ela enterra o corpo do marido.

tune: be in tune (with someone or something) 1 estar afinado, em harmonia (instrumento musical ou voz). *The piano is in tune.* / O piano está afinado. **2** estar em acordo ou em sintonia com alguém ou algo. *Henry just isn't in tune with the rest of the group.* / O Henry simplesmente não está em sintonia com o restante do grupo.

tune: be out of tune (with someone or something) 1 estar desafinado, fora de harmonia (instrumento musical ou voz). *The guitar is out of tune.* / O violão está desafinado. **2** estar em descordo ou fora de sintonia (com alguém ou algo). *My teachers are simply out of tune with the reality of teenagers.* / Meus professores estão fora de sintonia com a realidade dos adolescentes.

turn: take a turn for the better melhorar, dar uma melhorada. *Sales took a turn for the better this year.* / As vendas deram uma melhorada este ano.

turn: take a turn for the worse piorar, dar uma piorada. *The doctor said her condition could take a turn for the worse.* / O médico disse que a condição dela poderia piorar.

turn: take turns revezar-se. *There was only one bike, so the kids had to take turns.* / Só havia uma bicicleta, então as crianças tiveram que revezar.

turn: turn a blind eye (to something) fingir não ver ou saber, fazer vistas grossas (para algo). *Bar owners have been criticized for turning a blind eye to underage drinking.* / Os proprietários de bar têm sido criticados por fazer vistas grossas para a venda de bebidas a menores de idade.

turn: turn a deaf ear (to something) recusar-se a ouvir, ignorar o que alguém diz. *Management turned a deaf ear to the demands of the union.* / A direção da empresa recusou-se a ouvir as exigências do sindicato.

turn: turn a trick / turn tricks *Amer inf* fazer sexo por dinheiro, praticar prostituição. *She was arrested for turning tricks.* / Ela foi presa por prostituição.

turn: turn on the heat (on someone) *inf* aumentar a pressão (para cima de alguém). *We owe the bank a fortune in loans and it's just a question of time before they turn on the heat to get their money.* / Nós devemos ao banco uma fortuna em empréstimos e é apenas uma questão de tempo até que eles aumentem a pressão para cima da gente para receber o dinheiro.

turn: turn on the waterworks *inf* expressão usada geralmente em tom irônico para descrever alguém que começa a chorar para ganhar a solidariedade ou pena das outras pessoas. Algo como: 'começar a choradeira', 'começar a lamúria'. *I've already said no and don't turn on the waterworks.* / Eu já disse que não, e não comece a choradeira.

turn: turn one's back on someone recusar-se a ajudar alguém em momento difícil ou quando a pessoa precisa, dar as costas para alguém. *When she came to her father for help, he turned his back on her.* / Quando ela procurou o pai para pedir ajuda, ele virou as costas para ela.

turn: turn one's nose up at something *inf* rejeitar algo por ser de qualidade inferior, esnobar algo. *Did you see the way he turned his nose up at the wine I offered? What an arrogant snob!* / Você viu o jeito que ele esnobou o vinho que eu ofereci? Que esnobe arrogante!

turn: turn over a new leaf fazer uma mudança de vida para melhor, começar vida nova, mudar de vida. *Chris intends to turn over a new leaf when he gets out of prison.* / O Chris pretende começar vida nova quando sair da cadeia.

turn: turn over in one's grave expressão usada para dizer que alguém que faleceu não aprovaria algo se ainda estivesse vivo. Algo como: 'mexer-se no caixão', 'retorcer-se no túmulo'. *Shakespeare must have been turning over in his grave while I performed Hamlet. I was terrible!* /

Shakespeare devia estar se retorcendo no túmulo enquanto eu representava Hamlet. Eu estava horrível!

turn: turn someone's stomach causar nojo, embrulhar o estômago de alguém. *He made some horrible thing with liver and ketchup that just turned my stomach!* / Ele fez um treco horrível com fígado e *ketchup* que simplesmente me embrulhou o estômago!

turn: turn something over in one's mind estudar bem algo antes de tomar uma decisão, refletir sobre algo. *Peter is turning the proposal over in his mind and he'll give us an answer by the end of the week.* / O Peter está refletindo sobre a proposta e nos dará uma resposta até o fim da semana.

turn: turn tail recuar, fugir correndo (de briga ou situação difícil). *When the marriage became dificult he turned tail and moved out.* / Quando o casamento ficou difícil, ele recuou e caiu fora.

turn: turn the tables (on someone) reverter a situação, virar o jogo (para cima de alguém). *American car manufacturers turned the tables on the Japanese and started producing inexpensive compact cars.* / Os fabricantes americanos viraram o jogo para cima dos japoneses e começaram a produzir carros compactos a preços mais acessíveis.

twiddle: twiddle one's thumbs *inf* fazer nada enquanto espera algo acontecer, ficar à toa. *I'm not going to sit here twiddling my thumbs while you finish eating.* / Eu não vou ficar à toa aqui enquanto você termina de comer.

twist: twist someone's arm *inf* induzir, persuadir ou convencer alguém a fazer algo (expressão geralmente usada em tom humorístico). *Barbara wasn't going to go to the party, but I managed to twist her arm!* / A Barbara não iria à festa, mas eu consegui convencê-la!

twist: twist the knife (in the wound) magoar ainda mais alguém que já está magoado, colocar o dedo na ferida de alguém. *I'm not trying to twist the knife in the wound, but your marriage ended because you valued your career more than your wife.* / Eu não estou querendo magoá-lo ainda mais, mas o seu casamento acabou porque você valorizava mais sua carreira do que sua mulher.

two: have two left feet *inf* ser muito desajeitado, não ter coordenação (geralmente na dança ou prática de esportes). *I'd dance with you, but I have two left feet!* / Eu dançaria com você, mas eu sou muito desajeitado!

two: it takes two to tango *dit* expressão usada para dizer que briga ou conflito envolve no mínimo duas pessoas. Algo como: 'quando um não quer, dois não brigam'. *Don't tell me your brother started it. You know that it takes two to tango, don't you?* / Não me diga que foi o seu irmão quem começou. Você sabe que quando um não quer, dois não brigam, não sabe?

two: not have two pennies to rub together ser muito pobre, não ter um tostão. *When they arrived in the US they didn't have two pennies to rub together.* / Quando eles chegaram aos Estados Unidos, não tinham um tostão.

two: two heads are better than one *dit* expressão usada para dizer que duas pessoas tentando solucionar um problema têm mais chances de sucesso do que apenas uma. Algo como: 'duas cabeças pensam melhor do que uma'. *'Can I help you with your homework?' 'Sure, two heads are better than one.'* / 'Posso te ajudar com a lição de casa?' 'Claro, duas cabeças pensam melhor do que uma.'

two: two wrongs don't make a right *dit* expressão usada para dizer que é errado retribuir um mal a alguém. Algo como: 'um erro não justifica o outro'. *Don't hit your brother back. Two wrongs don't make a right!* / Não revide a agressão de seu irmão. Um erro não justifica o outro!

two: two's company, three's a crowd *dit* expressão usada para dizer que duas pessoas namorando preferem ficar a sós. Algo como: 'dois é bom, três é demais'. *'Guess who's coming along with us to the beach? My younger brother.' 'Oh, no. Two's company, three is a crowd!'* / 'Adivinha quem vai com a gente para a praia? O meu irmão mais novo.' 'Oh, não. Dois é bom, três é demais!'

type: be someone's type ser ou fazer o tipo de alguém (geralmente para um relacionamento amoroso). *Sure I like Wendy. She's just not my type, that's all.* / Claro que eu gosto da Wendy. Ela só não é o meu tipo, apenas isso.

u

ugly: (be) as ugly as sin *comp* (ser) muito feio. *Fred is as ugly as sin, but he's got a heart of gold.* / O Fred é muito feio, mas tem um coração de ouro.

understood: make oneself understood ser entendido, conseguir comunicar-se (geralmente em uma língua estrangeira). *Jerry speaks enough French to make himself understood.* / O Jerry fala francês o suficiente para conseguir se comunicar.

up: be on the up and up *Amer inf* ser sério, sincero ou honesto. *Their proposal seems to be on the up and up and I think we should accept it.* / A proposta deles parece ser séria e eu acho que devemos aceitá-la.

up: be up for something 1 estar à venda, em oferta. *The painting is up for 18 million dollars.* / O quadro está à venda por 18 milhões de dólares. **2** ser candidato, estar concorrendo (ao cargo de). *Smith is up for mayor in the local election.* / O Smith está concorrendo ao cargo de prefeito na eleição local. **3** *inf* estar disposto ou a fim de fazer algo. *I'm just not up for a party tonight. I'm pretty tired.* / Eu simplesmente não estou a fim de festa hoje à noite. Estou muito cansado.

upper: have / get the upper hand (over someone) ter ou conseguir uma posição de vantagem ou controle (sobre alguém), estar ou ficar com a faca e o queijo na mão. *We have the upper hand in the negotiations.* / Nós estamos com a faca e o queijo na mão nas negociações. *Our competitors are getting the upper hand over us in this market.* / Nossos concorrentes estão conseguindo uma posição de vantagem sobre nós neste mercado.

uppers: be on one's uppers *Brit inf* estar sem dinheiro, estar na miséria. *Norton was on his uppers after he lost his job.* / O Norton ficou na miséria depois que perdeu o emprego.

upset: upset the apple cart / upset someone's apple cart frustrar ou estragar os planos, projetos, intenções etc. de alguém. *Congress didn't approve the new tax reform, which really upset the president's apple cart.* / O Congresso não aprovou a nova reforma tributária, o que estragou os planos do presidente.

use: be of no use (to someone) não ter utilidade, não servir (para alguém). *I guess I'm of no use to you in the kitchen. I can't cook at all!* / Eu acho que não tenho utilidade para você na cozinha. Eu não sei cozinhar nada!

use: be of use (to someone) ser útil, ter alguma utilidade, servir (para alguém). *I thought these paint brushes*

use

might be of use to you. / Eu pensei que esses pincéis poderiam ter alguma utilidade para você.

use: have no use for someone or something detestar, não tolerar alguém ou algo. *I've got no use for Terrence after everything he did to Ann.* / Eu detesto o Terrence por tudo aquilo que ele fez para a Ann.

use: use every trick in the book usar todos os meios, artimanhas, estratégias etc. possíveis para realizar um objetivo. *Michael used every trick in the book to get to the position of vice-president in the company.* / O Michael usou todos os meios possíveis para conseguir o cargo de vice-presidente na empresa.

use: use one's head usar a inteligência, usar a cabeça. *If we use our heads, we can get out of this mess.* / Se usarmos a cabeça, poderemos sair dessa situação.

use: use one's loaf *Brit inf* usar a inteligência, usar a cabeça. *If you used your loaf a little more, you would have a better position in the company.* / Se você usasse mais a cabeça, teria um cargo melhor na empresa.

useful: make oneself useful arrumar o que fazer, fazer alguma coisa de útil, ajudar (expressão geralmente usada em tom irônico). *Here, make yourself useful and dry the dishes for me.* / Toma, faça alguma coisa de útil e seque a louça para mim.

V

vanish: vanish into thin air desaparecer misteriosa e repentinamente, desaparecer no ar, virar poeira. *The money was here a minute ago. It can't simply vanish into thin air, can it?* / O dinheiro estava aqui um minuto atrás. Ele não pode ter desaparecido no ar, pode?

variety: variety is the spice of life *dit* expressão usada para dizer que a variedade torna a vida mais interessante e agradável. Algo como: 'a variedade dá sabor à vida'. *New York is so interesting because it has people from all over the world. As they say, variety is the spice of life.* / Nova York é muito interessante porque tem gente de todo o mundo. Como dizem, a variedade dá sabor à vida.

vengeance: (do something) with a vengeance *inf* fazer algo com muita energia ou vontade, fazer algo para valer. *The gardener started digging the hole with a vengeance.* / O jardineiro começou a cavar o buraco para valer.

ventured: nothing ventured, nothing gained *dit* expressão usada para dizer que não há grandes ganhos sem se arriscar. Algo como: 'quem não arrisca, não petisca'. *You'll never know if you have what it takes to be an actress if you don't try. Nothing ventured, nothing gained.* / Você nunca saberá se tem talento para ser atriz se não tentar. Quem não arrisca, não petisca.

verge: be on the verge of something / be on the verge of doing something estar à beira de, prestes a, a ponto de algo ou fazer algo. *We're on the verge of bankrupcy.* / Nós estamos à beira da falência. *Where have you been all night? We were on the verge of calling the police!* / Por onde você esteve a noite toda? Nós estávamos prestes a ligar para a polícia!

vested: have a vested interest in something ter um interesse pessoal em algo (por motivo de vantagem, lucro etc.). *We have a vested interest in seeing the company grow. After all, we own twenty-five percent of the shares.* / Nós temos interesse pessoal em ver a empresa crescer. Afinal de contas, nós possuímos vinte e cinco por cento das ações.

view: have someone or something in view ter alguém ou algo em mente, ter alguém ou algo em vista. *When they got married they didn't have a child in view.* / Quando eles se casaram, não tinham um filho em mente.

view: take the view (that...) *form* ser da opinião (de que…), ter como opinião (que…). *We take the view that university education should be free.* /

Nós somos da opinião de que o ensino superior deve ser gratuito.

voice: have a voice in something ter o direito do opinar sobre algo. *Taxpayers feel they should have a voice in how the government spends the money.* / Os contribuintes sentem que deveriam ter o direito de opinar sobre como o governo gasta o dinheiro.

voice: make one's voice heard expressar opinião (geralmente em público). *You can make your voice heard at the next meeting.* / Você pode expressar sua opinião na próxima reunião.

vote: vote with one's feet mostrar insatisfação com o lugar, grupo, organização etc., indo embora. *Many of the engineers are voting with their feet and going over to our competitors who pay higher salaries.* / Muitos dos engenheiros estão mostrando insatisfação e indo trabalhar para os concorrentes que pagam melhores salários.

W

wagon: be on the wagon ter parado de beber definitivamente (álcool), ter largado a bebida. *I'll just have some water, Bob. I'm on the wagon.* / Eu só vou querer um pouco d'água, Bob. Eu parei de beber.

wait: can't wait (for something / to do something) / can hardly wait (for something / to do something) expressão usada para enfatizar que se está esperando algo ansiosamente. Algo como: 'eu não posso esperar (por algo / para fazer algo)', 'mal posso esperar (por algo / para fazer algo)'. *I can't wait to see you. I miss you so much.* / Eu não posso esperar para te ver. Estou morrendo de saudade. *'The party is tomorrow night.' 'I know, I can hardly wait!'* / 'A festa é amanhã à noite.' 'Eu sei, mal posso esperar.'

wait: wait on someone hand and foot fazer de tudo para alguém, atender todos os pedidos de alguém, servir de escravo de alguém. *Sally waits on her husband hand and foot.* / A Sally serve de escrava do marido.

waiting: be something waiting to happen ser algo geralmente desagradável que está prestes a acontecer, ser inevitável, ser uma questão de tempo para acontecer algo. *Did you see the terrible state of that ferry boat? It's an accident waiting to happen!* / Você viu o estado deplorável daquela balsa? É uma questão de tempo para acontecer uma desgraça!

wake: wake the dead ser muito alto (barulho), ser muito barulhento. *Last night the neighbours had one of those parties that could wake the dead.* / Ontem à noite os vizinhos estavam dando uma daquelas festas barulhentas.

wake: wake up and smell the coffee *Amer inf* acordar para a realidade, cair na real. *You have to wake up and smell the coffee, John. At your age you're just not going to find another job.* / Você tem que acordar para a realidade, John. Na sua idade, você simplesmente não vai encontrar outro emprego.

walk: take a walk 1 fazer uma caminhada, dar uma volta a pé. *Let's take a walk after lunch, shall we?* / Vamos fazer uma caminhada depois do almoço, que tal? **2** *inf* expressão usada para pedir que alguém vá embora. Algo como: 'cai fora', 'se manda'. *Look, I'm trying to work here, so take a walk!* / Veja bem, eu estou tentando trabalhar aqui, então se manda!

walk: walk all over someone *inf* tratar alguém mal, pisar em alguém, tripudiar nas costas de alguém. *Wendy lets her husband walk all over her.* / A Wendy deixa o marido pisar nela.

walk: walk off the job *Amer* entrar em greve. *The employees walked off the job, demanding higher wages.* / Os funcionários entraram em greve, exigindo aumento de salário.

walk: walk on air *inf* estar muito feliz, andar nas nuvens. *Patricia got the job and she's simply walking on air right now.* / A Patricia conseguiu o emprego e está andando nas nuvens agora.

walk: walk on eggshells (with someone) tomar cuidado para não ofender ou aborrecer alguém, pisar em ovos. *I'm always walking on eggshells with my father-in-law. He gets angry easily.* / Eu estou sempre pisando em ovos com o meu sogro. Ele fica nervoso facilmente.

walk: walk someone off their feet *inf* deixar alguém cansado de tanto andar. *Susan walked us off our feet today, showing us all the interesting shops in town.* / A Susan nos deixou cansados de tanto andar hoje, nos mostrando todas as lojas interessantes da cidade.

walk: walk the chalk / walk the line comportar-se bem, andar na linha. *If you don't walk the chalk from now on, you'll be fired.* / Se não andar na linha de agora em diante, você será demitido.

walking: be walking on thin ice estar em situação perigosa ou arriscada, estar na corda bamba. *That's another big client you've lost. You're walking on thin ice in this company.* / É mais um grande cliente que você perde. Você está na corda bamba nesta empresa.

walking: get one's walking papers *Amer inf* ser demitido. *One more screw-up and you will get your walking papers.* / Mais uma pisada de bola e você será demitido.

wall: be off the wall *inf* ser incomum, engraçado ou maluco. *The film is really off the wall.* / O filme é realmente maluco.

walls: the walls have ears dit expressão usada para avisar alguém para tomar cuidado com o que diz porque alguma pessoa pode estar escutando. Algo como: 'as paredes têm ouvidos'. *Let's talk outside. The walls have ears!* / Vamos conversar lá fora. As paredes têm ouvidos!

wane: be on the wane *form* estar em declínio. *With cuts to funding, university research is on the wane.* / Com os cortes de verbas, a pesquisa na universidade está em declínio.

warm: (be) as warm as toast *comp* (estar) agradavelmente quente. *My feet are as warm as toast in these new boots.* / Meus pés estão agradavelmente quentes nestas botas novas.

warpath: be on the warpath *inf* estar furioso e pronto para brigar, estar em pé de guerra. *My wife has been on the warpath all day because I forgot our wedding anniversary.* / Minha mulher está em pé de guerra o dia todo porque eu esqueci a data do nosso aniversário de casamento.

wash: wash one's dirty linen in public discutir detalhes desagradáveis da vida pessoal ou íntima em público, lavar roupa suja em público. *The divorce trial shocked the nation as both sides washed their dirty linen in public every day in the newspapers.* / O julgamento do divórcio chocou a nação, com ambos os lados lavando roupa suja em público todos os dias nos jornais.

wash: wash one's hands (of someone or something) recusar-se a envolver-se ou responsabilizar-se por alguém ou algo, lavar as mãos com relação a alguém ou algo. *We've tried to help her so many times, but she refuses to change. So we've just washed our hands of her.* / Nós tentamos ajudá-la tantas vezes, mas ela se recusa a mudar. Então nós lavamos nossas mãos com relação a ela.

waste: waste no time doing something não perder tempo. *Once in power, he wasted no time giving his friends key positions in the cabinet.* / Uma vez no poder, ele não perdeu tempo colocando seus amigos em cargos importantes no gabinete.

waste: waste not, want not *dit* expressão usada para dizer que se alguém não desperdiçar o que tem agora, isso não faltará no futuro. Algo como: 'sabendo usar não vai faltar'. *I keep telling the kids not to waste water. As they say, waste not, want not.* / Eu vivo dizendo aos meus filhos para não desperdiçarem água. Como dizem, sabendo usar não vai faltar.

waste: waste time desperdiçar tempo, perder tempo. *I just wasted my time driving all the way to the bank to discover it was closed!* / Eu só perdi tempo indo até o banco para descobrir que estava fechado!

watch: be on the watch (for someone or something) ficar em alerta, ficar de olho (para ver se identifica alguém ou algo). *Be on the watch for a young blond man wearing a red jacket who escaped from prison this morning.* / Fique de olho para ver se identifica um rapaz loiro usando uma jaqueta vermelha que fugiu da cadeia hoje de manhã.

watch: watch one's mouth expressão usada para pedir a alguém que tome cuidado com o que fala para não ofender alguém. Algo como: 'olha a boca', 'cuidado com a boca'. *Remember, aunt Mabel hates swearing, so watch your mouth!* / Lembre-se, a tia Mabel odeia palavrões, então, cuidado com a boca!

watch: watch one's step 1 tomar cuidado ao andar, olhar onde pisa. *Watch your step. You don't want to fall down the stairs!* / Olha onde pisa. Você não vai querer cair escada abaixo! **2** agir com cautela, tomar cuidado. *The director told me to watch my step if I wanted to keep my job.* / O diretor me disse para agir com cautela se eu quiser manter meu emprego.

watch: watch someone or something like a hawk *comp* vigiar cuidadosamente, ficar de olho em alguém ou algo como um falcão. *He's watching that last piece of cake like a hawk.* / Ele está de olho no último pedaço de bolo, como um falcão.

water: (be) like water off a duck's back *comp* (ser) algo sem efeito, ser como se nada tivesse acontecido. *When George loses a game it's like water off a duck's back. He doesn't get upset at all.* / Quando o George perde um jogo é como se nada tivesse acontecido. Ele não fica chateado de forma alguma.

water: be water under the bridge ser algo que ocorreu no passado e já está esquecido, ser águas passadas. *Sure they had their problems, but that's all water under the bridge now.* / Claro que eles tiveram seus problemas, mas isso são águas passadas agora.

wavelength: be on the same wavelength (as someone) compartilhar da mesma opinião ou sentimento, estar em sintonia com alguém. *I'm just not on the same wavelength as Sue when it comes to disciplining the kids.* / Eu simplesmente não compartilho da mesma opinião que a Sue em se tratando de disciplinar as crianças.

waves: make waves *inf* chamar muita atenção, criar problemas. *Things have been running smoothly in our department for years and we don't need someone making waves now.* / As coisas têm caminhado bem no nosso departamento há anos e nós não precisamos de alguém criando problemas agora.

way: any way you slice it *Amer inf* de qualquer maneira, jeito, forma etc. *Well, any way you slice it, we all have to pay taxes in some form or another.* / Bem, de qualquer maneira, todos nós temos de pagar impostos de uma forma ou de outra.

way: be on the way in estar entrando na moda, tornando-se popular. *Long dresses are on the way in, according to fashion experts.* / Vestidos longos estão entrando na moda, de acordo com os especialistas.

way: be on the way out estar saindo de moda. *I thought long hair was on the way out.* / Eu achei que cabelos longos estavam saindo de moda.

way: be under way estar em andamento. *When they arrived the meeting was already under way.* / Quando eles chegaram, a reunião já estava em andamento.

way: get in someone's way / get in the way (of something) impedir, obstruir, bloquear, atravessar o caminho de alguém ou algo. *If you want to leave the company, I won't get in your way.* / Se você quer deixar a empresa, eu não vou impedi-lo. *Don't let him get in the way of your happiness.* / Não deixe-o impedir a sua felicidade.

way: get one's way / get one's own way fazer as coisas do próprio jeito, fazer as coisas como quiser ou preferir. *Chris has to always get his own way or he sulks.* / O Chris sempre tem que fazer as coisas do próprio jeito ou ele fica emburrado.

way: get something out of the way terminar, livrar-se de algo, tirar algo do caminho. *I just wonder when we'll be able to get this task out of the way.* / Eu só quero saber quando nós vamos nos livrar dessa tarefa.

way: get under way iniciar, seguir em frente. *Shall we get the meeting under way?* / Vamos iniciar a reunião? *It's a long drive, so let's get under way.* / É uma longa viagem, então vamos seguir em frente.

way: have a way with someone or something saber lidar com, ter jeito com alguém ou algo. *Jenny really has a way with children. They just love her.* / A Jenny realmente tem jeito com crianças. Elas simplesmente a adoram.

way: make way (for someone or something) abrir espaço, abrir caminho (para alguém ou algo). *The crowd made way for the paramedics.* / A multidão abriu caminho para os paramédicos.

way: that's the way the cookie crumbles *inf* expressão usada para dizer que temos que aceitar a situação porque não há nada que podemos fazer. Algo como: 'a vida é assim mesmo', 'as coisas são assim mesmo'. *We didn't win the game. Well, that's the way the cookie crumbles!* / Nós não ganhamos o jogo. Bem, a vida é assim mesmo!

way: there's more than one way to skin a cat *dit* expressão usada para dizer que não há apenas uma maneira de fazer algo. Algo como: 'essa não é a única forma de fazer isso'. *My mother always adds the sugar after the eggs, but I suppose there's more than one way to skin a cat.* / Minha mãe sempre coloca o açúcar depois dos ovos, mas eu suponho que essa não seja a única forma de fazer isso.

way: way to go *Amer inf* expressão usada para parabenizar algo benfeito. Algo como: 'é isso aí', 'mandou bem'. *You won the game? Way to go!* / Você venceu o jogo? É isso aí!

wear: wear a long face ter (ou ficar com) cara triste ou de desapontamento.

The kids are wearing a long face because I told them they couldn't watch TV. / As crianças estão com essas caras tristes porque eu disse a elas que não poderiam assistir à TV.

wear: wear one's heart on one's sleeve demonstrar os sentimentos abertamente (geralmente amor). *Karen is the kind of woman who wears her heart on her sleeve.* / A Karen é o tipo de mulher que demonstra os sentimentos abertamente.

wear: wear out one's welcome *inf* esgotar a paciência do anfitrião ao ficar muito tempo hospedado, abusar da hospitalidade. *Uncle Jim definitely wore out his welcome when he last came to stay with us.* / O tio Jim definitivamente abusou da hospitalidade quando veio passar um tempo conosco da última vez.

wear: wear the pants *Amer inf* mandar ou tomar as decisões importantes (geralmente no lar). *Do you mean to say that your wife won't let you come to the game? Who wears the pants at home, anyway?* / Você está querendo dizer que sua mulher não vai deixá-lo ir ao jogo? Quem é que manda em casa, então?

wear: wear the trousers *Brit inf* mandar ou tomar as decisões importantes (geralmente no lar). *Studies have shown that it's women who wear the trousers in most households.* / Estudos mostram que são as mulheres que mandam na maioria dos lares.

wear: wear thin 1 ficar entediante, ficar chato, perder o charme, perder a graça. *The beginning of the film is good, but it wears thin after a while.* / O começo do filme é bom, mas fica chato depois de um tempo. **2** esgotar-se. *My patience is wearing thin.* / A minha paciência está se esgotando.

wearing: (be) wearing one's birthday suit *inf* estar completamente nu, pelado, sem roupa etc. *Mr. Jenkins was seen running up and down the street yesterday. He was wearing his birthday suit!* / O Sr. Jenkins foi visto correndo para cima e para baixo na rua ontem. Ele estava completamente nu!

weather: be under the weather *inf* estar indisposto ou doente. *Noel is feeling a little under the weather today, so he didn't go to school.* / O Noel está meio doente hoje, então não foi à escola.

weather: weather the storm / weather out the storm superar o momento difícil, sair dessa (situação). *Sales are slow right now, but we'll weather out the storm.* / As vendas estão devagar neste momento, mas nós vamos sair dessa.

weigh: weigh on one's mind causar preocupação. *The problems at work weighed on his mind.* / Os problemas no trabalho lhe causavam preocupação.

weigh: weigh one's words escolher as palavras com cuidado antes de falar ou escrever, medir as palavras. *You don't want to offend anyone, so weigh your words during the meeting.* / Você não quer ofender ninguém, então meça as palavras durante a reunião.

weight: be a weight off one's shoulders expressão usada para descrever o alívio de ver um problema resolvido ou uma responsabilidade terminada. Algo como: 'tirar um peso das costas de alguém'. *Passing the math exam will be a weight off her shoulders.* / Passar no exame de matemática vai tirar um peso das costas dela.

weight: take a weight off someone's mind deixar alguém aliviado, tirar um peso da cabeça de alguém (geralmente com uma boa notícia). *The doctor said Tod'll be fine, which takes a weight off my mind.* / O médico disse que o Tod vai ficar bem, o que me deixa aliviado.

weight: take the weight off one's feet *inf* sentar-se. *Come in and take the weight off your feet for a while.* / Entre e sente-se um pouco.

welcome: welcome someone with open arms receber alguém de braços abertos. *We were welcomed with open arms by our cousins in Italy.* / Nós fomos recebidos de braços abertos pelos nossos primos na Itália.

well: all's well that ends well *dit* expressão usada para dizer que o que importa é que o resultado é bom. Algo como: 'tudo fica bem quando acaba bem'. *I'm happy to hear that Diane finally found a good job. All's well that ends well.* / Eu estou feliz em saber que a Diane finalmente encontrou um bom emprego. Tudo fica bem quando acaba bem.

well: be well off estar próspero, estar bem de vida. *Geoffrey is quite well off and has a mansion in the country.* / O Geoffrey está muito bem de vida e tem uma mansão no interior.

wet: be wet behind the ears / be still wet behind the ears *inf* ser jovem e inexperiente (ainda). *They've hired some executive who's still wet behind the ears to run the sales department.* / Eles contrataram um executivo que ainda é jovem e inexperiente para chefiar o departamento de vendas.

wet: wet one's pants urinar nas calças, mijar nas calças. *She wet her pants on the first day of school, poor thing.* / Ela urinou nas calças no primeiro dia de aula na escola, pobrezinha.

wet: wet oneself urinar nas calças, mijar nas calças. *Stop telling jokes or Frank'll wet himself laughing!* / Pare de contar piadas senão o Frank vai mijar nas calças de tanto rir!

wet: wet one's whistle *inf* tomar bebida alcoólica, molhar a goela. *So, what shall I get you to wet your whistle? Whiskey?* / E aí, o que eu pego para você molhar a goela? Uísque?

wet: wet the bed / wet one's bed urinar na cama, molhar a cama. *Remember to get Billy to go to the bathroom or he'll wet his bed.* / Lembre-se de fazer o Billy ir ao banheiro ou ele vai molhar a cama.

whack: be out of whack 1 *inf* estar fora de padrão. *What they're charging is completely out of whack with the market.* / O que eles estão cobrando está totalmente fora do padrão de mercado. **2** não estar funcionando bem, estar fora de sintonia (motor, máquina, corpo etc.). *My stomach has been out of whack since that Mexican food yesterday.* / O meu estômago não está funcionando bem desde que eu comi aquela comida mexicana ontem.

whack: have a whack at something *inf* tentar fazer algo, experimentar algo, aventurar-se em algo, tentar a sorte. *My grandfather had a whack at mining before he settled on farming.* / Meu avô tentou a sorte com mineração antes de decidir entrar para o ramo de agropecuária.

whale: have a whale of a time *inf* divertir-se muito, curtir adoidado. *Everyone had a whale of a time at the party.* / Todo muito curtiu adoidado na festa.

what: what are you on? *inf* expressão usada na fala em sinal de desaprovação ao comportamento ou palavras de alguém. Algo como: 'você está louco?', 'o que você tem na cabeça?'. *You told the boss to shut up? Man, what are you on?* / Você mandou o chefe calar a boca? Cara, o que você tem na cabeça?

what: what's gotten into someone? *inf* expressão usada na fala para dizer que alguém está se comportando de forma atípica. Algo como: 'o que é que aconteceu com ele, ela etc.?', 'o que é que deu nele, nela etc.?'. *Suddenly she started treating everyone well at work, even her secretary. We're all wondering what's gotten into her.* / De repente ela começou a tratar bem todo mundo no trabalho, até mesmo a secretária dela. Nós estamos todos curiosos para saber o que é que deu nela.

wheel: be at the wheel / be behind the wheel estar dirigindo (veículo), estar no volante. *Harry was behind the wheel when the accident happened.* / O Harry estava no volante quando o acidente aconteceu.

wheel: take the wheel assumir o volante (do veículo no lugar de outra pessoa). *Can you take the wheel for a while so I can take a rest?* / Você pode assumir o volante um pouco para eu descansar?

wheel: wheel and deal fazer negócio sujo, fazer maracutaia (geralmente no comércio ou política). *Dennis spends his days on the phone wheeling and dealing with some rather unscrupulous characters.* / O Dennis passa o tempo todo no telefone fazendo maracutaia com umas figuras bem inescrupulosas.

where: be where it's at *inf* estar no lugar mais interessante, badalado, chique etc. *I would hardly say Cleveland is where it's at, especially for an artist.* / Eu não diria que Cleveland é o lugar mais badalado, especialmente para um artista.

whet: whet someone's appetite estimular o interesse de alguém, dar uma ideia do que está por vir. *The first band is just to whet your appetite before the Rolling Stones come on.* / A primeira banda é só para dar uma ideia do que está por vir antes de os Rolling Stones subirem ao palco.

while: while away the time / while the time away (doing something) passar o tempo fazendo algo (geralmente agradável). *Martha whiles away the time taking care of her garden.* / A Martha passa o tempo cuidando do jardim dela.

whip: whip someone or something into shape *inf* dar forma, dar uma melhorada, endireitar alguém ou algo. *We have two weeks to whip the ad campaign into shape before we present it to the client.* / Nós temos duas semanas para dar uma melhorada na campanha publicitária antes de apresentá-la ao cliente.

whirl: be in a whirl *inf* estar ou ficar confuso ou agitado. *You'll be in a whirl for a few days the first time you visit Tokyo. The city is absolutely chaotic.* / Você vai ficar confuso por alguns dias na primeira vez que visitar Tóquio. A cidade é totalmente caótica.

whistle: whistle in the dark tentar esconder o medo. *Throughout the negotiations, the rebel leader was whistling in the dark.* / Durante toda a negociação, o líder rebelde tentava esconder o medo.

white: (be) as white as a sheet *comp* estar muito branco, estar muito pálido. *She doesn't look well. She's as white as a sheet.* / Ela não parece estar bem. Está muito pálida.

whoop: whoop it up *inf* divertir-se muito e de forma barulhenta, cair na gandaia, fazer a maior farra. *By the end of the evening, everyone was dancing around the pool and whooping it up.* / No finalzinho da noite, todo mundo estava dançando ao redor da piscina e fazendo a maior farra.

whoopee: make whoopee *inf* divertir-se muito e de forma barulhenta, cair na gandaia, fazer a maior farra. *The party will be at a church, so I don't expect people will be making whoopee.* / A festa será numa igreja, então eu não acho que as pessoas vão cair na gandaia.

wick: get on someone's wick *Brit inf* irritar alguém. *Can you stop asking so many questions? You're getting on my wick.* / Dá para parar de fazer tantas perguntas? Você está me irritando.

win: win (something) hands down vencer com facilidade (competição, jogo etc.), vencer com os pés nas costas. *Sam won the chess tournament hands down.* / O Sam venceu o torneio de xadrez com os pés nas costas.

win: win someone's heart conquistar o amor de alguém. *You won't win her heart wearing that horrible shirt!* / Você não vai conquistar o amor dela usando essa camisa horrorosa!

wind: get wind of something *inf* ficar sabendo de algo, ter notícias de algo. *The police got wind of the robbery a few days before it happened.* / A polícia ficou sabendo do roubo poucos dias antes de ele acontecer.

wind: take the wind out of someone's sails *inf* acabar com a autoconfiança de alguém, acabar com a vontade de alguém fazer algo. *Losing the election took the wind out of his sails.* / A derrota na eleição acabou com a autoconfiança dele.

wine: wine and dine (someone) servir ou oferecer do bom e do melhor para alguém (comida e bebida). *Sam wines and dines his best customers at the most expensive restaurant in town.* / O Sam oferece do bom e do melhor aos seus melhores clientes no restaurante mais caro da cidade.

wing: take someone under one's wing dar ajuda e proteção a alguém. *Terrence took his younger brother under his wing and prepared him to run the family business.* / O Terrence deu ajuda e proteção ao irmão mais novo e o preparou para dirigir os negócios da família.

wing: wing it *inf* fazer algo sem planejar ou preparar antes, improvisar. *The presentation isn't quite ready. I'll have to wing it.* / A apresentação não está totalmente pronta. Eu vou ter que improvisar.

wipe: wipe the floor with someone *inf* derrotar alguém completamente (em discussão, jogo, competição etc.), acabar com alguém. *Professor Richards wiped the floor with Barry in class.* / O professor Richards acabou com o Barry na sala de aula.

wipe: wipe the slate clear esquecer todas as brigas ou conflitos passados e começar um relacionamento novamente, zerar o placar, fazer as pazes, passar uma borracha no que aconteceu. *Look, I'm sorry about what I said last night. Can't we just wipe the slate clean?* / Olha, eu sinto muito pelo que disse ontem à noite. Podemos passar uma borracha no que aconteceu?

wires: get one's wires crossed *inf* ficar confuso com o que a outra pessoa está dizendo, não estar se entendendo direito. *I think we've got our wires crossed. What exactly did you mean with that?* / Eu acho que não estamos nos entendendo direito. O que exatamente você quer dizer com isso?

wise: be / get wise to someone or something estar ou ficar ciente, informado, ligado etc. de ou sobre alguém ou algo. *The police are wise to the drug dealing problem at schools, but choose to ignore it.* / A polícia está ciente do problema de tráfico de drogas nas escolas, mas prefere ignorá-lo.

wiser: be none the wiser 1 não entender. *He's none the wiser even after explaining it twice.* / Ele não entende, mesmo após explicar duas vezes. **2** não saber nada sobre algo. *Why don't we leave early today? The boss is away and he'll be none the wiser.* / Por que não vamos embora mais cedo hoje? O chefe está fora e não vai saber de nada.

wish: wish someone ill *form* desejar má sorte ou fracasso a alguém. *After what he did, everyone wishes him ill.* / Depois do que fez, todo mundo deseja má sorte a ele.

wish: wish someone well *form* desejar sucesso ou boa sorte a alguém. *I wish you well on your trip.* / Eu lhe desejo boa sorte na sua viagem.

wishes: if wishes were horses, beggars would ride *dit* expressão usada para dizer que desejar algo não necessariamente o faz acontecer. Algo como: 'querer nem sempre é poder'. *You can't sit there dreaming of being a sucessful writer. It takes hard work! Remember, if wishes were horses, beggars would ride!* / Você não pode ficar sentado aí sonhando em virar um escritor de sucesso. Isso exige trabalho duro! Lembre-se, querer nem sempre é poder!

wits: be at one's wits' end estar desesperado. *Brad has been working on the case unsuccessfully all week and I think he's at his wits' end.* / O Brad está trabalhando no caso sem sucesso a semana inteira e eu acho que ele está desesperado.

wits: have one's wits about one estar atento, prevenido e pronto para ação. *Your opponent is a very good player, so have your wits about you.* / O seu adversário é um jogador muito bom, então fique atento.

woman: be a woman of one's word ser uma mulher que cumpre o que diz, ser uma mulher de palavra. *Sandra said that the dress would be ready by Friday, and it will. She's a woman of her word.* / A Sandra disse que o vestido estaria pronto até sexta-feira, e estará. Ela é uma mulher de palavra.

woods: be out of the woods *inf* estar fora de perigo. *The cancer treatment was a success, but the doctor said Harold isn't out of the woods yet.* / O tratamento do câncer foi um sucesso, mas o médico disse que o Harold não está fora de perigo ainda.

word: have a word (with someone) (about something) conversar com, ter uma palavra, trocar umas palavras (com alguém) (sobre algo). *Peter, I need to have a word with you about the sales figures.* / Peter, eu preciso trocar umas palavras com você sobre as estimativas de vendas.

word: not get a word in edgewise não conseguir participar de uma conversa e dizer algo quando as pessoas não param de falar, não conseguir dizer uma palavra (porque alguém não para de falar). *Tim talked and talked for hours and I couldn't get a word in edgewise.* / O Tim falou e falou por horas e eu não consegui dizer uma palavra.

word: take someone at their word acreditar no que alguém diz, acreditar na palavra de alguém. *You can take Fiona at her word. She'll pay on time.* / Você pode acreditar na palavra da Fiona. Ela vai pagar na data certa.

word: take someone's word for it acreditar no que alguém diz (a respeito de algo), acreditar na palavra de alguém. *The salesman said this one was better, so I took his word for it and bought it.* / O vendedor disse que este aqui era melhor, então eu acreditei na palavra dele e o comprei.

words: have words (with someone) (about something) *Brit* brigar, bater boca, discutir (com alguém) (sobre ou por causa de algo). *Laura had words with the hotel manager about the room.* / A Laura bateu boca com o gerente do hotel por causa do quarto.

words: take the words out of someone's mouth / take the words right out of someone's mouth

**work: ** dizer exatamente o que alguém estava pensando, tirar as palavras da boca de alguém. *'This is going to cost a fortune.' 'It sure is! You took the words right out of my mouth!'* / 'Isto vai custar uma fortuna.' 'Com certeza! Você tirou as palavras da minha boca!'

work: all work and no play makes Jack a dull boy *dit* expressão usada para dizer que trabalho em excesso e pouca diversão deixam as pessoas entediadas e chatas. Algo como: 'a vida não é feita só de trabalho'. *Why don't you take a day off and do something fun for a change? As they say, all work and no play makes Jack a dull boy!* / Por que você não tira um dia de folga e se diverte um pouco, para variar? Como dizem, a vida não é feita só de trabalho!

work: be out of work estar desempregado. *George is out of work at the moment.* / O George está desempregado no momento.

work: get to work (on something) começar a trabalhar, pegar para valer (com ou em cima de algo). *We've got a lot to do, so let's get to work!* / Nós temos muito a fazer, então vamos começar a trabalhar! *I think we should get to work on this report.* / Eu acho que nós deveríamos pegar para valer em cima desse relatório.

work: work like a charm *comp* funcionar muito bem e com resultado esperado, dar certo, dar resultado. *That aspirin worked like a charm. My headache is gone!* / Aquela aspirina deu resultado. A minha dor de cabeça já era!

work: work like a dog *comp* trabalhar muito, trabalhar feito um cachorro, trabalhar feito um camelo. *David works like a dog at that company.* / O David trabalha feito um cachorro naquela empresa.

work: work like a dream *comp* funcionar perfeitamente. *Our plan worked like a dream.* / Nosso plano funcionou perfeitamente.

work: work one's ass off *Amer vulg* trabalhar muito, dar duro, trabalhar feito um camelo. *I work my ass off and you just sit around watching TV!* / Eu trabalho feito um camelo e você só fica sentado aí assistindo à TV!

work: work one's fingers to the bone *inf* trabalhar muito, dar duro. *Isabel has to work her fingers to the bone at the shop and still takes care of her two children and the home.* / A Isabel dá um duro danado na loja e ainda toma conta de dois filhos e da casa.

work: work one's way up subir de cargo (por bom desempenho e determinação no trabalho). *Leslie started on the factory floor and slowly worked his way up to production manager.* / O Lesley começou no chão de fábrica e devagarinho subiu de cargo, até chegar a gerente de produção.

work: work someone to death *inf* fazer alguém trabalhar muito, quase matar alguém de trabalhar. *He works that poor secretary to death.* / Ele quase mata a pobre secretária de trabalhar.

work: work the streets *inf* trabalhar como prostituta. *They arrested her for working the streets.* / Eles a prenderam por ela trabalhar como prostituta.

working: have a working knowledge of something ter conhecimento suficiente de algo, ter noções básicas de algo. *Kate's not an expert or anything, but she's got a working knowledge of computer programming.* / A Kate não é nenhuma especialista, mas tem noções básicas de programação de computador.

world: be out of this world *inf* ser muito bom, ser excelente. *Try this strawberry jam. It's out of this world!* / Prove esta geleia de morango. É excelente!

world: have the world at one's feet ter muitas oportunidades, vantagens, possibilidades etc. à disposição, ter o mundo aos seus pés. *After she finishes university, she'll have the world at her feet.* / Depois que ela terminar a faculdade, terá o mundo a seus pés.

worlds: be worlds away (from something) ser totalmente diferente (de algo). *Fresh orange juice is worlds away from the frozen one they sell in the supermarkets.* / Suco de laranja fresco é totalmente diferente do suco congelado que eles vendem em supermercados.

worried: be worried sick (about someone or something) estar muito preocupado, estar morrendo de preocupação (com algo ou alguém). *Where were you all this time? I've been worried sick about you!* / Onde você esteve esse tempo todo? Eu estava morrendo de preocupação!

worse: be the worse for wear 1 *inf* estar em mau estado de conservação (geralmente por uso excessivo). *The roads are worse for wear after all the rain we've had.* / As estradas estão em mau estado de conservação depois de todas as chuvas que tivemos. **2** *inf* estar bêbado. *Fred was a little worse for wear when I saw him leave the bar.* / O Fred estava meio bêbado quando eu o vi sair do bar.

worst: if the worst comes to the worst / if worst comes to worst se o pior acontecer, na pior das hipóteses. *If worst comes to worst, we can always sell the car to pay the bank.* / Na pior das hipóteses, nós podemos vender o carro para pagar o banco.

worth: be worth its weight in gold / be worth one's weight in gold ser muito útil ou valioso. *That umbrella was worth its weight in gold this morning when I was waiting for the bus.* / Este guarda-chuva foi muito útil hoje de manhã, quando eu estava esperando o ônibus.

worth: be worth someone's while (to do something) ser algo que vale a pena (fazer), ser algo que compensa (fazer). *If you live in the country, it's worth your while to buy a jeep.* / Se você mora no interior, vale a pena comprar um jipe.

wrap: wrap someone around one's finger controlar ou influenciar alguém (geralmente por amor), amarrar alguém. *Betty has managed to wrap her new boyfriend around her finger. He'll do anything for her.* / A Betty conseguiu amarrar o novo namorado. Ele faz qualquer coisa por ela.

wrapped: be wrapped up in something estar absorto em algo, estar totalmente concentrado em algo. *Paul is so wrapped up in his research these days that he doesn't talk about anything else.* / O Paul está tão concentrado na pesquisa dele ultimamente que não conversa sobre mais nada.

wraps: keep something under wraps manter ou guardar (algo em) segredo. *I can't tell you. She asked me to keep it under wraps.* / Eu não posso te contar. Ela me pediu para guardar segredo.

wring: wring someone's neck *inf* torcer o pescoço de alguém (expressão geralmente usada em tom de ameaça). *If I find out that you took my bike again, I'll wring your neck!* / Se eu descobrir que você pegou a minha bicicleta novamente, eu vou torcer o seu pescoço.

writing: the writing is on the wall (for someone or something) *dit* expressão usada para dizer que tudo indica que algo vai dar errado ou fracassar (na vida de alguém ou algo). Algo como: 'alguém ou algo está com os dias contados'. *The writing is on the* *wall for the small grocery stores now that a big supermarket is opening in the neighborhood.* / Os mercadinhos estão com os dias contados agora que um supermercado está abrindo na vizinhança.

written: be written all over someone's face estar claramente expresso no rosto de alguém (emoção, sentimento, intenção etc.), estar escrito na testa de alguém. *Of course she didn't like the present. It was written all over her face.* / É óbvio que ela não gostou do presente. Estava escrito na testa dela.

written: have someone or something written all over it *inf* ter claramente a influência, estar na cara que é coisa de alguém ou algo. *They say the decision came from upstairs, but it's got Harold written all over it.* / Eles dizem que a decisão veio de cima, mas está na cara que isso é coisa do Harold.

wrong: be in the wrong ser o culpado (em briga, acidente etc.), estar errado. *I think you're in the wrong by accusing her without evidence.* / Eu acho que você está errado ao acusá-la sem provas.

wrong: be on the wrong track estar agindo da maneira errada, estar no caminho errado. *You're on the wrong track if you really want to make a good impression on her. She hates arrogant men.* / Você está no caminho errado se realmente quer impressioná-la. Ela odeia homens arrogantes.

wrong: get off on the wrong foot (with someone) *inf* começar mal uma relação com alguém. *Alice got off on the wrong foot with her new teacher.* / A Alice começou mal a relação com a nova professora dela.

wrong: get someone wrong não entender, interpretar mal o que alguém disse. *You've got me wrong. I didn't say that.* / Você não me entendeu. Eu não disse isso.

wrong: get the wrong end of the stick *Brit inf* entender errado, trocar as bolas. *I think I've got the wrong end of the stick here. I thought you were going to give the speech, not me.* / Eu acho que entendi errado. Eu pensei que você fosse fazer o discurso, e não eu.

wrong: get up on the wrong side of the bed *Amer* acordar de mau humor, levantar com o pé esquerdo. *When Henry gets up on the wrong side of the bed, no one can talk with him.* / Quando o Henry acorda de mau humor, ninguém consegue conversar com ele.

wrong: take something the wrong way ficar ofendido, entender errado, levar a mal. *I just wanted to help, but she took it the wrong way and now she won't talk to me.* / Eu só queria ajudar, mas ela levou a mal e agora se recusa a conversar comigo.

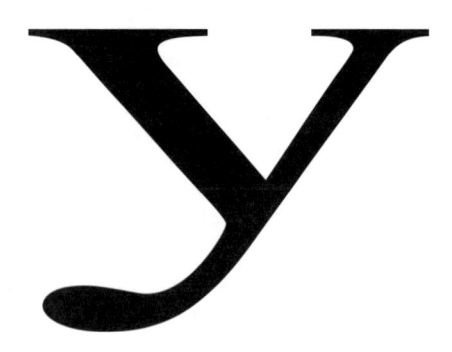

yank: yank someone's chain *Amer inf* inventar coisas para mexer com alguém, zoar com alguém, alugar alguém. *Of course I didn't do any of those things. I was just yanking your chain.* / Claro que eu não fiz nada disso. Eu só estava te alugando.

years: take years off someone or something deixar com aparência mais nova, deixar alguém ou algo com cara de jovem ou novo. *This cream will take years off your face.* / Este creme vai te deixar com cara de jovem.

young: be young at heart ter espírito jovem, comportar-se como jovem (geralmente uma pessoa de idade). *Mr. and Mrs. Tutt are very young at heart.* / O Sr. e a Sra. Tutt têm o espírito muito jovem.

young: you're only young once *dit* expressão usada para dizer que se deve aproveitar a juventude porque ela não dura para sempre. Algo como: 'a juventude é uma só'. *Go out and have some fun. As they say, you're only young once!* / Saia e se divirta. Como dizem, a juventude é uma só.

younger: not be getting any younger *inf* estar ficando mais velho. *Bob has to start thinking about his retirement. He's not getting any younger.* / O Bob tem que começar a pensar na aposentadoria. Ele está ficando velho.

Z

z's: get some z's *Amer inf* dormir, tirar uma soneca. *I'm beat! I need to get some z's.* / Eu estou morto de cansaço! Preciso tirar uma soneca!

Conheça algumas obras essenciais para aprimorar seus conhecimentos em inglês

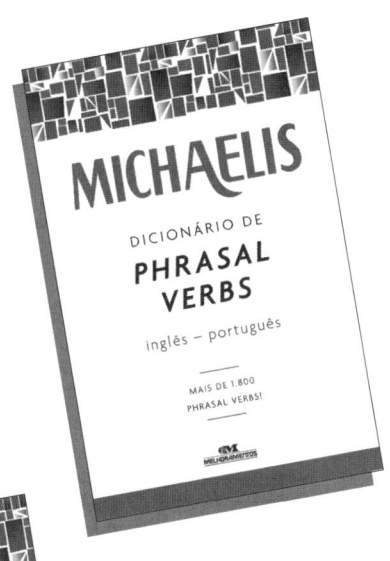

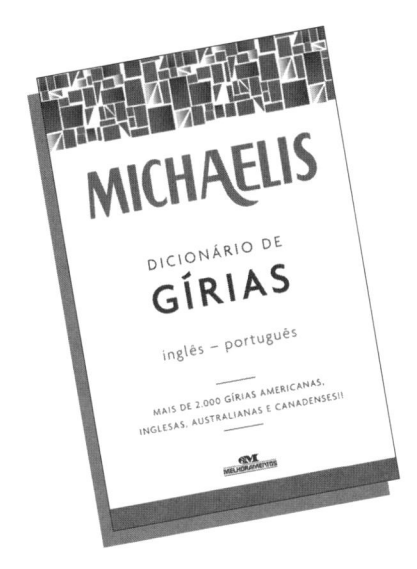

MICHAELIS
DICIONÁRIO DE
PHRASAL VERBS
inglês – português

MAIS DE 1.800 PHRASAL VERBS!

MICHAELIS
DICIONÁRIO DE
ERROS COMUNS DO INGLÊS
para falantes de português

CORRIJA SEUS ERROS ANTES QUE SE TORNEM HÁBITOS!

MICHAELIS
DICIONÁRIO DE
GÍRIAS
inglês – português

MAIS DE 2.000 GÍRIAS AMERICANAS, INGLESAS, AUSTRALIANAS E CANADENSES!!